현대인의 삶과 중독

고광신 · 고광용 공저

MODERN LIVING AND ADDICTION

동 문 사

머리말

"여자가 해산하게 되면 그때가 이르렀으므로 근심하나 아이를 낳으면 세상에 사람 난 기쁨으로 인하여 그 고통을 다시 기억하지 아니하느니라."

예수의 제자 요한 사도가 한 말이다.

올해는 꼭 시작해야지 몇 번을 다짐하면서도 차일피일 시간을 끌다 오늘에 이르렀다. 세상에는 중독자가 점점 늘어가고 있는데 시대의 요청을 외면할 수 없다는 생각에 마음을 다잡아 본다. 오래전부터 마음은 있었으나 세상만사가 어디 마음먹은 대로 되는 일인가. 정말 여자가 아이를 해산하는 기분이 이런 것일까 생각해 본다. 그간의 고통을 이제는 벗어날 수 있다는 작은 희망을 갖는다. 필자의 부친이 본서를 집필하게 된 계기를 만들었다.

필자의 부친은 90을 바라보는 연세다. 배움은 적었지만 정신만큼은 올곧게 사셨다. 부친의 고향은 어촌이다. 부친의 나이 정도면 대한민국 어느 곳이나 비슷하리라 생각되지만, 특히 어촌의 형편은 말이 아니었다고 한다. 남자들은 대부분 술독에 빠져 살았고 부인까지 판돈으로 걸 정도로 도박에 빠져 재산을 탕진하는 가정들이 있었다. 몇 호 안 되는 부친의 고향은 집마다 형편이 어려웠다고 한다. 그 주원인은 음주와 흡연, 도박이었다. 급기야 청년회에서 마을을 살리자는 방안을 내놓게 되었다고 한다. 필자 부친의 제안으로 말이다. 술집을 완전히 없애기는 힘드니까 한 집만 남겨놓고 나머지는 모두 없애자는 결론을 냈다고 한다. 그리하여 다른 업으로는 생계를 이어갈 수 없는 연로하신 노부부가 운영하는 구멍가게 한 곳만 남겨놓고 나머지 술집들은 강제로 폐쇄하였다고 한다. 그리고 도박을 금하도록 설득하고 마을 분위기를 다잡은 적이 있다고 한다. 지금으로부터 60여 년 전 일이다. 필자의 부친은 일찍이 음주와 흡연, 도박으로 패가망신한다는 것을 깨닫고 다른 것은 몰라도 당신이 살고 있는 마을만이라도 살려보겠다고 발벗고 나섰다고 한다.

한국의 근대사에서 빼놓을 수 없는 일 중에 하나가 있다. 외국 선교사들이 한국에 와서 느낀 점은 음주와 흡연, 도박 때문에 한국인들이 못산다는 것이었다. 그리하여 선교사들은 교회에 나오는 사람들에게 이 세 가지를 금하도록 가르쳤다. 그러면서 기독교인들의 가정과 생활이 점점 나아지는 모습을 보였다. 정부에서도 잘살아보자며 음주와 흡연, 도박을 멀리하자는 캠페인을 벌인 덕분에 한때 음주와 흡연, 도박인구가 줄어드는 추세를 보여왔다. 그러나 언제부턴가 우리 사회에서 중독이라는 말이 일상이 되었다. 이제 음주와 흡연, 도박은 중독 측에서도 가장 기본적인 중독 분야가 되었다. 현재 우리나라의 중독 인구는 전 국민의 16%인 800만 명에 달한다. 그리고 이와 관련한 중독 문제를 상담하는 인구만 해도 전 국민의 50%인 2,500만 명에 이르고 있다. 이제 중독의 문제는 어느 한 개인, 어느 지역의 문제만이 아니라 나라 전체의 일이 되었다. 또한 중독이라고 하면 과거에는 성인들의 전유물로 생각해왔으나, 지금은 성인은 물론 청소년을 비롯하여 남녀노소를 불문하고 그 경계선이 허물어진 지가 오래되었다. 이렇듯 중독의 종류도 다양해지고 중독인구 또한 매년 증가하고 있다.

중독은 중독자 개인의 범위를 넘어 그가 속한 가정뿐만 아니라 사회, 더 나아가 나라 전체에 심각한 문제를 초래하는 데 있다. 어떤 유형의 중독에 노출되었든지 중독자는 우울증, 불안, 신체적 질병, 자살, 학업 능력 저하, 직업 상실, 자신의 기능과 역할 상실 등을 가져오며, 가정 또한 별거, 이혼, 가정폭력, 가족관계의 해체라는 문제를 낳는다. 어디 이뿐인가. 중독자는 사회적 고립, 대인관계 단절, 사기, 절도, 횡령, 살인, 강도 등 각종 사회 문제를 유발하여 사회경제적 비용이 천문학적으로 지출되고 있다. 통계에 의하면 각종 중독으로 인해 발생하는 사회경제적 비용이 무려 200조 원에 달하고 있다. 세계적으로 보면 늘어가는 중독 인구와 그에 따른 중독의 심각성이 극에 달하고 있는 실정이다.

전 세계적으로 늘어나는 중독현상을 직·간접적으로 목격하며 중독자와 그의 가족들에 대한 안타까운 마음에 중독현상에 대한 빠른 지각과 자기 관리가 절실하게 필요하다고 생각하여 본서를 집필하게 되었다. 아무쪼록 이 작은 도서가 중독으로부터 자유를 맛보는 시작점이 되길 바란다. 또한 우리 사회 모든 이들이 중독에서 벗어나는 그날을 위해 독자들의 아낌없는 조언을 요청한다.

본서는 중독의 개념으로부터 시작하여 치료까지 일반적인 개론 수준에서 독자들이 중독에 대해 이해하게 하였다. 손자병법에서 '나를 알고 적을 알면 백전백승'이라고 하였듯이 중독에 대해 정확히 알도록 제1장에서는 중독의 개념을 비롯한 중독의 종류 등 기초적인 것을 다루었다. 제2장에서는 중독의 역사적 배경과 중독의 제 이론을 다루었다. 제3장에서는 중독과 매우 밀접한 뇌와 신경전달물질에 대해 다루었다. 우리 몸에 투입된 중독물질로 인해 뇌에서 분비되는 신경전달물질이 어떤 작용을 하는지 알 필요가 있기 때문이다. 제4장에서는 각종 중독물질과 함께 중독을 일으키는 분야를 소개하였다. 특히 중독물질의 종류와 관련 장애를 비롯하여 음식물류 중독물질, 향정신성의약품 중독, 운동 중독, 종교 중독, 성형 중독, 쇼핑 중독, 디지털 중독, 성 중독, 도박 중독 등을 다루었다. 제5장에서는 중독 치료의 실제로 약물 치료, 신체적 치료, 정신 치료, 심리적 치료, 가족 치료, 집단 치료, 환경 치료 등을 제시하였다. 이처럼 본서는 중독의 개념으로부터 중독 치료에 이르기까지 연속선상에서 다루려고 노력하였다. 하지만 필자들의 능력 부족으로 독자들의 눈높이를 맞출 수 있을지 두렵기도 하다.

본서가 나오기까지 수고와 조언을 아끼지 않은 아내 한기순님, 제수 김창희님을 비롯하여 특히 원고 교정에서 내용에 따른 그림을 찾고 필요한 경우 직접 그려가면서까지 도와 준 사랑하는 딸 고지혜에게 특별한 마음을 전하지 않을 수 없다. 그리고 무엇보다 중독에 관심을 갖게 된 계기를 제공하신 아버지이자 오랫동안 투병 중에 계신 고의석님과 그 곁에서 밤낮으로 간호하느라 여념이 없으신 어머니 박금숙님에게 고마움을 담아 드린다.

부족한 원고를 다듬어 세상에 나오기까지 심혈을 기울여 주신 동문사 사장님을 비롯한 모든 직원들에게 심심한 감사의 말씀을 드린다.

2019년 겨울

필자 일동

차례

01
CHAPTER

중독의 개념과 현황

1. 중독의 개념

중독(addiction)이란 술이나 마약 등을 지나치게 복용하여 그것이 없이는 생활이나 활동을 하지 못하는 상태를 일컫는다. 하지만 중독은 여기서 그치지 않고 음식물이나 약물 따위의 독성으로 인해 신체에 이상현상을 가져오며 심지어 목숨까지도 위태롭게 만든다. 이외에도 중독은 어떤 사상이나 사물에 빠져 정상적인 사고를 할 수 없게 만드는 상태를 가리킨다(유수현 외, 2010). 미국심리학회(APA, American Psychological Association, 2013)에 따르면 중독이란 술이나 마약과 같은 음식물이나 약물 등에 과다하게 의존하여 강력한 생리적 갈망을 비롯한 내성이나 금단 증상을 초래함은 물론 동일한 효과를 얻기 위해 더 많은 물질을 강박적으로 사용하는 현상이다. Goldberg(1996)는 중독을 특정한 기호나 습관 또는 행동에 심취하여 전적으로 자신을 내맡기는 병리적이고 강박적인 심리적 의존상태라고 하였고, Shaffer(2008)는 부적응적인 결과를 초래하는 행동에 대한 통제력의 상실이라고 하였다. 그림 1-1에서 보듯이 중독의 흐름은 첫째, 외로움을 느낀다거나, 심리적으로 불안정하거나, 동료들로부터 따돌림 당하고 자존감이 낮거나 위기에 처해 있는 경우 그리고 가정이나 기타 모든 일들이 잘 되지 않을 경우 중독의 유혹에 노출되기 쉽다. 이러한 위험에 노출될 경우 두 번째로 중독, 마약, 도박, SNS(SMS), 온라인 게임 등과 같은 것으로 일시적으로 고통을 잊으려 한다. 세 번째는 인위적인 안녕감으로 첫 번째에서 언급한 공허함을 채우고, 또한 근본적인 원인을 해결하려 하지 않고 부정적인 감정을 억제하려 한다. 네 번째는 밤새도록 의기소침과 죄책감에 시달리며 불쾌하고 부끄러움과 함께 낮은 자존감을 갖게 된다. 다섯 번째는 중독의 취약한 순환 고리를 끊을 수 있는 기회를 어떻게 활용하느냐에 중독여부가 달려 있다(그림 1-1 참조). 따라서 중독이란 특정한 물질이나 행위를 반복적으로 과도하게 사용함으로써 생리적인 이상을 가져왔음에도 불구하고 그러한 사용을 스스로 조절하지 못해 본래 수행해야 할 기능을 상실하게 되는 경우를 말한다(이해국 외, 2014).

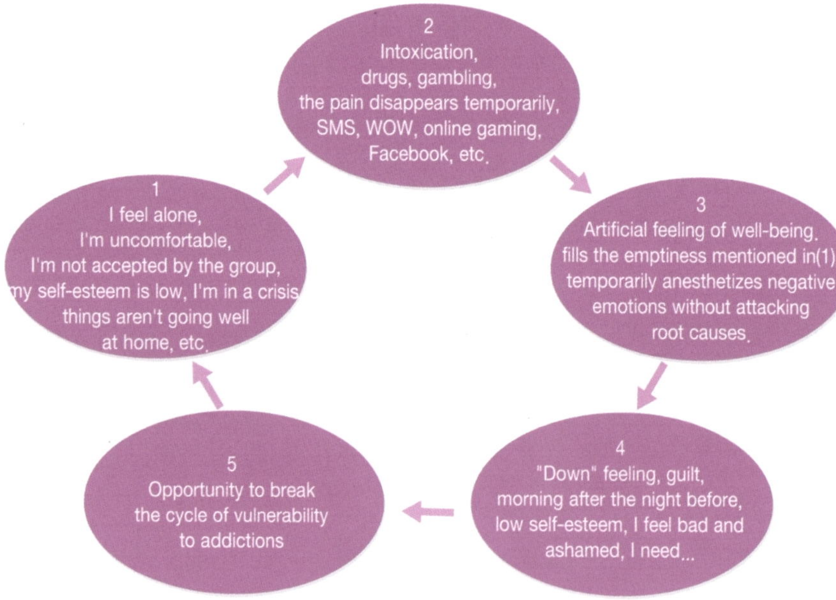

그림 1-1 중독의 흐름

약물 또는 물질의 남용으로 인해 발생하는 중독을 의학적 문제로 인식하기 시작한 때는 19세기 이후이다. 예를 들어, 알코올중독자의 경우 이전에는 의학적인 치료가 필요한 중독자라기보다는 단순히 술을 많이 마셔 도덕성이나 인간성을 상실한 일시적인 만취자 정도로만 간주되었다. 초기 미국정신의학회(American Psychiatric Association, APA, 1995)는 정신질환진단 및 통계편람 개정4판(DSM-Ⅳ-TR, Diagostic and Statistical Manual of Mental Disorders)에서 알코올이나 도박중독현상을 인격 장애의 범주로 분류하기도 하였다. 그러나 현재는 도덕적으로 타락했거나 인격적으로 나약해진 인생의 실패자가 아니라 여러 가지 원인으로 인해 중독된 환자라는 사실을 명확하게 규정하고 있다(APA, 2015).

중독(addiction)	신체적 중독(intoxication)	약물에 의한 중독
	정신적 중독(addiction)	약물 남용에 의한 중독(의존증)

일반적으로 중독은 유해물질로 인한 신체증상인 중독(Intoxication)과 약물 남용에 의한 정신적 증상인 중독(Addiction)을 말한다. 중독은 어떤 약물이나 물질을 사용하면서부터 오용, 남용, 중독의 일련 과정을 통해 이루어진다. 사용(Use)이란 의학적 목적에 따라 적용하는 양이나 복용 횟수 그리고 강도와 방법 등이 적절한 경우를 말한다. 반면에 오용(Misuse)은 의학적 사용목적은 맞으나 양이나 복용 횟수, 강도와 방법 등이 맞지 않을 경우를 가리킨다. 그리고 남용(Abuse)은 본래의 목적과는 다르게 의도적으로 사용하는 것을 말하고 중독(Addiction)은 물질의 남용으로 인해 나타나는 현상을 가리킨다. 한편 중독에는 두 가지 현상, 즉 유해한 물질이 인체 내에서 질병을 유발하는 경우 물질의 감염에 의한 중독(Poisoning, Intoxication; 농약중독, 이산화탄소중독, 수은중독 등)이라고 하며, 해로운 결과가 나타나고 있음에도 불구하고 중단하지 못하고 양을 늘려가며 지속적이고 강박적으로 사용하는 상태를 물질사용에 의한 중독(Addiction)이라 한다(그림 1-2 참조; 김성이, 2002).

사용	▶▶	오용	▶▶	남용	▶▶	중독
양, 횟수, 강도, 방법이 적합한 경우		사용이 부적합한 경우		본래 사용목적을 넘어 의도적으로 사용 시		남용의 결과로 나타나는 현상

그림 1-2 중독의 과정

2. 중독의 종류

1) 중독의 분류

Griffiths(1999)는 중독을 물질중독과 행위중독(비물질중독)으로 구분하였다.

(1) 물질중독

물질중독(Substance Addiction)은 흔히 약물중독을 가리킨다. 미국정신의학회(American Psychiatric Association, APA, 1995)의 정신질환진단 및 통계편람 개정4판(DSM-Ⅳ-TR, Diagostic and Statistical Manual of Mental Disorders, text revised-4th edition)에서 물질중독을 물질관련 장애(Substance-related dis-order)라 하고 있다. 그리고 물질중독을 물질사용 장애(Substance use disorder)와 물질로 유발된 장애(Substance intoxication)로 나누고 있다. 물질사용 장애는 물질의존(Substance dependence)과 물질남용(Substance abuse)으로, 물질로 유발된 장애는 물질중독(Substance intoxication)과 물질금단(Substance Withdrawal) 등으로 나뉜다(그림 1-3 참조).

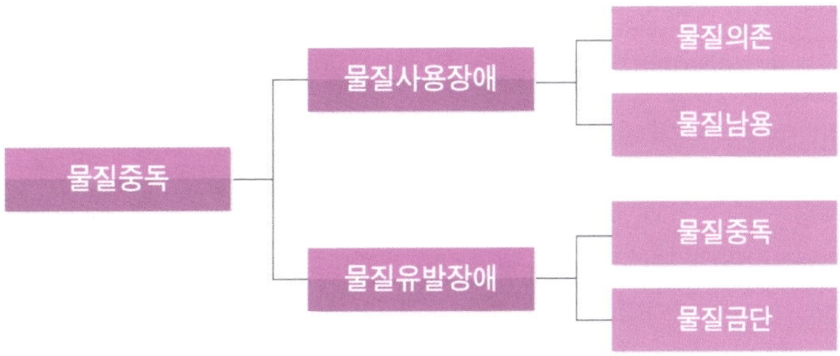

그림 1-3 물질중독의 분류

(2) 행위중독

Griffiths(1999)는 행위중독(Behavioral Addiction)에 대하여 집착(Obsession), 내성(Tolerance), 금단(Withdrawal Symptoms), 기분변화(Diversion), 갈등(Conflict), 재발(Recurrence) 등을 동반하게 된다고 하였다. 즉, 행위중독은 어떤 특정한 물질이나 습관 및 행위가 부정적인 결과를 가져온다는 것을 알면서도 이를 조절하지 못하고 지속적으로 반복하여 자신은 물론 주변 사람들에게도 피해를 입히는 행위를 가리킨다(박웅기, 2003).

그동안 행위중독은 물질중독보다 제한적이었다. DSM-Ⅳ-TR(APA, 1995)에서는 다른 사람들에게 해를 끼칠 수 있는 충동을 조절하지 못하는 장애를 충동조절장애(Impulse-Control Disorder)라고 하였다. 충동조절장애는 간헐성 폭발성 장애(Intermittent Explosive Disorder), 병적 도벽(Kleptomania), 병적 방화(Pyromania), 병적 도박(Pathological Gambling), 발모광(Trichotillomania) 등이 있다. 그러나 정신질환진단 및 통계편람 제5판(DSM-5, Diagostic and Statistical Manual of Mental Disorders-5th edition)에서 병적 방화 및 병적 도벽을 행위중독의 범주에 넣고 있다(APA, 2015). 한편 인간의 모든 행위는 중독을 가져온다고 하였다. Griffiths(1999)에 의하면 기존에 알려진 도박이나 방화와 같은 것이외도 운동, 각종 영상매체나 인터넷 등 디지털기기에 의한 과학기술중독(Scientific Technological Addiction)을 행위중독의 범주에 넣고 있다.

이상 행위중독은 초기에는 특정 행위와 습관을 통해 얻어지는 보상적 경험에서 출발하지만 점차 처음의 경험을 얻기 위해 특정한 행동에 과도하게 몰두하게 되면서 장애를 가져오게 된다(정경아, 2016).

2) 중독시기에 의한 분류

세계보건기구(WHO)는 중독을 일시적(급성) 혹은 만성적인 중독 상태로 구분하고 있다(한국정보화진흥원, 2011). 일반적으로 만성 또는 급성중독을 일으키는 물질로는 약물중독, 독극물중독, 가스중독, 세균중독 등을 들 수 있다.

(1) 만성중독

만성중독이란 특정한 물질을 장기간 과다하게 사용함으로써 습관성이 되어 생기는 중독으로 신체적으로 여러 가지 병적 증상을 동반하게 된다. 만성중독은 주로 장시간에 걸쳐 물질을 복용하거나 사용하게 될 때 자신도 모르게 서서히 몸 속에 축적되어 임계점에 도달하였을 때 중독 증상이 나타나게 된다. 일반적으로 알려진 만성중독물질로는 메탄올·벤젠 등 유기용제와 납·수은·비소·망간·크롬·카드뮴에 의한 중독이 대부분이나 발생 빈도로는 의약품과 농약, 본드, 가정용 약품 등과 같은 약물과 마약·각성제·시너·알코올 등이 대표적이라 할 수 있다.

최근에는 특정한 약물이나 물질에 의한 만성중독자만이 아니라 일상생활에서 먹는 음식이나 환경 속에서 만성중독에 노출되는 일이 잦아지고 있다. 국립환경과학원에서 2012년부터 2014년까지 전국 3세부터 18세 어린이·청소년 약 2,400명을 대상으로 실시한 혈중 납과 비스페놀-A 등 환경오염물질 9종에 대한 체내 노출 수준 조사 결과에 의하면 혈중 납 등의 환경오염물질이 나이가 어릴수록 체내 농도가 높은 것으로 나타났다. 또한 혈중 수은은 초등학생이 가장 높았고, 다음으로 중고생과 영유아 순으로 조사되었다. 특히 미국과 캐나다 어린이와 청소년의 노출 수준과 비교할 경우 혈중 납은 다소 높았고, 수은은 약 6배까지, 소변 중 카드뮴은 5배까지 높은 것으로 나타났다.

만성중독은 중독증상이 서서히 나타나고 나타난 증상은 치료가 어렵다는 점에서 문제의 심각성이 크다. 일반적으로 알려진 만성중독 증상으로는 기억력, 사고장애, 노이로제, 신경염, 하지마비, 간 기능 장애, 지각 이상, 신경계, 면역력계 및 내분비계 이상으로 인한 전신적 문제가 발생하게 된다(김제시 홈페이지, 2017).

(2) 급성중독

급성중독이란 인체 내에 흡입된 물질이 짧은 기간에 급속히 질병 상태에 빠지게 되는 현상으로 일반적으로 머리가 아프거나 무거운 증상이 있으면 중독이 시작되었다고 할 수 있다. 표 1-1은 급성중독에 따른 경증, 중등증, 중증에 따른 증상들을 나타낸다.

표 1-1 급성중독증상

경증	중등증	중증
• 목, 눈, 피부 가려움증 • 두통 • 현기증 • 식욕부진 • 갈증 • 매스꺼움 • 설사 • 발한 • 약화 또는 피로 • 불안	• 구토 • 과도한 타액 분비 • 기침 • 인후통 및 가슴통증 • 복부 경련 • 시야 장애 • 빈맥 • 발한 • 심한 약화 • 떨림	• 호흡 곤란 • 기도 내 가래 또는 점액 • 동공축소 • 피부 화상 • 호흡 수 증가 • 반사 장애 • 통제할 수 없는 근육 경련 • 무의식 • 사망

(계속)

경증	중등증	중증
• 긴장 • 기분 변화 • 불면증	• 근육 부조화 • 정신 혼란	

출처: Ccohs 홈페이지(2017).

3. 중독의 문제와 위험성

중독은 건강, 안전, 행복의 문제 외에 갈망, 내성, 금단현상, 집착, 기분의 변화, 갈등, 재발, 폭력 및 범죄 양산, 사회적·직업적 장애, 합병증 등의 위험성을 가지고 있다.

1) 중독의 문제

(1) 건강의 문제

중독이 문제가 되는 것은 먼저 건강이다. 중독은 정신과적 치료뿐만 아니라 이차적인 다양한 신체적 건강문제를 야기하게 된다. 결국 중독은 건강문제를 일으켜 의료기관을 찾게 되는데 이는 상당한 의료비용을 동반하게 된다.

(2) 안전의 문제

중독의 또 다른 문제는 안전의 문제이다. 중독이 지나칠 경우 2차로 발생되는 문제는 범죄와 관련이 있다. 예를 들어, 인터넷 게임중독으로 인한 부모와 자녀와의 갈등, 묻지마 살인이나 도박중독 등과 같은 공동체 파괴적 범죄를 가져오게 된다. 예를 들어, 도박중독의 경우 도박비용을 마련하기 위해 가족을 속이거나 친지나 이웃에게 사기 등의 범죄를 저지르거나 심지어 도박으로 인한 빚으로 자살하는 등의 문제를 야기한다.

(3) 행복의 문제

중독 또한 행복의 문제를 일으킨다. 중독이란 일상생활에서 기쁨과 흥미를 찾지 못해서, 경쟁이 심하고 힘든 상황에서 손쉽게 흥미를 느낄 수 있는 비현실적 게임이나 사행성 도박 등에 빠져들면서 마치 "가랑비에 옷 젖는다"는 속담과 같이 자신도 모르게 그러한 환경에서 벗어날 수 없게 된다. 이런 상태에서 평소하던 게임이나 도박 등을 하지 못하게 되면 우울과 불안장애와 같은 정신적인 문제를 가져와 자살과 같은 극단적인 상태까지 이르게 된다. 따라서 중독자들은 일반 사람들보다 우울감이 심하고 또한 행복감도 상대적으로 낮다(이해국 외, 2014).

19세기 영국의 Thomas De Quincey(1785~1859)는 그의 저서인 『어느 영국인 아편 중독자의 고백』(1821)에서 30년간 위통과 신경통 치료를 위해 사용했던 아편중독성의 폐해를 알리고 있다. 당시 사회에서는 아편중독의 위험성이 전혀 알려지지 않았다고 한다. 어느 진통제보다 값이 싸고 누구나 구입할 수 있는 등 법적으로도 구매하는 데 아무 문제가 없던 아편은 심지어 어린아이를 재울 때에도 사용할 정도였다고 한다. 저자는 처음에 아편을 진통제와 안정제 용도로 사용했으나, 이후 쾌락을 위해 상습적으로 아편을 복용하며 중독에 빠지게 되면서 겪은 무기력과 무능력한 자신의 지난 삶을 생생하게 그리고 있다(Thomas De Quincey, 2011).

그림 1-4
Thomas De Quincey

또한 중독자의 불행 못지않게 중독자의 가족들이 겪는 심적 고통은 이루 말할 수 없다. 실제로 중독자 자신보다도 더 살얼음을 딛고 있는 것과 같이 하루하루를 불안과 초조함 속에서 지내야 하는 것이 중독자의 가족들이다. 가족은 어떠한 형태로든 정상적인 관계를 유지하기 위해 노력하지만 정작 중독자 자신은 부정적 방어기제의 사용에 익숙해져 있어서 역기능적 가족기능 상태가 지속되어도 그의 가족들의 행복을 보장할 수 없다.

2) 중독의 위험성

중독의 위험성은 크게 갈망, 내성, 금단현상, 집착, 기분 변화(강박증), 갈등, 재발, 폭력 및 범죄 양산, 사회적·직업적 장애, 합병증 등으로 나눌 수 있다(Griffiths, 1999).

(1) 갈망

중독은 갈망(Craving)에서 출발한다. 중독의 기본적인 증상은 갈망이다. '갈망'이란 글자 그대로 '간절하고 애타게 바라는 것'을 말한다. 갈망은 목마름(갈증)과 같은 이치로 목이 말라 음료를 마시고 싶은 느낌을 가리키는데, 일반적인 욕구가 아닌 간절히 마시고 싶은 욕망을 뜻한다. 이처럼 중독은 목마름, 즉 무언가를 마시고 싶고, 무엇인가 하고 싶은 욕구가 강하게 작용하면서부터 시작되는 현상이다.

우리 몸은 특정 물질이나 행위를 반복적으로 사용하다 보면 지속적으로 그 물질이나 행위에 의존하게 된다. 이것은 우리 뇌의 신경전달물질과 관련한 보상회로(Reward Pathway)와 연관되어 있기 때문이다. 특정한 물질이나 행위는 보상회로를 활성화시켜 흥분, 다행감과 같은 효과를 얻게 하는데 중독의 기초단계에서 보상회로의 활성화를 위해 특정 물질이나 행위를 다시금 사용하고 싶어 하는

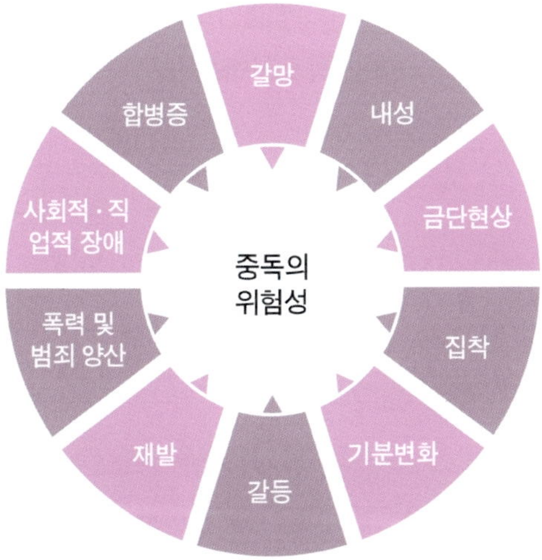

그림 1-5 중독의 위험성

출처: Griffiths(1999).

갈망이 생기는 것이다. 갈망이 지나치다보면 자신이 원하는 것을 얻기 위해 무모한 행동이나 사회적으로 용납되기 어려운 행위도 서슴없이 하게 된다. 예를 들어, 술을 구하기 위해 빈병에 남아있는 자투리 술을 모은다거나 남이 피우다 길거리에 버린 담배꽁초를 주워 모으기도 한다.

갈망을 감소시키기 위해 디설피람(Disulfiram: 술 끊는 약), 아캄프로세이트(Acamprosate: FDA(Food and Drug Administration)가 승인한 알코올 의존성 치료제, 날트락손(Naltrexone: 쾌락중추신경전달물질을 차단하여 중독영향을 최소화하는 알코올 및 마약중독증 치료제) 등과 같은 아편양제제(Opioids)[1]인 길항제(Antagonist)[2]를 사용한다. 이들 치료제는 특히 알코올 의존성이 강한 사람

1) 아편양제제(opioids): 의료목적으로 사용되는 마약성 진통제
2) 길항제(Antagonist): 생체 내의 수용체 분자에 작용하여 신경전달물질이나 호르몬 등 기능을 저해하는 약제

들에게 사용되는데 주로 간의 기능을 억제하여 다양한 숙취를 경험하게 하여 음주의존을 끊게 하거나 중독영향을 최소화하는 데 사용한다.

(2) 내성

내성(Tolerance)이란 음식물이나 약물의 반복적인 복용에 의해 효과가 저하되는 현상을 말한다. 즉, 내성은 같은 양으로는 이전과 같은 만족이나 쾌락을 얻지 못하여 전보다 더 많은 양을 요구하게 되는 것을 일컫는다. 예를 들어, 두통을 가라앉히기 위해 아스피린과 같은 진통제를 반복적으로 자주 사용하다 보면 같은 양으로는 약효가 들지 않아 더 많은 양을 필요로 하게 되는데, 이는 약에 대한 내성 때문이다. 우리나라는 세계적으로 항생제에 대한 내성이 높은 나라로 알려져 있다.[3] 항생제 내성이란 세균 스스로가 항생제를 방어하기 위해 자기의 DNA를 변형시켜 다음 항생제를 투여했을 때 약효를 저하시켜 더 많은 양을 투여해야만 효과를 볼 수 있게 되는 것을 말한다.

세균은 그림 1-6과 같이 하나의 세포로 생명 정보를 이루는 핵산(DNA, RNA/유전자)을 가지고 있다. 즉, 세균은 DNA(Deoxyribo Nucleic Acid : 세포핵, 인체의 설계도)와 RNA(Ribo Nucleic Acid : 세포질, DNA의 명령을 받아 단백질 합성작업/목수)를 모두 가지고 있어 홀로 성장과 발육을 한다. 세균에는 염색체(Chromosome : 염색이 잘되는 물체/단백질과 유전자로 합성됨) 외에 플라스미드(Plasmid : 염색체와 별도로 존재하는 작은 원형의 DNA), 선모, 피막, 편모, 리보솜(Ribosome : 세포질 내의 단백질 합성 장소) 등의 구조로 되어 있다. 세균은

---

3) 2014년 기준 경제개발협력기구(OECD) 30개 회원국의 인구 1000명당 항생제를 매일 복용하는 사람의 수(DDD)는 20.5명이었으나 한국은 31.7명으로 터키(41.1명) 다음으로 높았으며, 이탈리아(29.1명), 프랑스(29.0명), 벨기에(28.0명), 룩셈부르크(26.3명), 슬로바키아(24.8명), 호주(23.5명), 아일랜드(23.1명) 순이었다. 한국의 경우 통계가 집계된 2008년(26.9명) 이래 2009년(26.9명), 2010년(27.5명), 2011년(29.1명), 2012년(29.8명), 2013년(30.1명) 등 매년 증가 추세로 나타나 심각한 항생제 남용 국가라는 불명예를 안고 있다(OECD, 2016).

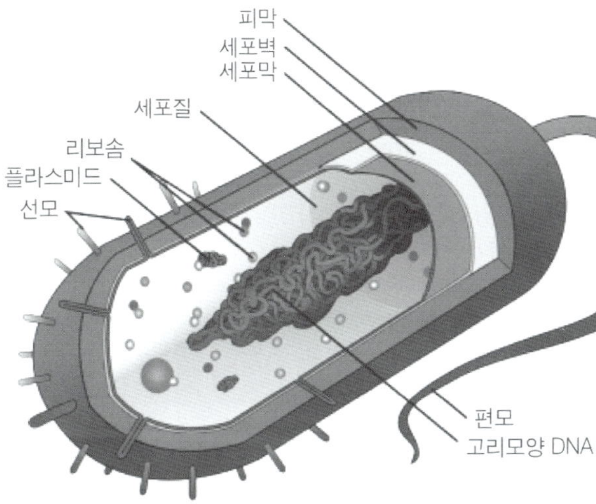

그림 1-6 세균의 구조

출처: Pixabay/CC0 Creative Commons.

세포벽을 가지고 있고 피막에 싸여 있다. 편모는 세균의 운동을, 강모는 숙주세포에 붙을 수 있게 하는 작용을 한다. 이들 가운데 내성과 관계된 플라스미드는 정상적인 환경에서는 큰 변화가 없으나 환경조건이 악화되면 특정 항생제에 대한 세균의 생존에 필요한 내성을 갖도록 자율적으로 유전자를 증식시킨다. 따라서 항생제의 과다한 사용은 내성을 갖는 세균의 수를 증가시키는 부작용을 가져오게 된다. 참고로 세균의 생장을 억제하거나 죽게 하는 항생제로는 페니실린(Penicillin : 세포벽 합성을 억제 또는 터트림), 테트라사이클린(Tetracycline : 단백질 합성 억제), 퀴놀론(Quinolone : 핵산 합성 억제), 폴리마이신(Polymyxin : 세포막 파괴) 등이 있다.

일반적으로 항생제 내성이 발생하는 원인으로는 항생제 과잉처방(Over Prescribing of Antibiotic), 장기적인 처치(Patients not Finishing Their Treatment),

가축과 어류양식장의 항생제 과다사용(Over Use Antibiotics in Livestock and Fish Farming), 병원 및 진료소에서의 감염 관리 소홀(Poor Infection Control in Hospitals and Clinics), 위생의 결핍 및 위생 시설의 열악함(Lack of Hygiene and Poor Sanitation), 새롭게 개발된 항생제의 부족(Lack of New Antibiotics Being Developed) 등이 있다(그림 1-7 참조).

그림 1-7 항생제 내성의 원인

출처: WHO 홈페이지(2017).

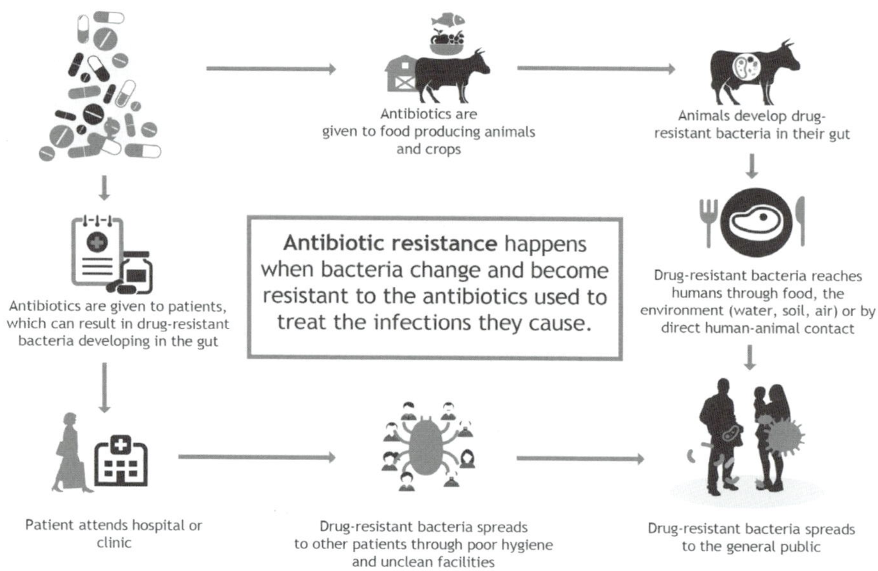

그림 1-8 항생제 내성 발생 경로

출처: WHO 홈페이지(2017).

사람의 인체에 미치는 항생제 내성은 대체적으로 두 가지 경로를 통해 이루어진다. 하나는 항생제를 투여한 환자를 통해서 그리고 다른 하나는 항생제 사료를 공급하여 기른 동물이나 작물을 통해서다. 먼저 항생제를 투여한 환자의 장에서 약물 내성 박테리아가 생성된다. 환자가 병원이나 진료소에 통원함으로써 약물 내성 세균이 낮은 위생과 불결한 기구들을 통하여 다른 환자에게 전파된다. 최종적으로는 약물 내성 세균이 일반인에게 확산된다(그림 1-8 참조).

한편 그림 1-9에서 보듯이 영국의 O' Neill(2016)은 항생제 내성에 관한 보고서에서 항생제 내성에 대처하지 못할 경우 2050년에는 내성균으로 인해 전 세계적으로 연간 1,000만 명이 사망할 것이라고 하였다. 이는 매 3초마다 한 명이 사망하는 것으로 연간 100조 달러(약 11경 7,220조 원)의 비용이 들어갈 것이라고 한다(O' Neill, 2016).

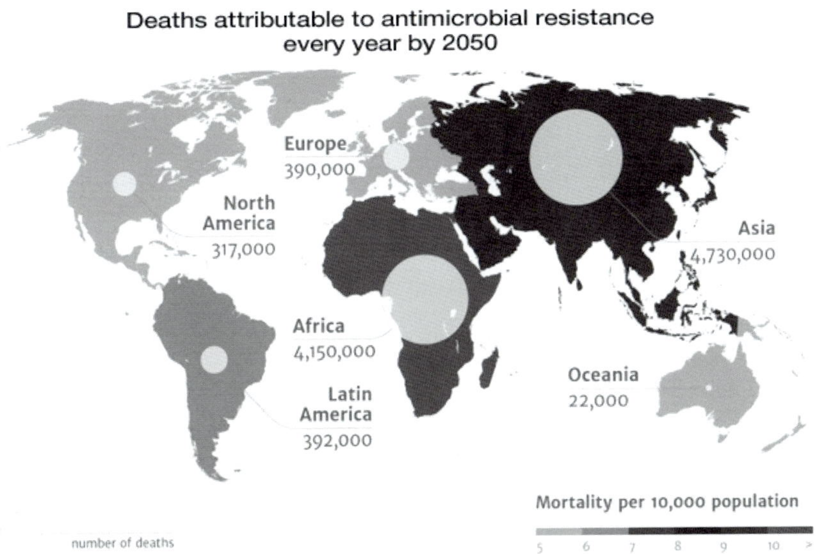

그림 1-9 2050년 항생제 내성에 의한 사망자

출처: CBS 뉴스 재인용(2010).

최근 미국의 케이스 웨스턴 리저브 의과대학(Case Western Reserve University School of Medicine)의 Sharon Meropol 연구팀(2017)은 소아전염병학회지(Journal of the Pediatric Infectious Diseases Society)에 2007~2015년 18세 이하 94,000명의 장내 항생제 내성에 대한 연구를 발표했다. 이들의 연구에 따르면 항생제에 대한 내성이 2007년 0.2%에서 2015년 1.5%로 8년 만에 7배 이상 증가한 것으로 나타났다. 또한 동 연구진은 항생제 내성에 의해 감염환자도 700% 이상 증가했다고 주장하였다(Meropol et al., 2017). 이처럼 특정한 약물을 지속적으로 사용할 경우 내성이 생겨 더 많은 양이 요구된다. 알코올 내성의 경우 시간이 흐를수록 술에 대한 저항이 줄어들며 자신도 모르게 전의 똑같은 양으로는 기분을 느낄 수 없어 더 많은 양을 복용하게 된다. 이런 현상은 결코 몸에 좋지 않으나 일반적으로 술이 세지면 몸도 같이 강해지는 것으로 착각하는 경우를 찾아볼 수 있다.

(3) 금단현상

금단현상(Withdrawal Phenomenon)이란 특정한 음식물이나 약물 또는 행위에 대하여 충동적·습관적·반복적으로 함으로써 이를 중단할 경우 여러 가지 병리적인 증상을 겪게 되는 것을 말한다. 금단으로 나타나는 증상은 다음과 같다(서울아산병원 홈페이지 인용).

금단현상의 신체상의 증세로는 식은땀이 나거나, 손을 떨고 심리적으로는 불안, 허탈감, 흥분과 환각 및 발작과 함께 의식을 잃고 호흡이 정지되어 사망에 이를 수도 있다. 금단현상이 나타날 정도가 되면 적절한 선에서 그동안의 행위를 중단하지 못한다거나 중요한 약속을 어기게 된다. 또한 자신의 의지로는 극복하지 못해 더욱 강력한 의존증으로 발전할 가능성이 커진다(그림 1-10 참조).

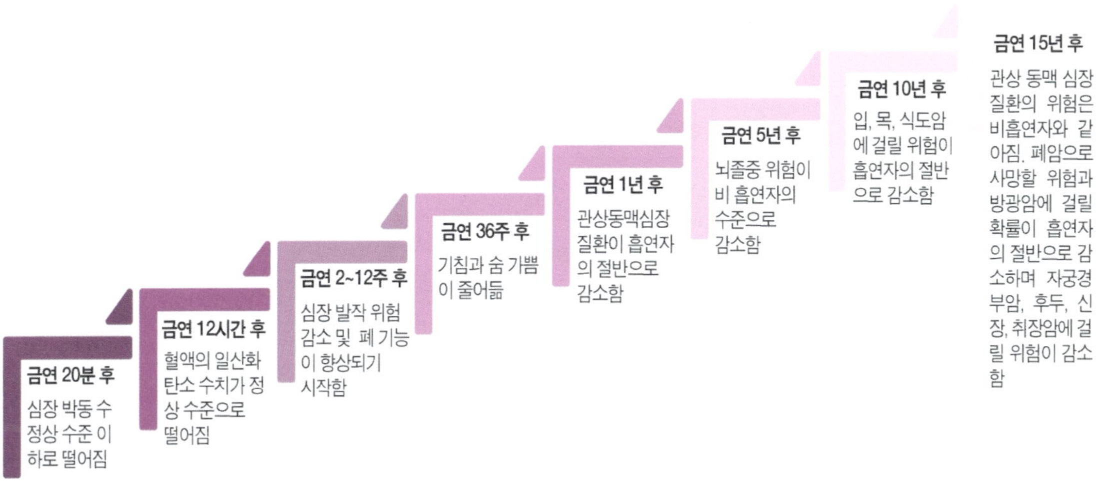

그림 1-10 금연기간에 따른 효과

(4) 집착

집착(Recurring Thoughts)은 중독자에게 나타나는 중요한 현상 중에 하나이다. 중독자의 집착은 일종의 병리적 증상으로 한 가지 생각이나 감정에 고착된 상태를 일컫는다(Hendricks, 1982). 집착은 일정한 것에 몰두하여 긍정적인 결과를 낳게 하는 집중과는 달리 부정적인 결말을 낳게 한다. 신경증 연구자들에 의하면 뇌의 세로토닌 수치가 낮아질 때 비합리적인 생각에 지나치게 몰두하게 되며 그 결과로 인해 집착이 발생한다고 한다. 중독자는 중독으로 인해 불안한 심리를 안정시키기 위해 어떤 특정한 약물과 행위에 집착하게 된다. 비록 자기에게 주어진 책임이 있고 사회적인 역할이 있음에도 이를 무시하거나 회피 또는 포기하면서까지 중독물질이나 행위에 집착하게 되는데 이는 전형적인 중독의 핵심증상이다(김충렬, 2011).

(5) 기분 변화

중독의 위험성 가운데 하나는 강박상태로의 기분변화이다. 강박증(Obsessive-Compulsive)이란 원하지 않는 생각과 행동을 반복하게 되는 불안장애에 속한다. 강박증은 강박사고와 강박행동으로 구분한다. 강박사고(Obsessions)는 반복적으로 발생하는 불합리한 생각이 의식을 지배하는 상태로, 예를 들어 악수할 때 오염에 대한 불안 때문에 손에 병균이 옮기지 않을까라는 생각과 문이나 가스 밸브를 잠갔는지 반복적으로 의심하며, 물건을 가지런히 순서대로 배열하려는 충동에 사로잡힌다. 강박행동(Compulsions)은 강박사고로 인해 발생한 불안을 해소하기 위해 반복적으로 취하는 행동을 말한다. 예를 들어, 악수한 후 병균에 오염되었을 것으로 의심을 하고 피가 날 정도로 손을 씻기도 하며 청소한 곳을 재차 닦고 또 닦고 잠긴 문을 수십 번 재확인하며 배열된 물건을 끊임없이 위치를 바꾸는 등의 행동을 반복한다(윤가현 외, 2013).

미국정신질환전국연합(NAMI, National Alliance on Mental Illness)은 강박증을 일명 의심병(disease of doubt)으로 진단한다. 전체 강박증 환자의 1/3 정도가 청결에 집착하여 집안 청소나 반복적으로 몸을 씻는 강박행동을 하며, 강박증 환자의 약 20%는 가벼운 집착 증세를 갖고 있는데 이들은 반복적으로 숫자를 세거나 특정 물건이나 상황을 회피하는 등의 방법으로 내면적으로 강박행위를 소화하는 것으로 알려졌다. 일반적으로 강박증은 노출 및 대응 치료(Exposure and Response Therapy), 현실자각 치료(Mindfulness-based Cognitive Therapy),[4)]

---

4) 현실자각 치료(Mindfulness-Based Cognitive Therapy): 영국 옥스퍼드대학교 임상심리학과 Mark Williams 교수와 그의 연구진이 개발한 인지 치료 프로그램으로 불교적 해탈이나 깨달음(Enlightment)이 아닌 자각(Awareness)을 통해 강박관념을 해소하는 것(Teasdale et al., 2014)으로 1979년 미국 메사추세츠 주립대학의 Jon Kabat-Zinn 박사의 현실자각을 통한 스트레스 완화(MBSR, Mindfulness-Based Stress Reduction) 치료법을 발전시킨 인지 치료법이다(Kabat-Zinn, 1982, 2003; Pickert, 2014).

약물 치료(Medication Therapy) 등이 있다. 이 가운데 가장 손쉬운 방법은 노출 및 대응 치료법으로 체계적 둔감법 및 포화법과 같은 방법으로 대응할 필요가 있다(최선화, 2016).

체계적 둔감법이란 문제가 되는 자극요소에 대한 강박관념을 없애기 위해 강도가 약한 상태로부터 시작하여 차츰 강도를 높임으로써 문제의 자극요소에 둔감해지도록 하는 방식이다. 예를 들어, 개를 무서워하는 사람에게 처음에는 멀리서 보게 하여 긴장감을 해소하며 차츰 가까이 하게 함으로써 노출에 대한 대응이 자연스럽게 이루어지도록 하여 차츰 자극요소에 대한 적응력을 높여가는 것이다. 포화법 역시 문제의 자극요소에 대하여 많은 정보를 제공하고 과다한 접촉을 시도하게 함으로써 두려움과 불안에서 벗어나게 하는 방법이다. 더러운 문고리에 대한 결벽증을 갖는 사람에게 같은 자극 요소에 강박환자를 노출시켜 본인 스스로가 문제의 자극요소를 이겨낼 수 있도록 도와주는 것이다.

이외에도 중독은 우울증과 조울증 등 양가감정과 같은 기분변화에 매우 위험하게 작용한다. 술을 마시는 사람의 40%는 우울증과 관련한 증상을 나타내며 이 가운데 남성은 5%, 여성은 10%가 우울증으로 진단되고 있다(www.netdoctor.co.uk, 2017). 우울증상이 없는 가운데서 음주나 도박에 중독되었을 때 우울증을 동반하게 되고, 또한 우울한 심리상태를 벗어나기 위해 알코올을 마시다가 우울증을 경험하게 된다. 우울증이 있든 없든 기분전환을 위한 행위는 중독에 이르게 되고 결국은 그만 두고 싶어도 자신의 힘만으론 중단할 수 없는 상태에 이르게 된다. 이처럼 중독의 위험성은 행위를 통해 중독자가 원하는 기분 변화를 이끌어내려는 것으로 시작했다가 오히려 그 가운데서 헤어나올 수 없는 병적 상태에 이르게 된다.

(6) 갈등

중독의 또 다른 위험성은 갈등을 일으키는 것이다.

"아내의 문제로 상담을 요청합니다. 직장을 퇴사한 이후 우울증을 호소하던 아내가 새로운 직장에서 일하게 되었습니다. 그런데 집에서 매일 인터넷 고스톱 게임을 합니다. 당연히 이를 그만두게 하자 운동하러 다닌다며 외출하였습니다. 그런데 매일 밤 12시가 넘어 집에 들어와 알아보니 PC방에서 인터넷을 하는 것이었습니다. 결국 이 일로 매일 아내와 다투고 있습니다. 어떻게 해야 할지 답변해 주시기 바랍니다."

이는 결혼 10년차 된 남자가 인터넷 고스톱 게임에 중독되어 있는 아내와 갈등하는 사례이다(조이상담치료센터 홈페이지, 2017).

또한 게임중독으로 인한 갈등이 끝내는 살인사건으로 이어지는 경우도 있다. 2010년 11월 16일 컴퓨터 게임에 빠진 중학생이 자신의 어머니를 목 졸라 살해한 후 죄책감에 자신도 스스로 목숨을 끊는 사건이 발생했다. 사건 발생 하루 전에도 어머니와 아들은 컴퓨터 게임 문제로 심하게 다투었다고 한다. 학생은 "게임을 한다고 어머니로부터 야단을 맞았고 어머니에게 해서는 안 될 짓을 했습니다. 죄송합니다."라는 유서를 남김으로써 살해 동기가 컴퓨터중독으로 인한 갈등이 원인이었음이 밝혀졌다(한국경제뉴스 2010. 11. 16). 이외에도 인터넷 게임 문제로 부모와의 갈등을 겪던 고교생이 입학식 날 아파트 옥상에 올라가 투신 자살하거나 전문의 시험을 준비하던 의사가 새벽까지 게임을 하는 것을 못마땅하게 여긴 만삭의 부인을 살해하거나 게임에 몰두한 자신을 꾸짖는 것에 불만을 품고 친모를 살해한 20대 아들이 범행 후에도 PC방에서 밤새 게임을 즐기는 등 중독으로 인해 주변인들과 갈등을 일으키게 된다. 일반적으로 가정 내에서의 갈등은 가족 구성원 중의 하나 또는 그 이상이 중독자인 경우가 대부분이다.

(7) 재발

재발이란 중독물질을 끊거나 조절해서 사용해보았으나 물질사용에 대한 지나친 갈망으로 인해 자제력을 잃고 재사용하게 된 상태를 의미한다. 후유증을 동반하고 있음에도 불구하고 약물 사용을 줄이거나 중단하는 데 실패한다면 중독의 재발로 보아야 한다. 일반적으로 재발은 갈망과 관계한다. 갈망은 재발의 가장 중요한 원인이며 여기에 뇌보상회로인 쾌감중추가 관여한다. 중독을 일으키는 물질이나 행위가 뇌보상회로를 자극하여 물질사용에 대한 의존성을 높임으로써 갈망이 증대하게 된다. 또한 중독자들은 중독과 관련된 어떤 사물이나 상황 또는 주변 사람들을 통해서도 갈망을 경험하기 때문에 이런 자극적인 환경에 직면하게 되면 재발 가능성이 높아지게 된다.

그림 1-11 물질의 의존과 재발

(8) 폭력 및 범죄 양산

중독은 폭력과 범죄 양산에도 기여하고 있음이 밝혀지고 있다. 김미선(2014)은 중독과 관련한 국내 연구 총 68권의 논문을 분석한 결과를 통해 중독과 범죄와의 관련성을 제시하였다. 그의 연구에 따르면 중독은 범죄의 매개 및 촉매역할을 한다는 연구가 전체 가운데 절반이 넘는 54.4%(37편)를, 그 다음으로 중독이 범죄를 유발한다는 연구가 29.4%(20편)라고 하며 이는 전체 연구 가운데 약 84%에 이르는 것으로 중독과 범죄는 뗄레야 뗄 수 없는 연관성이 있음을 주장하였다.

Rafaiee와 그의 연구진(Rafaiee et al., 2013)은 마약중독 치료제인 메타돈(Metadone)을 투여하고 있는 이란의 자히단(Zahedan) 감옥의 죄수 923명을 대상으로 중독과 범죄와의 관계를 조사한 결과 남용물질로 주로 이란 크랙(Iranian Crack; Cocaine 종류 마약), 아편 시럽(Opium Syrup), 메탐페타민(Methamphetamine, 필로폰 일종의 각성제), 헤로인(Heroin), 향정신성 약물(Psychotropic Pills), 대마초(Cannabis)를 사용한 것으로 조사되었다. 범죄에 관련한 약물은 크랙(Crack) 63.7%, 헤로인(Heroin) 52.4%, 아편(Opium) 43.8%, 아편시럽(Opium Syrup) 40.5%, 강도와 관련한 약물은 크랙(Crack) 63.3%, 헤로인(Heroin) 52.4%, 아편시럽(Opium Syrup) 22%, 아편(Opium) 21.6%, 살인과 관련한 약물은 아편(Opium) 21.6%, 크랙(Crack) 18.30%, 아편시럽(Opium Syrup) 14.5%, 헤로인(Heroin) 9.7%, 무장 강도와 관련한 약물은 헤로인(Heroin) 25%, 아편시럽(Opium Syrup) 22%, 크랙(Crack) 21.1%, 아편(Opium) 12.4%, 납치관련 약물은 아편(Opium) 4.3%, 아편시럽(Opium Syrup) 4.2%, 크랙(Crack) 2.6%, 헤로인(Heroin) 2.4% 등이 사용된 것으로 나타났다. 한편 해시시(Hashish), 향정신성 약물(Psychotropic Pills), 정제마약(Glass, 정제된 필로폰 일종), 메탐페타민(Methamphetamine) 등의 환각성 마약(Hallucinogenic Drugs)은 강도(Robbery)

와 마약 관련 범죄 그리고 무장 강도와 살인에도 관련있는 것으로 나타났다.

특히 중독자는 마약이나 아편 같은 중독물질을 얻기 위해 밀수, 마약 거래, 도둑질, 성매매와 같은 불법적인 범죄와 깊은 관련성이 있다고 주장하였다. 미국 알코올중독 및 약물 의존에 관한 전국협의회(NCADD, National Council on Alcoholism and Drug Dependence, 2015)에 따르면 수감자 중 80%가 마약이나 알코올 남용으로 인해 가정 폭력(Domestic Violence), 재산 위반(Property Offences), 공공질서 위반 및 음주 운전 등의 전력을 가진 사람들이며 전체 수감자 중 50%가 임상적으로 약물 또는 물질에 중독되어 있다. 이와 같이 마약과 범죄는 직접적으로 매우 관련이 있으며 약물남용은 기존의 범죄 활동을 증폭시키고 지속하게 한다. 일반적으로 약물중독과 관련한 범죄에는 약물사용관련 범죄(Use-Related Crime), 경제관련 범죄(Economic-Related Crime), 시스템관련 범죄(System-Related Crime) 등이 있다. 약물사용관련 범죄는 마약을 복용하거나 마약을 복용하는 사람들의 사고 과정과 행동으로 저지르는 범죄들을 말한다. 경제관련 범죄는 남용하는 약물 자금을 마련하기 위해 저지르는 범죄로, 절도와 매춘이 해당된다. 시스템 관련 범죄는 약물 시스템의 구조에서 비롯된 범죄로써 약물 생산, 제조, 운송, 판매와 관련한 밥그릇 싸움(Turf War)과 같은 범죄를 뜻한다.

최근 캘리포니아의 한 연구(2015)에 따르면 약물 및 알코올로 인해 가정 폭력 혐의로 체포된 사람이 38%에 이른다. 시애틀에서는 모든 경찰 사건 중 24.1%, 노스캐롤라이나 주에서는 45%, 뉴멕시코에서는 65%가 마약 및 알코올에 의한 것으로 조사되었다(Klein, 2015). 이외에도 시카고 가정 폭력 법원은 피고인의 약 61%가 술이나 마약의 문제를 가지고 있다고 판결했다. 마약과의 전쟁(War on Drugs)이 공식화된 1982년 이래 미국의 마약 범죄로 수감된 사람들의 숫자는 1980년 40,900명에서 2016년 450,345명으로 약 11배나 급증하였다. 이는 일반 범죄인들보다 수적으로도 많으며 또한 일반인의 범죄율이 하락한 기간에도 증가하였음을 나타낸다(그림 1-12 참조). 이와 같이 중독은 범죄양산에 심각한 양상을 보이고 있다고 할 수 있다.

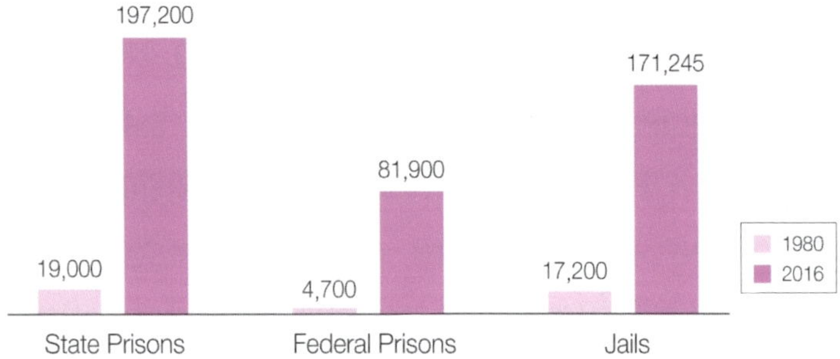

◌ 그림 1-12 ◌ **1980-2016년 마약범죄 수감자 현황**

출처: Bureau of Justice Statistics(1980-2016, 2018).

(9) 사회적 · 직업적 장애

중독의 마지막 단계라 할 수 있는 증상으로는 사회적·직업적인 장애이다. 어떤 물질이나 행위에 중독이 될 경우 직장, 학교, 가정 등의 일상생활에 적응을 못하며 대인관계에서 반복적으로 문제를 일으키거나 악화시켜 관계가 단절되는 지경에 이르게 된다. 또한 부모나 배우자의 만류도 듣지 않으며 갈등이 심해져 결국은 가정파탄에 이르게 된다. 이외에도 중요한 사회적, 직업적 혹은 가까운 친지들과의 취미활동을 포기하거나 줄이게 되고 업무상 필요한 약속을 어기며 직장이나 학교생활에 소홀하게 되어 고립감이 심화되어 끝내는 단절에 이르게 된다.

(10) 합병증

중독으로 인한 합병증(Complication)으로는 의학적 합병증(Medical Complication)과 정신과적 합병증(Psychological and Mental Complication), 가족질병

(Family Disease) 등이 있다. 여기에서는 의학적 및 정신과적 합병증에 대하여 살펴본다. 가족질병은 합병증이라기보다는 중독자에 대한 역기능적인 면을 의미하는 것으로 여기서는 제외한다.

의학적 합병증에는 면역 기능의 저하 및 약물 투여 방법에 따른 합병증이 있고 정신과적 합병증에는 우울증 및 자살, 불안발작 및 약물로 인한 부작용으로 나타나는 정신병 등이 있다. 먼저 약물에 의한 중독은 인체 내의 신경전달물질이 비정상적으로 분비함으로써 순환조절에 장애를 유발하여 외부에서 침투하는 세균 및 병원균에 대한 면역기능을 저하시킨다. 예를 들면, 혈액 중에 요산 수치가 높아져 발가락과 발꿈치 등의 관절 부위에 발생하여 바람만 스쳐도 극심한 고통을 느끼는 통풍 질환은 술을 많이 마시는 알코올중독자와 비만인 사람에게 많이 발생하게 된다. 특히 맥주에는 통풍을 일으키는 퓨린(purines) 함량이 일반 술에 비해 5배나 많이 함유하고 있어 이를 피해야 한다.

또한 약물의 투여 방법에 따라 합병증을 유발한다. 본드, 부탄가스, 대마초와 같은 호흡기를 통해 흡입되는 물질은 축농증, 코뼈의 삐뚤어짐, 만성 기관지염, 만성 폐쇄성 호흡기 질환, 폐렴, 폐결핵 등의 합병증을 유발하고, 주사기와 같은 기기를 공용으로 사용할 경우 전염성 질환 감염 및 후천성면역 결핍증 외에 정맥염, 심장내막염, 혈전증, 피부염 등이 발생하게 된다. 이외에도 약물을 잘못 사용할 경우 위와 관련한 질환을 비롯하여 십이지장궤양, 간경화, 췌장염, 당뇨병, 고혈압, 중풍, 암, 성불구, 수태능력장애 및 기형아 출산 등의 합병증을 유발한다. 산모가 임신 기간 동안 지나치게 알코올을 많이 마실 경우 태아 알코올 증후군(FAS, Fetal Alcohol Syndrome)과 기형아 출산으로 인한 여러 가지 합병증을 가져올 수 있다(Grinspoon et al., 1980; Koob et al., 2005).

정신과적 합병증은 우울증 및 자살, 불안발작 및 약물로 인한 부작용으로 구분할 수 있다. 약물에 의한 정신과적 합병증은 주로 우울성향을 나타낸다. 약물을 투여하는 동안에는 기분이 좋았다가도 약기운이 떨어지게 되면 기분이 저하되는 등 극심한 기분변화로 인해 자칫 잘못하면 신경전달 물질 조절 기능에 이상이 발생하여 만성적인 우울증을 겪게 된다. 그리고 우울증을 방치할 경우 자살충동과 더 나아가 실제로 자살을 시도하는 등의 문제를 낳게 된다. 이외에도 정신과적으로 불안 및 공황 발작을 동반하여 매사에 정상적인 생활은 물론 사소한 일마저도 할 수 없게 된다. 또한 약물로 인한 정신병의 합병증은 피해망상과 같은 정신분열증을 유발하게 된다. 특히 히로뽕이나 코카인, 본드 및 부탄가스 등도 정신분열증을 일으키는 대표적인 물질로 알려져 있다. 이와 같이 약물에 의한 중독은 이를 사용하는 중독자에게 심각한 합병증을 동반함으로써 자칫 평생 고착되는 경우가 있다. 따라서 중독 예방 및 중독 치료에 만전을 기해야 한다.

4. 중독 현황

2015년 마약·알코올 등 중독 치료를 위한 온라인 컨설팅업체인 Recovery Brands는 유엔 마약 범죄국(UNODC, United Nations Office on Drugs and Crime)의 마약 관련 보고서를 토대로 국가별 마약 중독자수와 유통 마약류 등에 관한 통계 자료를 발표하였다. 자료에 의하면 100만 명당 마약중독자의 수는 뉴질랜드(14,392명), 이란(14,191.7명), 호주(9,168.4명), 아이슬란드(8,466.4명), 투르크메니스탄(7,863.8명), 미국(6,960.4명), 태국(6,504명), 캐나다(2,877.3명), 말레이시아(2,497.3명), 볼리비아(2,329.8명) 순이었으며(그림 1-13 참조). 기타 러시아(602.2명), 중국(343.2명), 일본(192.3명), 한국(0.6명) 등의 분포를 나타냈다. 세계인들이 가장 선호하는 마약은 마리화나(Cannabis)이며, 아이슬란드, 사우디아라비아, 스웨덴, 일본, 한국, 태국, 라오스, 필리핀 등은 엄격한 마약류 단속과 처벌에 따라 암페타민류(Amphetamine/필로폰)의 마약이, 이란, 미국, 러시아, 중국 등은 아편류의 합성 마약이 주로 유통되고 있는 것으로 나타났다.

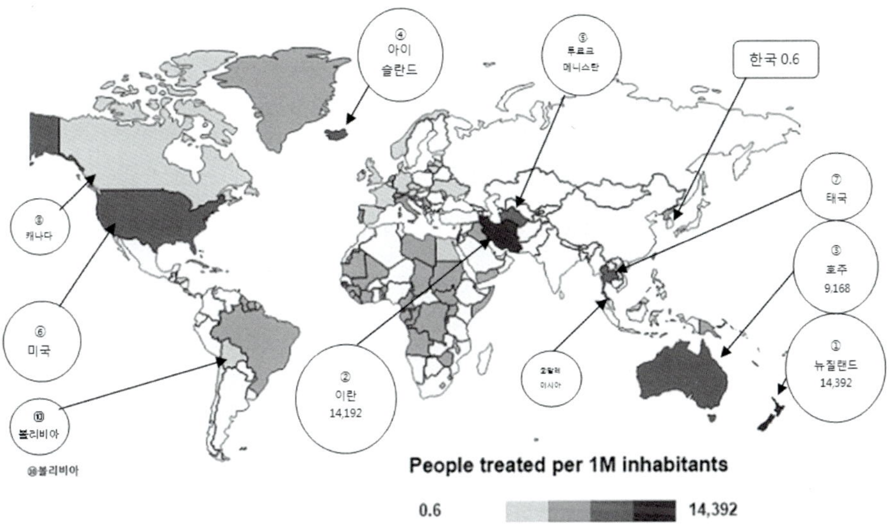

①뉴질랜드(14,392) ②이란(14,192) ③호주(9,168.4) ④아이슬란드(8,466.4) ⑤투르크메니스탄(7,863.8)
⑥미국(6,960.4) ⑦태국(6,504) ⑧캐나다(2,877.3) ⑨말레이시아(2,497.3) ⑩볼리비아(2,329.8)

그림 1-13 **국가별 마약중독자 현황**

출처: Recovery Brands 홈페이지(2015).

마약 오·남용에 따른 사망자 비율 순위에서는 아이슬란드(211.7명), 미국(194.6명), 에스토니아(136.7명), 캐나다(101.2명), 호주(88.5명), 핀란드(81.1명), 덴마크(78.8명), 노르웨이(77.1명), 러시아(72명), 스웨덴(57.9명), 크로아티아(55.5명), 영국(43,7명), 스페인(42.3명), 오스트리아(35.6명), 리투아니아(30.4명), 스위스(25.9명), 도미니카공화국(21.7명), 카자흐스탄(21.5명), 벨라루스(18.2명), 멕시코(17.8명), 독일(17.5명) 등의 순이었다. 통계 비율에 따르면 주로 유럽과 북미 국가들에게서 마약중독으로 사망하는 비율이 높았다

한편 국민건강보험공단의 자료에 의하면(2010~2015년) 우리나라의 경우 전 국민의 약 13%가 흡연, 음주, 마약, 인터넷 등 4대 중독 위험군에 속하며, 증가 추세에 있다고 하였다. 학계와 정부부처 등이 추정한 중독별 분포를 살펴보면 알코올중독자 155만 명, 마약중독자 10만 명, 도박중독자 220만 명, 인터넷중독자 262만 명 등 국내 4대 중독자 수는 총 647만 명에 이른다. 장기화된 경제 불황, 소통이 단절된 인간관계, 불투명한 앞날 등 현실의 시름을 잊기 위해 가상 세계를 탐닉하고 특정한 물체나 행위 등의 중독에 빠지는 사람들이 늘고 있는 것이다.

과학기술정보통신부와 한국정보화진흥원은 2017년 스마트폰·인터넷 과의존(중독) 실태조사에서 만 3~69세 이하 스마트폰 이용자 중 전체 스마트폰 과의존 위험군(고위험군+잠재적위험군)은 18.6%(7,860,000명)로 조사되었다. 유·아동 19.1%로 576,000명, 청소년 30.3%로 1,523,000명, 성인 17.4%로 5,510,000명, 60대 12.9%로 451,000명으로 집계되었다. 이는 2016년(17.8%) 대비 0.8% 증가하여 상승폭은 다소 둔화된 것으로 나타났다. 하지만 전 연령가운데 유·아동 과의존위험군이 최근 3년간 6.7%로 증가하여 저연령층에 대한 대책마련이 시급한 실정이다.

유·아동의 스마트폰 과의존 실태조사에서 최초로 조사된 2015년 12.4%, 2016년 17.9%, 2017년 19.1%로 지속 증가하는 추세를 보이고 있다. 청소년의 경우 2015년 31.6%, 2016년 30.6%, 2017년 30.3%로 소폭 감소 추세를 보이고 있으나 성인은 2015년 13.5%, 2016년 16.1%, 2017년 17.4%를 나타내고 있으며 60대 또한 조사가 시작된 2016년 11.7%에서 2017년 12.9%를 나타내고 있어 성인과 60대 연령층은 지속적인 증가를 나타내고 있다(그림 1-14 참조). 한편 대상별 과의존위험군의 경우 유·아동은 현저성-문제적결과-조절실패 순으로, 청소년과 성인은 조절실패-현저성-문제적 결과 순으로, 60대는 조절실패-문제적결과-현저성 순으로 경험하는 것으로 나타났다. 이외에도 대상별 과의존위험군의 스마트폰 주 이용 콘텐츠는 유·아동은 게임(89%), 영화, TV, 동영상(71.4%) 순이며, 청소년은 메신저(98.8%), 게임(97.8%), 음악(82.6%) 순으로, 성인과 60대는 메신저, 뉴스검색 순으로 이용하고 있는 것으로 조사되었다(과학기술정보통신부·한국정보화진흥원, 2018).

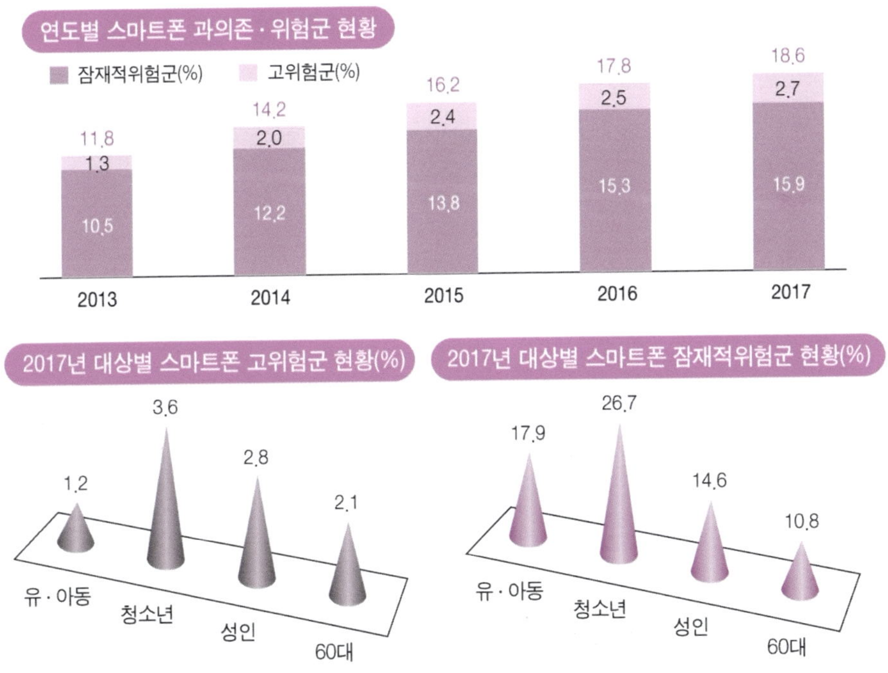

그림 1-14 **연도·대상별 스마트폰 과의존 실태**

출처: 과학기술정보통신부·한국정보화진흥원, 2018.

그리고 연도·대상별 인터넷 과의존 실태 조사에서 인터넷 이용자 중 1.2%(48만 1,000명)는 고위험군, 5.6%(220만 1,000명)은 잠재적 위험군으로 조사되었다. 특이하게도 인터넷 이용자 가운데 고위험군은 0.6%('14년 1.8%→'15년 1.2%)가 감소한 반면, 잠재적 위험군은 0.5%('14년 5.1%→'15년 5.6%) 증가한 것으로 나타났다. 인터넷 이용자 조사시점인 2006년 고위험군은 0.5%('06년 1.7% → '09년 1.5% → '12년 1.5% → '15년 1.2%), 잠재적 위험군은 1.9%('06년 7.5% → '09년 7.0% → '12년 5.7% → '15년 5.6%) 하락한 수치이다. 또한 인터넷 이용자 가운데 청소년 고위험군은 2.7%, 잠재적 위험군은 10.4%로 2014년 대비 각 0.2% 감소 및 0.8% 증가한 수치로 성인(고위험군 1.0%, 잠재적 위험군 4.8%)의 약 2배 이상으로 나타났다. 결과적으로 스마트폰 위험군은 증가하는 반면에 인터넷 위험군은 소폭 감소하고 있어 전반적으로 과의존 위험성이 인터넷에서 스마트폰으로 옮겨가는 추세를 보이고 있다(그림 1-15 참조).

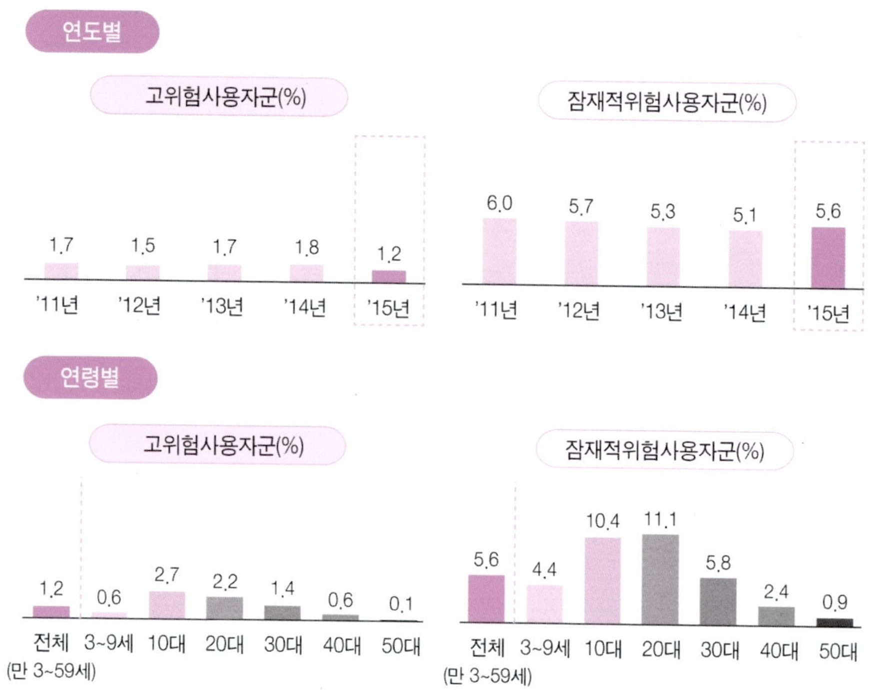

그림 1-15 연도 · 대상별 인터넷 과의존 실태

출처: 미래창조과학부(2016).

CHAPTER 02

중독의 역사와 이론적 배경

이 장에서는 중독의 역사와 중독에 대한 학자들의 이론에 대하여 살펴보고자 한다. 불행하게도 오늘날 약물 및 기타 물질에 의해 다양한 중독문제가 양산되고 있다. 일찍이 고대사회의 물질 남용에 의한 중독현상은 현대사회가 느끼는 정도만큼 그다지 심각하게 받아들여지지 않았다. 고대사회는 음식이나 드링크와 같은 차원에서 물질 남용을 가져왔다. 이 장에서 우리는 역사적으로 물질에 의한 중독과 삶이 어떤 관계를 가져왔는지를 알게 될 것이다(Crocq, 2007).

1. 중독의 역사

역사적으로 중독은 향정신성물질 사용에 의해 이루어졌다. 향정신성물질 사용은 주로 제사장과 의사 그리고 일반인에 이르기까지 광범위하게 일반화된 고대사회였다.

1) 종교 의식에 사용된 중독물질

고대사회에서 제사장들은 종교 의식을 거행할 때 버섯 종류를 사용하였다. 고대의 성직자나 무당(Shaman)들이 주로 사용한 버섯은 광대버섯(Amanita Muscaria)

으로 중앙아시아의 제사장들은 무아지경을 경험하기 위해 환각 작용에 탁월한 광대버섯과 같은 식물을 4000년 동안 사용하였다. 시베리아 지역에서는 18세기 말까지 광대버섯을 사용했다는 기록이 있다. 당시 무당들은 광대버섯을 섭취한 후 소변을 받아 마시기도 했다고 한다. 한편 고대 인도에서 광대버섯은 종교적으로 매우 중요시 여겨졌다. 인도 경전 리그베다(Rigveda)에 언급된 환각물질 소마(Soma)는 광대버섯을 지칭하는데, 이는 이란의 조로아스터교(Zoroaster, B.C. 6, 페르시아에서 시작됨)의 신성한 음료인 호마(Haoma)의 성분이기도 하다.

그림 2-1 광대버섯(Amanita muscaria)

출처: Pixabay/CC0 Creative Commons.

광대버섯은 무시몰(Muscimol)과 이보텐 산(Ibotenic Acid)이 들어있어 섭취 시 환각 증세를 일으킨다. 광대버섯을 섭취할 경우 마치 광대와 같이 발작적으로 웃거나 미친 듯이 우울해 하기 때문에 붙여진 이름이다.

2) 의약용으로 사용된 중독물질

오늘날 중독을 일으키는 물질들 대부분은 인류 역사에서 약물로 사용되었다. 고대 그리스어에서 Nepenthe(νηπεΘΘές)는 슬픔을 대처하거나 치료하는 가장 오래된 항우울제 중 하나였다. 아편(Nepenthes Pharmakon)의 의약적 사용은 기원전 9세기 호메로스(Homeros, B.C. 8, 그리스의 시인)의 오디세이(Odyssey)에서 찾을 수 있다. 오디세이 제4권(220, 281)에 의하면 Nepenthes는 Ne(비)와 Penthos(슬픔, 우울)의 합성어로 '비 슬픔'(Not-Sorrow) 또는 '반 슬픔'(Anti-Sorrow)으로 "슬픔을 잊게 하는 것"(νη πενΘές)이라는 의미를 갖는다. "...εἰς οἶνον βάλε φάρμακον, ἔνΘεν ἔπινον, νη πενΘές τ' ἄχολόν τε, κακῶν ἐπίληΘον ἁπάντων." 또한 호메로스는 오디세이에서 트로이의 Helen이 이집트의 여왕 Polydamma로부터 Nepenthes Pharmakon을 받아 그리스 전사들을 치료하였다고 하였다. 그녀는 포도주에 마약(Nepenthes)을 타서 병사들에게 마시게 함으로써 고통과 분노를 풀고 모든 슬픔을 망각하게 만들었다고 한다.

18세기 이후 대부분의 해석자들(Exegetes)은 아편으로부터 마약이 파생되었다고 한다. 이들에 따르면 기원전 3000년 수메르 사람들은 티그리스-유프라테스 강 주변에서 양귀비를 재배하였으며 양귀비 씨앗에서 아편을 분리했다고 한다. 당시 양귀비를 기쁨 식물(Hul Gil)이라고 불렀다. 인류 역사상 가장 오래된 의학 문서 중 하나인 에버스 파피루스(Ebers Papyrus)에는 과도하게 보채며 우는 어린이를 치료하기 위해 양귀비 씨앗에서 추출한 아편을 파리똥에 섞어 3일간 사용하도록 하였다. 16세기에는 Nepenthes를 아편제(Laudanum)로 취급하여 20세기 초까지 불면증, 심장 및 전염병, 치통완화제 등으로 일반인들에게 사용하도록 권장하였으며 의사의 처방이 없이도 일반 상점에서 구입할 수 있었다. 특히 빈곤층의 사람들은 병의 치료에 술이나 와인보다 저렴한 아편을 사용하였으며, 이 시기 현대 정신의학의 창립자 중 한 명인 독일 정신과 의사인 Wilhelm Griesinger

(1817-1868)는 우울증 치료에 아편 사용을 권장하였다.

한편 물질 사용의 남용이 해가 된다는 사실은 기원전 323년에 알렉산더 대왕(Alexander the Great, B.C. 356-323)의 사망으로 알려지게 되었다. 영국의 일간지 인디펜던트(Independent, 2014)에 의하면 알렉산더 대왕은 독초로 만든 와인을 마시고 서서히 죽음에 이르렀다고 전한다. 뉴질랜드 국립유독물센터 독물학자인 레오 쉬프(Leo Schep) 박사는 베라트럼 알붐(Veratrum album)이 직접적인 사망의 원인이라고 하였다. 베라트럼 알붐은 백합과의 독초로 구토 시 사용되는 약초라고 한다. 고대 그리스 역사학자 디오도루스(Diodorus Siculus, B.C. 1세기 활동)는 알렉산더의 죽음에 관해 큰 그릇에 담긴 와인을 마신 뒤 고통스러워했다고 하여 쉬프 박사의 주장을 뒷받침하였다. 또한 아리스토텔레스(Aristotle)는 알코올의 중단으로 나타나는 금단 현상을 언급하였으며, 임신 중 음주가 해가 될 수 있다고 경고했다. 로마 의사 Celsus(1세기)는 술에 의존하는 것은 질병이라고 하였다(Berrios et al., 1995).

3) 오락을 위해 사용된 약물

일반적으로 예부터 오락을 위해 사용된 물질은 알코올, 니코틴 및 카페인이다. 이들 물질은 잠재적으로 중독성이 있지만 약한 향정신성으로 맛과 향이 좋아 오락을 위한 필수품으로 간주되었다. 이러한 물질은 전통적으로 정상적인 사람들에 의해 그들의 사회적 상호 작용의 매개체 역할을 위해 주로 사용되었다. 이슬람문화와 고대 중국, 인도, 그리스, 로마, 스위스 등에서는 해시시(Hashish, 대마초)가 오락을 위한 흡입제로 사용되었고, 고대 남미사람들은 담배와 코카잎사귀를, BC 3400년경 메소포타미아 남방에 거주하던 수메르인들은 헐길(Hul Gil, 기쁨)이라고 불리는 아편을 오락을 위한 물질로 사용하였다.

알코올은 고대에 발견되는 것 중의 하나로 포도에서 발효된 물질을 일컫는다.

알코올(와인)은 이집트와 메소포타미아 지역에서 발전한 것으로 볼 수 있다. 이러한 근거로는 메소포타미아 유역의 하나인 그루지야(Georgia)에서 BC 8000년경의 포도압착기가 발견되었으며, BC 7500년경의 와인 저장실이 이집트와 메소포타미아에서 발견되었다. 또한 BC 4000~3000년에 사용된 와인을 담은 항아리, 그리고 이집트에서는 포도 재배와 와인 제조법이 새겨진 BC 3500년경의 유물이 발견되었다. 이외에도 BC 2000년 바벨론의 함무라비법전은 와인의 상거래에 관한 내용을 담고 있다(Johnson, 1989). 고대사회의 인류는 자신들이 숭배하는 신에게 와인을 바쳤고 의식, 축제, 상거래 등에도 사용되었다. 이집트인들은 오시리스(Osiris)에게, 그리스인들은 디오니소스(Dionysos, 술의 신)에게 감사의 뜻으로 바쳤다. 또한 성경에서 노아는 홍수가 끝난 후 포도농사를 지었으며 와인을 마시고 벌거벗고 부끄러운 줄도 모르고 잠에 취해 자는 모습을 기록하고 있다(창세기 9:20-21). 커피는 유럽인들이 식민지에서 들여와 유럽인들 사이에 널리 사용되다가 15세기 말 이슬람 세계 전역으로 전파되었다.

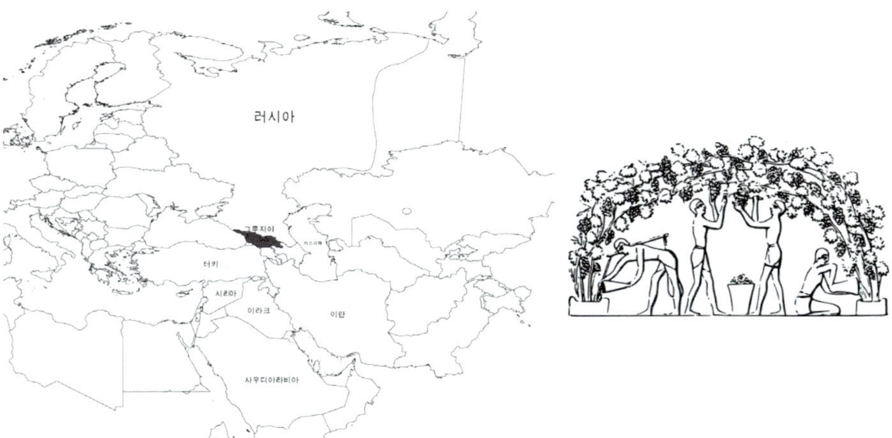

그림 2-2 그루지야 및 이집트의 포도재배 벽화

출처: Pixabay/CC0 Creative Commons.

4) 세금징수를 위한 물질

고대국가에서는 중독물질의 남용을 통제하기보다는 소비세를 징수하기 위한 수단으로 사용하였다. 고대 이집트와 바빌론의 통치자들은 수익을 위해 생산 및 판매를 독점했다. 즉, 통치자들은 자유로운 공급과 지리학적 접근성을 통해 소비를 제한하는 법령을 선포하였다(Austin, 1985).

최근 우리나라에서는 담뱃값 인하를 두고 정치권이 들끓고 있다. 당초 담뱃값을 올리려 했던 이유는 국민건강을 위한 것이라고 하였다. 하지만 담뱃값을 인상하면 흡연인구가 줄어들 것이라는 예상과는 달리 초창기 큰 폭으로 떨어졌던 흡연율이 오름세로 돌아섰다.

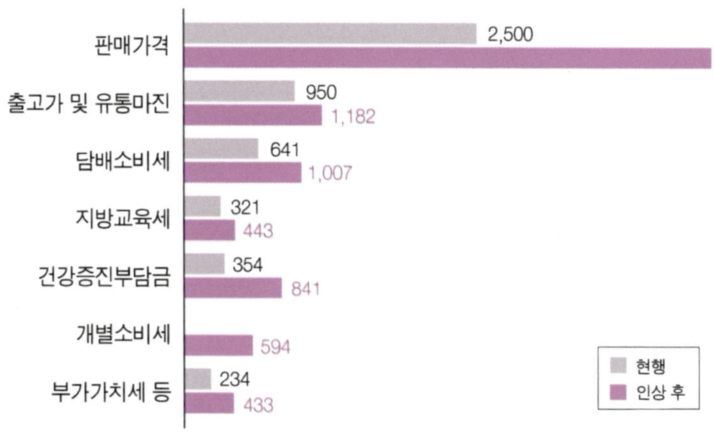

그림 2-3 **담뱃값 2,000원 인상 시 세금 및 부담금 변화(단위: 원)**

출처: 범정부 보도자료(2014).

질병관리본부(KCDC, Korea Centers for Disease Control and Prevention)의 2016년 지역사회건강조사에 따르면 우리나라 성인의 흡연율은 22.5%로 전년도에 비해 0.3%p 증가한 것으로 나타났다. 성인 남성의 흡연율도 2015년 41.5%로 전년대비 3.8%p 떨어졌지만 2016년에는 41.9%로 0.4%p 증가하였다. 지역사회

건강조사가 시작된 2008년 이후 2009년 26.7%로 정점을 찍었던 흡연율은 해마다 소폭 감소세를 보이다 담뱃값이 인상된 2015년에는 22.2%로 전년에 비해 1.8%p로 크게 떨어졌다.

한편 기획재정부(MOSF, Ministry of Strategy and Finance)의 발표에 의하면 2016년 담뱃값 인상으로 걷힌 세금이 10조 5,340억 원으로 2015년 6조 9,372억 원보다 51.3% (3조 5,608억 원)이 증가하였다.

표 2-1은 고대로부터 현대까지의 중독물질의 역사적 변천과정을 나타낸다. 도표에 의하면 고대사회에서는 아편이나 대마초, 코카인, 담배 등을 주로 의학·제사·오락용으로 사용한 반면에 현대에 들어와서는 대부분 의학용과 오락용으로 남용 또는 오용하는 사례로 점차 양상이 바뀌어가는 모습을 볼 수 있다.

표 2-1 **중독물질의 세계역사**

시기	나라	중독물질
신석기시대 (BC 1만년)	이라크, 호주	Ephedra(흥분제, 향정신성 식물재배), 알코올(맥주)이 빵보다 주요한 산물
BC 6000	중국	Cannabis(대마초): 의학, 제사, 오락용
	남미	Tobacco(담뱃잎), Coca(코카잎): 흥분제
BC 5000	수메르	Opium(아편): Hul Gil(기쁨의 식물), 세계최초문헌
BC 3750	북미(원주민)	Peyote(mescaline) 선인장에서 추출한 마약: 주술용
BC 3500	이집트	Alcoholism(알코올중독), Cocaine(코카인), Nicotine(니코틴)
BC 2500	스위스	Cannabis(대마초: 오락) 현재도 사용함
BC 2000	인도	Cannabis(대마초: Bhang), 인도대마(방)
BC 450	그리스	Opium(아편): 의학용, Cannabis(대마초): 오락용, 의학용
BC 300	칼리비안(남미)	Hallucinogenic drugs(환각제 흡입)
70	로마	Opiate(아편제), Cannabis medicines(대마제): 대중사용으로 중독양산
1000 ~1400	아라비아	Hashish(말린 대마잎): 대중사용
	중세(유럽)	Opium(아편), Alcohol(알코올): 중독자 양산

(계속)

<table>
<tr><td rowspan="2">1400
~1700</td><td>전 세계</td><td>Tobacco(담배): 흥분제, 중독자를 고문과 사형시킴</td></tr>
<tr><td>네덜란드</td><td>Gin(알코올)(1600): 유럽 전역에 알코올중독자 양산</td></tr>
<tr><td rowspan="7">1800년대</td><td>독일
(Sertürner)</td><td>Morphine(모르핀): 아편에서 추출(1803), 과학자들과 마약중독자들이 관심을 가짐</td></tr>
<tr><td>중국과 영국
(Opium
Wars아편전쟁)</td><td>Opium Wars(아편 전쟁): 제1차 전쟁(1839~1842), 제2차 전쟁(1856~1860), 중국의 패배로 아편 확산, 중독자 양산, 미국으로 확산됨</td></tr>
<tr><td>프랑스
(Pravaz)</td><td>피하주사침(Hypodermic Needle)의 발명(1853), 시민전쟁 중 병사와 일반인들을 심각한 중독에 빠뜨림</td></tr>
<tr><td>독일
(Niemann)</td><td>Cocaine(코카인): 코카 잎에서 추출(1859), 마취효과, 정신질환자에 처방(Freud)</td></tr>
<tr><td>루마니아
(Lazar Edeleanu)</td><td>Amphetamines(각성제) 추출(1887), 1,2차 세계 대전 때 군인들이 사용함. 독일병사들 3,500만 개 복용(2차 세계 대전 중)</td></tr>
<tr><td>독일
(Bayer제약사)</td><td>Beyer사에서 모르핀중독 치료제로 Heroin 개발, 모르핀의 4~8배 중독성을 가짐</td></tr>
<tr><td colspan="2" style="display:none"></td></tr>
<tr><td rowspan="4">1920
~1940년대</td><td>미국
(Prohibition era
금주법 시대
(1920~1933)</td><td>성만찬용 포도주만 허용, 알코올의 개인 소지나 복음 금지, 알코올 소비 절반으로 떨어짐, 마피아와 같은 폭력조직 양산 계기 됨(밀주 유통산업)</td></tr>
<tr><td>미국
(Victor Maddox)</td><td>Phencyclidine(펜사이클리딘): PCP(각성제), 천사의 가루(angel dust, 천당에 간 느낌), 멕시코 습지 버섯에서 추출(1926), 1956년까지 사용하다 중단됨. 수의용</td></tr>
<tr><td>미국
(Marijuana
Prohibition
마리화나 금지법)</td><td>환각제, Marijuana 세금 법률제정(1937): 마리화나 사용금지 및 마리화나 제품 추방목적</td></tr>
<tr><td>스위스
(Albert Hoffman)</td><td>LSD 반 합성환각제(Lysergic Acid Diethylamide): 환각제, 맥각균(호밀)을 연구하다 실수로 합성됨(1938). 1960년 마약문화 시초</td></tr>
<tr><td>1960년대</td><td rowspan="2">전 세계
(Drug Culture 마약
문화)</td><td>남녀동등권 운동과 자유연애(free love)문화가 마약문화와 함께 확산됨(LSD, Marijuana 등)</td></tr>
<tr><td>현대</td><td>향정신성물질로 비합법으로 규정, 처벌</td></tr>
</table>

출처: http://recoveryfirst.org/world-history-of-drug-use.html/ 수정요약 인용.

2. 중독의 이론적 배경

물질 중독에 대한 이론은 유전 이론(Genetic Theory), 신진대사 이론(Metabolic Theory), 조절 이론(Conditioning Theory), 적응 이론(Adaptation Theory) 등 네 가지로 요약할 수 있다.

1) 유전 이론

유전 이론(Genetic Theory)은 의료모델(Medical Model)이라고도 불리며 중독 원인을 유전적 메커니즘으로 여기는 이론이다. 유전 이론은 그동안 중독성 행동이 유전적인지 아니면 환경적 요인인지를 알기 위해 여러 연구가 시도되었다. 이러한 노력 가운데 하나가 비알코올성 가정에 입양된 알코올중독 부모에게 태어난 아이들을 조사한 결과이다. Goodwin과 그의 연구자들(1973)에 의하면 알코올중독자의 가정에서 태어나 자란 아이들이 그렇지 않은 가정에서 태어나고 자란 아이들에 비해 최대 4배가량 중독 비율이 높은 것으로 나타났다. Jellinek (1952, 1960)에 의하면 알코올중독은 당뇨병이나 암과 마찬가지로 질병으로 간주되어야 한다고 주장한다. 유아기에 다른 가족에 의해 양육된 성인 쌍둥이의 생활 방식을 연구한 Foroud와 연구진(2010)은 부모가 알코올중독자이면 건강한 집안에 입양되더라도 알코올중독에 빠질 가능성이 높다고 하였다. 또한 일란성 쌍둥이 중 한 명이 알코올중독자이면 다른 형제도 알코올중독이 될 확률이 이란성 쌍둥이 형제에 비해 훨씬 높다고 한다.

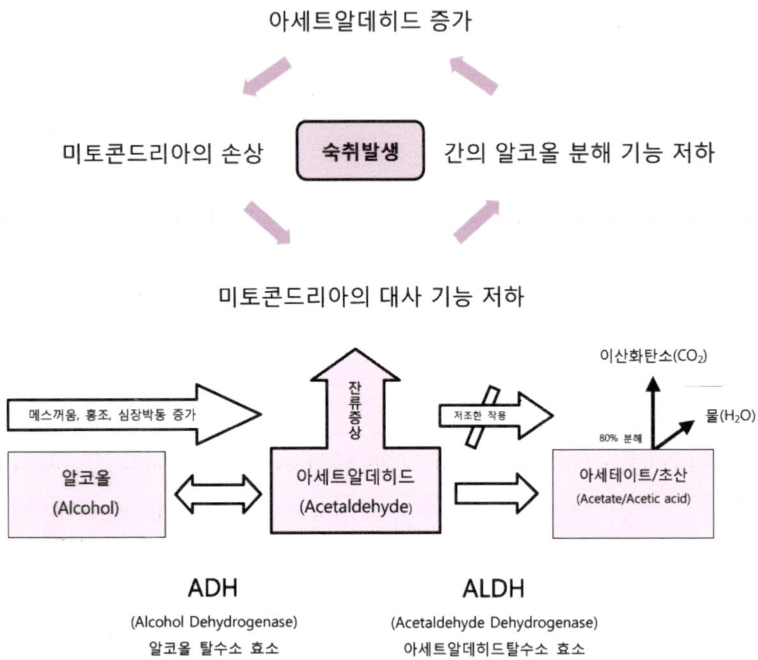

그림 2-4 **알코올 분해 과정**

출처: Foroud et al., 2010 재구성 인용.

알코올이 우리 몸에 흡수될 경우 대뇌 피질 속 수용체의 지시에 의해 간세포에서 알코올 탈수소효소(ADH, Alcohol Dehydrogenase)를 분비하여 알코올을 물(H_2O)과 이산화탄소(CO_2) 그리고 독성물질인 아세트알데히드(Acetaldehyde)로 분해한다. 이어서 우리 몸은 아세트알데히드를 해독하기 위해 아세트알데히드 탈수소효소(ALDH, Acetaldehyde Dehydrogenase)를 분비하여 아세트알데히드를 아세테이트(Acetate, 초산)로 변화시키게 된다. 이러한 과정에서 체내에 흡수된 알코올은 80%가량만 분해되고 나머지 20%는 마이크로좀 산화계(MEOS, Microsom Ethanol Oxidation System, 간 해독 효소)에 의하여 분해된다. 이와 같이 알코올 분해효소인 아세트알데히드 탈수소효소(알코올 분해 유전자)가 얼마나 분비되느냐에 따라서 중독여부가 달라지는 것이다(그림 2-4 참조).

한편 뇌 화학 연구(Brain Chemistry Research)에 따르면 약물 남용자는 정상인보다 낮은 수준의 신경전달물질인 도파민 수용체를 갖고 있어 결과적으로 도파민 수치를 증가시키는 코카인과 같은 다른 약물에 의존하게 된다고 한다(Doweiko, 2012; Sheff, 2013; Kottler et al., 2014). 이처럼 중독은 유전적 소인이 연루되어 있음을 지적하고 있다(Gelernter et al., 2009).

하지만 유전적 요소가 있다고 하더라도 중독성 행동이 암호화(encoded)된 것인지 아니면 행동을 유발하는 생물학적 메커니즘(Biological Mechanism) 인지에 관해서는 아직도 명확히 밝혀지지 않고 있다. 이런 가운데 중독에 있어 많은 연구자들은 에스키모인과 아메리칸 인디언 및 아시아인을 통해 유전적인 요소를 주장한다. 이들은 공통적으로 알코올을 마시게 되면 안면이 붉어지는 홍조가 발생하는데 이는 유당 분해에 중요한 효소인 아세트알데히드의 생산이 결핍되어 나타나는 증세로 알코올에 장기간 노출될 경우 중독의 위험성이 높아진다고 한다. 특히 에스키모인과 아메리칸 인디언은 아시아인보다 알코올중독의 비율이 높으며 아시아인에게 보이지 않는 도박과 같은 이중적인 중독성이 나타난다고 한다. 이것은 하나의 유전자가 여러 가지 중독성 행동을 암호화 할 수 있는지 또는 하나의 중독성 행동을 유지하면 다른 중독성이 더 쉽게 발생할 수 있는지에 대한 의문을 갖게 하지만 결과적으로 중독에 있어 유전적인 요소가 있다는 데는 부정하지 않는다.

2) 신진대사 이론

신진대사 이론(Metabolic Theory)은 노출 이론(Exposure Theory) 또는 생물학적 모델(Biological Model)이라고도 한다. 즉, 신진대사 이론은 약물에 대한 만성적인 노출로 인해 생물학적으로 세포가 적응하여 중독을 초래할 것이라는 가정에 근거한다. 이는 조절 이론(Conditioning Theory)과는 대조적으로 신체에 중독물질을 주입하면 중독물질의 감소로 인한 불안감이나 우울감을 해소하기 위해 지속적으로 더 많은 양을 요구하는 대사 조절이 일어난다는 설명이다. Goldstein(1976)과 Snyder(1977)는 마약과 같은 진통제를 반복적으로 사용할 경우 신체 내부에서 자연적으로 발생하는 통증 완화에 관련한 엔드로핀 호르몬의 생성이 감소되어 결과적으로 더 많은 외부 화학물질에 의존하게 된다는 것이다. 즉, 사람의 뇌 속에는 보상회로라는 부분이 있어 동기를 조절하는 역할을 한다. 하지만 알코올이나 담배, 마약과 같은 중독성 물질로 인해 우리 뇌의 보상회로는 도파민이라고 하는 신경전달물질에 자극을 받아 비정상적인 쾌락을 유발하며, 지속적으로 그리고 반복적으로 그 행동을 하도록 유도한다. 달리기와 운동에 중독된 사람들에게서 '러너의 최고점'은 엔도르핀의 과다 생성에 의한다. Schachter(1978)에 의하면 니코틴 또한 엔도르핀 수용체를 자극하여 습관적으로 흡연을 계속하게 하여 니코틴중독에 빠져들게 한다고 한다.

3) 조절 이론

기본적으로 조절 이론(Conditioning Theory)은 중독이란 약물 투여를 강화한 누적 결과라고 한다. 약물을 장기간 그리고 양을 늘려 사용할 경우 강력한 강화제 역할을 하여 사용자의 행동을 제어하여 생물학에 관계없이 필요한 보강을 받은 사람이 중독성 행동을 보이도록 유도될 수 있음을 지적한다. 예를 들어, 어머니가 어떤 일을 시키고 금전적인 보상을 주었다면 아이들은 일을 할 때마다 보상을 받는다는 것을 배우게 된다. 따라서 아이들은 보상을 받을 희망으로 항상 어머니가 시키는 일을 할 준비를 갖추게 되는 것과 같다.

약물에 대한 끊임없는 욕구는 첫 번째는 생물학적으로 통증을 예방하거나 완화하는 보상을 제공하는 데 있다. 두 번째는 약물로 인해 과도한 즐거움이나 행복감을 가져다준다는 것이다. 이러한 메커니즘은 독립적으로 또는 시너지 효과를 발휘하여 약물에 대한 지속적인 주된 동기를 갖게 되는 원인이라고 할 수 있다. 한편 Chein과 그의 동료 연구자들(1964)은 중독이 보상받은 행동의 결과라는 개념에 의문을 제기했다. 그들은 일반인들이 처음 마약을 투여 받았을 때 즐거운 경험을 갖기는 했지만 그렇다고 그들 모두가 마약 사용자가 되지는 않았다고 한다. 이러한 우려에도 불구하고 조절 이론은 중독을 설명하는 이론으로 설명되고 있다.

4) 사회적 학습 이론

중독의 사회적 학습 이론(Social Learning Theory)이란 다른 사람과의 상호작용 속에서 그들을 관찰함으로써 배우게 되는 것을 말한다. 중독의 대부분은 개인의 직접적인 경험을 통해 이루어지나 그 경험 또한 다른 사람으로부터 학습된 결과라 할 수 있다. 인간은 사회적인 존재이기에 타인과의 관계를 무시할 수 없다. 사람들이 어떠한 것을 배우려할 때 가장 일반적인 방법은 사회학습이다. 이것은 어떤 개인이 문제를 갖고 있을 때 그 문제의 답을 찾는 길 또한 그 사회 학습 현장에 있음을 암시한다.

이처럼 중독은 특히 우리 자신에게 중요한 가족과 같은 사람들과 밀접한 관계를 갖고 있다. 여기에는 부모와 다른 가족 구성원이나 더 나아가 친구나 이웃, 교사도 포함될 수 있다. 그들이 어떤 물질이나 오락을 통해 즐거움과 같은 보상받은 경험을 나눌 때 우리 자신도 그러한 행동을 시도하려는 충동을 가지게 된다. 설사 그것이 도박이나 음주, 흡연, 마약이라 할지라도 긍정적인 결과를 얻었다는 것을 알게 된다면 그 무엇보다도 그러한 행위를 선택하기에 주저하지 않을 것이다. 가끔 매스컴이나 신문상에서 연예인이나 사회 저명 인사들이 사회적으로 용인되지 않은 약물을 투여하거나 도박을 하다가 발각되어 사람들의 입에 오르내리는 것을 보게 된다. 우리는 종종 이런 사람들을 보면서 비판한다. 하지만 당사자들은 그러한 행동이 나름대로 긴장을 풀고 스트레스를 줄일 수 있는 방법이었을 것이다. 안타까운 사실은 이런 일이 한두 번으로만 그치지 않는다. 설사 다음에 또 다시 구설수에 오른다해도 그 행위를 멈추지 못하게 된다. 결과적으로 사회적으로 학습된 중독이라고 할 수 있다.

사회적 학습 이론에서 중독은 사람들 간의 강력한 사회적 상호 작용으로 발생하게 된다고 한다. 술을 마심으로써 불안, 스트레스, 긴장 등을 해소한 경험이 있는 사람은 이후 유사한 갈등이 있을 때 술을 쉽게 찾게 되며, 이러한 선택이 결국은 알코올중독으로 이어지게 된다. 또한 그 사회의 관용적인 분위기가 중독을 낳게 된다. 그동안 우리 사회는 술을 마시고 무슨 짓을 하든 더욱 더 엄벌에 처하는 서양과는 달리 심신미약으로 간주하여 관대하게 처리해온 것이 사실이다. 하지만 최근 알코올중독자가 늘어나고 그에 대한 피해 사례가 증가하면서 중독에 대한 인식을 새롭게 하는 계기가 되고 있다. 이처럼 사회적으로 공동체 안에 있는 사람들과의 상호작용에 의한 학습으로도 중독이 이루어진다고 보는 것이 사회적 학습 이론이다.

중독 치료에 대하여 사회적 학습 이론을 적용할 때 일반적인 치료 목표는 다음과 같다. 첫째, 새롭고 건강한 동료 네트워크를 개발하는 것이다. 둘째, 새로운 동료에 대한 긍정적 대처 기술을 관찰하고 채택해야 한다. 셋째, 동료의 부당한 강권에 대응하기 위한 거부의사 등 자신의 의사표시를 분명히 할 수 있도록 해야 한다.

5) 적응 이론

적응 이론(Adaptation Theory)은 중독에 영향을 주는 심리적, 사회적, 환경적 요인을 거론한다. 적응 이론의 연구자들에 의하면 중독물질을 사용하는 자는 그 물질 사용과 관련한 보상과 행동에 대한 기대와 믿음을 가지고 물질을 사용한다고 한다(Marlatt, 1978; Wilson, 1981). 이처럼 적응 이론에서 중독은 물질 사용에 따른 내·외적인 자극만이 아니라 주관적으로 얻어진 감정 등 여러 가지 요소가 중독으로 이끄는 잠재력을 가진다고 한다. 특히 중독은 과거의 강화된 약물투여로 익히 알게 된 지식과 정서적인 경험이 대단히 큰 영향을 미친다고 한다(Leventhal et al., 1980).

적응 이론은 또한 중독의 범위를 심리적 영역으로 확대시켰다. 연구자들은 약물 사용자가 내부 욕구와 외부 압력에 적응하기 위해 약물에 의존하고 있다고 지적하며 약물 의존의 정신 역학에 초점을 맞추고 있다. 자아 확립 부족과 미숙한 아동 양육을 포함한 기타 심리적 장애가 연루되어 자존심 결핍이나 모성애의 결핍과 같은 다른 심리적 결함을 해소하는 능력에 있어 마약 사용을 묘사한다(Rado, 1933; Greaves, 1974). Gay와 그의 연구자들(Gay et al., 1973)은 마약 중독의 경우 명백한 것은 특정 사회집단 및 생활 방식과의 강력한 연관성을 주장함으로써 약물 사용에 사회적 요인과 심리적 요인을 결합시켰다(Ausubel, 1961; Chein et al., 1964; McClelland et al., 1972; Winick, 1962; Zinberg, 1981).

6) 도덕 이론

도덕 이론(Moral Theory)은 스위스 아동발달심리학자 Jean Piaget(1932)의 심리 이론을 발전시킨 미국의 심리학자 Lawrence Kohlberg의 도덕발달 이론에서 출발한다. Piaget의 도덕적 사고(Moral reasoning)와 도덕성(Morality)을 기초로 하여 Kohlberg는 도덕발달의 6단계, 즉 제1단계 복종(Obedience), 제2단계 이기심(Self-interest), 제3단계 사회규범에 순응(Conformity), 제4단계 법과 질서(Law and Order), 제5단계 인권(Human Rights), 제6단계 보편적 인간윤리(Universal human ethics) 등으로 이루어지는 것으로 체계화하였다. 그에 따르면 개인의 도덕발달은 인식작용(Cognitive functioning)에 근거하여 한 방향(Unidirectional)으로 발달하며, 발달 수준이 높아질수록 정의(Justice)에 대한 사고는 복잡(Complexity)해지는 반면에 도덕적인 시각은 더욱 더 광범위하게(Inclusive) 된다고 하였다(Piaget, 1932; Kohlberg, 1958; 윤가현 외, 2013).

중독의 또 하나의 결과는 도덕적 약점이다. 도덕적 결함이란 양심이나 규칙을 따르지 않는 것 외에 폭식(Gluttony), 나태(Sloth), 자만심(Envy), 분노(Anger) 등과 같은 부정적인 정서에 익숙해져 있는 상태를 말한다. 그러므로 도덕적 결함을 회복하기 위해서는 의지력(Willpower)과 규율 준수는 물론 덕을 베푸는 긍정적인 생활방식을 개발(Development of a Virtuous Lifestyle)함으로써 중독에서 벗어날 수 있는 계기가 된다.

한편 도덕성이란 특정 가치에 근거한 올바른 의식이라 할 수 있는데 도덕 이론(Moral Theory)에서 지적하는 중독은 그 값들로부터의 편차를 말한다. 비록 문화마다 올바른 도덕적 규범은 다를지라도 도덕적 코드는 특정 문화의 가치 체계를 반영한다. 한동안 사람들은 도덕적 규범을 언급할 때 생물학적, 심리학적, 사회학적인 개념의 울타리 안에서만 한정하며 영적인 부분을 제외하였다. 하지만 최근에는 영적인 부분을 제외하고는 도덕적 규범을 올바르게 인식할 수 없다는데 동의하고 있다. 종교 의식에 사용된 중독물질의 고대 역사에서 살펴보았듯이 중독과 영적 개념은 땔 레야 뗄 수 없는 불가분의 관계를 갖고 있다는 점에서 주목해야 할 영역이다. 이런 측면에서 도덕 이론은 생물학적(Bio), 심리학적(Psycho), 사회-문화적(Social-Cultural)인 영역을 넘어 영적(Spiritual)인 개념까지 수용하고자 하는 논의가 활발히 진행되고 있다(그림 2-5 참조; Graybeal, 2001; Singer, 2007).

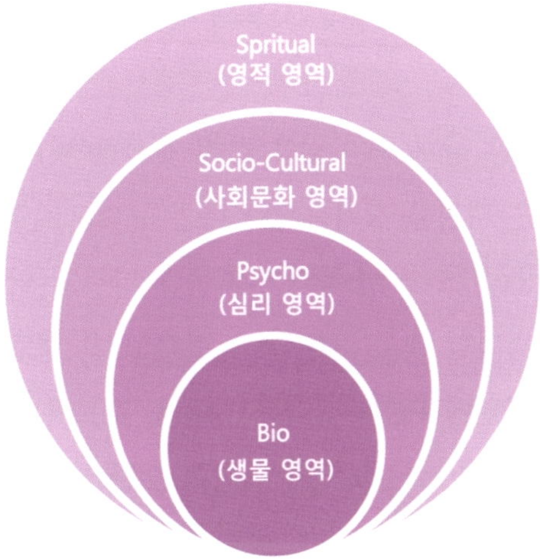

그림 2-5 Bio-Psycho-Socio-Spiritual Framework(2007)

도덕 이론(Moral Theory)에서 영적 개념은 중요한 영역으로 급부상하고 있다. 그 이유는 중독과 같은 치명적인 질환으로부터 회복하기 위해 고군분투하는 사람들에게 영적 부분이 매우 가치 있는 영역임을 인식했기 때문이다. 미국과 같은 서양의 기독교 문화에서 중독은 하나님과의 영적 분리로 인해 발생한다고 가정한다. 도덕적 결함이란 영적 부분, 즉 하나님과의 단절로 인해 중독을 일으키게 된다는 것이다. 이 분리는 하나님의 뜻이나 지시에 따라 생활하지 않기 때문에 사람들은 고통을 초래하게 되고 그러므로 회복은 하나님과의 관계를 수립하거나 재확립하는 것으로 이루어진다고 여긴다. 일반적으로 많이 알려진 영적인 접근 방식의 가장 두드러진 예는 AA(Alcoholics Anonymous) 및 기타 12단계 그룹이다. 이들 단체는 무엇보다도 중독자들의 영적 관계를 회복하도록 돕는다. 중독 치유에서 이러한 영적 개념을 도입하는 것은 중독 치유가 단순히 생물학적이고 심리적으로 그리고 사회적인 영역에서만 그칠 것이 아니라 영적 부분도 함께 병행해야 함을 시사한다. 영적 부분을 간과하고서는 중독으로부터 해방시킬 근거가 희박하다는 증거이며 더 나아가 중독 치유에 있어 영적인 개념을 도입해야 한다는 당위성을 말하고 있다.

도덕 이론은 도덕적인 실패(옳은 일을 하지 못하는 것)를 중독의 원인으로 간주한다. 따라서 회복은 의지를 강화하거나 바른 규범으로 행동하려는 동기로 구성된다. 전통적으로 중독자에게 중독의 유혹을 저항하고 더 나은 긍정적인 삶을 살기 위해 의지력을 강화할 것을 요구한다. 형사 사법 제도 또한 중독과 관련한 범죄에 대한 처벌은 타인에 대한 더 나은 행동을 하도록 유도하기 위한 것이다. 결과적으로 도덕 이론은 결핍된 도덕적 의식의 수준을 높이고 올바른 삶을 위해 신중한 의사 결정 능력을 높이기 위한 생물학적, 심리학적, 사회-문화적이고 영적 수준을 높임으로써 중독을 치유할 수 있다고 보는 이론이다.

03
CHAPTER

중독물질과 인체

1. 뉴런과 신경전달물질

1) 뉴런의 역할

뉴런(Neuron)은 인체의 여러 세포 중 신경계를 구성하는 주된 세포로서 일명 신경세포라고도 하는데 주로 우리 몸의 행동과 관련되어 있다. 뉴런은 수상돌기(Dendrite), 세포체(Soma), 축색(Axon) 등으로 구성되어 있으며 수상돌기는 다른 뉴런으로부터 정보를 받아들이는 곳이고 세포체는 유전정보를 지닌 세포핵(Nucleus)을 가지고 세포로서의 기능을 수행한다. 축색은 종말단추(Terminal Button)를 통해 다른 뉴런에 정보를 전달하는 기능을 하는데 끝부분이 여러 갈래로 나누어져 있다. 뉴런과 뉴런 사이는 붙어있지 않고 미세하게 간격을 두고 있는데 이를 시냅스(Synapse)라 한다.

시냅스는 정보를 전달하는 뉴런을 시냅스 전 뉴런(Presynaptic Neuron)이라 하고 정보를 받는 뉴런을 시냅스 후 뉴런(Postsynaptic Neuron)이라고 한다. 시냅스를 통한 정보 전달(활동 전위, Action Potential)은 시냅스 전 뉴런의 종말단추 말단에 있는 시냅스 소포(소낭, Synaptic Vesicle)의 신경전달물질(Neurotransmitter)을 배출시켜 시냅스 후 뉴런의 수상돌기 수용체와 결합함으로써 이루어진다. 이때 시냅스 소포(소낭)는 칼슘이온(Ca^{2+})의 작용으로 세포막과 융합하여 소낭이

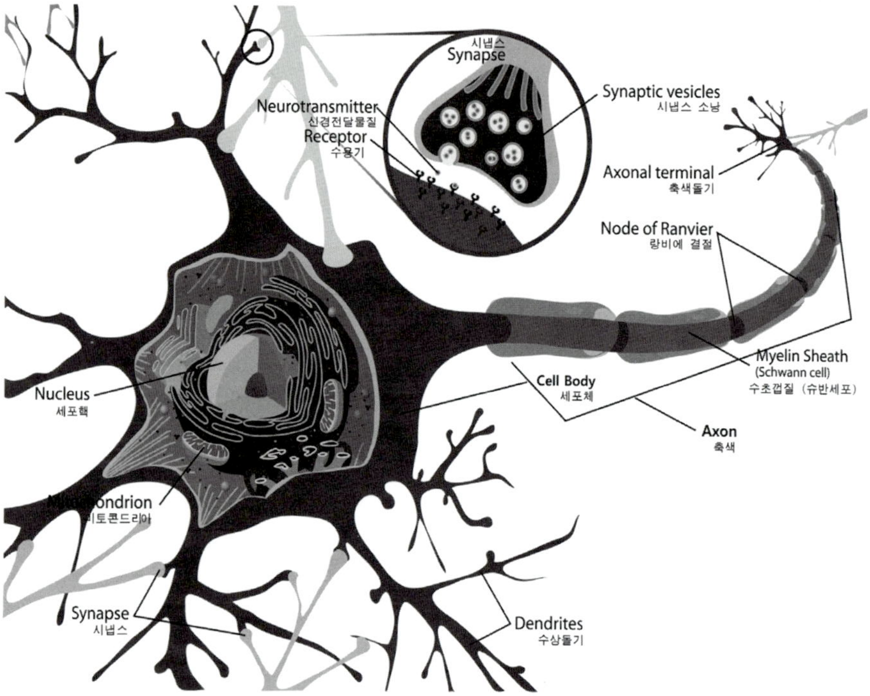

세포체(Cell Body, soma): 핵을 가지고 뉴런의 신진대사, 생명유지 기능수행
수상돌기(Dendrite): 정보를 받는 곳
축색(Axon): 정보 전달 통로
축색돌기(Axon Terminal): 신경전달물질 배출전달
수초껍질(Myelin Sheath):축색을 감싸고 있는 코팅제(절연제)
랑비에 결절(Node of Ranvier): 수초의 틈

그림 3-1 뉴런(Neuron)과 시냅스(Synaptic)작용

출처: Pixabay/CC0 Creative Commons.

갖고 있던 신경전달물질을 시냅스 틈으로 배출시킴으로 시냅스 후 뉴런의 수상돌기 수용체와 만나게 된다(윤가현 외, 2013; 그림 3-1 참조). 한편 시냅스 소포에서 분비되는 신경전달물질은 도파민, 세로토닌, 노아에피네프린 등 약 40여 종에 이르고 있으며 1,000억 개의 뇌의 뉴런(Neuron, 신경세포)에 의해 우리 몸에 각 부분으로 전달된다(윤가현 외, 2013).

2) 신경전달물질

우리 뇌에는 다양한 종류의 신경전달물질(Neurotransmitter)은 시냅스 전·후 뉴런에 의하여 전달된다. 특히 각종 향정신성 물질도 시냅스를 통하여 우리 몸의 각 부분으로 전달된다. 일반적으로 알려진 신경전달물질은 아세틸콜린, 도파민, 세라토닌, 노드아드레날린(아드레날린), 가바(GABA), 엔케팔린 등 여섯 가지가 있다(표 3-2 참조).

(1) 아세틸콜린

아세틸콜린(ACh, Acetylcholine)은 1914년 신경전달물질 가운데 가장 먼저 발견된 물질로 중추신경계[1)]와 말초신경계[2)]에 모두 존재한다(그림 3-2 참조). 아세틸콜린은 말초신경계에서 근육을 활성화하고 자율신경계의 주요 신경전달물질로 작용하며 중추신경계에서는 흥분을 억제하는 역할을 한다(표 3-2 참조). 즉, 아세틸콜린은 혈관확장제로서 작용하여 심장박동 및 수축을 감소시킨다. 또한 위의 연동운동 및 소화기의 수축 폭 증가 및 방광의 방뇨압을 증가시키는 일 외에 방광의 용량을 감소시키는 작용을 한다. 아세틸콜린은 특히 기억력과 학습활동에 있어서도 중요한 역할을 한다. 따라서 뇌에 아세틸콜린이 적을 경우 기억 손실을

---

1) 중추신경계(CNS): 중추신경계는 뇌와 척수를 포함하는 신경계로 모든 신경계에서 모은 정보들을 정리하고 처리하는 중앙처리기관과 같다. 뇌에는 전뇌와 중뇌 그리고 후뇌로 구성된다. 전뇌는 또한 종뇌와 간뇌로 나뉘어 종뇌는 대뇌피질, 변연계, 기저핵을 포함하고 간뇌는 주로 시상, 시상하부를 담당한다. 또한 중뇌는 중뇌계와 피개로 구성된다. 그리고 후뇌는 소뇌와 뇌교, 연수로 구성된다.
2) 말초신경계(PNS): 체성신경계와 자율신경계를 포함한다. 체성신경계는 뇌신경과 척수신경으로 나누며 촉각, 후각 등 감각수용기, 근육과 신체의 표면의 신경신호를 전달한다. 자율신경계는 교감신경계와 부교감신경계로 나뉘어 심방박동이나 땀처럼 자율적인 기능을 조절하는 역할을 한다.

가져와 알츠하이머병에 노출될 확률이 높으며 렘 수면(REMS)[3])을 유도하며 또한 우울장애의 일차적인 원인이 된다(윤가현 외, 2013).

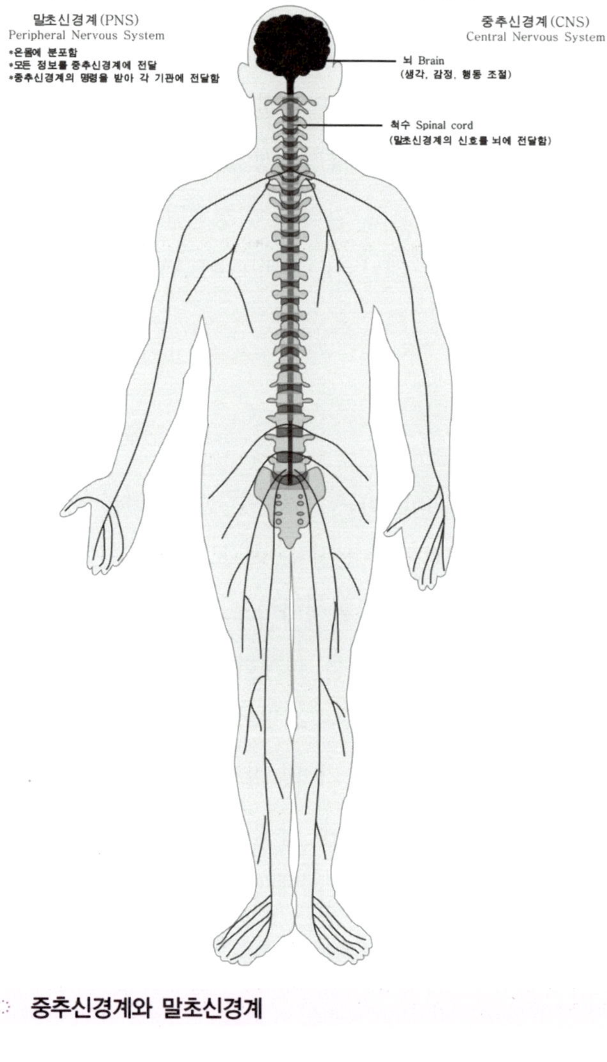

그림 3-2 중추신경계와 말초신경계

---

3) 렘 수면(REMS, Rapid Eye Movement Sleep): 급속 안구 운동 수면이라고도 하는데 잠을 자고 있지만 뇌파는 깨어있을 때와 비슷한 유형을 보이는 수면 상태를 가리킨다.

(2) 도파민

도파민(DA, Dopamine)은 모노아민(Monoamine)계의 신경전달물질로 주로 신경충격의 전달을 억제하는 역할을 한다. 약물오용 및 항우울제 등의 남용으로 도파민 수치가 하락하였을 경우 우울증, 조울증, 주의력 결핍 및 집중력 저하, 식욕항진 등과 같은 증상이 나타나게 된다. 특히 도파민 수치가 낮아졌을 경우 만성적인 지루함이나 매사 불만족, 만성 피로, 기력 저하, 오한을 자주 느끼게 되고 손과 발이 차가워지며 수면과다증과 더불어 의욕저하를 가져오게 된다. 또한 도파민이 부족해지면 탄산음료나 포화지방산이 함유된 단 음식을 선호하게 되는데 이는 우리 몸이 스트레스 상태일 때 분비되는 코티솔(Cortisol, 스트레스 호르몬)[4)]이 식욕을 돋게 하기 때문으로 결과적으로는 도파민 수치를 떨어뜨려 뇌의 기능을 저하시키는 결과를 가져온다. 이외에도 도파민과 밀접한 관련이 있는 질병으로는 파킨슨병(Parkinson`s Disease)이 있다. 파킨슨병은 뇌신경학적으로 균형감각, 근육운동 및 조절 능력이 손상된 질환으로 뇌세포의 손상으로 도파민 생성이 저하될 경우 발병하는 것으로 알려져 있다. 하지만 이와 반대로 도파민의 양이 과다할 경우 정신분열증에 빠지기 쉽다(윤가현 외, 2013).

(3) 세로토닌

세로토닌(Serotonin, 5-Hydroxytryptamine, 5-HT)은 일반적으로 행복 호르몬이라 알려진 호르몬이다. 세로토닌은 도파민과 같이 아미노산에 의해 합성되는

4) 코티솔(Cortisol)은 엔도르핀, 엔케팔린과 함께 3대 스트레스 호르몬으로 불린다. 코티솔은 우리 몸의 좌우 콩팥 위에 있는 내분비 샘인 부신에서 분비되는 호르몬이다. 코티졸은 근육량을 줄이고 대신 복부 지방을 늘리는 나쁜 호르몬이라고 알려져 있다. 장기간 스트레스와 운동이 부족한 사람에게서 나타나는 코티솔은 지속적인 피로감, 근육통, 기억력 및 집중력을 떨어뜨리는 만성피로 증후군의 발병을 낳게 된다. 육체적, 정신적, 감정적 스트레스가 지속적으로 가해지면 코티솔 호르몬이 분비되어 대사, 면역체계 및 두뇌에 영향을 미친다.

모노아민(Monoamine)계의 신경전달물질로 장의 연동운동 및 강력한 혈관 수축 등의 작용을 한다. 우리 인체는 세로토닌, 도파민, 노르아드레날린의 기능 여하에 따라 반응하는 모습이 달라진다. 도파민은 쾌락, 정열적인 활동, 긍정적인 마음, 성욕과 식욕 등을 관장하는 반면에 노르아드레날린은 도파민과 달리 불안, 부정적 마음, 스트레스에 반응한다. 이들 가운데 세로토닌은 도파민과 노르아드레날린을 적정 수준으로 유지시켜 주는 역할을 한다. 한편 햇볕을 쪼일 때 마음에 안정을 가져오는데 이는 세로토닌이라는 호르몬의 생성이 촉진되어 우울증을 치료하며 피부 면역력을 높이기 때문이다. 또한 세로토닌은 비타민 B를 섭취할 경우 활성화되며 스트레스를 해소하거나 암세포를 죽이는 T-임파구를 강하게 한다. 하지만 세로토닌이 부족할 경우 우울증, 성격장애, 불안장애 등이 나타나게 되며 밤에 생성되는 멜라토닌(숙면 도움 호르몬) 생성을 억제하여 만성 피로 및 불면증 유발, 무기력증, 업무능력의 저하, 뇌기능 둔화 등의 부작용을 가져온다. 또한 음식을 평소보다 지나치게 많이 섭취하거나(세로토닌 감소현상) 또는 반대로 너무 적게 먹는(세로토닌 증가현상) 등 섭식장애를 가지고 있다면 세로토닌의 결핍을 생각해 볼 수 있다.

세로토닌은 도파민처럼 초콜릿과 같은 단 음식을 먹으면 세라토닌 수치가 높아져 스트레스를 줄여주는데 이는 진통과 신경안정 효과가 있기 때문이다. 그러나 불행하게도 세로토닌을 생성하기 위해서는 필수 아미노산인 트립토판이 필요하다. 트립토판은 바나나, 초콜릿, 우유, 콩, 두유, 두부, 생선 등 어패류와 계란, 고기, 호두, 아몬드, 땅콩 등 견과류에 많이 들어있다. 세로토닌 분비를 늘리기 위해서는 트립토판을 함유한 음식을 골고루 섭취해야 한다. 그리고 아침식사를 거르지 말고 식사 시 음식을 많이 씹으며 과도한 체중감량을 피해야 한다. 또한 하루 30분 이상 걷기와 햇빛을 쬐어주는 것을 생활화해야 한다. 적당한 걷기 운동은 세로토닌 발전소라고 할 수 있는데 걸을 때 뇌간을 자극하여 세로토닌을 분비시키기 때문이다.

(4) 노르아드레날린과 아드레날린

노르아드레날린(Noradrenaline)은 노르에피네프린(Norepinephrine), 아드레날린(Adrenaline)은 에피네프린(Epinephrine)이라고도 한다. 이들 두 물질은 교감신경(Sympathetic)[5]의 신경전달물질로 도파민의 일종이며 별개로 작용하나 서로 밀접하게 관련되어 있다. 이 두 물질은 부신[6]수질과 전신의 교감신경에서 분비되며 화학적으로만 다를 뿐 약리작용에서는 상당히 유사하게 작용한다. 부신수질에서 80%는 아드레날린(에피네프린)과 20%의 노르아드레날린(노르에피네프린)이, 교감신경에서는 반대로 노르아드레날린의 분비량이 많이 분비된다. 부신호르몬의 분비는 먼저 스트레스를 받게 되면 이를 우리 뇌의 시상하부에서 감지한 후 이를 대처하기 위한 호르몬을 분비하도록 교감신경을 통해 뇌하수체를 자극한다. 또한 뇌하수체에서 분비된 호르몬은 교감신경을 통해 내분비계인 부신의 수용체에 작용하여 호르몬 분비를 자극한다. 이때 부신피질(Adrenal Cortex)은 글루코코르티코이드(Glucocorticoid/Cortisol: 혈당조절, 항염증 작용, 면역억제 작용), 염류코르티코이드(Mineralocorticoid/Aldosterone/전해질 균형 조절(나트륨 흡수), 혈압 및 혈액량 조절), 남성호르몬(Androgen, DHEA dehydroepiandrosterone 성기능과 성발달 조절물질)을 생성한다. 만약 여성에서 안드로겐이 과다 분비될 경

---

5) 교감신경: 자율신경계(Autonomic nervous system)의 하나로 위기를 만났을 경우 에너지를 사용하도록 반응하는 역할을 한다. 이에 반하여 부교감신경은 에너지를 저장하는 반대역할을 한다(윤가현 외, 2013).

6) 부신(Adrenal gland): 좌우 신장(콩팥) 위에 붙어있는 내분기계기관으로 안쪽을 수질이라고 하며, 바깥쪽을 피질이라고 한다. 뇌하수체를 통하여 부신수질에서는 아드레날린과 노르아드레날린을 생산하고 부신피질에서는 주로 스테로이드계 호르몬(Steroid hormone)인 남성호르몬(주로 테스토스테론, Testosterone)이 분비된다. 한편 부신은 마치 인체의 보일러와도 같아 영양소를 태워 기능을 수행하며 부신기능이 감소할 경우 만성피로감, 당분이나 면역력을 저하시킨다.

우 갱년기 이후 남성과 같은 기질을 갖게 되며 또한 부신수질(Adrenal Medulla)은 아드레날린과 노르아드레날린을 생성하여 우리 몸의 혈관수축 및 혈압조절 등의 기능을 한다(그림 3-3 참조).

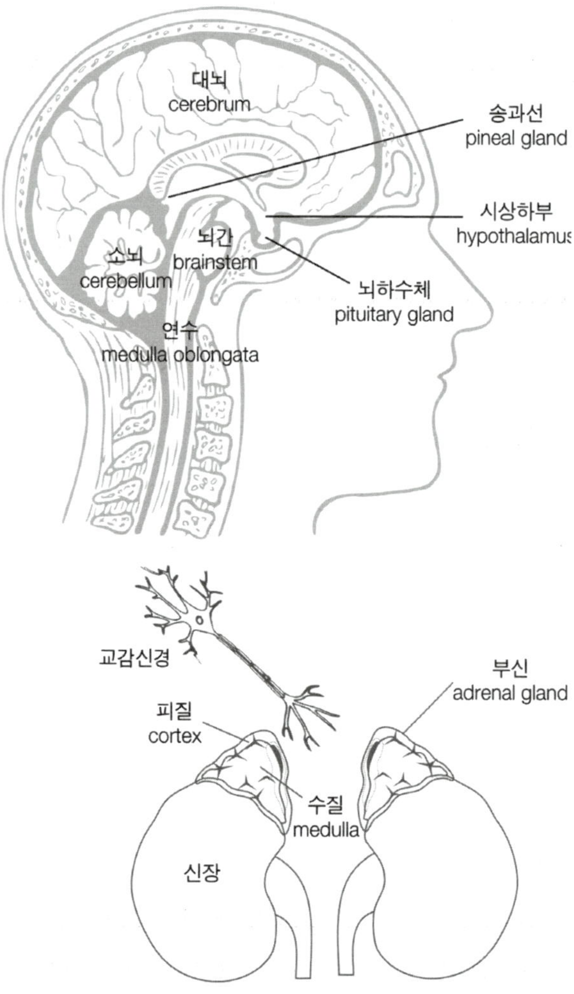

그림 3-3 **부신호르몬 분비 경로**

아드레날린과 노르아드레날린은 인간으로 하여금 최대의 수행 능력을 발휘하여 직면한 스트레스를 감소시키거나 생존을 돕는 역할을 한다. 즉, 갑작스런 위험에 처했을 때 평상시와는 비교할 수 없을 만큼의 능력을 행사하게 만들기 때문이다. 또한 아드레날린은 비상 호르몬(용기의 호르몬), 노르아드레날린은 분노의 호르몬이라고도 한다. 이 두 물질은 우리 몸이 잠에서 깨어나는 순간부터 분비되기 시작해서 낮에 왕성해지다가 밤이 되면 감소한다. 특히 노르아드레날린은 신경전달물질 가운데 최강의 각성제 역할을 한다. 노르아드레날린은 우리 몸이 분노를 느낄 때 노르아드레날린이 급격히 분비되고 뇌에 혈액이 집중되어 안색이 창백해진다거나 심장이 불규칙하게 뛰고 혈압이 상승하는 경우가 있다.

노르아드레날린은 맹목성 물질로 비상시 뇌와 신경에 작용하여 급격한 활동에 대처하게 하는데 이때 두 호르몬의 독성은 복어와 뱀독 다음으로 강력하다. 지나친 흥분, 각성 작용을 하여 두통, 심장의 두근거림, 식은땀, 호흡곤란, 두려움과 함께 질식감과 발작을 유발하게 된다. 또한 좋아하는 사람 앞에서 얼굴이 빨갛게 달아오르는 것은 노르아드레날린의 분비가 많아질 경우이며 지나치게 의욕이 감소할 경우는 노르아드레날린의 감소를 의심해봐야 한다. 우리 뇌에 노르아드레날린이 증가하면 심장박동이 빨라지며 뇌로 들어가는 혈류의 양이 많아져 혈압이 상승하거나 목안의 점막이 건조해지고 가슴이 두근거리며 다한증과 심한 두통 및 불안과 메스꺼움과 토하는 등 좋지 않은 상태가 된다. 이외에도 이 두 물질은 성취감과 쾌락감을 주어 성취지향적인 성향의 사람들이 이 두 물질에 중독되기 쉽다. 아드레날린과 노르아드레날린은 의욕의 근본이라고 말할 수 있을 정도로 인체에 있어서 매우 중요한 물질이다. 표 3-1은 부신기능 체크리스트로 10가지 항목 중 3가지 이상에 해당되면 기능저하로 본다.

표 3-1 부신기능 체크리스트

① 자고 일어나도 개운치 않다.
② 하루 종일 피곤하다.
③ 갑자기 앞이 캄캄하거나 뿌옇게 보일 때가 있다.
④ 저녁이 되면 발목이 붓거나 혀에 이 자국이 나 있다.
⑤ 심한 스트레스를 받으면 큰 병이 나거나 들어 눕니다.
⑥ 갑자기 힘이 빠진다.
⑦ 자다가 자신도 모르게 손과 발을 자주 움직인다.
⑧ 이유 없는 알레르기 반응이 생긴다.
⑨ 상처가 잘 생기거나 낫지 않는다.
⑩ 이마, 얼굴, 목 등에 작고 검은 점이 생긴다.

출처: 김상만(2008) 재인용.

(5) 가바

가바(GABA)는 감마-아미노부티르산(Gamma-Aminobutyric Acid)의 약어로 1950년 포유류의 중추신경계에 작용하는 억제성 신경전달물질로 신체 내에서 만들어지는 필수적인 아미노산임이 밝혀졌다. 본래 GABA는 1883년 처음 합성되었는데 그 당시엔 식물과 미생물 대사 생성물로 알려졌었다(Cooper et al., 2003). 지구상의 모든 씨앗 속에는 GABA라는 물질을 함유하고 있다. 씨앗이 발아하는 과정에서 수분을 흡수하여 배(Embryo, 씨눈)가 활동하기 시작하면 발아 과정의 종자가 외적 스트레스에 대항하기 위해 GABA물질을 형성하게 되는데 볍씨의 경우 무려 10배 정도로 증식된다.

GABA물질을 함유하고 있는 대표적인 식품으로는 발아현미를 둘 수 있다. 발아현미는 비타민 B1, B2, 단백질, 식이섬유 외에 감마-오리자놀(γ-oryzanol)[7],

7) 감마 오리자놀(γ-oryzanol): 곡류 속에 들어있는 성장촉진물질로 쌀겨에서 불리해낸 기름으로 불포화 티르테르펜(Triterpene), 알코올과 페룰산(Ferulic Acid)의 에스테르 화합물로 구성되어 있다. 감마 오리자놀은 강력한 산화 방지 효과를 갖고 있고 방사선 노출이나 체내 콜레스테롤 수준을 낮추는 작용을 한다. 감마 오리자놀은 주로 간뇌의 시상하부 및 대뇌변연계에 작용하여 노화를 저지하고 자율신경실조증, 갱년기 장애, 내분비평형장애, 정신신경변조 증상을 개선한다. 이외에도 뇌혈류

옥타코사놀(Octacosanol)[8] 등을 다량 함유하고 있다(그림 3-4 참조). 요즘 시중에 유행하고 있는 일명 당뇨 쌀로도 널리 알려진 GABA쌀은 도정된 현미를 싹을 틔워 만든 기능성 쌀이다. 또한 GABA는 김치에도 다량 함유되어 있다. GABA는 뇌기능을 정상화시켜주는 두뇌의 신경전달물질로 주로 뇌와 눈에서 발견된다. 신경전달물질에는 흥분을 일으키는 성분과 억제시키는 성분 등이 있는데, 이 가운데 GABA는 중독성이 없고 안전한 천연물질로써 불안감과 스트레스를 해소하고 신경을 안정시키는 것은 물론 각종 성인병 질환 및 다이어트와 빈혈예방 그리고 아토피 피부염에 효능이 탁월한 것으로 알려져 있다. 대표적인 간질병 치료제인 벤조다이아제핀(Benzodiazepine)은 대부분의 신경성 환자의 뇌에는 GABA의 농도가 낮다는 연구에 따라 GABA의 억제성을 더욱 항진시켜 과도하게 흥분된 뇌를 진정시키는 작용을 하게 한다. 따라서 GABA는 안정제 또는 진정제로서 기능을 갖고 있다. 하지만 고농도의 GABA는 매스꺼움과 같은 위장장애와 졸림현상을 일으켜 운전 중 복용을 금하고 있으며 이외에도 흥분과 불면증을 유발하고 입술 주위를 마비시키기도 한다.

를 증가시켜 중풍과 치매 예방, 기억력 증진, 불면, 혈압을 낮추며 간 기능 활성과 비만예방 및 신장 기능 촉진 등을 일으킨다. 한편 감마 오리자놀을 형성하는 티르테르펜은 화학물질로서 식물체의 조직 속에 들어 있는 정유 성분을 말한다. 주로 편백나무, 잣나무, 소나무 등 침엽수에 많이 들어 있으며 방향성, 살균살충제 역할을 한다. 티르테르펜은 방향성 물질로 숲속의 보약이라고 할 정도로 자율신경 안정과 체내분비물 촉진 등으로 스트레스를 감소시키며 우리 몸의 감각계와 정신집중 등 뇌 건강을 위한 삼림욕에 탁월한 효과를 나타낸다. 티르테르펜은 수목성장이 왕성한 봄철에서 가을까지 왕성하게 발산되며 하루 중에는 해 뜰 무렵과 오전 12시 전까지가 활발하다. 또한 페롤라산은 항산화제 성분을 가지고 있다.

8) 옥타코사놀(octacosanol): 1939년 미국 일리노이대학의 Physical fitness 연구소의 Cureton박사에 의해 소맥배아유(밀의 씨눈으로 만든 기름)에서 추출한 물질이다. 옥타코사놀은 지구력 및 체력을 증진시키며 심근 등 신체의 각종 근육기능을 강화하는 기능을 갖고 있다. 따라서 옥타코사놀은 만성피로 증후군, 간 기능저하, 성장기 어린이의 영양공급 및 만성소화불량과 같은 위장관 무력증을 갖고 있거나 활력 증진 및 당뇨와 고혈압 같은 만성 질환자에게 필요한 물질이다(Cureton, 1972).

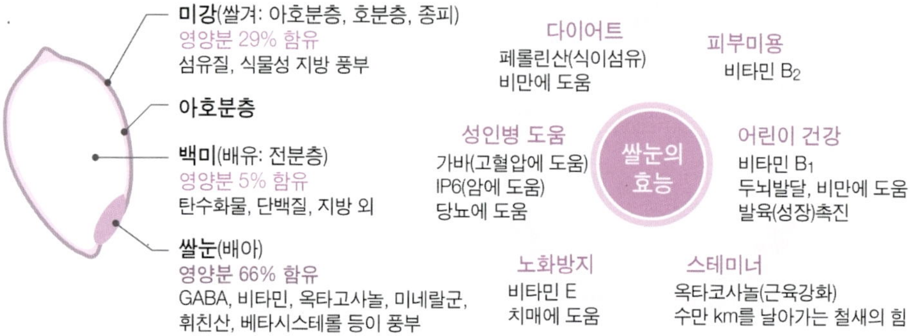

쌀눈에 함유된 영양소	
GABA, IP6	콜레스테롤 제거, 당뇨 개선, 성인병 예방, 기억력 증가, 학습능력 향상
감마오리자놀	뇌세포대사기능 촉진, 에너지 대사촉진, 비만방지 작용
베타시스테롤	대장암 예방
알파토코페롤	항산화 기능, 노화방지, 면역기능, 심혈관 질환, 암, 백내장 예방, 치매 예방
옥타코사놀	생리활성기능, 콜레스테롤 감소, 동맥경화 예방, 근육량 · 지구력 증가, 체지방 감소
식이섬유	장내세균 균형유지, 중금속 및 농약성분 배출 작용, 변비예방, 대장암예방
라이신	성장촉진
리놀레산	아토피 개선, 성장촉진, 암세포 억제
BV1	각기병 예방, 항신경염 작용, 학습능력향상
BV2	성장촉진, 피부 및 모발 건강유지, 학습능력향상
BV6	단백질 및 핵산대사촉진, 노화방지, 신경질환 예방

그림 3-4 쌀눈(발아현미)에 함유된 영양소

(6) 엔케팔린

엔케팔린(Enkephalin)은 엔도르핀(Endorphin)류의 신경전달물질 또는 신경조절물질의 호르몬으로 1970년대에 발견되었다. 엔케팔린은 웃을 때 엔도르핀(Endorphin)과 함께 나오는 신경펩티드(Peptide, 아미노산 중합체: 소수의 아미노산이 연결된 상태) 호르몬으로 모르핀(Morphine)보다 300배 강한 아편(Opium)

과 유사한 작용을 한다고 하여 체내 아편성 물질(Endogenous Opiate)이라고도 한다. 엔케팔린은 포유동물을 비롯한 척추동물의 뇌와 척수에 존재하며 주로 통증이나 운동, 정서 및 행동과 신경 등의 조절에 관여한다.

엔케팔린은 엔도르핀과 같이 진통 및 아편작용을 하여 희열감과 행복감을 일으키게 한다. 큰소리로 15초간만 박장대소해도 엔케팔린, 엔도르핀, 도파민, 세로토닌 등과 같은 21가지의 호르몬이 생성된다. 엔케팔린과 엔도르핀은 뇌의 이성적 판단을 주관하는 좌측 전두엽(Frontal Lobe)과 감정을 지배하는 변연계(Limbic System)가 만나는 도파민 뉴런 A10 영역에서 웃을 때 분비된다. 따라서 도파민 뉴런 A10 부위를 쾌감신경 또는 웃음보라고 하는데 면역력을 상승시키고 또한 진통 작용을 일으킨다. 하지만 사고나 뇌출혈 등으로 이 부분을 다치게 되면 웃는 능력이 사라지게 되거나 시도 때도 없이 웃게 된다(김현표, 2011; 그림 3-5 참조).

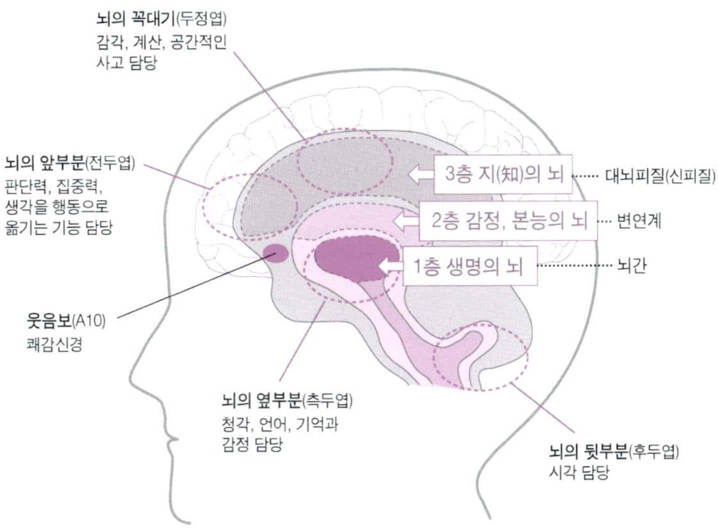

그림 3-5 뇌의 구조와 A10의 위치

출처: MacLean(1990) 수정 인용.

한편 2015년 스웨덴 룬드(Lund) 대학의 Olle Melander 박사는 평균 연령 57세의 여성 1,929명으로부터 채취한 혈액과 15년간에 걸쳐 유방암 발생을 추적 조사한 결과 혈중 엔케팔린 수치가 현저히 낮은 여성이 엔케팔린 수치가 높은 여성보다 유방암 발병률이 3배 이상 높다고 주장하였다(Melander et al., 2015).

표 3-2 신경전달물질

이름	유형	시냅스 후 효과	위치	기능
도파민 (Dopamine)	아민 (Amine)	흥분성 (Excitatory)	뇌(Brain), 평활근 (Smooth muscle)	조절 각성 수준, 흥분 또는 쾌감 시 분비, 정신활동의 원천
세로토닌 (Serotonin)	아민 (Amine)	흥분성 (Excitatory)	뇌(Brain), 평활근 (Smooth muscle)	기분효과, 수면, 통증, 식욕에 영향(결핍 시 식욕증가/당분), 행복물질, 공부물질, 조절물질, 결핍 시 충동성(남성), 우울증(여성) 증가, 통제
노르아드레날린 (Noradrenaline)	아민 (Amine)	흥분성 (Excitatory)	뇌(Brain), 평활근 (Smooth muscle)	자극유발(충동, 폭력), 기분고양, 분노 시 분비
아세틸콜린 (ACH,Acetylcholine)	아세트산 (Acetic acid)	흥분성 (Excitatory)과 억제성 (Inhibitory)	부교감신경계 (Parasymatheti c nervous system), 뇌간(Brain stem)	메모리 역할, 혈관확장
가바GABA, γ-aminobutyric acid	아미노산 (Amino acid)	억제성 (Inhibitory)	뇌(Brain)	통제, 불안
엔케팔린-아편제 (Enkephalin-opiate)	신경페타이드 (Neuropeptide)	억제성 (Inhibitory)	뇌(Brain), 척수(Spinal cord)	스트레스 감소, 진정 촉진, 천연 진통제

출처: https://universe-review.ca/R10-16-ANS01.htm

2. 중독물질과 신경계

외부에서 들어오는 모든 물질은 심지어 공기까지 우리 몸의 신경계에 직접적인 영향을 미치게 된다. 1995년 일본 옴진리교(Aum Shinrikyo)가 벌인 지하철 사린가스 살포로 12명이 사망하고 수천 명이 치료를 받은 사건이 있었다. 최근 시리아 내전에서 사린가스가 쓰였다는 외신보도가 있었고(Retrieved 2017), 말레이시아 공항에서 북한의 김정일의 아들로 추정되는 김정남이 사린(Sarin)보다 100배 더 치명적인 VX가스에 의해 살해된 것으로 밝혀졌다(연합뉴스, 2017. 6. 16). 사린가스는 일찍이 1938년 독일에서 개발된 독가스이며, 600만 명의 유태인을 학살할 때 사용했던 가스는 살충제용으로 사용되던 독성이 매우 강한 치클론 B(Zyklon B)이다. 치클론 B 50g은 체중 50kg의 성인 5,000명을 살해할 수 있는 양이다. 이들 모두 극소량만으로도 호흡기와 피부를 통해 인체에 흡수되는 즉시 부교감 신경이 활성화되어 곧바로 경련, 구토, 전신마비를 동반하여 해독제를 투여하지 않으면 생존확률을 보장할 수 없는 살인가스이다. 이처럼 외부에서 어떤 물질이 인체 내에 들어오게 될 때 제일 먼저 신경계에 관여하게 된다.

시냅스 말단에는 여러 신경전달물질이 있는데 그중 아세틸콜린은 자율신경계에 관여하는 물질로 음식을 섭취하면 위가 소화운동을 하게 하는 등 우리 몸의 내부기관을 움직이게 하는 신경전달물질이다. 그렇지만 대부분의 아세틸콜린은 분비된 뒤 얼마가지 않아 자연 분해되나 사린이나 항정신성 물질이 인체 내에 들어올 경우 아세틸콜린물질의 분해를 방해하여 시냅스에서 계속 아세틸콜린을 배출하게 한다. 결국 이로 인해 부교감 신경이 무한으로 활성화되어 위, 간 등 소화기기관이 폭발 직전까지 작동하고 신경이 마비되는 결과를 가져온다. 이때 대표적인 증상으로 경련과 전신마비, 구토가 있다. 이처럼 향정신성 물질의 오용 또는 남용은 중추신경계에 막대한 작용으로 인체에 위해를 가져오게 된다. 따라서 중독물질이 신경계에 어떻게 작용하는지 알아볼 필요가 있다.

그림 3-6 치클론-B(ZYKLON-B) 살충제

출처: Pixabay/CC0 Creative Commons.

1) 신경계의 구성

우리 몸의 신경계는 중추신경계(CNS, Central Nervous System)와 말초신경계(PNS, Peripheral Nervous System)로 구성된다. 중추신경계는 뇌와 척수로 구성되고 말초신경계는 체성신경계(Somatic Nervous System)와 자율신경계(Autonomic Nervous System)로 구성되며, 체성신경계는 뇌신경과 척수신경으로 그리고 자율신경계는 교감신경과 부교감신경으로 구성되어 있다(그림 3-7 참조).

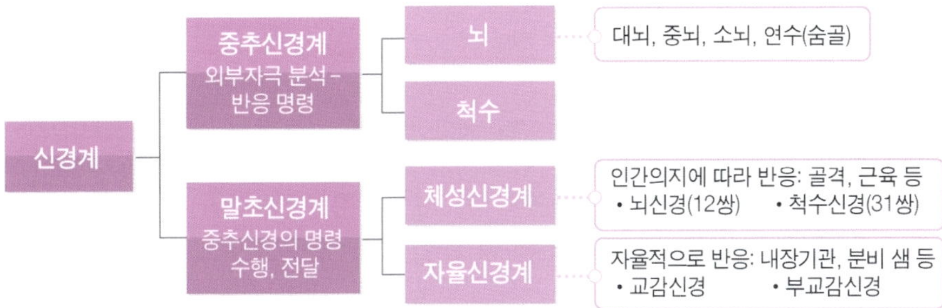

그림 3-7 신경계 구조

2) 중추신경계

중추신경계(CNS, Central Nervous System)는 뇌와 척수를 포함하는 신경계로 우리 몸의 여러 감각기관에서 받은 모든 정보들을 정리하고 처리하는 중앙처리 기관과 같다. 뇌에는 전뇌와 중뇌 그리고 후뇌로 구성된다. 전뇌는 또한 종뇌와 간뇌로 나뉘어 종뇌는 대뇌피질, 변연계, 기저핵을 포함하고 간뇌는 주로 시상과 시상하부를 담당한다. 또한 중뇌는 중뇌계와 피개로 그리고 후뇌는 소뇌와 뇌교, 연수로 구성된다(표 3-3 및 그림 3-8 참조).

표 3-3 뇌와 중추신경계 역할

뇌(Brain)	전뇌 (Prosencephalon)	종뇌 (Cerebrum)	대뇌피질, 변연계, 기저핵	외부자극에 대한 분석, 명령 하달 (중앙처리기관)
		간뇌 (Interbrain)	시상, 시상하부	감각정보를 대뇌피질로 전달하는 기능, 기초신진대사 유지(굶주림, 피로, 갈증, 리듬유지), 자율신경계 및 호르몬 분비 대사조절, 체온조절
	중뇌 (Midbrain)	중뇌계 (Tectum)	홍채의 수축과 이완 조절, 안구, 눈꺼풀 반사운동, 파킨슨병과 증후군, 양성 및 악성 뇌종양과 관련함, 소뇌와	

(계속)

<table>
<tr><td rowspan="5"></td><td></td><td>중뇌피계
(Tegmentum)</td><td>함께 평형 유지기능을 함</td></tr>
<tr><td rowspan="4">후뇌
(Hindbrain)</td><td>소뇌
(Cerebellum)</td><td>근육운동 조절, 몸의 균형 유지, 기초신체대사 유지,</td></tr>
<tr><td>뇌교(Pons)</td><td>호흡조절, 뇌의 여러 부분과 연결</td></tr>
<tr><td>연수
(Medulla)</td><td>척수와 연결, 심장박동 및 호흡 담당, 승압반사중추(혈압조절), 자율신경조절중추, 기침, 재채기, 하품 등의 반사중추</td></tr>
<tr><td colspan="3" style="display:none"></td></tr>
<tr><td>척수
(Spinal cord)</td><td colspan="3">척추 내에 위치하며 중추신경의 일부분으로 뇌와 말초신경의 연결역할을 함, 감각 신경과 운동 신경이 지나는 통로, 반사 운동의 중추 역할(뇌에서 다리까지 운동기능 및 감각 담당, 자율신경담당(방광 및 항문조임근 조절 기능)</td></tr>
</table>

(1) 전뇌

전뇌(Prosencephalon)는 뇌에서 가장 크고 가장 앞쪽에 위치한 부위로 대뇌반구 또는 대뇌라고도 하며 주로 지각 통합 중추와 언어와 추상적 사고할 수 있는 고도의 지적기능수행 중추, 수의운동(Pyramidal Tract, 의지에 따라 움직이는 것) 외에 체온조절, 생식기능, 음식섭취, 감정조절 등의 역할을 한다. 전뇌는 종뇌(Cerebrum)와 간뇌(Interbrain)로 구성된다. 또한 종뇌는 대뇌피질, 변연계와 기저핵으로 구성되어 외부자극을 분석하여 척수신경과 말초신경을 통해 우리 몸의 각 부분에 명령하는 기능을 한다. 대뇌피질(Cerebral Cortex)은 대뇌에서 가장 표면에 위치하며 신경세포들의 집합으로 기억, 집중, 사고, 언어, 각성, 의식 등의 고차원적 기능을 수행한다. 한편 변연계(Limbic System)는 일명 후뇌(Smell Brain)라고도 하며, 감정, 공격성, 성적 본능 관장 등 감정을 조절하는 역할을 한다. 기저핵(Basal Ganglia)은 신체 전체의 균형을 위한 안정성 유지기능을 수행하며 만일 기저핵이 제대로 기능을 발휘하지 못할 경우 불수의운동 증상이 나타난다. 즉, 파킨슨(Parkinson)병과 같이 수족을 심하게 떠는 무도병과 한쪽 손과 발을 빠르게 앞으로 밀어내는 편무도병 증상을 동반하게 된다.

(2) 중뇌

중뇌(Midbrain)는 중뇌계와 중뇌피계로 구성되어 있다. 중뇌계는 라틴어로 '지붕'을 의미하는데 주로 시각과 청각과 관련된 기능에 관여한다. 눈에 빛이 들어왔을 때 동공의 수축 또는 초점을 맞추기 위해 수정체의 두께 조절 등을 비롯하여 청각 관련 반사행동에 관여하여 귀에 들어온 신호를 대뇌로 이어지게 한다. 중뇌피계는 통증과 관련된 감각 및 공격과 방어 행동뿐만 아니라 신체의 운동조절에 관여하여 척수로 전달하며 중뇌피계가 손상될 경우 파킨슨병을 일으키게 된다(윤가현 외, 2013).

(3) 후뇌

후뇌(Hindbrain)는 소뇌, 뇌교, 연수로 구성된다. 일반적으로 머리 뒤쪽에 위치한 곳으로 소뇌는 마치 자전거를 탈 때 균형을 잡을 수 있도록 하는 등 신체 기관의 균형 및 움직임을 조화롭게 하며 인지처리하는 역할을 한다. 연수(Medulla)는 라틴어로 '다리'를 의미하는 것으로 대뇌와 소뇌 및 척수를 연결하는 역할을 하며 일명 숨뇌라고도 한다. 연수는 주로 심장박동수, 혈압, 호흡, 소화 등 생명유지와 관련한 내장활동을 조절하는 일을 한다(윤가현 외, 2013). 뇌사는 연수가 회복하지 못할 정도로 손상된 상태이며 식물인간상태는 연수가 제 역할을 하고 있어 인공호흡기의 도움이 없이도 자가 호흡이 가능한 상태이다.

(4) 척수

척수(Spinal Cord)는 뇌로부터 자극을 전달받거나 뇌로 자극을 전달하는 긴 관 모양의 신경 섬유 다발로 구성되어 있다. 척수는 척추 뼈 안에 들어있는 신경세포로써 감각과 운동 뉴런으로 구성되어 있다. 척수는 뇌와 온몸의 신경계를 이

어준다. 말초신경계에서 받아들인 자극을 뇌로 올리고 또한 반대로 뇌에서 보내는 신호를 말초신경계로 보내는 역할을 한다(자극 → 척수 → 뇌 → 척수 → 반응).

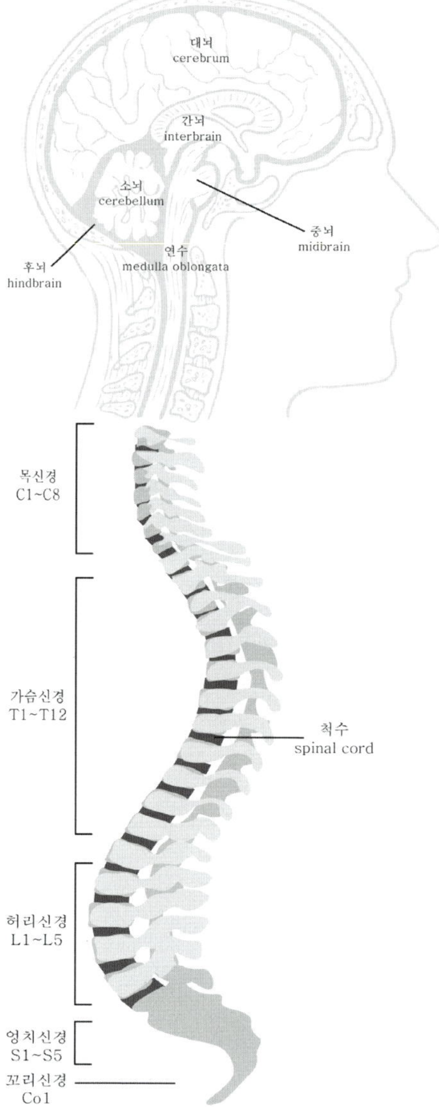

대뇌 – 기억, 판단, 감정, 창조 등의 정신활동을 담당한다.
간뇌 – 체온과 체액의 수분량 등을 조절한다.
중뇌 – 눈동자의 운동과 홍채의 수축과 이완을 조절한다.
소뇌 – 몸의 자세와 균형을 유지하도록 한다.
연수 – 호흡운동, 심장박동, 소화운동 등을 조절하고, 재채기, 기침, 하품 등의 반사 중추이다.

◌ 그림 3-8 ◌ **뇌와 척수**

이외에도 척수는 반사작용을 제어하는 역할을 한다. 생존과 직접적인 관계가 있는 반사작용은 빠른 반응속도가 요구되는데 이때 뇌를 거치지 않고 척수가 직접 제어한다. 예를 들어, 한쪽 발이 가시에 찔렸을 경우 척수를 통해 말초신경으로 전달된 신호는 척수에 전달되는 동시에 뇌에 전달하지 않고 척수 자신이 가시에 찔린 발을 들게 하고 또한 반대편 다리로 온몸을 지탱하도록 명령을 내리게 된다. 뇌에까지 전달되기에는 위험한 순간이기 때문에 척수에서 제어하게 된다. 이처럼 척수는 자율신경계의 반사작용 및 교감신경계와 부교감신경계 모두 작용하여 내장기능, 항문 조임, 배변, 배뇨반사 등을 조절한다(다음백과).

3) 말초신경계

말초신경계(Peripheral Nervous System)는 중추신경계를 제외한 나머지 전체 신경계로써 감각 및 운동 신호의 전달과 자율적인 반응을 담당한다. 말초신경계는 체성신경계(Somatic Nervous System)와 자율신경계(Autonomic Nervous System)로 구성하고 있다. 이 가운데 체성신경계는 뇌신경과 척수신경으로, 자율신경계는 교감신경(Sympathetic Nervous System)과 부교감신경(Parasympathetic Nervous System)으로 이루어져 있다(그림 3-7 참조).

(1) 체성신경계

체성신경계(Somatic Nervous System)는 수의신경계(Voluntary Nerve System)라고도 하며, 대뇌(의지와 생각)를 통해 인체를 조정하는 신경계를 말한다. 체성신경계는 운동(Motor Nerve)과 감각(Sensory Nerve)을 기능하는 12쌍의 뇌신경(Cranial Nerves)과 31쌍의 척수신경(Spinal Nerves)으로 구성되어 주로 인체의 근육이나 골격을 통제하는 역할을 한다. 예를 들어, 불을 피하고자 할 때 먼저 감각신경은 불을 가까이 함으로 인해 얻어질 위험한 자극(정보)을 척수신경을 통해 중추신경계인 대뇌에 전달하게 된다. 이때 대뇌(중추신경계)는 운동신경을 통해 골격근에게 불에서 멀리 떨어지도록 명령을 내림으로써 위험한 상황을 재빠르게 대처할 수 있도록 한다(그림 3-9 참조). 체성신경계에서 인간의 의지대로 움직이게 하는 근육(골격근)을 수의근(Voluntary Muscle)이라 하고, 의도한대로 움직이도록 하는 것을 수의 운동(Voluntary Movement)이라 한다.

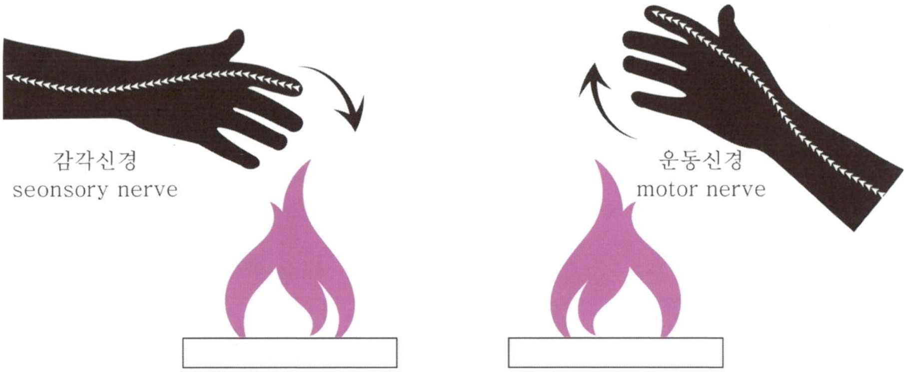

그림 3-9 체성신경계의 기능

뇌신경은 고대 그리스의 의학자 Claudius Galenus(131~201)에 의해 처음으로 7쌍으로 알려졌으나 18세기 독일의 해부학자 Sömmerring(1755~1830)이 그의 저서 『인체구조론』(Vom Baue des menschlichen Körpers, 6권, 1791~1796)에서 12쌍임을 밝혔다(Von Sömmerring, 1841). 뇌신경은 뇌와 얼굴과 목에 퍼져 있는 신경으로 후각신경(Olfactory, 제1신경, 감각), 시각신경(Optic, 제2신경, 감각), 눈 돌림신경(Oculomotor, 제3신경, 운동), 도르래신경(Trochlear, 제4신경, 운동), 삼차신경(Trigeminal, 제5신경, 감각), 갓돌림신경(Abducens, 제6신경, 운동), 얼굴신경(Facial, 제7신경, 운동), 속귀신경(Acoustic, 제8신경, 감각), 혀인

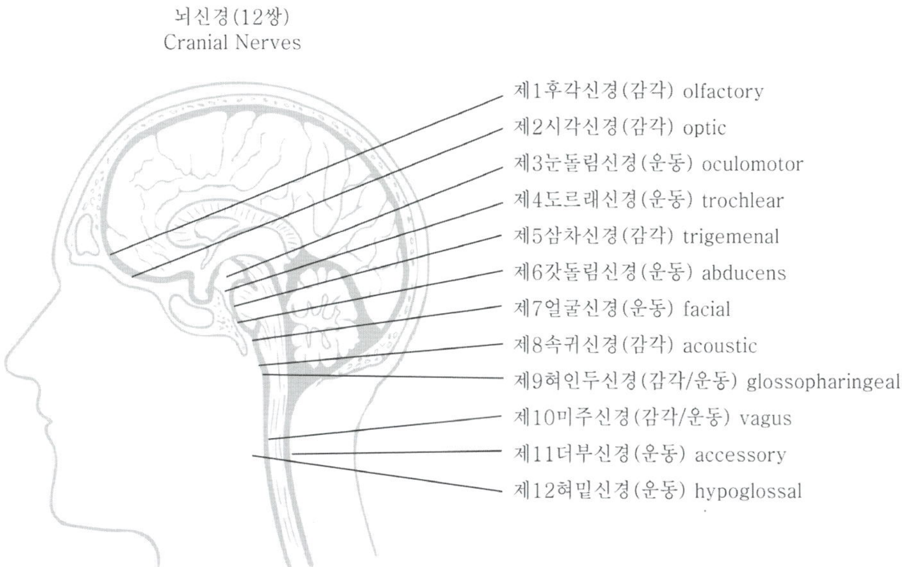

뇌신경(crarial nerve)	주요 작용
① 후각(Olfactory)	냄새(감각)
② 시각(Optic)	시각(감각)
③ 눈돌림신경(Oculomotor)	눈꺼풀과 안구돌림(운동)
④ 도르래신경(Trochlear)	안구의 움직임 조정(운동)
⑤ 삼차신경(Trigeminal)	얼굴과 입과 코의 점막(감각)
⑥ 갓돌림신경(Abducens)	눈을 사선으로 움직임(운동)
⑦ 얼굴신경(Facial)	얼굴의 근육운동(표정, 눈물, 타액분비)(운동)
⑧ 속귀신경(Acoustic)	몸의 균형감각과 청각(감각)
⑨ 혀인두신경(Glossopharyngeal)	미각과 경동맥혈압감지(감각과 운동)
⑩ 미주신경(Vagus)	심장, 폐, 부신, 소화관 등의 무의식적인 운동 조절(감각과 운동)
⑪ 더부신경(Accessory)	목근육 조절(운동)
⑫ 혀밑신경(Hypoglossal)	혀의 움직임 조절(운동)

그림 3-10 뇌신경

두신경(Glossopharyngeal, 제9신경, 감각과 운동), 미주신경(Vagus, 제10신경, 감각과 운동), 두부신경(Accessory, 제11신경, 운동), 혀밑신경(Hypoglossal, 제12신경, 운동) 등으로 구성되어 있다(그림 3-10 참조).

또한 척수신경(Spinal Nerve)은 척수에서 뻗어 나온 말초신경을 말한다. 척수신경은 운동과 감각 그리고 자율신경 등 모두 31쌍으로 목(경)신경(8쌍), 가슴(흉)신경(12쌍), 허리(요)신경(5쌍), 엉치(천골)신경(5쌍), 꼬리(미골)신경(1쌍) 등으로 이루어져 있다(그림 3-8 뇌와 척수 참조).

척수신경(Spinal Nerves)은 척수와 함께 얼굴을 제외한 신체의 모든 부분을 관장한다. 척수신경은 척수에 도달한 감각정보를 중추신경계의 뇌로 전달하고 뇌에서 명령하는 대로 근육을 움직이게 하거나 내분비계를 통해 분비물을 조절하는 기능을 하게 된다. 척수신경 가운데 목신경은 숨쉬기, 심장박동, 상체 등의 움직임에, 가슴신경은 교감신경의 활성에, 허리신경은 하체의 움직임을, 엉치신경은 골반장기에 관여한다. 특히 척수신경에는 중추신경계인 뇌가 관여하지 않는 반사작용이 있다. 무릎반사와 같은 기능으로 감지된 자극(정보)을 척수에서 직접 명령을 내려 상황을 대처하게 한다(서울아산병원 홈페이지).

(2) 자율신경계

자율신경계(Autonomic Nervous System)는 대뇌의 지배를 받지 않고 독자적으로 조절하는 작용을 하는 신경계를 말한다. 인체 내의 대부분의 장기는 교감 및 부교감신경계의 영향을 받아 평상시에는 이 두 신경계간에 평형을 이룬다. 하지만 인체가 외부로부터 어떤 자극을 받았을 때 이 두 신경계는 서로 다른 역할을 수행하게 된다. 교감신경계는 주로 위기상황에서 평상시보다 강력한 에너지를 사용할 수 있도록 하지만 부교감신경계는 교감신경계와는 달리 에너지를 축적하도록 작용한다. 어두운 골목길에서 강도를 만났을 경우 긴장과 동시에 심장박동

표 3-4 자율신경계(교감신경과 부교감신경)의 작용

증상	교감신경 (위기 모면)	부교감신경 (안락, 평안)
심장박동	촉진	억제
숨쉬기	촉진	원활
혈류량, 맥박	증가	감소
동공	확대	수축
혈관	수축	확장
혈압	상승	하강
침·땀 분비	억제	촉진
배뇨, 배변	억제	촉진
소화액분비 및 소화관운동	억제	촉진
근육	긴장	이완

이 불규칙하게 뛰고 식은땀이 흐르고 호흡이 가빠지는 것 외에 온몸의 근육에 혈류량이 증가하면서 평소에 가지지 못한 큰 힘을 발휘할 수 있게 하는 것은 교감신경계의 작용에 의해 나타나는 현상이다.

교감신경(Sympathetic Nerve)과 부교감신경(Parasympathetic Nerve)은 척수에서 시작하여 장기, 혈관, 땀샘에 광범위하게 분포하여 심장, 민무늬근육(평활근육),[9] 분비샘 등을 조절한다. 교감신경은 신체가 위급한 상황일 때 이에 대처하는 기능을 하나 부교감신경은 교감신경으로 항진된 에너지를 정상으로 되돌리고 보존하는 기능을 하여 한 장기에서 서로 반대로 작용한다(표 3-4 및 그림 3-11 참조).

---

9) 민무늬근육(Smooth muscle): 평활근육이라고도 하며 근육가운데 가로무늬가 없는 근육을 가리킨다. 심장근 이외의 내장근이 여기에 속한다. 소화기관이나 요로기관에서 꿈틀 운동을 일으켜 음식물찌꺼기를 아래로 내려가게 한다(지제근, 2004).

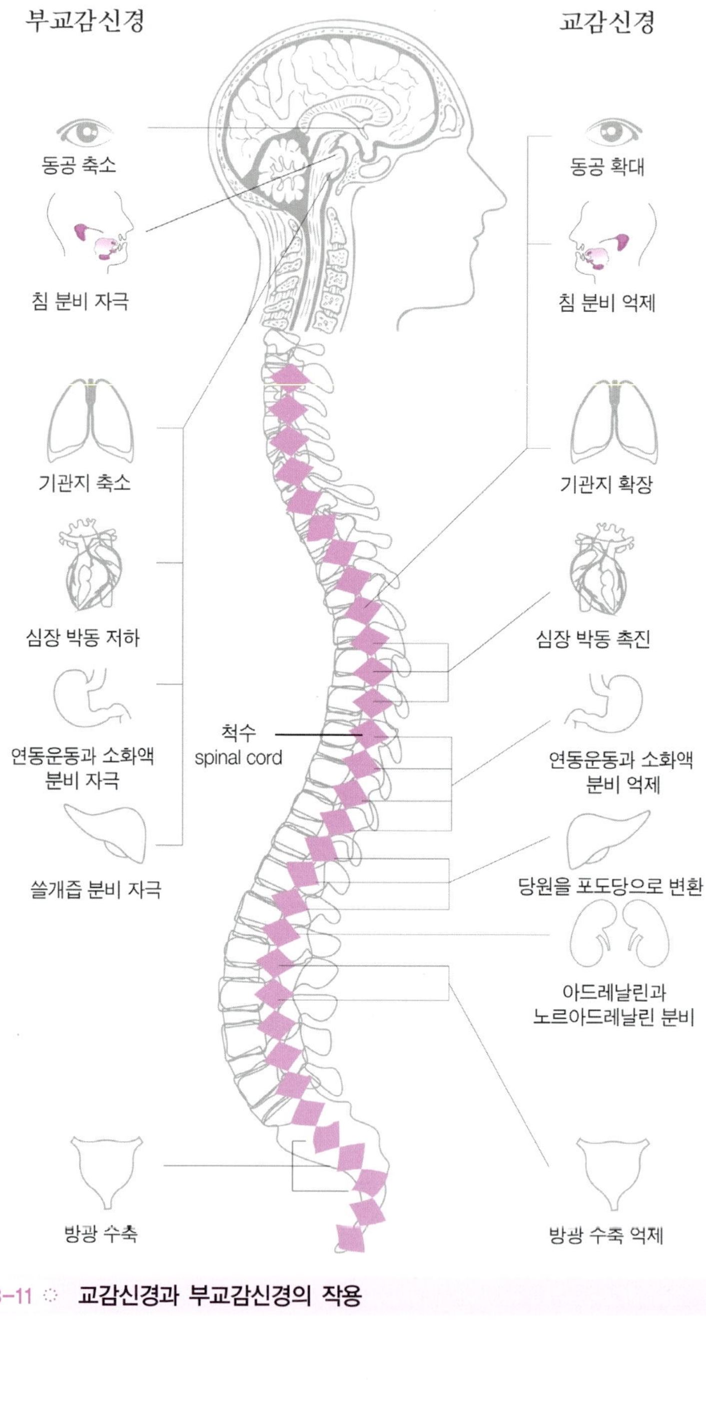

그림 3-11 교감신경과 부교감신경의 작용

3. 중독과 정신이상

중독은 뇌구조를 변화시켜 정신질환에 이르게 한다. 1954년 캐나다 맥길 대학교의 James Olds와 Peter Milner는 쥐가 레버를 누르면 뇌의 특정 부위를 전기로 자극하는 실험을 통해 이를 밝혀냈다. 이 실험에서 쥐는 먹이도 거들떠 보지 않고 24시간 내내 잠도 자지 않고 시간당 7천 번이나 계속 레버를 누르다가 결국 탈진하여 죽게 되었다. 우리 몸의 쾌감을 느끼게 하는 곳은 복측피개(Ventral Tegmental Area), 측좌핵(Nucleus Accumbens), 전두피질로 이어지는 영역(타원형 영역)으로 이곳을 쾌락중추(Pleasure Center), 즉 보상회로(Reward Circuit)라고 한다(Olds et al., 1954). 복측피개에는 쾌락을 유도하는 물질인 도파민을 방출하는 도파민 뉴런 A10 신경세포의 작용으로 측좌핵과 전두피질에 도파민을 투사함으로써 쾌감을 느끼게 한다. 각성제나 술과 담배, 마약, 도박과 같은 특정

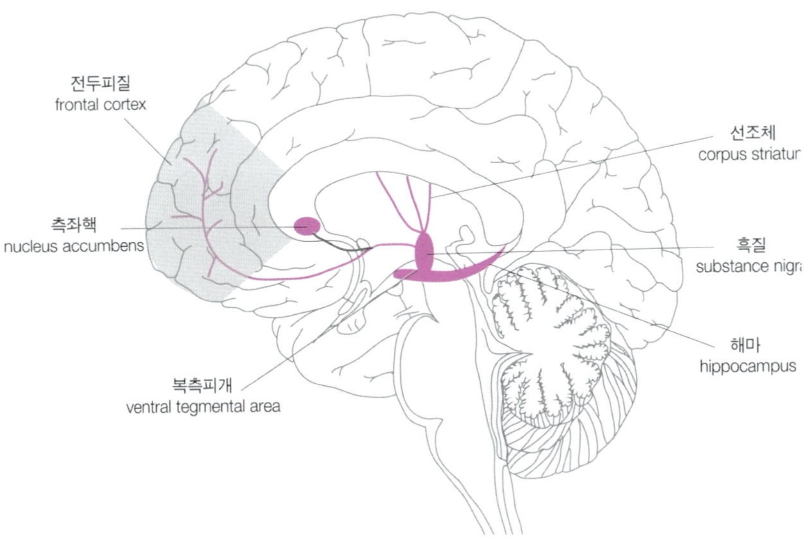

그림 3-12 쾌락중추

물질이나 특정 행동은 도파민과 엔도르핀 등의 물질을 분비하여 쾌락중추가 정신적 고양감과 만족감을 느끼게 한다. 쾌락중추는 달고 기름진 음식, 성적 흥분 등과 같은 일차적인 보상뿐만 아니라 금전적 보상이나 향정신성 약물, 칭찬, 운동, 기도, 자선활동, 기부와 같은 이차적인 보상에도 활성화된다(그림 3-12 참조).

중독이란 쾌락중추에 자극을 받음으로써 얻어지는 보상 때문에 물질이나 행위를 중단하지 못하고 더 많은 양이나 횟수를 늘려가는 상황을 말한다. 한의학계에서는 술은 몸을 습하게 하고 담배는 몸을 건조하게 하는 작용을 한다고 한다. 따라서 술로 인해 습한 몸이 건조하게 만들 담배(탄닌성분-Tannins)를 계속 찾게 된다는 것으로 술과 담배는 서로 떼려야 뗄 수 없는 관계로 중독으로 이어지게 된다는 논리이다. 이처럼 중독이 정신이상으로 진전되기까지는 어떤 물질이나 행위로 인해 쾌감중추가 변형되었다는 것을 의미한다(최현석, 2011; 김종성, 2005; 정재승, 2007).

4. 중독이 일상생활에 미치는 영향

중독은 일상생활에 다음과 같은 문제를 일으킨다.

1) 혈액 건강에 미치는 문제(탄수화물중독)

혈액 건강에 영향을 미치는 중독은 단 음식을 선호하는 데서 발생한다. 단 음식은 기분을 좋게 하는 도파민 분비를 촉진한다. 단맛은 대부분 탄수화물에 들어 있어 탄수화물을 지나치게 많이 섭취하는 경우 도파민의 과다분비를 가져오게 하며 이는 결국 단 음식을 지속적으로 찾게 되어 혈당을 올리는 동시에 인체 내의 인슐린 분비량을 증가시킨다. 결국 인슐린 분비가 많아지면서 또 다시 당류가 포함된 탄수화물을 찾게 되는 악순환이 반복되어 탄수화물중독에 이르게 된다. 탄수화물은 백미와 밀가루를 주재료로 사용하여 만든 음식에 많이 포함되어 있다. 단 음식에 의한 탄수화물중독은 당뇨나 비만 등과 같은 고지혈성의 혈액 건강 질병 위험률을 높이며 간이나 근육 등의 내장 비만으로 암을 유발하는 원인이 되기도 한다. 그러므로 될 수 있는대로 고당질의 음식 섭취를 피하고 대신 혈당지수가 낮고 섬유질이 풍부한 현미나 콩, 해조류 등을 섭취하는 것이 좋다.

이외에도 음주, 흡연중독자의 체내 중금속 농도가 일반인보다 더 높은 것으로 나타났다. 식품의약품안전처(KFDA, Korea Food and Drug Administration)는 2010년부터 2015년까지 체내 중금속 농도 변화를 추적 조사하고 체내 중금속 농도와 식품 섭취, 생활습관 등과의 관련성을 분석한 결과, 음주를 하지 않는 사람보다 체내 중금속 농도가 납은 54%, 카드뮴은 11%, 수은은 89%가 높게 나타났다. 또한 흡연하지 않는 사람보다 체내 농도가 납은 30%, 카드뮴은 23%, 수은 43%가 높게 나타났다. 중금속은 우리 몸에 축적될 경우 정신장애를 비롯하여 용혈성 빈혈 등의 부작용을 일으킨다(식품의약품안전처, 2017).

2) 각종 질병 오염의 문제

스마트폰 등과 같은 IT기기의 사용인구가 늘면서 자연스레 중독자가 양산되고 있다. 스마트폰이 현대인의 삶에 없어서는 안 될 필수도구가 되었지만 과도한 사용이 부른 좋지 못한 사례는 넘쳐나고 있다. 스마트폰중독은 정신적인 문제만이 아니라 사회적 관계, 개인의 건강의 문제까지 영향을 미치고 있다.

응용미생물학회지(Journal of Applied Microbiology, 2010)는 스마트폰의 터치스크린이 유해한 바이러스 및 박테리아를 옮기는 주범이라고 하며 터치스크린에 존재하는 바이러스 중 최대 30%가 스마트폰 사용자의 손가락에 의해 옮겨진다고 하였다. 영국 보고서(A separate British study, 2010)에서는 화장실 변기 손잡이보다 18배 이상 많은 박테리아가 휴대폰에 묻어있다고 하였다(Mail Online, 2010). 미국의 한 방송사에서는 터치스크린에 의한 바이러스의 전파를 실험한 결과 휴대폰을 만졌던 손을 통해 바이러스가 인체로 쉽게 옮겨지는 것으로 조사되었다(CBS NEWS, 2010). 이런 식으로 스마트폰 사용자가 감기 및 독감바이러스, 노로바이러스, 대장균 등 병원성 세균을 옮기게 된다는 것이다. 흔히 부모들이 아이들에게 장난삼아 휴대폰을 갖고 놀게 하는 경우가 있는데 면역력이 낮은 어린아이들에게 치명적인 질환을 야기할 수 있는 위험한 일이라 할 수 있다. 이외에도 스마트폰은 안구건조증, 목디스크, 일명 거북목 증후군으로 인한 뒷목이나 어깨, 팔의 통증으로 잠과 일상생활에 지장을 가져올 수 있다. 또한 디지털 치매(기억력, 계산능력 저하현상), 손목터널 증후군, 주의력결핍과잉행동장애, 운동부족장애, 게이트웨이(gateway)[10)]중독을 가져오게 된다.

3) 삶의 의욕저하의 문제

중독이 지나치게 되면 삶의 의욕이 저하된다. 몇 년 전 전국적으로 인터넷이 불통되는 사태가 발생했다. 당시 매일 온라인 게임을 즐기던 16세의 김모군은 통신사에 전화로 화풀이하다 끝내 분을 참지 못하고 휴대전화를 내동댕이친 사례가 있다. 또한 14세 박모양은 방학 중 밤낮 인터넷을 붙들고 살다 막상 개학을 하니 인터넷 상의 동호 활동과 메신저 친구들과의 대화, 온라인 게임이 실제 생활보다 자신에게 더 의미가 있다며 신학기 적응에 어려움을 호소하였다. 하루에 10시간 이상을 온라인 게임에 몰두하던 17세의 김모군은 자신의 ID가 해킹당해 게임 아이템을 잃어버리자 경찰청 사이버테러 대응센터에 신고했다. 경찰에서 해

10) Gateway중독: 청소년기에 스마트폰과 같은 IT기기에 중독될 경우 성인에 되어서는 다른 중독으로 빠질 확률이 높은 것을 말한다.

커를 잡고 보니 12세의 초등학생이었다. 지나친 온라인 게임 등 인터넷중독으로 인한 왜곡된 가치관과 비행, 건강의 문제가 나타나고 있다. 한국정보문화센터의 조사에 의하면 응답자의 절반가량이 인터넷 때문에 해야 할 일을 못하거나, 다른 할 일이 많아도 인터넷을 한 경험이 있다고 답했다. 또한 응답자 가운데 약 40%는 인터넷이 없으면 생활이 무기력할 것이라고 했고, 22%는 실생활에 문제가 발생하더라도 인터넷을 그만 둘 수 없다고 했다.

인터넷만이 아니라 특정 약물이나 알코올, 도박 등 각종 중독은 삶의 의욕을 저하시키고 여러 문제를 일으킨다. 중독자들에게서 나타나는 공통점은 불안, 두려움, 분노, 억울함, 수치감, 양가감정, 절망감, 무기력, 우울 등의 심리상태를 나타낸다. 하지만 여기서 그치지 않고 불면증, 노이로제, 분노조절장애, 관계망상, 자살사고, 열등감, 초조감, 히스테리, 반사회성(사이코패스) 등으로 진전되어 대인관계는 물론 사회적 관계를 지속할 수 없게 하며 더 나아가 자신을 은둔자로 만들게 된다.

4) 삶의 가치관과 왜곡의 문제

중독자의 특징 중 하나가 삶의 자세나 가치관을 왜곡하는 문제이다. Ludwig(2016)는 그의 저서 『중독자의 내면 심리 들여다보기』에서 중독자의 심리상태가 부정과 과장에서 비롯되어 삶의 현실을 왜곡하고 있음을 다음과 같이 기술하고 있다.

중독자의 심리는 저항으로 가득한 상태에서 점차 통제력을 잃어가며 현실을 무시하고 부정하면서 불안을 다스리게 된다. 이와 같은 부정의 심리는 종종 정신병적인 수준으로 삶의 전반으로 번지거나 현실감을 잃어버리는 상황에서 더욱 많이 나타난다. 심지어 술을 지나치게 많이 마셔서 자신을 망치고 있다는 증거가 명백함에도 불구하고 단주보다는 현실에 눈을 감아버리는 쪽을 택한다. 또한 과장이라는 방어기제를 통해 중독자 자신은 여전히 음주를 조절할 수 있고 자신의 삶을 통제하고 있다는 이른바 '알코올중독자의 교만(alcoholic pride)'에 사로잡혀 있다. 하지만 중독자는 자신의 행위를 정당화하는 것에서 그치지 않고 더 나아가 현실을 왜곡하고 다른 사람에게 책임을 전가하는 일까지도 서슴지 않는다(Ludwig, 2016).

도박중독자의 경우 거짓말은 하나의 일상이다. 명백한 사실 앞에서도 거짓으로 일관한다. 미국정신의학회(APA, American Psychiatric Association)의 「정신질환진단 및 통계편람」 제5판(DSM-Ⅴ, Diagnostic and Statistical Manual of Mental Disorders)의 도박중독 진단 기준에서 도박에 관여한 사실을 숨기기 위해 거짓말을 하는지를 묻는 조항을 두고 있다. 도박중독자는 도박에의 관여 정도를 감추기 위해 가족, 치료자 또는 다른 사람들에게 반복적으로 거짓말을 하며 때로는 도박 자금을 마련하기 위해 위조, 사기, 절도, 횡령과 같은 불법행동들을 한다고 언급하고 있다(한국도박문제관리센터 광주센터, 2017). 대부분의 도박중독자들은 도박에 대한 잘못된 오해와 그릇된 신념을 가지고 있어 도박에서 반드시 승리할 것이라는 확신에 차있다. 하지만 돈을 잃었을 경우 운이나 재수가 나빠서라는 핑계를 대고 돈을 딸 때는 자신의 능력을 과대평가하는 경향이 있다. 번번이 도박을 통해 돈을 잃고 있음에도 불구하고 과거에 승리했던 기억에 사로잡혀 경제적인 파탄은 생각하지 않는다. 결국 도박중독자는 심할 경우 우울증을 동반하며 현실을 올바르게 직시하지 못하고 왜곡된 상황으로 자신을 몰아감으로써 도박중독에서 벗어나지 못하게 된다.

쾌락중추가 활성화된 중독자들은 단순히 특정한 물질이나 행위에만 집착하는 것이 아니다. 중독자들의 뇌는 중독물질로 인해 활성화되면서 삶의 가치관이나 태도 및 상황인식에 대해 왜곡된 생각으로 가득하다. MRI 영상기기를 통해 알코올중독자의 뇌를 조사해 본 실험이 있다. 알코올중독자에게 사랑하는 아내와 자녀들의 사진과 추억을 떠올릴 만한 의미있는 사진들과 함께 알코올과 관련한 사진들을 보여주었다. 결과적으로 알코올중독자는 오직 알코올과 관련한 사진에만 반응하였다. 이러한 상황으로 볼 때 일반적으로 중독자들은 자신이 처한 현실을 제대로 인지하지 못할뿐더러 오히려 왜곡함으로써 중독자 자신은 물론 가족이나 친지, 동료 등 주변 사람들마저도 곤경에 처하게 만든다.

04
CHAPTER

중독의 종류와 특징

이 장에서는 중독을 일으키는 마약류를 비롯하여 음식물, 의약품, 각성제와 같은 중독물질에 대해 알아보고 중독과 깊은 연관이 있는 운동, 종교, 성형, 쇼핑, 인터넷, 성, 도박 등이 중독과 어떤 관련을 가지고 있는지 그 특성을 살펴본다.

1. 중독물질의 종류와 관련 장애

중독물질은 마약류(Narcotics), 각성제류(Stimulants), 진정제류(Depressants), 대마류(Cannabis), 환각제류(Hallucinogens), 흡입제류(Inhalants), 스테로이드계(Steroids) 등으로 나눌 수 있다.

1) 마약류 중독물질(Narcotics)

중독을 일으키는 마약류에는 아편(Opium), 모르핀(Morphine), 코데인(Codeine), 테바인(Thebaine), 헤로인(Heroin), 하이드로몰폰(Hydromorphone), 옥시코돈(Oxycodone), 하이드로코돈(Hydrocodone), 메페리딘(Meperidine), 덱스트로프로폭시펜(Dextropropoxyphene), 펜타닐(Fentanyl), 펜타조신(Pentazocine), 부토르판놀(Butorphanol), 메타돈(Methadone), LAAM(Levo-alphacetylmethadol),

부프레놀핀(Buprenorphine) 등이 있다(표 4-1 참조).

표 4-1 마약류 중독물질 및 특성

구분		종류	특성(효능 및 부작용)
마약류 (Narcotics)	자연 발생 마약	아편(Opium)	양귀비에서 추출함, 설사 치료 및 진통제, 치아 및 이질 치료제
		모르핀(Morphine)	아편의 주요 구성물질(4-21% 농축 함유). 마취제, 진통제
		코데인(Codeine)	세계에서 의학 치료로 가장 많이 사용. 모르핀에서 추출, 감기 억제제, 진정제
		테바인(Thebaine)	자극작용, 미국인들이 세계에서 가장 많이 사용함
	준합성 마약	헤로인(Heroin)	1874년 최초 모르핀으로부터 합성. 흡연 및 흡입, AIDS, 간염을 일으킴
		하이드로몰폰 (Hydromorphone)	'딜라 우드'라는 알약, 진통제 효능은 모르핀의 2-8배
		옥시코돈 (Oxycodone)	테바인을 합성함, 진정제, 코로 흡입, 물에 녹여 사용함
		하이드로코돈 (Hydrocodone)	아편제 징후 및 증상과 유사함, 감기억제제 진정제, 진통제, 인신매매에 사용됨
	합성 마약	메페리딘 (Meperidine)	1930년대 진통제로 소개됨, 마취제, 진통제, 산부인과 수술, 지사제, 파킨슨 병 증후군, 신경 손상
		덱스트로프로폭시펜 (Dextropropoxyphene)	메타돈 일종, 1957년에 '다본'이라는 이름으로 최초 출시, 강력한 독성과 부작용, 사망
		펜타닐 (Fentanyl)	1950년 말 벨기에에서 최초 합성, 모르핀의 80배 진정 효능, 심장 수술시 정맥마취제 및 진통제로 사용, 흡연, 흡입 가능
		펜타조신 (Pentazocine)	1967년에 진통제로 출시
		부토르판놀 (Butorphanol)	테바인에서 합성함, 수자용, 스프레이 용(코로 흡입)
	마약 치료제	메타돈 (Methadone)	2차 대전 때 합성(독일), 모르핀과 헤로인 효능, 진통제, 중독 치료제, 만성투여 시 의존됨, 과다 복용 시 사망

(계속)

	LAAM (Levo-alphacetylmethadol)	메타돈보다 더 긴 효능, 중독 치료제
	부프레놀핀 (Buprenorphine)	테바인 합성 마약, 진통제, 마약중독 치료제로 승인 (2002년), 모르핀 진통 효능의 최대 50배 효과
효능	Narcotics(마약류)는 감각을 무디게 하고 통증을 완화시키며, 감기 치료제, 마취제로 사용된다. 동공 수축, 집중력 저하, 활동력 저하, 피하 및 혈관 확대(홍조), 변비, 어지러움, 구토, 호흡 곤란, 혼돈, 경련, 사망	

출처: Drug Enforcement Administration(2005) 재구성.

그림 4-1 양귀비

출처: Pixabay/CC0 Creative Commons.

마약류는 주로 양귀비꽃(앵속, Opium Poppy)에서 추출한 아편을 가지고 만든다. 아편에는 30여종의 알킬로이드(Alkaloid)[1)]가 들어 있고 주성분은 모르핀(Morphine) 10~20%, 나르코틴(Narcotine) 1~11%, 코데인(Codeine) 0.1~4%, 테바인(Thebaine) 0.1~4%, 파파베린(Papverine) 0.1~2%, 나르세인(Narceine) 0.01~1%, 노스카핀(noscapine) 등을 함유하고 있다. 아편은 본래 백색 액상으로 존재하나 공기 중에 노출되면 갈색 또는 흑색으로 변한다. 아편은 생아편과 흡연용으로 나눈다. 생아편은 진통, 마취 작용이 있어 주로 의약용으로

1) 알카로이드(Alkaloid): 알카로이드란 알카로이드계(Alkaloid; 쓴맛을 가진 탄소, 수소, 질소를 함유한 염기성 유기화합물로 식물이 천적으로부터 자신을 보호하기 위해 생산되는 물질로 약초들의 천연 항암제로써 의약적 효과를 일으키는 물질뿐만이 아니라 생명을 위협하기도 하며 모든 마약은 환각 작용하는 알카로이드이다. 인체 내에서 신경조직, 심장근육, 호흡기조직의 흥분 등 생리작용을 돕는다. 예로 감자의 알카로이드는 강한 저해작용으로 용혈작용(적혈구 파괴) 및 운동 중추 마비 작용을 일으킨다. 끓이거나 굽는 방법으로는 감소되지 않으나 튀김과 같이 높은 온도로 요리할 때 다소 감소된다. 감자의 알카로이드중독증상으로는 싹이 난 녹색부분과 껍질에 다량함유하고 있어 구토, 두통, 혀의 경직, 언어장해, 안면 창백, 시력장애, 환각 등을 일으키기 때문에 이 부분을 제거하고 섭취하면 안전하다. 또한 고추의 매운맛은 켑사이신(Capsaicin, 알카로이드 화합물)의 작용으로 항산화작용, 염증 억제작용 등을 통해 암을 예방한다.

사용되는데, 덜 익은 양귀비 열매에 상처를 내어 액을 채집하여 건조시킨 것으로, 특이한 냄새가 나며 강력한 쓴맛을 가지고 있다. 흡연용 아편은 일반적으로 불법적으로 사용되는 것으로 생아편을 물에 녹여 불용 분을 제거하여 제조한다. 아편은 마약(Narcotic 마비시킴)의 원료로 고대사회로부터 의료용, 종교의식, 기호용품으로 쓰였다.

한편 아편의 주성분인 모르핀(Morphine)은 독일의 화학자 Friedrich Wilhelm Serturner(1783-1841)에 의해 추출되었다. 일반적으로 모르핀 농도는 4~21%이며 이 가운데 상업적 아편의 농도는 10%로 극심한 통증을 완화시키는 진통제용으로 사용되고 있다. 이후 독일 바이엘사(Bayer AG, 1893)가 모르핀으로 헤로인(Heroin)을 1898년에 제조하였다. 헤로인은 일명 마약의 황제(Burreson et al., 2007)로 불리며, 모르핀에 비해 10배 이상의 강한 중독성과 부작용을 나타내는 매우 위험한 마약류이다. 헤로인을 복용할 경우 동공 수축은 물론 호흡·심장박

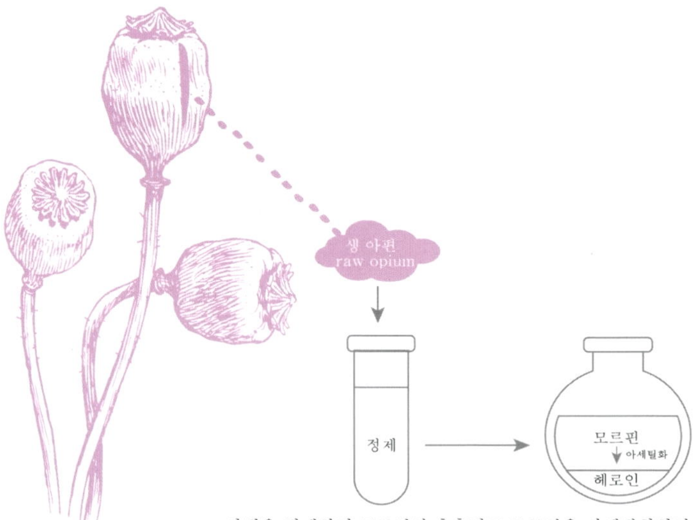

아편을 정제하면 모르핀이 추출되고 모르핀을 아세틸화하면 헤로인이 됨.

그림 4-2 **헤로인 정제과정**

동·위장관 운동을 느리게 하여 수면을 유도하며 무아지경 상태에 빠지게 한다. 분말 형태의 헤로인은 코로 흡입할 수 있고, 물에 용해시켜 피하주사나 정맥 내 주사로 투여할 수 있다(그림 4-2 참조).

아편류는 심한 무반응, 느리고 주기적인 호흡, 동공의 축소, 서맥(Bradycardia), 저혈압 및 저체온 등으로 혼수상태에 빠져 호흡 마비로 사망에 이르는 경우도 있다. 반면 아편중독이 심할 경우 맥박이 약하나 빨리 뛰며 무산소증으로 인한 동공의 산대(죽을 때가 가까워져 눈동자가 열림), 청색증(Cyanosis, 피부와 점막이 푸른색을 띰)을 유발한다. 이외에도 아편제를 장기간 사용할 경우 윤리 도덕의 결여와 게을러지며 동시에 지적 기능의 둔화로 인해 사회로부터 고립을 가져온다.

코데인(Codeine)은 모르핀류 진통제로써 기침억제제와 진통제로 사용되며 1832년 프랑스 화학자 Pierre Jean Robiquet에 의해 최초로 아편에서 분리되었다(Newton, 2015). 테바인(Thebaine)은 알카로이드계의 아편으로 무색결정의 진정제, 흥분제로 사용된다. 과량 사용 시 구토 및 호흡억제로 인해 사망에 이를 수 있다.

마약류는 인체 내의 중추신경을 마비시켜 진통, 진정, 마취제로 쓰이며 이를 과용할 경우 메스꺼움, 구토, 두통, 현기증, 배뇨 장애, 호흡 곤란, 혼수상태 등에 이르게 하며, 심할 경우 사망한다.

2) 각성제류 중독물질

각성을 일으키는 중독물질(Stimulants)은 코카인(Cocaine), 암페타민(Amphetamines), 메스카티논(Methcathinone), 메틸페니데이트(Methylphenidate), 식욕억제제(Anorectic Drugs), 카트(Khat) 등이 있다(표 4-2 참조).

코카인(Cocaine)은 잉카제국 종교의식에 사용하던 물질로써 코카나무 잎에서 추출한다. 코카인은 중추신경을 자극하여 복용자에게 도취감(흥분), 힘, 기민성, 자신감, 높은 감수성을 느끼게 해 준다. 코카인은 헤로인과 함께 혼합(Speed Ball)하여 사용하기도 하며 일부는 화학적으로 처리하여 흡연을 통해 흡입하기도 한다. 코카인은 식욕감퇴를 일으켜 쾌감을 일으키는데 강한 중독성 때문에 의료용 국소마취제로 사용되며 중독될 경우 신경체계의 치명적인 손상과 신체적 손상, 정신 혼동, 점막 파괴, 편집성 사고, 정서적 불안정, 주의 집중력 장애, 우울증, 벌레가 기어 다니는 느낌의 환각상태, 피로감과 배고픔을 잊게 하며 심한 경우 호흡곤란에 이르게 하여 극적인 행동 변화를 일으켜 자살을 유도하기도 한다.

암페타민(Amphetamines)은 필로폰의 일종으로 통제가 쉽지 않은 각성된 흥분상태를 일으킨다. 임상적으로 심각한 부적응적 행동변화를 가져오며 안절부절 못하는 등 과다활동과 지나친 경각심을 비롯하여 불안, 긴장, 기민성, 상동증적 반복행동(Stereotypic repeat behavior), 분노와 판단력 장애를 일으킨다. 이외에도 암페타민에 중독될 경우 불분명한 언어, 두통, 망상적 사고, 이명, 편집성 사고, 환청, 환촉을 경험하며 공격적 행동을 비롯하여 심한 분노감과 함께 자살, 우울 및 체중감소, 빈혈, 영양 결핍 등을 일으킨다.

각성제는 중추신경을 자극하여 인체 및 정신을 각성(흥분)시킴으로 각성물질 사용자로 하여금 원하는 효과를 얻고자 하는 물질을 말한다. 이러한 효과로 인해 각성제는 예로부터 종교의식용, 의료용 혹은 의약품으로 사용되었다. 심지어 각성제는 전쟁에 나가는 군인들에게 사용되기도 하였다. 행군에도 피로감이나 배고픔을 잊게 하였고, 전쟁 중 죽음에 대한 두려움을 없애는 등 전투 효율을 높이는 것으로 알려졌기 때문이다. 알려진 바로는 1차 세계 대전은 물론, 세계 2차 세계 대전, 베트남전, 한국전쟁, 아프가니스탄전쟁, 걸프전 등 거의 모든 전쟁에 참가하는 군인들이 사용하였다고 한다. 각성제의 일종인 아프리카가 원산지인 카트(Khat)는 상록관목식물로 이를 씹고 있으면 공복감이나 갈증을 느끼지 않아 먹을 것이 없는 가난한 사람들은 배고픔을 잊기 위해 일부러 식사대용으로 이 식물을 씹는다고 한다.

표 4-2 각성제류 중독물질 및 특성

구분	종류	특성(효능 및 부작용)
각성제류 (Stimulants)	코카인 (Cocaine)	코카인은 강력한 각성제로 남미의 안데스 고원의 코카 잎에서 추출함. 원주민들이 원기회복을 위해 차로 마시거나 씹음. 1880년 최초 분리. 국소마취제, 흰색가루, 급성 호흡곤란, 감기, 폭력 유발, 뇌졸중, 심장마비, 발작, 사망, 해독제 없음, 미국에서 마리화나 다음으로 많이 사용함.
	암페타민 (Amphetamines)	수면장애, 기면증, ADHD(주의력결핍과잉행동장애) 치료 효과, 격렬한 이상행동 유발, 제 2차 세계 대전 동안 군인들 사용, 우울증 치료제, 구강, 주사제, 흡연으로 투여함, 만성적 남용은 정신분열증, 환각, 편집증 유발
	메스카티논 (Methcathinone)	고양이(cat)로 알려짐, 물이나 음료에 희석하여 구강, 정맥주사, 코로 흡입, 암페타민과 같은 효능
	메틸페니데이트 (Methylphenidate)	코카인과 암페타민과 같은 효능, 혈관 폐쇄, 망막 손상, 정신병, 심혈관 합병증, 기면증 및 ADHD 치료제
	식욕억제제 (Anorectic drugs)	암페타민과 같은 효능, 심장판막증 유발
	카트 (Khat)	동 아프리카와 아라비아 반도에서 경작된 카다(창포)에서 추출함. 피로감 및 식욕저하, 강박적 사용 시 망상, 조울증, 환각, 편집증
효능	정신적, 신체적 피로감 해소. 적절한 사용은 불쾌감을 덜어주고 기민성을 높임. 각성제는 비만과 기면증, 주의력결핍장애를 치료하는 데 효능이 있으나 남용 시 정신착란, 정신병, 좌절, 두려움, 갈망, 극도의 피로감, 식욕감퇴, 어지러움, 두통, 홍조, 가슴통증, 구토, 복부경련, 적대감, 공황, 공격적, 자살, 살인 편집증(환각동반), 고열, 심장혈관 붕괴 동반함	

출처: Drug Enforcement Administration(2005) 재구성.

3) 진정제류 중독물질

진정제류 중독물질(Depressants)에는 바르비투레이트(Barbiturates), 벤조다이아제핀(Benzodiazepines), 플루니트라제라제팜(Flunitrazepam), 감마하이드록시부트레이트산(GHB, Gamma-Hydroxy Butrate acid, 물뽕), 파라알데히드(Paraldehyde), 클로랄 하이드레이트(Chloral Hydrate), 글루테티미드 및 메타쿠알론(Glutethimide & Methaqualone), 메프로바메이트(Meprobamate), 신종마약(Newly Marketed Drugs) 등이 있다(표 4-3 참조). 이들은 주로 마취제, 최면제, 진통제, 항불안제 등과 같은 용도로 사용되는 물질로 흥분된 중추신경계를 완화하는 등 진정작용을 한다. 진정제류는 불면증이나 불안과 초조감 및 두려움이나 고민을 해소하는 데 도움을 주지만 과다사용 시 자살시도 등 심각한 우울증을 동반한다.

일반적으로 진정제류는 주로 중추신경계의 신경전달물질 중 하나인 GABA(Gamma-Aminobutyric Acid)를 활성화하여 수면을 유도하는 것으로 자칫 가바(GABA)의 양이 과다하게 분비될 경우 호흡과 심장박동이 급격히 저하되어 사망에 이르게 할 수 있어 사용에 주의해야 한다. 진정제는 사용량이 적지만 중추신경계에 작용하기 때문에 의존 또는 중독에 이르게 되며 이를 중단하게 될 때 불면증이나 불안증을 야기할 수 있다. 수면제의 일종인 벤조디아제핀(Benzodiazepine)은 1963년부터 시판하기 시작한 진정제로 중독성이 강하여 과다사용 할 경우 어지러움, 불안감, 기억상실 및 혼돈, 환각 증상을 비롯하여 입마름, 속쓰림, 체중 증가, 성기능 저하 등의 부작용을 일으키며 알코올과 함께 복용할 경우 독성이 폭발적으로 증가하여 그 위험성이 커진다. 진정제류 물질은 노인들에게 사용할 경우 낙상, 배뇨 곤란증을 유발하므로 의사의 처방에 따라 사용해야 한다.

표 4-3 진정제류 중독물질 및 특성

구분	종류	특성(효능 및 부작용)
진정제류 (Depressants)	바르비투레이트 (Barbiturates)	1900년대 초 의료용으로 처음 소개됨, 온화한 진정 작용에서 혼수상태에 이르는 광범위한 중추신경계 작용물질, 진정제, 수면제, 마취제, 항 경련제
	벤조다이아제핀 (Benzodiazepines)	진정제, 수면유도(불면증 치료제), 불안과 근육 경련을 완화하고, 발작 예방제, 본 약물을 알코올이나 다른 진정제하고 동시에 사용하면 생명을 위협함. 마약이나 코카인중독 치료자들이 남용하는 물질
	플루니트라제라제팜 (Flunitrazepam)	"roach"로 알려진 "파티 약물" 데이트 강간 약으로 활용, 알코올 음료에 희석해서 마심, 깨어나도 자신에게 무슨 일이 일어났는지 알지 못함.
	감마하이드록시 부트레이트산 (GHB, Gamma-Hydroxy Butrate acid, 물뽕)	근육강화제, 수면 보조제, 데이트 강간약, 술집, 나이트클럽, 레이브(rave)파티, 체육관에서 음성적으로 사용
	파라알데히드 (Paraldehyde)	알코올 퇴치와 관련된 정신 착란증 치료제, 구강으로 복용하며 목구멍에 자극을 줌.
	클로랄 하이드레이트 (Chloral Hydrate)	수면진정제. 치과 수술시 마취용, 알코올과 함께 복용할 경우 급성독성으로 사망할 수 있음.
	글루테티미드 및 메타쿠알론 (Glutethimide & Methaqualone)	과다사용 시 의존 및 금단증상 유발, 사망할 수 있음.
	메프로바메이트 (Meprobamate)	항불안제(불안, 긴장, 근육 경련 치료제), 과도한 사용 시 심리적 및 신체적 의존 초래
	신종 마약 (Newly Marketed Drugs)	졸피뎀(Zolpidem)과 잘레플론(Zaleplon)은 단기간 불면 치료제로 사용됨.
효능	진정제는 과도한 남용을 할 경우 불면증과 불안감을 유발할 수 있다. 일반적으로 약물 사용을 시작한 증상과 같다. 의존도가 높을수록 떨림과 약화가 나타나고, 가장 심각한 상태의 경우 금단 증상은 발작과 정신 착란을 유발할 수 있다. 대부분의 다른 약물 남용에서 나타나는 금단 증상과는 달리 진정제로 인한 금단 증상은 생명을 위협할 수 있다.	

출처: Drug Enforcement Administration(2005) 재구성.

4) 대마류 중독물질

대마류 중독물질(Cannabis)은 마리화나(Marijuana), 해시시(Hashish, 대마 잎의 밑동과 상단부에서 나온 진액을 건조시켜 만듦), 해시시 오일(Hashish Oil, 해시시를 증류한 농축액) 등이 있다(표 4-4 참조).

대마(cannabis sativa)
출처: Pixabay/CC0 Creative Commons.

마리화나(Marijuana)는 전 세계에서 가장 흔하게 사용되는 중독물질로 대마초(Cannabis)의 잎과 꽃을 말려 담배와 같은 형태로 만들어진다. 마리화나는 독성물질과 발암물질을 함유하고 있으며 기관지염, 폐기종, 기관지 천식을 일으키는 것 외에 심박 수 증가, 구강건조증, 안구충혈, 운동능력 및 집중력 저하 그리고 단 것에 대한 욕구를 증가시킨다. 마리화나를 장기간 사용하면 폐와 생식계의 위험이 증가할 뿐만 아니라 면역체계(Immune System)의 저하, 때때로 환각(Hallucinations), 환상(Fantasies) 및 편집증(Paranoia), 무관심(Apathy), 판단력 상실(Impairment of Judgment), 기억 및 집중력(Memory and Concentration) 상실은 물론 개인적인 외모 가꾸기와 목표 추구에 대한 흥미를 잃게 하는 의욕상실증후군(Amotivational Syndrome)을 가져오게 된다(Drug Enforcement Administration, 2005).

표 4-4 대마류 중독물질 및 특성

구분	종류	특성(효능 및 부작용)
대마류 (Cannabis)	마리화나 (Marijuana)	전 세계에서 가장 빈번하게 접하는 불법 약물, 마른 대마초 식물의 잎과 꽃에서 추출함. 마리화나는 느슨하게 감은 담배의 형태 또는 블란츠(blunts)라 불리는 상업용 시가(cigar)로 흡연함. 마리화나는 냄비(Pot), 잔디(Grass), 잡초(Weed), 메리 제인(Mary Jane) 및 리퍼(Reefer) 등으로 불림.

(계속)

	해시시 (Hashish)	대마 식물을 건조하여 공, 케이크, 쿠키와 같은 시트로 압축한 후 사용 시 조각을 내어 파이프에 넣고 담배처럼 흡입함. 중동, 북아프리카, 파키스탄, 아프가니스탄이 주요 생산국
	해시시 오일 (Hashish Oil)	향정신성(psychoactive)효력을 얻기 위해 담배에 해시시 오일을 한두 방울을 첨가하여 사용함.
효능	대마류는 과다 복용 시 이미지 왜곡, 개인 신원의 상실, 환시 및 환각 초래	

출처: Drug Enforcement Administration(2005) 재구성.

5) 환각제류 중독물질

환각제(Hallucinogens)는 삶의 현실 인식을 심각히 왜곡하는 환각을 일으키는 약물집단을 말한다. 환각제는 강력한 감정 기복을 경험하게 하고 실제와 같은 형상을 보거나 소리를 듣게 되고 감각을 느끼게 된다. 환각제류 중독물질로는 LSD(Lysergic Acid Diethylamide), 실로시빈 및 실로신(Psilocybin & Psilocyn), 페이요트 및 메스칼린(Peyote & Mescaline), 신종환각제(New Hallucinogens), 엑스터시(MDMA, 3, 4-Methylenedioxy Methamphetamine, Ecstasy), 펜시클리딘(PCP, Phencyclidine), 케타민(Ketamine) 등이 있다(표 4-5 참조).

LSD는 1938년 스위스 화학자 Albert Hofmann이 맥각균(Claviceps purpurea, 쌀보리-호밀, 나맥 등 벼과식물의 씨앗 집에 기생하는 균)에서 합성한 물질로서 강력한 중독 증상을 동반하는 무색·무미한 백색 분말이다. 일반적으로 LSD는 정제나 캡슐, 액체 등으로 사용되며 액체 상태일 경우 체중의 7억 분의 1의 양만으로도 심각한 증상을 동반하게 된다. 이외에도 LSD는 각설탕이나 껌, 과자, 우표의 뒷면 등에 묻혀서 사용하거나 주사로도 주입한다.

LSD에 중독될 경우 환각상태가 10시간 동안 지속된다. 약 기운이 남아있는 동안 일시적으로 기분이 고조되나 남용하게 될 경우 몸이 쪼개지는 공포감, 두려움, 불안, 뇌의 염색체에 손상을 가져오며 눈동자가 풀리고 창백해지며 심박 수가 증가하고 혈압이 높아지며 수전증(Essential Tremor, 전신 떨림) 및 오한을 동반함은 물론 정신이상 증상을 일으키게 된다. 특히 남용자의 경우 사용하지 않아도 반복적으로 환각을 경험하는 플래시백(Flash Back) 증상이 동반된다(두산백과, 2017).

이외에도 환각제류 물질로 인해 나타나는 증상은 수다스럽고 산만하며 높은 곳에 올라가 새처럼 날게 하며 주변 시각을 왜곡하고, 기하학적 환시, 환청, 색깔의 섬광은 물론 움직이는 물체의 영상이 꼬리를 끄는 것 같은 현상, 물체가 없어진 후의 잔영, 거시증(Macropsia, 거인증), 미시증(Micropsia, 왜소증), 시간이 연장된 것 같은 증상이 수초 내지 수분 간 나타나기도 한다.

표 4-5 환각제류 중독물질 및 특성

구분	종류	특성(효능 및 부작용)
환각제류 (Hallucinogens)	리세르그산디에틸아미드(LSD, Lysergic Acid Diethylamide)	본 환각제는 0.000025 그램(소금알갱이)으로도 환각작용을 일으킴, 신체적 반응으로는 확장된 눈동자, 체온저하, 메스꺼움, 소름(goose bumps), 다한증, 혈당 증가 및 빠른 심장 박동, 섭취 후 첫 1시간 동안 급격한 기분 변화, 물체의 사이즈와 모양, 움직임, 색상, 소리, 촉감 및 사용자 자신의 신체 이미지에 대한 왜곡된 인식 동반, 위험에 대한 인지 결여, 급성 불안, 우울증 동반
	실로시빈 및 실로신 (Psilocybin & Psilocyn)	환시, 지각인식 변화, 상상 촉진, 긍정적 기분 변화, 시간관념의 변화, 기분 상승효과(get high), 각종 독버섯에 다량 함유
	페이요트 및 메스칼린 (Peyote & Mescaline)	메스칼린 0.3~0.5g 투여로 12시간 환각 효과, 멕시코 북부 및 미국 남서부의 페이요트(Peyote)라는 선인장에서 추출함, 환시, 환각작용
	신종 환각제 (New Hallucinogens)	한번 투약하면 정신을 완전히 잃게 된다는 의미의 '뽕'과 같은 환각물질, 일부 나라에서 범죄자로부터 자백을 받아낼 목적으로 사용함.
	엑스터시 (MDMA, Ecstasy)	MDMA는 행복감, 에너지 증가, 관능적인 각성 및 향상된 촉각을 생성함. 한편 정신병적 교란 및 장기 인지장애 초래로 신경 세포 손상을 일으킴, 이외에도 근육 긴장, 떨림, 시력저하 및 고열, 사망 초래함.

(계속)

	펜시클리딘 (PCP, Phencyclidine,	천사의 가루(Angel Dust), 슈퍼잔디(Super Grass), 살인 잡초(Killer Weed), 방부제(Embalming Fluid), 로켓 연료(Rocket Fuel), 배(Boat), 유람선(Love Boat), 평화(Peace), 오존(Ozone) 등의 이름으로 불법 판매되는 중독물질, 1950년대 수술용 마취제로 개발, 주로 담배와 같이 흡연함.
	케타민 (Ketamine)	급성 전신 마취제, PCP와 마찬가지로 해리성(dissociative) 마취제, 통증과 환경으로부터 분리되는 느낌을 경험함, 소량 복용 시 PCP보다 혼란, 현기증, 행복감, 비이성 및 폭력적인 행동에 진정 작용. 하지만 과다 복용할 경우 정신착란, 기억상실, 호흡저하, 환각작용, 혼수상태 발생
효능	환각제류는 인간의 지각과 기분을 바꾸는데 사용된 가장 오래된 약물이다. 수세기 동안 식물과 곰팡이에서 발견되는 자연발생적 환각제이다. 환각제는 생리적으로 심박 수 상승, 혈압 상승, 동공 확장, 인지왜곡, 사고장애, 행복감, 극도의 두려움 경험, 플래시 백 경험(flashback: 약물을 복용하지 않았음에도 약물을 복용한 것과 같은 현상), 판단력 손상 등을 일으킨다.	

출처: Drug Enforcement Administration(2005) 재구성.

6) 흡입제류 중독물질

흡입제류 중독물질(Inhalants)은 비용이 싸고 일상생활에서 사용하는 물질에 들어가 있어 비교적 구입하는 데 큰 제약이 없다. 일반적으로 휘발성 용제를 혼합하여 만든 흡인제류는 가솔린, 시너, 스프레이, 라이터 오일, 매니큐어 리무버, 페인트, 본드(접착제), 부탄가스, 왁스, 광택제, 아교 등이 있다. 휘발성 용제에는 톨루엔, 벤젠, 메탄올, 메틸렌클로라이드, 아세톤, 메틸에틸케톤, 메틸부틸케톤, 트리클로로에틸렌 및 트리클로로에탄 등의 독성물질을 함유하고 있다. 놀랍게도 휘발성 용제를 사용하여 만든 제품이 우리 주위에 얼마든지 산적해 있다. 예를 들어, 휘핑크림(Wipped Cream) 스프레이에는 추진제(Propellant)[2]로 사용되는

2) 추진제(Propellant): 팽창하는 성질을 이용하여 물체를 운동시키는 물질로 보통 가스 압력으로 수축-팽창 노즐을 통해 방출된다. 에어로졸 분무기(spray)는 아산화질소(Nitrous oxide, 외과용 마취제),

아산화질소(외과용 마취 가스)가 들어있는데, 이는 아밀 아질산염(Amyl Nitrite, 흥분제)을 함유하고 있다. 아산화질소는 상쾌하고 달콤한 냄새와 맛을 가진 무색의 기체로 흡입할 경우 경미한 히스테리 증상을 동반하며 고통을 느끼지 못하며 자주 웃게 하여 일명 '웃음가스'로 불린다. 또한 아밀 아질산염은 혈관 확장에 사용되는 약물로 혈압을 상승시키며 항문을 편안하게 하여 동성애자들이 애용하는 물질로 알려져 있다.

흡입제는 휘발성 물질로 이루어져 있어 뇌세포에 직접적인 영향을 미쳐 한 번 손상된 뇌세포는 원상회복이 불가능하다. 흡입제에 포함된 대표적인 휘발성 물질은 톨루엔, 초산에틸(에틸아세테이트), 메틸알코올(메탄올), 노르말 핵산, 시클로핵산, 클로로프렌, 훼놀수지 등이 있다(표 4-6 참조).

그림 4-3 **흡입제**

출처: Pixabay/CC0 Creative Commons.

이산화탄소(Carbon dioxide), 할로겐화탄화수소(halocarbon, 오존층 파괴) 등의 가스를 추진제로 사용한다. 거품 크림 같은 음식물은 아산화질소나 이산화탄소로 추진되며, 공산품에는 화장품·살충제·도료·조제약 등은 플루오르화탄화수소(Fluorocarbon)로 추진한다(다음백과, 2017).

(1) 톨루엔

톨루엔(Toluene)은 메틸벤젠(Methylbenzene), 페닐메탄(Phenylmethane)으로도 불리는 불용성 액체로 각종 용매나 페인트 같은 물질을 합성하는 용도로 사용되는 불용성 액체의 방향족 탄화수소이다. 톨루엔은 흡입 시 흥분 환각을 일으키고 중추신경계를 억제하고 과다 흡입 시 인체에 치명적인 결과를 초래하는 유해물질이다.

(2) 초산에틸

초산에틸은 에틸 아세테이트(Ethyl Acetate, EA)라고도 하는데 에스테르류에 속하는 무색투명의 과일향이 나는 휘발성 액체이다. 초산에틸은 아이스크림, 알코올 음료, 빵 등의 착향료로 사용하기도 하며, 토마토, 바나나, 파인애플, 감 등과 같은 과일의 표면색을 좋게 하거나 향료 배합, 탈삽(Removal of Astringency)[3] 및 건조시간 단축, 식초 원료, 도료, 용제 등에 사용된다. 하지만 초산에틸이 체내로 과다 흡수될 경우 중추신경계통 억제, 호흡곤란, 두통, 졸음, 현기증, 조정기능 상실, 신장·간 이상, 의식불명 등 마취작용 및 흥분상태를 유발시키며 생명에 위협을 준다(안전보건공단홈페이지, 2017; 경상북도농업정보DB).

(3) 메틸알코올

메틸알코올(Methyl Alcohol)은 일명 메탄올(Methanol)이라고도 하는 무색투명한 휘발성의 가연성 액체로 용제(접착제), 세정액, 도료, 방부제, 연료, 알코올램프, 유기용매 제조, 워셔액, 시신을 닦을 때 쓰는 포르말린 제조에 사용된다.

---

3) 탈삽(Removal of Astringency): 탈삽은 숙성시키는 것을 말한다. 탈삽법으로는 40℃의 더운물에 반나절에서 하루 동안 담가두는 법, 35%의 알코올을 살포하여 숙성시키는 알코올법, 탄산가스를 주입하여 숙성시키는 탄산가스법, 드라이아이스가 기화할 때 발생하는 탄산가스를 이용하는 드라이아이스법 등이 있다.

메틸알코올은 독성이 강해서 보통 10-15g을 마시면 급성 중독증상이 나타나며 30g 이상 마시면 생명에 위협이 된다. 중독 증상은 구토, 어지럼증, 졸음, 신경계 장애로 실명하거나 경련과 함께 호흡장애를 일으키게 되어 사망에 이르게도 한다(그림 4-4 참조).

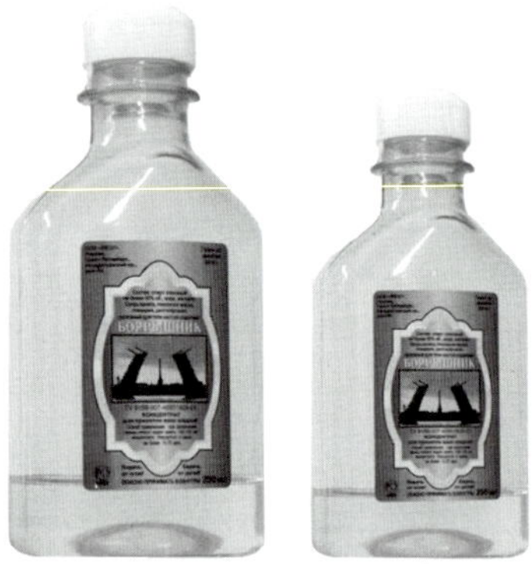

그림 4-4 메틸알코올이 함유된 화장수

메틸알코올(메탄올)은 간에서 프롬알데히드(Formaldehyde)라는 독성물질로 변환되어 인체에 치명적이다. 만일 실수로 메틸알코올을 섭취했을 경우 다량의 에탄올(일반 술)을 투여하여 응급처치하는 방법이 있다. 이는 에탄올이 우선적으로 분해되어 메틸알코올은 에탄올이 분해될 때까지 분해되지 않고 그대로 있다가 노폐물이 되어 신체 외부로 배출되기 때문이다(위키백과, 2017).

(4) 노르말 핵산

노르말 핵산(Normal Hexane)은 무색·무취의 액체상태의 화학물로 광유류(Mineral Oils)와 동식물류(Animal and Plant Oils)에서 추출된다. 광유류란 천연 가스 및 원유와 석유화학제품에서, 동식물류는 동물 및 식물유에서 얻는 것을 말한다. 노르말 핵산은 주로 물질을 녹여 용액을 만들 때 쓰이는 용매제로 식용유나 오메가3 등과 같은 제품을 만들 때 기름을 뽑아내기 위해 사용된다. 노르말 핵산은 주로 식물성 기름, 저온 온도계, 보정계, 페인트 희석제, 알코올 변성제, 대두유, 면실유, 아마씨유, 홍화씨유, 기타 기름 종자 추출용 용제, 세정제, 실험시약 등 석유와 관련한 산업에 주로 사용된다.

노르말 핵산은 우리 몸의 신경계, 면역계, 유전계, 생식계에 유해성이 높은 화학물질로 기형 유발 및 발암성을 유발하는 것으로 알려져 있다. 공기가 나쁘거나 환풍 설비가 없는 곳에서 사용하면 피부나 호흡기를 통해 인체에 침투돼 신경장애를 일으킨다(한국산업안전공단 산업보건지도국, 1997). 또한 미국 독성물질 질병등록국(ATSDR, Agency for Toxic Substance and Disease Registry)의 자료에 따르면 식물성 기름을 채취하는 공정에서 핵산이 포함된 용액에 노출된 근로자들에게서 뇌기능 저하 및 말초신경에 독성이 나타났다는 연구 보고서에 따라 장기간 노르말 핵산에 노출될 경우 우리 몸의 신경 및 면역체계에 심각한 문제를 유발하게 된다(Seppäläinen et al., 1979; 한국산업안전공단 산업보건지도국, 1997).

(5) 시클로헥산

시클로헥산(CycloHexane)은 무색 액체로 일반적으로 원유(Crude oil)에서 추출하나 벤젠(Benzene)에다 수소를 첨가해서 얻기도 한다. 시클로헥산은 나일론의 원료, 생고무, 수지, 유기용매의 세정액, 접착제 등의 용제(화학용어사전편찬회, 2006)와 방독면의 시험용 기체로도 사용된다.

시클로헥산은 피부 등에 장기간 노출되면 피부염을, 흡입 시 저농도에서는 두통을, 고농도에서는 의식 장애 등 현기증과 마취효과를 일으킨다. 특히 낮은 농도의 시클로헥산은 냄새가 거의 없어 취급 시 주의를 요한다(위키백과, 2017).

(6) 크로로플렌 고무

크로로플렌 고무(CR, Chloroprene Rubber)는 합성고무 접착제의 일종으로 휘발성 반투명 미황색 점조액(Viscous Liquid)의 형태로 존재한다. 주로 피혁, 금속, 고무, 나무, 타일, 전선 케이블, 자동차 부품, 벨트, 호스 등 전기 절연 재료와 같은 일반 공업 용품 및 접착제로 사용된다.

크로로플렌은 인체 발암 가능성 물질이다(Hurst, 2007; Munter et al., 2007; Colonna, 2001; IARC, 1999; Li et al., 1989). 흡입 시 호흡기 자극, 두통, 과민성, 신경질, 어지럼증, 불면증, 식욕부진, 피로, 저혈압, 흉통, 심계항진, 위장 장애, 일과성 탈모증, 간 비대, 간염, 심근 위축, 빈혈, 저혈당증, 치주염, 치은염, 치아 부식, 충치, 폐, 신장 및 비장 손상, 기억상실을 포함한 중추 및 말초 신경계 기능 저하, 자연유산(IARC, International Agency for Research on Cancer-국제암연구기관, 1979), 쇄약, 사지 저림 및 정신 혼돈을 유발하게 된다. 또한 피부 자극 및 발진을 유발하며 눈물 흘림, 눈꺼풀의 부종, 각막 손상 등이 유발된다(식품의약품안전처 홈페이지, 2017).

(7) 훼놀

훼놀(Phenol)은 향기로운 냄새를 지닌 흰색 또는 핑크색의 조해성(Deliquescence)[4]과 부식성(Corrosive) 등을 가진 독성 화학 결정체이다. 훼놀은 훼놀수지, 가소제, 향료, 염료 등에 가용하여 사용한다. 훼놀을 섭취 시 입안 및 식도 괴사 유발, 복통, 창백한 얼굴, 동공의 수축 또는 팽창을 유발한다. 한편 훼놀에 오염된 물을 섭취할 경우 설사, 빈뇨, 구강 화상을 입게 된다. 훼놀을 흡입하였을 시 강한 점막 자극, 식은 땀, 두통, 심한 갈증, 구토, 복부 통증, 설사, 구제, 피부염, 백반,

4) 조해성(Deliquescence): 공기 중에 노출되어 있는 고체가 수분을 흡수하여 녹는 현상(빙판길을 녹이기 위해 뿌리는 염화칼슘과 장롱 안의 습기 제거제 등이 해당된다.)

피부 발작, 치아노제(Zyanose, 청색증), 이명, 경련, 우울증, 폐부종, 정신장애, 간과 신장 손상과 심할 경우 혼수상태 및 사망에 이르게 된다(한국산업안전공단 홈페이지, 2017).

표 4-6 흡입제에 포함된 대표적인 물질

종류	특성	인체에 미치는 영향
톨루엔 (Toluene)	시너 냄새의 불용성 액체, 용매제, 합성제	흥분, 환각, 중추신경계 억제, 과다 흡입 시 사망에 이름
초산에틸 (Ethyl acetate)	에틸 아세테이트(Ethyl Acetate, EA)라고도 함, 무색, 투명의 과일향의 휘발성 액체, 착향료, 착색료, 탈삽제, 도료 용제로 사용함	중추신경계통 억제, 호흡곤란, 조정기능 상실, 의식불명, 마취작용, 흥분유발, 사망 위험 유발
메틸알코올 (메탄올) (Methyl alcohol)	메탄올(Methanol)이라고도 하는 무색투명한 휘발성의 가연성 액체, 용제(접착제), 세정액, 도료, 방부제, 연료, 알코올램프, 유기용매 제조, 워셔액, 포르말린 제조 시 사용(시신 세정제)	구토, 어지럼증, 졸음, 신경계 장애, 실명, 경련, 호흡장애, 사망
노르말 핵산 (Normal hexane)	무색·무취의 액체, 광유류(Mineral oils)와 동식물류(Animal and Plant oils)에서 추출, 용매제(기름 추출 시 사용)	신경, 면역, 유전 및 생식에 유해성을 가지고 기형 유발, 발암성, 뇌기능 저하, 신경장애
시클로 핵산 (Cyclohexane)	무색액체, 원유(Crude oil) 또는 벤젠(Benzene)에 수소 첨가에서 추출함, 나일론의 원료, 세정액, 접착제 등의 용제로 쓰임	피부염, 두통, 현기증, 의식장애, 마취효과
크로로프렌 (CR, Chloroprene Rubber)	합성고무 접착제 일종, 휘발성 반투명 미황색 점조액	중추 및 말초 신경계 기능 저하, 자연유산, 정신혼돈, 각막손상
훼놀수지 (Phenol)	향기로운 냄새, 조해성, 부식성의 독성 화학 결정체	점막자극, 청색증, 우울증, 폐부종, 정신장애, 혼수상태 및 사망

흡입제는 보통 물질을 적신 천이나 플라스틱 봉지나 용기에 담아서 직접 코 또는 입을 대거나 분무하여 기체를 흡입한다. 흡입제는 뇌에 빠르게 흡수되며 강력한 중독효과를 나타낸다. 흡입제는 습관성과 중독성 그리고 내성과 금단증상이 있어 상당기간 사용하다보면 중추 신경계를 압박하여 호흡 및 혈압을 떨어뜨리며 시·공간의 인식에 왜곡을 보인다.

흡입제 금단 증후군은 사용 중단 후 24~48시간 내에 시작되어 2~5일 동안 지속된다. 흡입제의 초기 증상은 알코올중독 증상과 비슷하며, 감정이 고양되거나 흥분되어 충동조절장애가 발생하며 이외에도 어지럼증, 기억력 감퇴, 판단 능력 장애, 학습능력 저하, 허황된 자신감, 우울증, 과민성, 피해망상, 적대감 등이 나타난다. 흡입제를 남용하는 사람들에게서 나타나는 증상 가운데 하나가 무적과 불패의 감정을 느낌으로써 무모하고 기괴한 행동이 유발되며 이때 약간이라도 불쾌한 자극을 받게 되면 자신의 감정을 조절하지 못해 폭력 및 정서적 둔마(Emotional Dumber, 무기력) 등 여러 가지 문제를 야기한다. 더욱이 흡입제를 과다 및 반복 사용하게 될 경우 시간과 장소를 구별하지 못하는 지남력 장애와 골수 조직에 손상을 입어 재생 불량성 빈혈이나 백혈병을 가져온다. 또한 뇌장애, 말다툼 및 운동 기능의 상실, 불분명한 언어, 불안정한 보행(비틀거림), 기면(Drowsiness), 반사의 감소, 근육 약화, 진전(Tremor, 떨림), 안구 진탕증(Nystagmus, 눈 떨림), 혼미, 혼수, 의욕상실, 구토, 식욕부진, 반사기능 저하, 시야가 흐려지는 복시현상과 섬망을 초래하며 치매에 걸릴 수도 있다. 특히 흡입제를 다량 흡입할 경우 심장 부정맥을 일으켜 돌발적인 사망을 일으키기 쉽다(안상현, 2013).

7) 스테로이드계 물질

스테로이드계 물질(Steroids)은 일명 근육강화제로 운동선수들이 경기에서 경쟁 우위를 확보하기 위해서, 보디빌더 및 피트니스 애호가들이 육체적인 외모를 개선하기 위해서 그리고 경호원, 경비원, 건설 노동자들이 체력 향상을 위하여 사용하는 것으로 알려져 있다.

스테로이드계 물질에는 주로 근육 강화를 촉진시키는 테스토스테론(에스트로겐, 프로제스틴 및 코르티코 스테로이드 제외), 난드로론(Nandrolone, 데카로 불림), 메티놀론(Methenolone, 프리모볼린으로 불림), 스텐노조롤(Stanozolol), 메스안드로스테놀론(Methandrostenolone), 볼데논(Boldenone, 지구력강화제), 플루옥시메스테론(Fluoxymesterone), 메탄드리올(Methandriol), 메틸테스토스테론(Methyl-testosterone), 옥산드로론(Oxandrolone), 옥시메톨론(Oxymetolone) 및 트렌볼론(Trenbolone) 등이 있다. 근육 강화 스테로이드는 운동훈련과 고단백질 식이 요법과 함께 사용하면 근육의 크기와 강도를 증가시키고 지구력을 향상시키며 운동 사이의 회복 시간을 단축시킬 수 있다. 스테로이드제는 대부분 구강 또는 근육주사로 투여된다.

스테로이드류의 신체적 부작용으로는 혈압상승과 콜레스테롤 수치, 심한 여드름, 조기 대머리, 성적기능 저하, 고환 위축 등이 있다. 남성의 경우 비정상적인 유방 발달(여성형)이 발생할 수 있으며, 여성에게는 근육강화, 제모 증가, 굵은 목소리, 유방축소, 생리주기 변동 등을 가져오게 된다. 또한 스테로이드 복용으로 정신병적 반응, 조울증, 분노 또는 적대감, 공격 및 폭력적 행동이 유발된다. 한편 단백동화스테로이드(Anabolic Steroid)[5]의 만성적인 사용은 심혈관 질환, 뇌혈관 독성 및 간종양 등과 같은 간질환을 유발한다.

---

5) 단백동화스테로이드(Anabolic steroid): 단백질의 동화(흡수)를 촉진시켜 신체 근육을 일시적으로 강화시키는 근육강화제를 말한다(네이버 지식백과).

2. 음식물류 중독물질

1) 알코올

알코올(Alcohols)은 음식물류 가운데 가장 손쉽게 접할 수 있는 중독물질 가운데 하나이다. 과일과 곡류를 발효시켜 만든 술은 인류의 역사와 함께 오늘에 이르렀다고 해도 과언이 아니다. 일상에서의 친교를 위해서 사용하던 술은 금주를 단행하는 종교에서조차 없어서는 안 될 필수품이었다(김충렬, 2011). 술은 인간사회에서 술은 빼놓을 수 없는 음료로 자리매김해오면서 사람들은 술에 대해 매우 관대한 의식을 가지게 되었다. 하지만 최근 술로 인한 피해가 날로 증가하여 심각한 사회문제를 낳고 있어 이에 대한 경각심을 갖지 않으면 안 되는 수준까지 이르렀다.

경찰청의 2016 범죄통계에 따르면 살인 범죄 10건 중 4건이 주취 상태에서 범행을 저지른 것으로 나타났다. 살인 범죄자 995명 가운데 390명(39.2%)이 주취 상태에서 범행을 저지른 것으로 나타났으며, 이는 술을 먹지 않은 온전한 상태에서 범행한 수준(397명, 39.9%)과 비슷하였다. 이러한 수치는 2014년 34.8%, 2015년 35.9%에 비해 평균 3.85%가 증가한 수치다. 한편 살인 미수범의 주취 상태 비율이 살인 기수(실행범)보다 높았다. 주취자 390명 가운데 실제 살인을 저지른 기수범은 91명이었고 나머지 299명은 미수범이었다. 이외에도 성폭력 관련 범죄와 각종 폭력 범죄에도 주취자의 범행률이 높게 나타났다. 성폭행범의 경우 전체 6,427명 가운데 비주취자 2,743명(42.7%)에 이어 주취자는 1,858명(28.9%)이었으며, 강제추행범의 경우도 전체 16,016명 가운데 주취자 6,068명(37.9%)으로 비주취자 7,202명(45%)에 이어 두 번째였다. 이외에도 폭력범(상해, 폭행, 폭력, 재물손괴 등)의 경우 전체 380,965명 중 비주취자는 132,259명

(34.7%), 주취자는 117,874명(30.9%)으로 근소한 차이를 보였다. 이 밖에 최근 사회적 문제로 지적되고 있는 사이코패스 등과 같은 정신질환자의 범행(7.3%)은 주취자의 범행 비중에 비해 미미한 수준을 보였다(경찰청, 2016).

세계보건기구(WHO)의 2017년 '15세 이상 인구 1인당 순수 알코올 소비량 보고서'에 따르면 조사 대상국 191개국 가운데 한국의 술 소비량은 10위권에 이르는 것으로 나타났다. 전 세계에서 가장 술 소비량이 많은 나라로 리투아니아(Lithuania) 18.2L, 벨라루스(Belarus) 16.4L, 몰도바(Moldova) 15.9L, 러시아(Russia) 13.9L, 체코(Czechia) 13.7L, 불가리아(Bulgaria) 13.6L, 벨기에(Belgium) 13.2L, 에스토니아(Estonia) 12.8L, 헝가리(Hungary) 12.3L, 한국(Korea) 11.9L, 세르비아(Serbia) 11.8L, 나미비아(Namibia) 11.8L 순으로 집계됐다(그림 4-5 참조). 이들 나라는 전 세계 평균 술 소비량 6.4L에 비해 최대 3배에 이르며 평균 소비량을 웃도는 나라는 전체 가운데 46%인 87개국으로 나타났다. 한편 한국은 유럽을 제외한 아프리카, 아메리카, 아시아 국가들 가운데 술 소비량이 가장 많은 나라로 조사됐다.

그림 4-5 15세 이상 1인당 연간 최대 알코올 소비국가 및 소비량(단위: L)

출처: WHO(2017).

알코올을 섭취할 경우 흡수된 양의 10%는 위에서 흡수되지만 대부분은 소장에서 흡수된다. 하지만 알코올이 사람의 몸에 흡수되면 95%는 간에서 대사가 이루어지며 나머지는 호흡과 피부와 소변, 땀을 통해서 몸 밖으로 배출된다(임숙빈 외, 2015). 우리 몸에 흡수된 알코올의 농도가 절정에 이르기까지 대개 40~60분이 걸리며 위가 공복일 경우 흡수율이 증가하는 반면 음식물이 남아있을 경우 흡수율이 다소 지연된다. 알코올은 소화관에서 흡수되어 혈류를 통해 뇌와 기타 장기로 운반되며 신장과 폐를 통해 음주량의 10%가 소실되고 나머지는 산화 과정을 통해 배설된다. 알코올은 약한 이온성 물질로서 세포막을 쉽게 통과하며 빠르게 혈중과 조직 사이에서 평형을 이룬다. 사람 몸에서의 알코올 대사는 양이 높은 혈중 알코올 농도(BAC)[6)]와 무관하게 시간당 약 0.23~0.3온스이다. 알코올 대사는 알코올 탈수소효소(Alcohol Dehydrogenase)라는 효소의 활동여부가 좌우하며 운동이나 커피 마시기 등과 같은 행동으로는 아무런 영향을 주지 못한다. 일반적으로 알려진 알코올 대사 체계는 알코올 탈수소효소가 알코올을 독성이 강한 아세트알데히드(Acetaldehyde)로 전환시킨 후 급속히 아세트산(Acetic Acid)으로 전환시킴으로써 이루어진다. 이때 아세트알데히드의 혈중농도는 알코올의 1/1000정도지만 이 양은 사람 몸에서 생리적으로 병적인 영향을 초래할 수 있다. 이로써 과음의 위험은 아세트알데히드의 높은 혈중 농도에 있다. 표 4-7은 혈중 알코올 농도와 행동 영향을 나타낸다.

---

6) BAC(Blood Alcohol Concentration): 혈중 알코올 농도라고 하는데 혈중 알코올 수준(BAL)과 함께 혈액 속의 알코올의 농도를 퍼센티지로 나타내는 것으로 알코올중독의 법적 또는 의학적 측정 기준에 대한 용어이다. 일반적으로 혈중 알코올 농도를 구하는 식은 {주류의 알코올농도(%) × 마신 양(ml) × 0.8} ÷ {0.6 × 체중(kg) × 1000}으로 구한다.

표 4-7 **혈중 알코올 농도와 행동 영향**

혈중 알코올 농도(%)	행동 영향	음주운전 시 처벌기준		보겐(Bogen)의 수치	
0.05	경계심 감소, 기분 좋은 감정, 억제감 해제, 판단 장애	0.05~0.1% 미만	6개월 이하의 징역이나 300만 원 이하의 벌금형(형사 입건 시 100일간 면허 정지, 벌점 100점, 측정 불응 시 면허 취소)	0.03	느린 행동, 기품 있음
0.10	반응시간 증가, 운동기능 장애, 주의력 감소			0.05	생기, 쾌활함
0.15	반응시간 대폭적, 지속적 증가	0.1~0.2% 미만	6개월 이상 1년 이하의 징역이나 300만원~500만 원 이하의 벌금(형사입건, 면허취소(1년간))	0.1	위험, 포악
0.20	감각 및 운동 능력의 급격한 저하			0.2	어지러움, 소란스러움
0.25	심각한 운동장애, 파행, 심각한 감각인식장애	0.2% 이상	1년~3년 이하의 징역이나 500만 원~1,000만 원 이하의 벌금, 면허취소, 현장 구속	0.25	불쾌, 자제력 상실
0.30	인사불성, 의식 깨어있음, 상황판단 상실			0.3	헛소리, 방향감각 상실
0.35	외과적 마취상태, 최소 치사량(LD1)(1%치사량)			0.35	치사량
0.40	사망(LD50)(50% 치사량)			0.6	사망가능

* 삼진아웃제: 알코올 농도 0.05%이상 3회 적발 시 2년간 면허취소, 1~3년 이하의 징역이나 500~1,000만 원 이하의 벌금

출처: Ray et al.(주왕기, 주진형 역), 2003: 241; 도로교통법 음주운전 처벌기준 재구성 인용.

알코올에 중독될 경우 첫째, 인체의 뇌와 척수의 활동을 감소시킬 뿐 아니라 식욕감퇴, 비타민 결핍, 위궤양, 면역기능의 감소, 성기능 감퇴, 간 기능 저하, 중추신경계의 손상 이외에도 신체 각 기관에 걸쳐 심각한 타격을 입힌다. 둘째, 정신적으로는 자신의 의지대로 조절할 수 없을 정도로 무기력하게 된다. 한편

산모가 알코올에 중독될 경우 발육지체, 안면부 및 두부기형, 중추신경계 이상 징후(정신지체 혹은 행동장애) 등의 태아알코올증후군(FAS, Fetal Alcohol Syndrome)을 일으킬 수 있다. 또한 알코올중독은 사회적으로 교통사고 및 가정폭력 등 각종 폭력과 성범죄 등에 연루되어 있음이 밝혀졌다. 자살로 죽은 사람의 많은 수가 알코올 남용의 과거력을 가지고 있거나 자살 직전 음주를 했던 것으로 드러났으며 계획된 자살보다는 충동적인 자살률이 높은 것으로 나타났다. 이외에도 알코올중독은 알코올중독자의 가족에 막대한 영향을 미치게 된다. 알코올중독자의 가족은 비알코올중독자의 가족들과는 달리 응집력, 갈등의 정도, 문제해결 방법과 가족 환경의 변수들이 매우 다르고, 가족 환경이 일정치 않았으며, 결손가정이나 가족 구성원이 정서적으로 문제를 많이 경험하여 학업성적이

표 4-8 알코올중독 진행과정

전구적 증상	1	2	3	4	5
때때로 해방감을 위해 마신다. 알코올 내성 증진 매일 해방감을 위해 마심	최초의 기억상실	은밀한 음주	알코올 섭취	꿀꺽꿀꺽 마심	음주에 대한 죄책감
7	8	9	10	11	12
기억상실 증가	음주조절 능력 상실	알코올중독자의 변명	사회적 압박감에서 회피	과장된 태도	공격적 행동
14	15	16	17	18	19
한 때 술을 끊음	마시는 습관을 바꿈	친구를 피함	직장을 잃거나 그만둠	모든 행동을 알코올 중심으로 함	외부문제에 흥미를 잃음
21	22	23	24	25	26
타인과 교제를 싫어함	일시적 도피	가정생활의 변화	불합리한 원한	알코올 보급에 대한 관심	영양에 무관심
28	29	30	31	32	33
성적 욕구 감퇴	질투와 의처증	해장술을 마심	장취	인격 타락	사고력 장애
35	36	37	38	39	40
열등한 사람과 마심	화학제품을 마심	알코올 내성 상실	막연한 공포	떨림	정신운동의 억제
42	43	44			
막연한 종교적 열망	구실을 못 찾음	완전한 패배 회복불능, 정신불구자 죽음			

전구적 증상
1-7: 진행성 증세
8-30: 중대한 위기 증세
31-44: 만성적 증세

나쁘고 사회적 수행능력이 떨어지며 반사회적 행동 및 알코올과 관련된 신체적 심리적 증상이 더 많이 나타나는 것으로 밝혀지고 있다. 또한 알코올중독자 자신뿐만 아니라 가족 구성원들에게 매우 유해한 가족 역동의 형태를 나타낸다(표 4-8 참조).

알코올은 우리 인체에 들어와 중추신경계에 이상을 가져와 평소와 다른 행동과 언행을 하게 된다. 특히 금주로 인한 금단 증후군은 마약을 중단하는 것보다도 의학적으로 더 심각하여 사망을 초래할 수 있다. 일반적으로 알코올에 의한 금단 증후군은 초기단계에서는 떨림, 과도하게 빠른 심장박동, 고혈압, 심한 발한, 식욕부진과 불면증 등이 나타난다. 두 번째 단계에서는 환각, 환청, 환시, 환촉 또는 이들 현상의 혼합과 간혹 환취(Olfactory Hallucination)를 가져온다. 세 번째 단계에서는 간헐적으로 망상(Delusion)을 보이고 방향감각 상실과 섬망(Delirium, 헛소리) 등을 하게 된다. 네 번째 단계에서는 경련 발작을 일으키며 심할 경우 사망에 이르게 된다(Ray et al., 2003). 특히 섬망을 동반하는 경우 곤충, 작은 동물, 물체 그림자가 보이고 주로 밤에 환각증상이 나타나며 눈을 감으면 환각이 강화된다. 진전 섬망(Delirium Tremens, DTs)은 알코올중독자의 약 5%가 경험하게 되는데 이중 5~15년의 음주 경력을 가진 알코올 의존자가 음주를 중단하거나 감량할 경우 2~3일 내에 발병하게 된다. 섬망 환자는 환각이나 망상적 사고에 의해 실제 상황에 처한 것처럼 행동하여 자살을 기도하거나 타인에게 폭력을 행사하기도 한다. 진전 섬망은 치료를 받지 않으면 20%가 사망하며, 대개 감염, 지방 색전, 폐렴, 신장 질환, 간부전증, 심부전증, 심부정맥 등 내과적 합병증으로 인해 사망한다. 그러므로 알코올중독에 의한 섬망을 보일 때는 먼저 시급히 입원시켜 전문적인 치료를 받게 해야 한다. 그렇게 하지 않을 경우 섬망 상태에서 타인을 공격하거나 창문에서 뛰어내리는 등의 파괴적 행동(직업 섬망) 및 환각 또는 망상적 사고에 따라 행동하기 때문이다. 또한 망상

상태를 치료하지 않으면 폐렴 및 심부전증, 알코올성 기억장애 증후군 등의 합병증을 동반하기 때문이다(희망단우 단주모임, 2017). 표 4-9는 알코올중독으로 인해 인체에 미치는 영향을 나타낸다.

표 4-9 알코올중독과 인체에 미치는 영향

위장관	식도출혈, 말로리와이스 파열((Mallory–Weiss tear)[7], 장염, 장 흡수장애, 구강 및 식도암, 대장 및 직장암
취장	취장염, 취장암
간질환	지방침착, 알코올성 간염, 간경화, 간암
영양결핍	영양장애, 비타민B 결핍
신경정신계	베르니케 코사코프증후군(필름 끊김)[8], 피질 위축, 뇌실 확장, 알코올 유도성 치매, 말초신경염, 근육질병, 우울증, 자살
내분비계	고환위축, 에스트로겐 증가
알코올금단증세	떨림, 금단경련, 알코올성 환청, 환시, 알코올 금단 섬망(진전 섬망 Delirium Tremens)[9]
감염 장애	폐렴, 결핵
심혈관	심장근육질병, 고혈압
출생	태아 알코올 증후군
사회적	사고, 범죄, 배우자 및 자녀 유기, 직업 상실, 이혼, 사별, 법적 제재

출처: 오동열 역(2003); 임숙빈 외(2015); Anthony S, Fauci(2010) 인용.

---

7) 말로리와이스 파열(Mallory-Weiss tear): 많은 양의 음식물을 토하는 경우 내용물이 역류하면서 위의 입구부인 분문부가 찢어져 상처가 나며 출혈이 발생하는 현상으로 가벼운 증세는 저절로 호전되나 심할 경우 지혈 치료를 해야 한다.

8) 베르니케 코르사코프 증후군(Wernicke-Korsakoff syndrome, WKS): 알코올 과다 섭취로 비타민B의 결핍으로 치매, 안구운동 이상, 보행장애를 일으키는 뇌질환으로 베르니케증후군과(Wernicke, 기억력 감퇴, 장소 감각 소실)과 코사코프(Korsakoff, 기억장애)증후군 등 두 질환이 복합적으로 나타나는 뇌질환을 말한다(다음백과, 2017).

9) 알코올 금단섬망(진전섬망, Delirium tremens): 알코올중독으로 인한 금단상태의 합병증으로 사망에 이를 정도로 위험한 독성 혼동 증세이다. 의식 혼탁, 혼동, 지각장애, 환시, 환청, 환촉을 동반한다.

정신질환진단 및 통계편람 제4판(DSM-IV)의 알코올 의존 진단 기준에 따르면 지난 12개월 동안 기존의 양으로는 원하는 효과를 낼 수 없어 더 많은 양을 마시게 되는 술에 대한 내성(Tolerance)이 있거나, 술의 양을 줄이거나 금주할 경우 손이 떨리거나 잠을 이루지 못하며 속이 좋지 않고 불안과 긴장감을 느끼며 심한 경우 환청(Auditory Hallucination)이나 환시(Visual Hallucination), 환각(Hallucination) 등을 경험하게 되어 해장술을 찾게 되는 금단증상(Withdrawal Symptom)이 있거나, 생각했던 것보다 많은 양과 장시간 술을 마신 경우가 있거나, 술을 줄이거나 끊어야겠다고 결심과 노력을 하지만 계속 실패한 경우가 있거나, 술을 구하거나 먹기 위해 지나치게 많은 노력과 시간을 허비하게 된 경우, 즉 술을 구하기 위해 몇 시간씩 상점을 찾아다니거나 가족들 몰래 감춰놓은 술을 꺼내 마시는 일을 하였거나, 술 때문에 중요한 사회적·직업적 활동 및 여가활동을 포기하거나 줄여야만 했거나, 술을 마시면 싸움에 휘말리거나 간 기능 저하 등 신체적 및 정신적으로 심각한 문제가 있음을 알면서도 계속 술을 마신 적이 있는 경우 등 모두 일곱 가지 항목 가운데서 최소한 세 가지 이상의 증상을 보일 때 알코올 의존 상태라고 진단한다(표 4-10 참조).

표 4-10 DSM-IV 알코올 의존 진단 기준

① 알코올 내성
② 알코올 금단증상(손 떨림, 불면증, 식은 땀, 환시, 환청, 환각
③ 원하는 양보다 오랜 기간 술을 마심
④ 금주 또는 절주하려고 노력했으나 실패함
⑤ 술을 구하거나 마시기 위해 지나치게 많은 노력과 시간을 허비함
⑥ 술을 마시기 위해 중요한 직업적·사회적 활동 또는 취미활동을 포기하거나 줄임
⑦ 술 때문에 신체적 및 심리적으로 심각한 상태임을 알면서도 계속 마심
* 알코올 의존 상태 진단 기준: 지난 12개월 안에 세 가지 이상의 증상을 보일 때

한편 지금으로부터 약 3000년경 이스라엘의 세 번째 왕 솔로몬(BC 971~ 931, 제위 기간)에 의해 기록된 구약성경 잠언서는 술에 대해 다음과 같이 기록하고 있다(잠언 23:32-35).

> 이것이 마침내 뱀같이 물 것이요 독사같이 쏠 것이며 또 네 눈에는 괴이한 것이 보일 것이요 네 마음은 망령된 것을 발할 것이며 너는 바다 가운데 누운 자 같을 것이요 돛대 위에 누운 자 같을 것이며 네가 스스로 말하기를 사람이 나를 때려도 나는 아프지 아니하고 나를 상하게 하여도 내게 감각이 없도다. 내가 언제나 깰까 다시 술을 찾겠다 하리라.

이것은 전형적인 알코올중독자의 모습으로 음주자가 직접 경험하지 않고는 표현할 수 없는 내용이라고 할 수 있다. 그러므로 이 구절을 통해 추측하건데 솔로몬은 알코올 남용을 넘어 의존자였던 것으로 보인다. 솔로몬은 알코올 남용을 넘어 괴이한 것이 보일 정도(환시, Visual Hallucination)로 알코올 의존상태가 심각한 상황에 이른 것으로 볼 수 있다. '괴이한 것'은 정신질환 진단 및 통계편람 제4판(DSM-IV)의 알코올 의존 진단 기준에서 말하는 환시에 속하는 것이라고 할 수 있다. 물론 괴이한 것에 대하여 미국표준성경(ASV)은 기이한 것(Strange Things)으로, 킹제임스성경(KJV)에서는 이상한 여자(Strange Women), 매춘부로 번역하고 있어 논란은 있다. 하지만 솔로몬이 말한 괴이한 것을 환시라고 볼 수 있는 것은 알코올 의존자들이 곤충이나 작은 동물 그리고 물체 그림자, 심지어 사람 형상 등을 환시를 통해 경험하기 때문이다. 또한 '망령된 것을 발할 것'이라고 하였는데, 알코올 의존자들은 간혹 남이 알아들을 수 없는 헛소리(섬망)를 발하는 일이 있어 이를 두고 한 말이 아닐까 생각된다. 실로 지금처럼 의학이 발달하지 못한 그 시대에 알코올 의존 진단을 내린 솔로몬의 기록을 보면서 지혜의 왕이라는 말이 헛된 말은 아닌 것이라 여겨진다.

알코올중독 치료는 개입(Intervention), 해독(Detoxification), 재활(Rehabilitation)

의 세 단계로 이루어진다. 개입이란 끼어드는 것으로 대부분의 중독자는 자신이 만난 불안정한 상황을 회피하거나 무시해 버리려는 경향이 있어 결과적으로 더 큰 문제를 야기한다. 따라서 중독자로 하여금 향후 초래될 부정적인 결과를 인지하도록 문제에 직면(Confrontation)하도록 개입이 필요하다.

해독이란 인체에 흡수된 중독물질을 제거하는 것으로 알코올중독자의 해독은 무엇보다 중요하다. 특히 알코올중독자의 해독 치료(Detoxification)를 위해서는 신체적인 징후 관리 및 심신안정, 적절한 영양과 휴식 그리고 적절한 약물처방 등이 요구된다.

첫째, 알코올중독자의 신체적인 징후를 관리하여 심신의 안정을 유지하도록 해야 한다. 알코올중독자는 대개 호흡저하나 부정맥 또는 급격한 혈압의 변화와 같은 신체적 징후로 인해 매우 불안정한 상황을 맞게 된다. 따라서 이러한 신체적인 징후들을 관리하여 중독자의 심신을 안정되게 하는 것이 무엇보다 중요하다.

둘째, 알코올중독자의 해독 치료를 위해 적절한 영양과 휴식이 필요하다. 술은 비타민B_1의 흡수를 방해하기 때문에 알코올중독자에게 절대적으로 부족한 영양소이다. 비타민B_1이 결핍되었을 때 호흡곤란, 부종, 청색증, 피로, 다리 마비 및 통증, 각기병, 안구진탕, 보행곤란, 의식장애, 기억력 장애, 학습능력 장애 등과 같은 베르니케 코르사코프증후군(WKS)이 발병하게 된다. 따라서 비타민B_1을 비롯한 여러 비타민제를 복합적으로 공급할 필요가 있다.

셋째, 적절한 약물 치료이다. 최근 중독증상을 치료하는 약제들이 개발되어 전문의와 상담을 통해 적절한 약물 치료를 병행할 경우 치료가 급속히 이루어지게 된다. 일반적으로 알려진 알코올중독자의 약물 치료제로는 항갈망제(음주 충동을 감소시킴), 항주제(알코올 대사 억제제로 심한 숙취를 발병케 함, 혐오요법)와 같은 약제들이 있다(청주시중독관리통합지원센터 홈페이지, 2017).

그리고 알코올중독자의 치료는 재활이 병행되어야 한다. 알코올중독자들이 금주에 대한 철저한 인식을 갖게 하며 술 없이도 자신의 생활방식을 재확립할 수 있도록 해야 한다. 또한 재발방지를 위해 재발요인을 사전에 차단하고 인지행동치료, 대처기술훈련 등과 같은 교육과 훈련을 통해 단주를 지속해나갈 수 있도록 하는 것이 중요하다(그림 4-6 참조)(오동열 역, 2003).

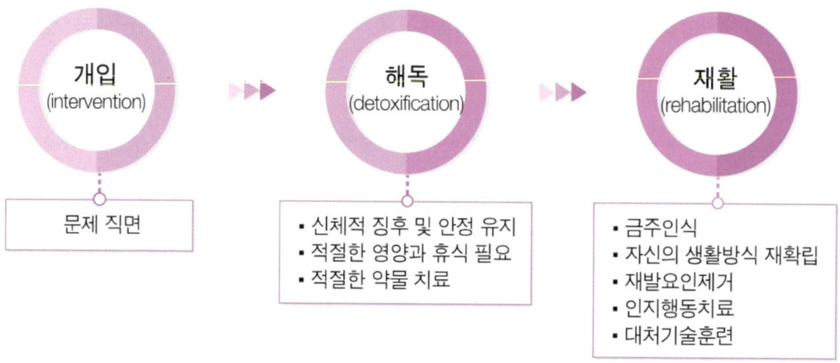

그림 4-6 알코올중독 치료 과정

2) 니코틴중독

니코틴중독(Nicotine Poisoning)이란 매일 상습적으로 흡연을 하던 사람이 담배를 중단하거나 줄였을 때 겪는 증상으로서 흡연에 대한 강한 열망과 함께 정서불안, 집중곤란, 식욕 및 체중증가 등의 현상을 나타내는 것을 말한다.

니코틴은 가지과 식물(담배, 토마토, 감자, 가지, 피망)에서 발견되는 알칼로이드물질로 주로 담배에 많이 들어있는데(Siegmund et al., 1999) 쓴맛을 내는 무색의 알칼리성 액체이다. 니코틴은 젖은 담배 잎에 피부가 노출되었을 때도 니코틴중독 증상이 나타나기도 하는데 이를 '담배생잎병'(GTS, Green Tobacco

그림 4-7 담배

Sickness)이라 한다. 주로 담뱃잎을 수확하는 일꾼에게서 나타난다. 니코틴은 강력한 신경독성 물질을 가지고 있어 과거에는 가축의 구충 또는 살충제로서 널리 사용되었으나 현재는 사용하고 있지 않다(Rodgman et al., 2008). 미국 심장협회(AHA, American Heart Association)는 니코틴중독을 역사상 가장 끊기 힘든 중독 중의 하나로 여기고 있다. 니코틴이 체내의 혈류에 의해 급속도로 퍼지며 평균적으로 7초 만에 두뇌에 도달하게 된다. 니코틴은 신경계에 작용하여 다양한 증상을 일으키는데, 적은 양이 흡수된 경우에는 일시적으로 침이 많이 나오며 어지럼증·구토·설사 증상과 함께 맥박이 느려진다. 그러나 많은 양이 흡수된 경우에는 경련발작·부정맥·전신근육마비·호흡마비 외에 혼수상태에 빠져 사망에 이르게 된다(그림 4-8 참조).

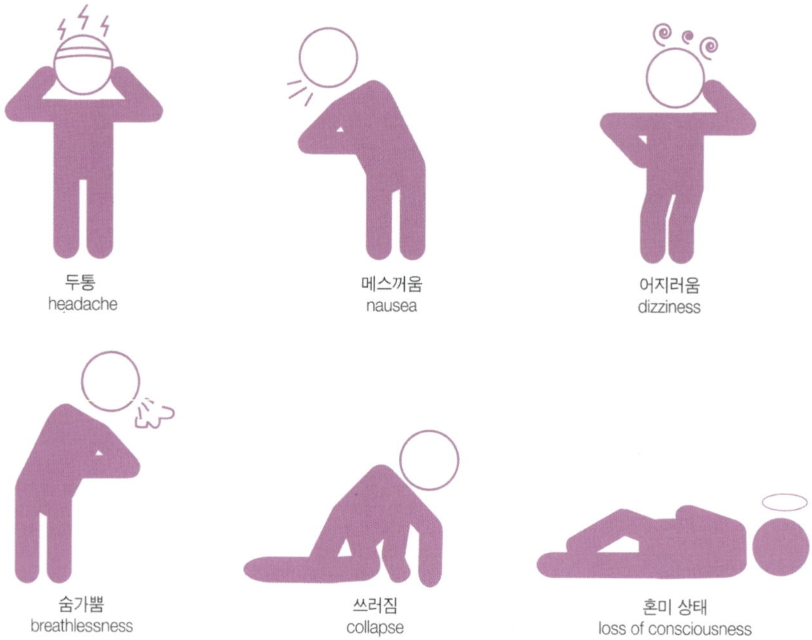

그림 4-8 니코틴중독현상

과도한 음주와 흡연은 체내 중금속 농도를 높이는 것으로 조사됐다. 식약처(KFDA, 2017)는 지난 2010년부터 2015년까지 870명을 대상으로 추적 조사한 결과 일주일에 4번 이상 음주를 하는 사람은 비음주자에 비해 수은은 배 가까이, 납은 1.5배가 높게 나타났다. 흡연자의 경우에도 비흡연자보다 1.5배가량 중금속 수치가 높았고, 음주와 흡연을 동시에 하는 사람은 그렇지 않은 사람에 비해 체내 중금속 농도가 배 이상 높은 것으로 발표했다(그림 4-9 참조). 한편 식약처는 중금속 흡수를 막고 배출에 도움을 주는 칼슘, 엽산, 철분이 많이 함유된 어패류와 우유 섭취 등의 식습관 개선과 금주와 금연 등 생활습관 개선을 병행한다면 체내 중금속 농도가 현저하게 감소(3개월에 1/4 감소)한다고 하였다(식품의약품안전처 홈페이지).

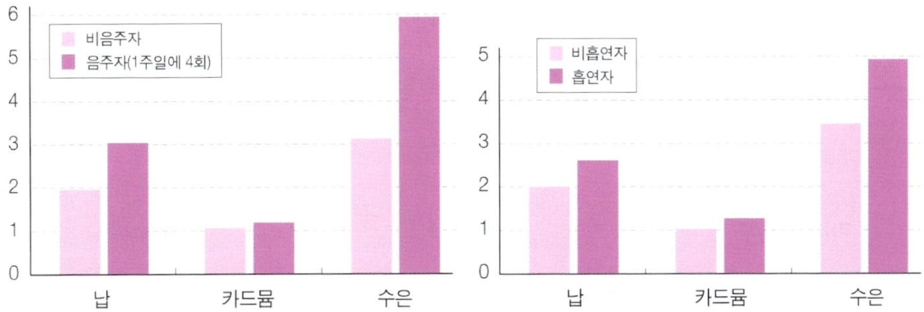

	납(μg/dl)	카드뮴(μg/L)	수은(μg/L)
음주자 (4회/주당)	3.04	1.19	5.94
비음주자	1.97	1.07	3.14

	납(μg/dl)	카드뮴(μg/L)	수은(μg/L)
흡연자	2.61	1.27	4.93
비흡연자	2.01	1.03	3.45

그림 4-9 음주 · 흡연자 및 비음주 · 흡연자의 체내 중금속 농도 비교(2010~2015년)

출처: 식품의약품안전처 홈페이지(2017).

3) 카페인류 중독

카페인(Caffeinism)은 주로 커피·찻잎 등에서 추출하는 알칼로이드이다. 쓴맛이 나며 커피, 커피믹스, 녹차, 초콜릿, 콜라와 같은 탄산음료 등 기호식품 외에도 두통약, 감기약, 이뇨제, 식욕억제제와 같은 의약품 및 뇌와 근육을 자극하는 흥분제, 자양강장제, 이뇨제류 등에서 발견된다(유태종, 1993; 이혜원, 2000; 김혜경, 2002; 윤지인, 2009; 이수진, 2014).

식품의약품안전처에 따르면 시중에 판매되고 있는 카페인 함유 에너지 음료수 113개 가운데 15개 제품이 카페인이 표시된 것보다 110%를 초과하였으며, 이들 가운데는 최대 150%에 달하는 제품도 있다고 하였다. 카페인을 다량 섭취할 경우 뇌기능과 심장 등 인체에 영향을 미치게 된다. 특히 고농도 카페인을 섭취할 경우 흥분, 환각증상, 수면장애 등은 물론 장기적인 섭취로 인해 정신질환에까지 이르게 된다. 따라서 식약처에서는 성인의 경우 하루 평균 400mg 이하,

임산부는 300mg 이하, 청소년은 체중 1kg당 2.5mg 이하를 하루 권장량(RDI)으로 정하고 있다(표 4-11 참조)(식품의약품안전처 보도자료, 2013; 한국정책방송원 KTV, 2017).

표 4-11 카페인 하루 권장량

소아, 청소년	임산부	성인
체중 Kg당 2.5mg 이하	300mg 이하	400mg 이하

출처: 식품의약품안전처(2013).

일반적으로 시중에서 판매되고 있는 355ml의 용량의 커피에는 약 150mg의 카페인이 함유되어 있는데, 하루 권장량의 1/3에 해당하는 양이다. 또한 고농도 카페인 제품(1ml 당 0.15mg 이상 함유된 음료)에는 일반 카페인 음료보다 더 많은 카페인이 함유되어 있어 건강에 매우 유해한 것으로 알려지고 있다(그림 4-10 참조).

그림 4-10 시판중인 카페인 제품 및 카페인 함량

한편 한국소비자원은 온·오프라인에서 판매되는 에너지 음료 20개 제품을 대상으로 카페인 함량을 조사한 결과 한 캔당 평균 카페인 함량은 58.1mg으로 나타났으며 이중 최고 162.4mg을 함유한 제품도 있는 것으로 조사됐다. 이는 50kg 체중을 가진 청소년이 한 캔을 마실 경우 하루 권고량 125mg의 1.3배를 섭취하게 되는 수치이다(그림 4-11 참조).

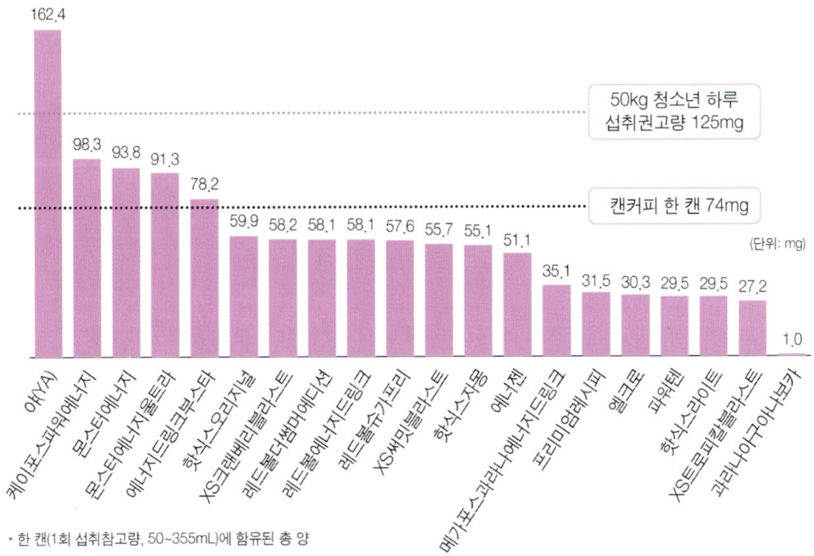

그림 4-11 **시중에 판매되고 있는 에너지 음료의 카페인 함량**

출처: 한국소비자원(2016).

카페인은 식품과 음료 및 의약품 등에 광범위하게 함유되어 있어 중추신경계와 말초신경계를 자극하여 각성작용을 일으킨다. 적당량의 카페인은 피로감을 줄여 졸음방지는 물론 집중력을 높여 지적 작업 능률을 증가시키며 혈관을 수축 또는 팽창시켜 신진대사를 증가시킨다. 또한 카페인은 신장에는 이뇨작용을, 간에는 아세트알데하이드(Acetaldehyde, 숙취물질)의 분해를 촉진하여 숙취해소를 촉진한다. 이외에도 카페인은 운동 시 지구력을 향상시키고 근육의 피로를 저하시키며 무호흡증을 개선하는 등 호흡기 질환을 예방 또는 치료하는 기능을 가지고 있다(음료자격검정원 학술위원회, 2011). 최근 미국식생활지침자문위원회(DGAC, Dietary Guidelines Advisory Committee, 2015)는 하루 3~5잔의 커피는 당뇨병과 심장질환 예방에 효과적이라고 발표했다. 매일 커피를 마실 경우 당뇨병이 7% 감소(Huxley et al., 2009), 간경변증이 최대 84% 감소(Corrao et al., 2001; Gallus et al., 2002), 간암 발병 위험은 매일 2컵 당 44% 감소(Larsson et al., 2007), 알츠하이머병(Alzheimer's Disease)이 65% 감소(Eskelinen et al., 2010), 우울증 위험이 20%, 자살위험이 53% 낮아지고(Lucas et al., 2011; Kawachi et al., 1996) 파킨슨병(Parkinson's Disease)이 현저하게 감소하는(Hu

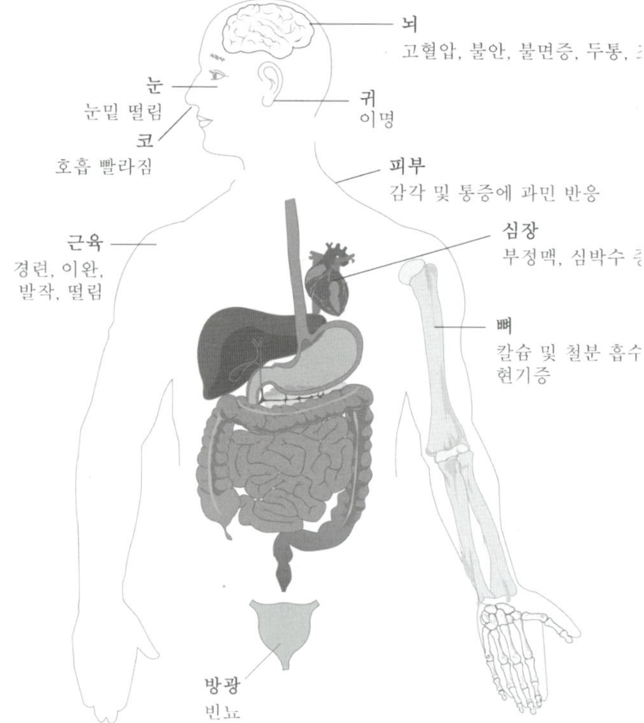

◌ 그림 4-12 ◌ 카페인 부작용

et al., 2007) 것으로 알려졌다.

하지만 카페인을 과잉 섭취할 경우 불면증(Insomnia)과 수전증과 같은 근육경련(Tremors)을 비롯하여 어지러움(Dizziness) 및 신경과민(Irritability), 불안과 걱정(Restlessness & Anxiety) 등의 부작용을 가져오게 된다. 이외에도 위산과다 및 위궤양과 같은 위장장애(Upset Stomach), 식도염, 피부노화, 모세혈관 확장, 피부트러블, 이뇨작용 촉진, 심장박동촉진(Fast Heartbeat)과 심장마비 등을 일으키게 된다(그림 4-12 참조, Lee et al., 2013; 엄수영, 2016). 더욱이 어린이가 카페인을 과다하게 섭취할 경우 신경 및 심장장애는 물론 성장과 발달에 지장을 초래한다. 청소년기의 카페인 섭취 또한 성장발육저하와 고혈압이 증가하는 것으로 연구되었다. 한편 미국공익과학센터(CSPI, Center for Science in the Public Interest, 2014)는 임신 중의 여성이 하루 100mg의 카페인을 섭취할 경우 유산율(14%), 사산율(19%)이 증가한다는 유럽전염병학저널(European Journal of Epidemiology, 2014)의 분석결과를 인용하여 임산부의 하루 카페인 섭취량을 200mg까지 제한해야 한다는 권고사항이 매우 부적절함을 지적하였다(김시정 외, 2015; Darren et al., 2014). 이외 비슷한 임신 여성에 대한 일부 연구에서도 임신 중 카페인 섭취가 많아질수록 유산, 사산, 조기분만 및 저체중아를 출산할 위험이 높아지는 것으로 연구되어 임신 중에 되도록 커피를 마시지 말 것을 권장하고 있다. 이외에도 불면증, 방광염의 악화, 심장마비, 부정맥, 골다공증의 원인이 되기도 하며, 또한 속 울렁거림, 구토증세, 무기력증, 수전증 등의 증세가 나타난다(표 4-12 참조, Wisborg et al., 2003; Weathersbee et al., 1977; Olsen et al., 2008; Sengpiel et al., 2013).

한편 카페인 금단증상으로는 두통(Headache), 졸음(Sleepiness), 과민성(Irritability), 무기력(Lethargy), 변비(Constipation), 우울증(Depression), 근육통/뻣뻣함(Muscle Pain/Stiffness), 집중력 부족(Lack of Concentration), 독감 유사

표 4-12 카페인 효능 및 부작용

효능	부작용
혈압상승, 동맥경화 억제, 혈관확장	뇌각성(불안, 불면, 행동장애, 정서장애)
각성효과, 집중력 강화, 민첩성 증가	심장 두근거림, 돌연사(심장박동 빨라짐)
이뇨작용, 간경화 방지, 숙취방지 및 해소	지속적인 혈압상승 시 동맥경화 유발
비만방지, 스트레스 해소	소화기능저하, 식욕부진, 메스꺼움, 위 점막 손상, 위궤양, 위식도 질환 발병, 위장병
항우울 작용, 당뇨방지, 유방암 낮춤	철분과 칼슘 흡수 방해, 폐경기 여성(골다공증)
취장암 예방(소량 복용 시)	빈혈, 성장저해 초래, 유산, 사산, 조기분만, 저체중아 출산
항산화 작용(발암 억제)	두통, 초조, 이명, 발작, 떨림, 경련, 이완
천식증상 완화, 입 냄새 제거	빈뇨, 눈 번쩍거림
중추신경 자극, 치매예방	피부 촉각 및 통증에 과민반응

증상(Flu-like Symptoms), 불면증(Insomnia) 등을 들 수 있다. 카페인의 부작용으로는 하루에 500-600mg의 카페인을 섭취하면 혈압과 심장 박동 수가 증가하며 이를 멈추지 않으면 심장병으로 이어지게 된다. 또한 식도의 문제, 불안, 긴장, 불면, 탈수, 감정적 피로감 및 골다공증을 일으키게 된다. 카페인 100mg 당 6mg의 뼈의 칼슘을 배출시킴으로써 시간이 지남에 따라 뼈를 약화시키게 된다.

이에 카페인중독을 피하려면 먼저 다른 종류의 음료로 카페인을 함유하고 있는 것을 대체해야 한다. 그리고 허브, 다채로운 야채, 생선, 코코넛, 올리브유, 견과류 및 씨앗 등과 같은 단백질 및 지방을 함유한 건강하고 균형잡힌 식사와 수분섭취를 충분히 해야 한다. 또한 하루 7~9시간의 충분한 수면을 유지하며 규칙적으로 땀을 흘리는 유산소 운동과 심호흡 등을 통해 카페인의 유혹으로부터 벗어나도록 해야 한다.

표 4-13은 정신질환진단 및 통계편람 제5판(DSM-V)의 카페인중독 진단기준(APA, 2013)으로 최근 250mg 이상의 카페인 섭취(끓인 커피 2~3잔 이상)후에

다섯 개 이상의 증상이 나타나 사회적, 직업적 및 다른 중요한 기능영역에서 심각한 고통이나 장애를 일으키는 경우 카페인중독으로 의심된다.

표 4-13 DSM-V 카페인중독 진단 기준

(1) 안절부절 못함(Restlessness)
(2) 신경과민(Nervousness)
(3) 흥분(Excitement)
(4) 불면(Insomnia)
(5) 안면 홍조(Flushed face)
(6) 잦은 소변(Diuresis)
(7) 위장장애(Gastrointestinal disturbance)
(8) 근육 경련(Muscle twitching)
(9) 두서없는 사고와 언어의 흐름(Rambling flow of thought and speech)
(10) 빠른 심장박동 또는 심부정맥(Tachycardia or cardiac arrhythmia)
(11) 지칠 줄 모르는 기간(Periods of inexhaustibility)
(12) 정신운동성 초조증(Psychomotor agitation)

출처: American Psychiatric Association(APA). 2013.

4) 탄수화물(당분)류 중독

탄수화물(당분)중독으로는 설탕·사카린 외에 음식물에 양념으로 사용하는 MSG 등의 첨가물로 인한 중독을 말한다. 2005년 세계당뇨병협회(IDF, International Diabetes Federation)는 전 세계 인구의 20~25%가 탄수화물중독증(Sugar Holic)에 노출되어 있는 것으로 나타났다(잭 캘럼 외(인창식 역), 2006). 당분은 담배, 술, 마약보다 더 흔한 물질로 대부분의 음식에 들어가 마약보다 빠지기 쉽고 떨쳐내기 힘든 물질이다. 실제 당분에 의한 중독성은 코카인보다 8배가 높다는 것이 밝혀졌다(아리수 홈페이지, 2017).

당분하면 설탕을 제일 첫 번째로 꼽는다. 설탕(Sugar)을 일명 정제된 자당(Sucrose)[10]이라고 하는데 사탕수수와 사탕무에서 얻는다. 사탕수수에서 얻어지는 설탕(원당)은 섬유질, 단백질, 칼슘, 마그네슘, 비타민 등 미네랄이 풍부하지만 정제 과정에서 모두 제거되어 순도는 높아지게 되나 인체에 흡수될 경우 혈당이 높아진다. 결국 순수한 설탕을 과다하게 섭취할 경우 혈당을 조절하는 인슐린도 더 많이 필요로 하게 된다.

그림 4-13 당분이 함유된 제품

William Dufty는 『슈거블루스』(Sugar Blues, 1975: 당을 섭취하지 않을 때 우울증세가 나타난다는 의미)에서 "정제설탕은 독이자 중독성 약물"이라고 하며 설탕 섭취를 줄이면 손발이 떨리고 우울해지는 슈가크래쉬(Sugar crash)가 발생한다고 주장했다. 설탕은 체내에 흡수될 경우 기분을 좋게 하는 신경전달물질인 세로토닌(Serotonin) 분비를 촉진하여 운동 후 피로회복에 좋고 스트레스 해소에

10) 자당(Sucrose): 자당은 설탕이라고도 하는데 포도당과 과당의 중합분자로 사카로스(saccharose)라고도 한다. 설탕은 다양한 종류의 음식에 널리 사용되는 것으로 16세기부터 전 세계 각나라들이 설탕의 생산권과 유통문제로 각축을 벌여왔다. 현재 설탕의 최대 산지로는 브라질을 비롯한 라틴 아메리카의 국가들과 쿠바, 자메이카, 도미니카공화국 등 카리브 해(Caribbean Sea)의 섬나라들을 둘 수 있다(가와기타 미노루(장미화 역), 2003).

도 도움이 된다. 하지만 당분을 과잉 섭취하는 경우 단맛중독에 빠질 위험이 높으며 더 나아가 당뇨병에 노출될 위험이 커진다. 이외에도 설탕중독은 비만, 피로감, 간 부전, 췌장암, 방광질환, 고혈압, 우울과 불안증의 정신 및 피부질환, 피부노화, 집중력 및 인지력 감퇴, 혈관성 치매, 난폭한 성격, 면역체계 저하와 함께 대사증후군(Metabolic Syndrome, 신진대사와 관련한 질환) 위험, 암 등을 유발한다(Bennett et al., 2006).

1931년 노벨의학상을 수상한 독일의 생화학자 Otto Heinrich Warburg(1883-1970)는 "호흡기 효소의 성질과 작용 방식"(For his discovery of the nature and mode of action of the respiratory enzyme)이라는 연구를 통해 암세포는 산소부족과 더불어 당분을 과다섭취하게 될 때 발생된다고 하였다(www.nobleprize.org; Warburg, 1966; Brand, 2010). 한편 스웨덴 캐롤린스카연구소의 Larsson과 그의 연구팀(2006) 등은 당분이 과다하게 첨가된 음식물을 섭취하게 되면 췌장암 발병 위험이 커진다는 사실을 발견하여 미국임상영양학회지(AJCN, American Journal of Clinical Nutrition, 2006)에 발표하였다. 이들에 의하면 탄산음료, 잼(Creamed Fruit), 설탕이 든 커피 외에 고단백 식품을 과다하게 섭취할 경우 췌장암 발병위험이 높아진다고 하였다. 이 연구에서 췌장암 발병위험은 섭취하는 설탕의 양과 관계가 있어 특히 탄산음료와 커피에 설탕을 첨가한 경우와 잼을 섭취하는 경우 설탕을 가장 적게 섭취하는 군에 비해 각각 90%, 70%, 50%으로 발병위험이 높게 나타났다.

그림 4-14 Otto Heinrich Warburg

출처: Attribution: Bundesarchiv, Bild 102-12525/ Georg Pahl / CC-BY-SA 3.0

2016년 한국소비자원(KCA, Korea Consumer Agency)은 시중에 시판되고 있

는 에너지 음료 20개 제품을 대상으로 당류 성분을 시험한 결과를 발표하였다. 시험 결과 에너지 음료 한 캔에 하루 섭취 권고량 50g에 최대 38.6g을 함유하고 있는 것으로 나타나 한 캔을 마시면 하루 섭취 권고량의 약 80%를 섭취하게 되는 제품도 있는 것으로 나타났으며, 이들 제품의 평균 당류 함량은 17%에 이르는 것으로 조사됐다(그림 4-15 참조). 당류는 인체의 주요 에너지원이지만 과다섭취 시 비만, 고혈압, 당뇨병에 노출될 위험이 크다(한국소비자원 보도자료, 2016).

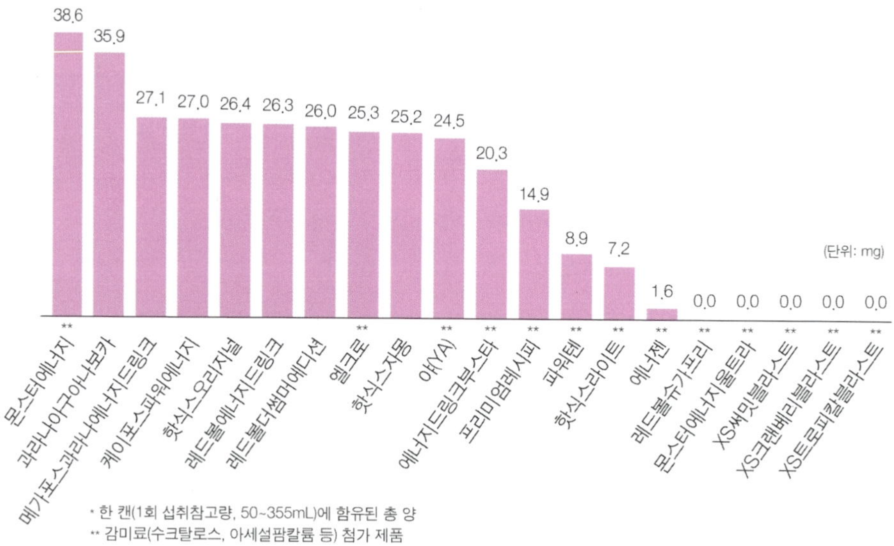

그림 4-15 에너지 음료의 당류함량

출처: 한국소비자원(2016).

한편 그동안 설탕보다도 더 해로운 것으로 알려진 사카린(Saccharin)과 글루탐산나트륨(MSG, Monosodium Glutamate)은 최근 이들에 대한 연구결과가 다르게 나타나 좀 더 연구가 필요하다. 사카린은 설탕보다 300배의 단맛을 갖고 있으나 인체에 거의 흡수되지 않고 대부분 배설된다. 한때 발암물질로 간주되기도 했지만, 요즘에는 인체에 발암성이 없는 물질로 규정하고 있으며 심지어 사카린이 항암효과가 있다고 한다. 미국 플로리다 의대 연구팀의 발표(2015)에 의하면 사카린이 암의 증식에 중요한 역할을 하는 단백질과 결합하여 그 기능을 제대로 발휘하지 못하게 한다는 것이다. 그리고 MSG는 흔히 화학적으로 합성된 조미료로 알려져 있다. 그리하여 과다복용을 할 경우 메스꺼움, 복통, 더부룩함, 근육 경직 등 다양한 질병의 원인이 된다고 알려져 있다. 하지만 시중에서 판매되는 MSG는 사탕수수를 미생물로 발효시켜 만든 천연발효 조미료로써 안전한 식품첨가물로 인정하고 있다. 세계보건기구WHO, 1987)는 먹어도 문제가 없다 하여 MSG의 일일 섭취 허용량을 철폐하였다(조선일보 홈페이지, 2017).

표 4-14는 설탕중독 여부를 알아보기 위한 것으로 이 가운데 A가 많은 경우 설탕중독 상태로써 설탕 섭취량을 대폭적으로 줄여야 하고, B가 많은 경우 설탕 섭취량이 정상치보다 과다한 상태로 설탕 섭취량을 조절해야 하며, C가 많은 경우 설탕중독의 위험과 무관하다.

표 4-14 설탕중독 테스트

① 기분이 나쁠 때 단 것을 먹으면 기분이 좋아진다. A(항상), B(가끔), C(전혀 아니다)
② 기분이 나쁠 때 탄수화물이 많이든 음식(빵, 시리얼, 파스타, 감자)을 먹으면 기분이 좋아진다. A(항상), B(가끔), C(전혀 아니다)
③ 많은 양의 탄수화물이나 단 음식을 먹는 것에 죄책감을 느낀다. A(항상), B(가끔), C(전혀 아니다)
④ 생일이나 특별한 행사에 달콤한 음식이 반드시 필요하다. A(항상), B(가끔), C(전혀 아니다)
⑤ 설탕 섭취량을 줄이려고 노력한 적이 있다. A(항상), B(가끔), C(전혀 아니다)
⑥ 탄수화물을 줄이는 것을 시도했으나 실패한 적이 있다. A(항상), B(가끔), C(전혀 아니다)
⑦ 먹고 있는 단 음식을 숨기거나 먹지 않는다고 거짓말 한다. A(항상), B(가끔), C(전혀 아니다)
⑧ 배가 고프지 않아도 설탕이나 디저트에 대해 생각한다. A(항상), B(가끔), C(전혀 아니다)
⑨ 달지 않은 커피, 음료수, 에너지 음료로 하루를 보낼 수 있다. A(항상), B(가끔), C(전혀 아니다)
⑩ 피로감이 몰려오는 매일 오후 3시쯤 단음식이나 음료수를 찾는다. A(항상), B(가끔), C(전혀 아니다)

출처: http://www.sleekgeek.co.za/sugarfree30/

3. 향정신성 의약품중독

마약류 관리에 관한 법률에 따르면 마약, 대마, 향정신성 의약품을 마약류로 규정하고 있다(그림 4-16 참조). 마약은 양귀비, 양귀비 액즙을 가공하여 만든 아편, 코카잎 및 양귀비, 아편과 코카잎에서 추출한 모든 알킬로이드와 화학적 합성품[11)]과 혼합제제[12)] 등을 가리키며, 대마는 대마초 또는 그 수지를 원료로 제

---

11) 합성품(35종류): 아세토르핀(Acetorphine), 벤질모르핀(Benzylmorphine), 코카인(Cocaine), 코독심(Codoxime), 데소모르핀(Desomorphine), 디히드로모르핀(Dihydromorphine), 엑고닌(Ecgonine) 및 그 유도체, 에토르핀(Etorphine), 헤로인(Heroin), 히드로코돈(Hydrocodone), 히드로모르피놀(Hydromorphinol), 히드로모르폰(Hydromorphone), 메틸데소르핀(Methyldesorphine), 메틸디히드로모르핀(Methyldihydromorphine), 메토폰(Metopon), 모르핀(Morphine), 모르핀-엔-옥사이드(Morphine-N-Oxide), 미로핀(Myrophine), 니코디코딘(Nicodicodine), 니코모르핀(Nicomorphine), 노르모르핀(Normorphine), 옥시코돈(Oxycodone), 옥시모르폰(Oxymorphone), 테바콘(Thebacon), 테바인(Thebaine), 아세틸디히드로코데인(Acetyldihydrocodeine), 코데인(Codeine), 디히드로코데인(Dihydrocodeine), 에틸모르핀(Ethylmorphine), 니코코딘(Nicocodine), 노르코데인(Norcodeine), 폴코딘(Pholcodine), 엔-옥사이드, 디히드로에토르핀(Dihydroetorphine), 오리파빈(Oripavine)(마약류 관리에 관한 법률 시행령 제2조제2호 별표 1)

12) 합성제제(83종류): 아세틸메타돌(Acetylmethadol), 알릴프로딘(Allylprodine), 알파세틸메타돌(Alphacetylmethadol), 알파메프로딘(Alphameprodine), 알파메타돌(Alphamethadol), 알파프로딘(Alphaprodine), 아닐레리딘(Anileridine), 벤제티딘(Benzethidine), 베타세틸메타돌(Betacetylmethadol), 베타메프로딘(Betameprodine), 베타메타돌(Betamethadol), 베타프로딘(Betaprodine), 베지트라미드(Bezitramide), 클로니타젠(Clonitazene), 덱스트로모라미드(Dextromoramide), 디암프로미드(Diampromide), 디에틸티암부텐(Diethylthiambutene), 디메녹사돌(Dimenoxadol), 디메펩타놀(Dimepheptanol), 디메틸티암부텐(Dimethylthiambutene), 디옥사페틸부티레이트(Dioxaphetylbutyrate), 디페녹실레이트(Diphenoxylate), 디피파논(Dipipanone), 에틸메틸티암부텐(Ethylmethylthiambutene), 에토니타젠(Etonitazene), 에톡세리딘(Etoxeridine), 펜타닐(Fentanyl), 푸레티딘(Furethidine), 히드록시페티딘(Hydroxypethidine), 이소메타돈(Isomethadone), 케토베미돈(Ketobemidone), 레보메토르판(Levomethorphan), 레보모라미드(Levomoramide), 레보페나실모르판(Levophenacylmorphan), 레보르파놀(Levorphanol), 메타조신(Metazocine), 메타돈(Methadone), 메타돈 제조중간체(Methadone Intermediate), 모라미드 제조중간체(Moramide Intermediate), 모르페리딘(Morpheridine), 노라시메타돌(Noracymethadol), 노르레보르파놀(Norlevorphanol), 노르메타돈(Normethadone), 노르피파논(Norpipanone), 페티딘(Pethidine), 페티딘 제조중간체 에이(Pethidine Intermediate A), 페티딘 제조중간체 비(Pethidine Intermediate B), 페티딘 제조중간체 시(Pethidine Intermediate C), 페나독손(Phenadoxone), 페남프로미드(Phenampromide), 페나조신(Phenazocine), 페노모르판(Phenomorphan), 페노페리딘(Phenoperidine), 피미노딘(Piminodine), 피리트라미드(Piritramide),

조한 화학적 합성품[13]과 혼합제제 등을 말한다. 한편 향정신성 의약품은 인간의 중추신경계에 작용하여 이를 오용하거나 남용할 경우 인체에 심각한 위험을 미치는 물질을 가리킨다.

마약류 관리에 관한 법률에 의하면 향정신성 의약품은 크게 네 가지 종류로 구분한다(제2조 제3호).

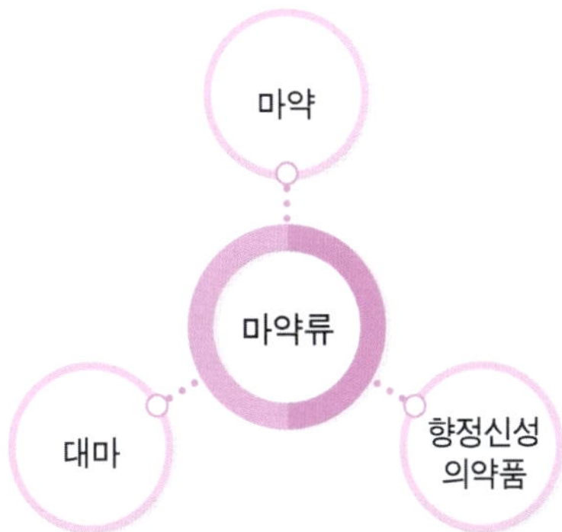

그림 4-16 마약류 관리에 관한 법률에 따른 분류

프로헵타진(Proheptazine), 프로페리딘(Properidine), 라세메토르판(Racemethorphan), 라세모라미드(Racemoramide), 라세모르판(Racemorphan), 트리메페리딘(Trimeperidine), 프로피람(Propiram), 드로테바놀(Drotebanol), 디페녹신(Difenoxin), 알펜타닐(Alfentanil), 틸리딘(Tilidine), 프로폭시펜(Propoxyphene), 아세틸-알파-메틸펜타닐(Acetyl-alpha-methyl-fentanyl), 알파-메틸펜타닐(Alpha-methylfentanyl), 3-메틸펜타닐(3-Methylfentanyl), 서펜타닐(Sufentanil), 피이피에이피(PEPAP), 엠피피피(MPPP), 레미펜타닐(Remifentanil), 타펜타돌(Tapentadol), 티오펜타닐(Thiofentanyl), 3-메틸티오펜타닐(3-Methylthiofentanyl), 알파-메틸티오펜타닐(Alpha-methylthiofentanyl), 베타-히드록시-3메틸펜타닐(Beta-hydroxy-3-methylfentanyl), 베타-히드록시펜타닐(Beta-hydroxyfentanyl), 파라-플루오로펜타닐(Para-fluorofentanyl), 아세틸펜타닐(Acetylfentanyl), 에이에이치-7921(AH-7921)(마약류 관리에 관한 법률 시행령 제2조제2호 별표 2)

13) 합성품(3종류): 칸나비놀(Cannabinol), 테트라히드로칸나비놀(Δ9-Tetrahydrocannabinol), 칸나비디올(Cannabidiol)(마약류 관리에 관한 법률 시행령 제2조제4호 별표 7-2)

1) 오용 또는 남용시 안전성이 결여된 항정신성 의약품

항정신성 의약품은 오용하거나 남용할 경우 심한 신체적 또는 정신적 의존성을 일으키는 약물이나 이를 함유하는 물질이다(57종류). 여기에 속한 대부분의 물질은 마약으로 분류한다(표 4-15 참조).

표 4-15 오용 또는 남용시 안전성이 결여된 항정신성 의약품

디메톡시브로모암페타민(Dimethoxybromoamphetamine), 2,5-디메톡시암페타민(2,5-Dimethoxy-amphetamine, 2,5-DMA), 4-메톡시암페타민(4-Methoxyamphetamine, PMA), 5-메톡시-3,4-메틸렌디옥시암페타민(5-Methoxy-3,4-methylenedioxyamphetamine, MMDA), 4-메틸-2,5-디메톡시암페타민(4-Methyl-2,5-dimethoxyamphetamine, STP, DOM), 3,4-메틸렌디옥시암페타민(3,4-Methylenedioxyamphetamine, MDA), 3,4,5-트리메톡시암페타민(3,4,5-trimethoxyamphetamine, TMA), 부포테닌(Bufotenine), 디에틸트립타민(Diethyltryptamine, DET), 디메틸트립타민(Dimethyltryptamine, DMT), 디메틸헵틸피란(Dimethylheptylpyran, DMHP), 엔-에틸-3-피페리딜 벤질레이트(N-ethyl-3-piperidyl benzilate), 이보게인(Ibogaine), 리서직산 디에틸아마이드(Lisergic acid diethylamide, LSD, LSD-25), 메스칼린(Mescaline), 엔-메틸-3-피페리딜 벤질레이트(N-methyl-3-piperidyl benzilate), 파라헥실(Parahexyl), 페이오트(Peyote), 사일로시빈(Psilocybin), 사일로신(Psilocyn), 펜사이클리딘의 유사체(Phency-clidine analogues), 메스케치논(Methcathinone), 에트립타민(Etryptamine), 4-메틸티오암페타민(4-Methylthioamphetamine, 4-MTA), 크라톰(Kratom), 5-메톡시-디이소프로필트립타민(5-Methoxy-diisopropyltryptamine, 5-Meo-DiPT), 5-메톡시-메틸이소프로필트립타민(5-Methoxy-methyliso propyltryptamine, 5-MeO-MiPT), 5-메톡시디메틸트립타민(5-Methoxydi-methyltryptamine, 5-MeO-DMT), 메틸이소프로필트립타민(Methylisopropyltryptamine, MiPT), 5-메톡시-알파-메틸트립타민(5-Methoxy-α-methyltryptamine, 5-MeO-AMT), 디이소프로필트립타민(Diisopropyltryptamine, DiPT), 4-아세톡시-디이소프로필트립타민(4-Acetoxy-diisopropyltryptamine, 4-Acetoxy-DiPT), 제이더블유에이치(JWH), 메틸렌디옥시피로발레론(Methylenedioxypyrovalerone, MDPV), 4-플루오로암페타민(4-Fluoroamphetamine, 4-FA), 4-메틸암페타민(4-Methylamphetamine, 4-MA), 엔-히드록시 메틸렌디옥시암페타민(N-hydroxy methylenedioxy amphetamine, N-hydroxy MDA), 메틸렌디옥시에틸암페타민(Methylene-dioxyethylamphetamine, MDE), 4-메틸아미노렉스(4-Methylaminorex), 5-에이피비(5-APB), 피엠엠에이(PMMA, para-methoxymethamphetamine), 엠엠디에이-2(MMDA-2), 메톡세타민(methoxetamine), 시비-13(CB-13), 5-메오-디에이엘티(5-MeO-DALT), 메티오프로파민(methio-propamine), 5-에이피디비(5-APDB), 파라 -클로로암페타민(p-chloroamphe- tamine), 알파-피브이티(α-PVT), 알파- 메틸트립타민(α-methyltryptamine), 4-오에이치-디이티(4-OH-DET), 데스옥시-디2피엠(Dexoxy-D2PM)

출처: 법제처 홈페이지(2017).

2) 오용 또는 남용 시 신체적, 정신적 의존성을 일으키는 항정신성 의약품

오용하거나 남용할 우려가 심하고 매우 제한되게 의료용으로만 쓰이는 것으로서 이를 오용하거나 남용할 경우 심한 신체적 또는 정신적 의존성을 일으키는 약물 또는 이를 함유하는 물질이다(43종류)(표 4-16 참조). 여기에 속하는 물질은 대부분 암페타민 계통(필로폰, 히로뽕)으로 메틸페니데이트같은 물질은 ADHD(주의력결핍과잉행동장애)의 대표적인 치료제로 일부는 의약품으로도 사용하지만 주로 진정제, 마취제, 마약 등으로 오용된다.

표 4-16 오용 또는 남용 시 신체적, 정신적 의존성을 일으키는 항정신성 의약품

암페타민(Amphetamine), 덱스암페타민(Dexamphetamine), 레보암페타민(Levoamphetamine), 메트암페타민(Methamphetamine), 히드록시암페타민(Hydoxyamphetamine), 메틸페니데이트(Methylphenidate), 펜메트라진(Phenmetrazine), 메클로쿠알론(Mecloqualone), 메타쿠알론(Methaqualone), 펜사이클리딘(Phencyclidine), 펜프로포렉스(Fenproporex), 2,5-디메톡시-4-에틸-암페타민(2,5-Dimethoxy-4-ethylamphetamine, DOET), 3,4-메틸렌디옥시-엔-메틸암페타민(3,4-Methylenedioxy-N-methylamphetamine, MDMA), 페네틸린(Fenetylline), 엔-에틸-암페타민(N-ethylamphetamine), 펜캄파민(Fencamfamine), 벤즈페타민(Benzphetamine), 세코바르비탈(Secobarbital), 지페프롤(Zipeprol), 2시-비(2C-B), 아민엡틴(Amineptine), 살비아 디비노럼(Salvia Divinorum), 살비노린 에이(Salvinorin A), 케타민(Ketamine), 디메틸암페타민(Dimethylamphetamine), 2시-아이(2C-I), 벤질피페라진(Benzylpiperazine), 메타-클로로페닐피페라진(meta-Chlorophenylpiperazine, mCPP), 트리플루오로메틸페닐피페라진(Trifluoromethylphenylpiperazine, TFMPP), 파라-메톡시페닐피페라진(para-Methoxyphenylpiperazine, MeOPP), 메틸렌디옥시벤질피페라진(Methylenedioxybenzylpiperazine, MDBZP), 2시-디(2C-D), 2시-이(2C-E), 2시-티-2(2C-T-2), 2시-티-7(2C-T-7), 1,3-벤조이디옥소일-엔-메틸부탄아민(1,3-Benzodioxlyl-N-methylbutanamine, MBDB), 메틸렌디옥시디메틸암페타민(Methylenedioxydimethylamphetamine, MDDMA), 메틸렌디옥시에틸암페타민(Methylenedioxyethylamphetamine, MDEA), 부틸론(Butylone, bk-MBDB), 메틸벤질피페라진(Methylbenzylpiperazine, MBZP), 파라플루오로페닐피페라진(p-fluorophenyl piperazine, pFPP), 틸레타민(Tiletamine), 졸라제팜(Zolazepam)

출처: 법제처 홈페이지(2017).

3) 의료용으로 사용되며 신체적, 정신적 의존성을 일으키는 항정신성 의약품

1)과 2)에서 규정된 것보다 오용하거나 남용할 우려가 상대적으로 적고 의료용으로 쓰이는 것으로 심한 정신적 의존성을 일으키는 약물 또는 이를 함유하는 물질이다(62종류)(표 4-17 참조). 여기에 속하는 대부분의 물질은 수면제, 최면제, 의약품으로 쓰인다. 바르비탈(Barbital) 물질은 간질 치료제로 널리 알려진 물질로 수면제로도 사용하나 강력한 독성과 부작용(과다복용 시 사망) 때문에 마약으로도 분류한다.

표 4-17 의료용으로 사용되며 신체적·정신적 의존성을 일으키는 항정신성 의약품

알로바르비탈(Allobarbital), 알페날(Alphenal), 아모바르비탈(Amobarbital), 아프로바르비탈(Aprobarbital), 바르비탈(Barbital), 브랄로바르비탈(Brallobarbital), 섹부타바르비탈(Secbutabarbital), 부탈비탈(Butalbital), 부탈리로날(Butallylonal), 부토바르비탈(Butobarbital), 시클로바르비탈(Cyclobarbital), 시클로펜토바르비탈(Cyclopentobarbital), 엔알릴프로피말(Enallylpropymal), 에트알로바르비탈(Ethallobarbital), 헵타바르비탈(Heptabarbital), 헵토바르비탈(Heptobarbital), 헥세탈(Hexethal), 헥소바르비탈(Hexobarbital), 메타아르비탈(Metharbital), 메토헥시탈(Methohexital), 메틸페노바르비탈(Methylphenobarbital), 나르코바르비탈(Narcobarbital), 네알바르비탈(Nealbarbital), 펜토바르비탈(Pentobarbital), 페노바르비탈(Phenobarbital), 페타르비탈(Phetharbital), 프로바르비탈(Probarbital), 프로팔리로날(Propallylonal), 프로필바르비탈(Propylbarbital), 스피로티오바르비탈(Spirothiobarbital), 테트라바르비탈(Tetrabarbital), 티오펜탈(Thiopental), 빈바르비탈(Vinbarbital), 바로탈룸(Barotalum), 디베랄(Diberal), 도르모비트(Dormovit), 이도부탈(Idobutal), 레포살(Reposal), 비닐비탈(Vinylbital), 카르부바르비탈(Carbubarbital), 시그모달(Sigmodal), 펜테날(Pentenal), 엘도랄(Eldoral), 티아미랄(Thiamylal), 클로르헥사돌(Chlorhexadol), 글루테티미드(Glutethimide), 리저직산(Lysergic acid), 리저직산 아미드(Lysergic acid amide), 메프로바메이트(Meprobamate), 메티프릴론(Methyprylon), 설폰디에틸메탄(Sulfondiethylmethane), 설폰에틸메탄(Sulfonethylmethane), 설폰메탄(Sulfonmethane), 펜타조신(Pentazocine), 알릴이소프로필아세틸우레아(Allylisopropylacetylurea, apronalide), 브롬디에틸아세틸우레아(Bromdiethylacetylurea, carbromal), 브롬바레릴우레아(Bromvalerylurea, bromisoval), 부프레노르핀(Buprenorphine), 에프타조신(Eptazocine), 플루니트라제팜(Flunitrazepam), 5, 5 – 바르비탈산 유도체

출처: 법제처 홈페이지(2017).

4) 의료용으로 사용되며 신체적, 정신적 의존성이 적은 항정신성 의약품

3)에 규정된 것보다 오용하거나 남용할 우려가 상대적으로 적고 의료용으로 쓰이는 것으로서 이를 오용하거나 남용할 경우 3)에 규정된 것보다 신체적 또는 정신적 의존성을 일으킬 우려가 적은 약물 또는 이를 함유하는 물질이다(70종류)(표 4-18 참조). 여기에 속하는 대부분의 물질은 신경안정제, 수면제, 마취제, 기침약, 진해제, 식욕억제제 등 전문의약품으로 사용하나 중추신경계에 작용하여 아편과 같은 환각상태에 빠지게 한다.

표 4-18 의료용으로 사용되며 신체적, 정신적 의존성이 적은 항정신성 의약품

알프라졸람(Alprazolam), 암페프라몬(Amfepramone), 브로마제팜(Bromazepam), 브로티졸람(Brotizolam), 부토르파놀(Butorphanol), 카마제팜(Camazepam), 카틴(Cathine), 클로랄베타인(Chloral betaine), 클로랄히드레이트(Chloral hydrate), 클로르디아제폭시드(Chlordiazepoxide), 클로바잠(Clobazam), 클로나제팜(Clonazepam), 클로라제페이트(Clorazepate), 클로티아제팜(Clotiazepam), 클록사졸람(Cloxazolam), 델로라제팜(Delorazepam), 디아제팜(Diazepam), 에스타졸람(Estazolam), 에트클로르비놀(Ethchlorvinol), 에티나메이트(Ethinamate), 에틸로플라제페이트(Ethyl Loflazepate), 에티졸람(Etizolam), 펜플루라민(Fenfluramine), 플루디아제팜(Fludiazepam), 플루라제팜(Flurazepam), 할라제팜(Halazepam), 할록사졸람(Haloxazolam), 케타졸람(Ketazolam), 레페타민(Lefetamine), 로프라졸람(Loprazolam), 로라제팜(Lorazepam), 로르메타제팜(Lormetazepam), 마진돌(Mazindol), 메다제팜(Medazepam), 메페노렉스(Mefenorex), 미다졸람(Midazolam), 니메타제팜(Nimetazepam), 니트라제팜(Nitrazepam), 노르다제팜(Nordazepam), 옥사제팜(Oxazepam), 옥사졸람(Oxazolam), 옥시페르틴(Oxypertine), 파라알데히드(Paraldehyde), 페몰린(Pemoline), 페트리클로랄(Petrichloral), 펜디메트라진(Phen-dimetrazine), 펜터민(Phentermine), 피나제팜(Pinazepam), 피프라드롤(알파 또는 감마) [Pipradrol(α, γ)], 프라제팜(Prazepam), 프로필헥세드린(Propylhexedrine), 피리틸디온(Pyrithyldione), 피로발레론(Pyrovalerone), 테마제팜(Temazepam), 테트라제팜(Tetrazepam), 트리아졸람(Triazolam), 조피클론(Zopiclone), 플루토프라제팜(Flutoprazepam), 멕사졸람(Mexazolam), 졸피뎀(Zolpidem), 아미노렉스(Aminorex), 메소카브(Mesocarb), 날부핀(Nalbuphine), 지에이치비(GHB, 물뽕), 덱스트로메토르판(Dextromethorphan), 카리소프로돌(Carisoprodol), 쿠아제팜(Quazepam), 프로포폴(Propofol, 수면마취제), 로카세린(Lorcaserin), 페나제팜(Phenazepam)

출처: 법제처 홈페이지(2017).

이와 같이 항정신성 의약품은 마약성분을 가지고 있어 다수의 부작용은 물론 강력한 중독성 때문에 의사의 정확한 진단에 의한 신중한 투여가 필요하다(제4부 1장 중독물질의 종류와 관련 장애를 참고하기 바란다).

4. 운동중독

운동중독(Exercise Addiction)이란 일정 기간 지속적인 운동으로 상해를 입거나 근육통이 발생하였어도 그리고 날씨에 상관없이 정해진 시간에 본인의 운동능력보다 과한 운동을 지속하려는 행동상태를 말한다(심창섭 외, 2007; 강신욱, 2002). 즉, 지속적인 운동에 대한 극한 자극을 요구하여 운동을 중단하거나 줄일 경우 금단현상으로 신체적으로 이상이 있음에도 불구하고 운동 시간이나 운동 강도를 높여가 결과적으로 일상생활과 타인과의 관계 등 사회적 관계형성에까지 문제를 일으키는 상태를 운동중독이라고 한다(김병준, 2009; 김남용, 2008).

표 4-19는 정신질환진단 및 통계편람 제5판(DSM-Ⅴ)의 인터넷 게임중독 진단 기준을 변형한 운동중독 진단 기준으로 지난 12개월 동안 9가지 항목 가운데

표 4-19 운동중독 진단 기준

1. 하루 일과의 가장 주요한 활동은 운동이다.
2. 운동을 하지 않으면 불안하거나 예민해지는 등의 금단증상이 나타난다.
3. 정해진 시간보다 더 많이 운동을 하고 싶다.
4. 운동 시간, 운동량, 운동 강도 등을 통제하려고 시도를 해봤으나 실패했다.
5. 운동을 제외한 다른 취미나 오락 활동에 대한 흥미가 감소했다.
6. 운동으로 인해 정신·사회적 문제가 발생함에도 불구하고 운동을 지속하고 있다.
7. 자신이 얼마나 운동을 하는지 가족, 치료자 또는 타인에게 거짓으로 말한다.
8. 무력감, 죄책감, 불안 등 부정적인 기분을 완화시키기 위해서 운동한다.
9. 운동 때문에 대인관계, 직업, 학업 등을 소홀히 하거나 위태롭게 한 적이 있다.

출처: KAMA홈페이지(2017), 권준수(2015) 재구성.

5개 이상이 나타났다면 운동중독으로 간주해야 한다. 운동중독의 원인은 뇌의 시상하부[14)]에서 방출되는 엔도르핀(Endorphin)의 과다한 분비로 촉진된다고 알려져 있다(그림 4-17 참조).

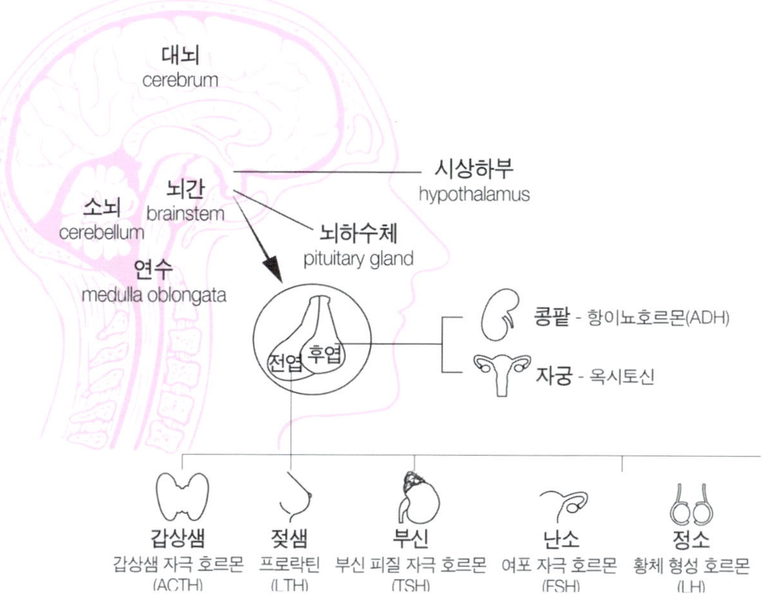

그림 4-17 시상하부의 역할

14) 시상하부(Hypothalamus): 자율신경계(Autonomic nervous system)와 내분비계 조절하는 뇌 기관으로 뇌하수체(Pituitary gland, 신체대사 및 생식과 관련한 호르몬 분비)와 연결된다. 시상하부는 뇌하수체를 통하여 수분 전해질 균형(Water-electrolyte balance), 음식물 섭취조절(Food intake), 체온조절(Temperature), 혈압조절(Blood pressure), 수면각성조절(Sleep-waking mechanism), 하루주기리듬(Circadian rhythm) 등에 작용한다(대한해부학회, 2011: 258). 또한 시상하부는 뇌하수체 전엽과 후엽의 호르몬 분비를 촉진 또는 억제하는 물질로 갑상선자극호르몬분비호르몬(Thyrotropin-releasing hormone, TRH-TSH), 코티코트로핀방출호르몬(Corticotrophin releasing hormone, CRH-ACTH), 생식선자극호르몬(Gonadrotropin-releasing hormone, GnRH-LH, FSH), 성장호르몬분비호르몬(Growth hormone-releasing hormone, GHRH-GH), 프로락틴분비억제호르몬(Prolactin release inhibitory hormone , PRIH(도파민)-프로락틴/성장, 생식 억제), 성장호르몬분비억제호르몬(Growth hormone release inhibiting hormone, GHRIH-TSH), 바소프레신(Vasopressin)은 항이뇨호르몬(Antidiuretic hormone, ADH-신장의 물의 재흡수, 소변을 농축하여 양을 줄임), 옥시토신(Oxytocin/급속출산(그리어)-자궁수축, 모유배출) 등의 물질을 분비한다(Kandel(2014), 강봉균 외 역).

운동은 기분과 정서 상태를 개선하여 불안감과 우울을 낮추는 효과가 있다. 이를 정서조절 가설에서 보면 운동을 하지 않으면 정서 상태가 나빠지게 되어 긍정적인 방향으로 바꾸기 위해 운동에 빠져든다는 것이다. 또한 운동을 하게 되는 것은 엔돌핀 가설에 의하면 우리 몸은 스트레스를 받으면 이를 낮추려고 호르몬 엔돌핀을 분비하여 스트레스에 무감각하게 하며 동시에 행복감을 느끼게 하는데 운동은 지속적인 엔도르핀 분비를 위해 점점 더 강도 높은 운동을 반복하게 된다고 한다. 엔도르핀은 우리 몸 안에서 생성(Endogenous)되는 모르핀(Morphine)이란 의미로 마약의 일종인 모르핀보다 진정효과가 200배나 높아 웬만한 고통은 느끼지 못하게 신경을 차단하는 작용을 한다. 이외에도 사람의 몸은 같은 강도의 행동(운동)에 적응하면 동일한 운동자극으로는 성취감이 약하기 때문에 더 높은 수준의 운동량을 추구하게 된다. 즉, 지속적인 운동을 통해 교감신경계가 더 높은 운동자극을 원하게 되어 운동중독에 빠지게 된다는 것이다. 그리고 성격특성 가설에 따르면 운동중독에 쉽게 빠져드는 성격적 특성을 가리키는 것으로 완벽주의, 강박증, 특성불안, 외향적 성격 등을 지적하고 있다(표 4-20 참조)(이윤관, 2000; 김병준, 2009; 권혁주, 2016).

표 4-20 운동중독에 관한 가설

정서조절 가설	나빠진 정서 상태를 긍정적인 방향으로 전환하기 위해서
엔도르핀 가설	생리학적 요인, 엔도르핀 분비로 스트레스에 무감각하고 행복감 느낌
교감신경계 가설	이전의 운동자극에 적응한 교감신경은 더 높은 수준의 운동자극을 요구함
성격특성 가설	성격적으로 운동중독에 쉽게 빠짐 (완벽주의, 강박증, 특성불안, 외향적 성격 등)

적당한 운동을 하면 긍정적으로 신체적 충실감, 체력증가에 따른 자신감, 행복감이 증가한다. Glasser(1976)는 긍정적인 운동중독을 언급하고 있는데 이는 스스로 선택할 수 있고 강박적이지 않으며 타인과의 경쟁이나 비판에 관여하지 않고 자신에게 가치 있다고 여기는 운동을 하기 때문이라고 한다. 특히 러닝과 같은 유산소 운동은 긴장이나 불안을 감소시켜 근심 걱정이나 우울증 치료에 긍정적인 영향을 미치는 것으로 연구되었다. 또한 운동은 신체 각 부위의 근육 발달, 심장의 용량과 크기 및 폐활량의 증가, 내재된 공격적 본능과 외부 환경으로부터 오는 스트레스에 대한 해소능력을 향상시키고 일, 가정, 가족 및 친구들에 대한 책무와 조화 등 원만한 대인관계를 형성하는 삶의 보완제로서 효과가 있는 것으로 알려져 있다. 이외에도 운동은 능동적이고 긍정적인 사고를 갖게 하고 근육이완을 시켜 심신을 편안하게 해주며 면역 세포수의 증가로 면역효과를 높여 각종 바이러스에 대한 저항 능력을 향상시킨다고 말한다(강신욱, 2002, 2003; 전태준, 2005; 전상완, 2008; Glasser, 1976; Sachs et al., 1984; 이해선, 2014).

하지만 지나친 운동은 오히려 신체에 역효과를 가져오는 부정적인 중독을 유발한다(Morgan, 1979). 운동 역시 지나치다보면 본인의 운동 능력보다 과한 운동을 지속하려는 중독 상태를 야기하는데, 운동이 모든 생활의 중심이 되어 다른 일상에 지장을 초래하게 되고 의무나 책임 등을 완수하지 못해 사회적으로 고립에 처하게 된다(Sachs et al., 1984). 또한 지나친 운동 상태가 지속될 때 피로골절과 근골격계질환, 만성피로와 판단력 저하, 업무능력과 사회적 활동이 감소하게 되며 더 나아가 심장의 과도한 부담으로 인해 심장마비와 더불어 사망에 이를 수 있다(이정학 외, 2006; 염만용, 2015; 박정희, 2007; 안병민, 2015). 한편 기록향상 등과 같은 동기에 의한 것과 직무수행과 관련하여 몸매나 체중을 유지해야 하는 부차적인 것 때문에 운동중독자들은 강박적으로 적어도 하루에 2~3시간 이상의 시간을 운동에 할애하며(Pierce, 1994), 운동중독은 운동 빈도나 기간을 점차 증가(Kagan et al., 1985)시키는 내성의 문제와(Hauck et al., 1992) 운동을 중단하였을 때 정서적 혼란, 우울증, 긴장, 불안감 등의 신체적이고 심리적인 건강을 위협하는 금단증세의 발현을 가져오게 된다(Mondin et al., 1996).

5. 종교중독

종교중독이란 하나님(신)과 초점을 맞추지 않고 감정적 경험이나 의식 그리고 프로그램 등이 한 개인의 삶을 지배하도록 허용하는 상태를 말한다(Richfield et al.(정동섭 외 역), 2002). 일반적으로 종교중독 또한 중독자가 원하는 감정의 전이를 맛보는 데서 출발한다. Arterburn 등(1991)은 종교중독은 하나님(신)과의 관계보다 개인의 삶을 통제하는 종교적 행위에 몰두한 나머지 해로운 믿음을 사용하여 자신만이 아니라 가족과 이웃을 학대한다고 하였다(김선미, 2015). 즉, 하나님(신)께 대한 헌신은 전인격적이고 자유롭게 주체적으로 결정해야 하지만 종교중독자들은 종교적 황홀감을 위해서 또는 신비주의적 계시를 추구하며 현실에 대한 책임과 의무를 벗어나 종교적인 행위로 채우고자 하는 특성을 보인다.

종교중독은 실상은 종교의 문제이기 전에 중독자 자신이 그의 가족 안에서의 역기능적인 문제가 종교단체와 종교의식 구조와 연관하여 병리적인 현상을 보이는 것으로 볼 수 있다. 종교중독은 종교 역사와 함께 존재해 왔다. 종교중독은 일반인보다는 학계 등 전문가들에 의해 1990년대부터 중독의 한 종류로 취급되고 있다. 다른 중독과 마찬가지로 심각하게 받아들여야 하는 이유는 종교중독 역시 중독자 자신이 얼마나 위험한 상황에 놓여있는지 그 심각성을 느끼지 못하기 때문이다(김선미, 2015). Arterburn 등(1991)은 종교중독에 대하여 말하기를 장기간의 과정에서 도피하려는 욕망에서 생겨난다고 하였다. 표 4-21에서 보듯 부모의 학대가 있을 때, 비정상적인 양육환경에서, 가족 또는 제3자로부터 소외감을 당할 때, 불완전한 부모의 완벽주의적인 태도에서, 부모의 높은 기대감, 칭찬에 인색할 때, 부모의 중독 또는 부성(父性)의 부재로, 학대와 부정적인 관심으로 죄책감과 불결하다고 느낄 때, 친구관계가 원만치 못할 때, 현실이 힘들어 자기만의 세계를 동경하려 할 때, 내면에 내재한 감정을 제대로 표출하지 못할 때 종교중독에 이끌리게 된다고 하였다(Arterburn et al., 1991: 104-106).

표 4-21 종교중독의 기초 요인

1. 부모의 학대 – 학대유형은 신체적, 정서적, 성적학대
2. 비정상적인 양육 – 기본적인 정서적 필요의 결핍
3. 소외감 – 가족 또는 제3자로부터 제외됨
4. 불완전한 부모의 완벽주의적인 태도 – 완벽은 물론 어떤 실수도 용납하지 않음
5. 높은 기대감 – 이루지 못한 부모의 욕구를 아이에게서 이루려 함(대리만족)
6. 인색한 칭찬 – 칭찬과 긍정적인 조언이 부족함
7. 부모의 중독 – 자녀의 강박적 행복을 유발
8. 부성(父性) 부재 – 남성의 영향력 부재
9. 불결한 느낌 – 학대와 부정적인 관심으로 죄책감과 불쾌감을 가지게 함
10. 원만치 못한 친구관계 – 현실에 대한 두려움으로 친구와 단절 또는 파괴적인 관계형성
11. 자기만의 환상의 세계 – 힘든 현실로 환상의 세계를 동경, 도피함
12. 표출하지 못한 감정 – 감정표현을 자유롭게 할 수 없음

출처: Arterburn et al.(1991).

Martin(1990)에 의하면 종교 중독자들은 중독적인 종교경험을 습득하는 단계에서부터 통제불능적인 몰입 단계 그리고 정상적인 삶의 파괴 단계 등 세 단계

를 거친다고 하였다(Martin, 1994). 참고로 Arterburn과 Felton은 Martin이 말하는 종교 중독에서 나타나는 특징이 비슷함을 알 수 있다(그림 4-18 참조).

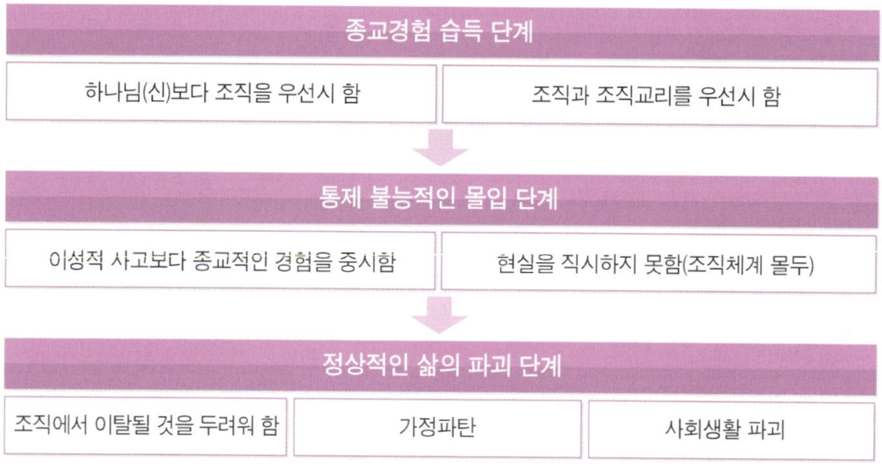

그림 4-18 종교중독의 진행

첫 번째, 종교경험의 습득 단계란 하나님(신)보다 조직을 더 신뢰하는 단계이다. 이 단계는 종교적인 중독화 경험이 시작되는 단계로 치유 또는 극적인 전환을 경험하게 됨으로써 하나님(신)보다 조직과 조직의 교리를 더 소중하게 여기는 단계라고 할 수 있다. 종교 중독자들은 초기 단계에서 극도의 스트레스, 반복적인 실망, 무가치함, 영적 추구, 불행을 해결해 줄 사람에 대한 갈망, 전에 가진 자신의 종교에 대한 의심과 강렬한 죄책감, 지나친 불안감, 특정인에 대한 애착 신앙과 타 중독자에게 순응하며 그와 동시에 기존의 친밀한 관계와는 점점 멀어지며 자기 자신에 대한 부인과 자기 정당화를 보이게 된다(표 4-22 참조, Arterburn et al., 1991).

표 4-22 **종교중독 습득(초기) 단계의 특징**

1. 극도의 스트레스 – 판단이 흐려지며 해로운 믿음의 경고 신호들을 무시함.
2. 반복적인 실망 – 잃어버린 기대에 대한 신속한 해결책을 찾게 됨.
3. 비참한 존재 – 희망을 찾기 위해 노력해보지만 소득이 없음.
4. 무가치하다는 느낌 – 무가치한 삶으로 자신의 역할이 쓸모없다는 인식을 가짐.
5. 영적인 추구를 시작함 – 절망에서 벗어나기 위해 최후의 수단으로 영적인 답을 추구함.
6. 외로움 – 외로움 때문에 누구 또는 어디에서나 환영받기 원함.
7. 불행을 해결해 줄 사람을 갈망 – 해결하기 어려운 문제로 구원자를 찾음.
8. 점증하는 신에 대한 의심 – 기존의 자신의 신에 대한 의문과 동시에 이색적인 종교에 끌림.
9. 다른 사람들에 대한 의존이 커짐 – 이색적인 집단의 사람들과의 교제를 통해 비현실적인 세계에 대한 망상적 사고와 존재를 받아들이게 됨.
10. 죄책감에서 방황한다.
11. 불안감 – 현실에 나타나는 현상에 대해 필요 이상으로 불안해 함.
12. 지리적인 자료(geographic cures) – 문제를 해결하기 위해 선택한 이색적인 종교가 오히려 문제를 더 복잡하게 만들게 되었다는 것을 알게 됨.
13. 다른 관심들의 상실 – 가족, 친구, 기타 활동 대신 이색적인 종교의 강박적인 활동으로 대체함.
14. 친구와 가족에게 버림받음 – 주위사람들을 분노하게 만들어 관계가 서먹해짐.
15. 문제에 대한 토론을 꺼림 – 통제하기 힘든 행동 때문에 주위 사람의 접근이 어려워짐.
16. 일방적인 설교 – 지나친 포교, 일방적인 대화로 대화의 단절을 가져옴.
17. 특정인을 애착(愛着)하는 신앙 – 자신을 염려해주는 사람을 경계함.
18. 도취시키는 소속 – 이색적인 종교집단의 첫 경험으로 집단에 대한 매력을 가짐.
19. 증가하는 매력 – 이색적인 종교집단의 모임, 사람, 경험을 더할수록 매력이 증가함.
20. 힘겨운 교회 출석 – 회피의 수단이며 단지 집단의 일원으로 남기 위한 방편임.
21. 다른 중독자에게 순응함 – 이색적인 집단의 다른 중독자와 같이 말하고 행동함.
22. 친밀한 관계의 결핍 – 가족을 비롯한 주변관계가 희생됨.
23. 증가하는 부인과 자기 정당화 – 문제를 비현실적으로 바라보며 자신의 행동을 정당화함.
24. 무기로서의 성경 – 성경구절을 자신의 입장으로 정당화하며 다른 사람을 판단하는 데 사용함.

출처: Arterburn et al.(1991).

두 번째는 통제불능적인 몰입 단계이다. 이 단계에서 중독자는 처음에 경험했던 감흥을 느끼기 위해 강박적인 열심을 내게 된다. 중독자는 가족이나 친구, 동료들의 만류에도 아랑곳하지 않고 더 많은 시간과 노력을 투자하며 이성적인 사고보다는 신비로운 종교적인 경험을 쫓게 된다. 이 단계에서 종교중독자는 조직 체계에 몰두하며, 자신의 능력 이상의 돈을 헌금하며 조직 밖의 사람들과는 인연을 끊으며 자칫 이중 중독(알코올, 성관계)으로 전이하는 위험을 갖고 있으며 더 나아가 현실을 직시하지 못하는 특징을 보인다(표 4-23 참조, Arterburn et al., 1991).

표 4-23 종교중독 몰입(중간)단계의 특징

1. 체계에 몰두함 – 중독자는 정식 회원으로 가입하여 집단과 완전히 동일시함.
2. 집단의 선전 내용을 숙지함 – 이색적인 집단의 지도자의 저술을 전적으로 인용함.
3. 담대한 자세 – 신앙의 이름으로 행해지는 공격적인 비판을 별로 신경 쓰지 않음.
4. 능력이상의 많은 돈을 바침 – 조직으로부터 은사를 받고 호의를 얻기 위해 능력 이상의 많은 재산을 헌납함.
5. 집단 밖에 있는 사람들과의 관계가 줄어듦.
6. 다른 사람들을 영입 – 중독자들은 다른 사람들을 이색적인 집단으로 이끌려 함.
7. 자가 치료 – 날마다 새로운 종교적 절정감을 통해 중독자의 고통을 치료하려 함.
8. 절정감이 없으면 실망함 – 중독자는 절정감을 이루지 못할 때 다른 형태의 위로를 찾음.
9. 이중 중독 – 종교적 절정감이 사라질 때 먹고 마시고 부적절한 성관계를 갖는 것 등에 중독됨.
10. 거절 자를 무시함 – 이색적인 집단의 동참에 거절하는 사람을 무시함.
11. 모든 것을 망라하는 신앙 실천 – 중독자는 이색적인 집단의 신앙 기준에 의존함.
12. 항상 신앙을 증진시키기 위한 방법을 찾음 – 모든 활동은 집단의 신앙을 지키기 위한 방편임.
13. 특별한 은사의 발견과 사용 – 재능과 영적 은사는 착취하고 조종하기 위해서 사용됨.
14. 특별한 기름 부음 – 중독자는 그 누구보다 자신이 더욱 독특한 사명과 은사를 받았다고 함.
15. 점증하는 부담감 – 이색적인 집단을 위한 더 많은 노력과 충동이 요구됨.
16. 생존을 위한 참여 – 중독자는 다른 선택의 여지없이 자신의 생존을 위해 참여함.
17. 심해지는 부인 – 중독자는 자신이 처한 현실과 신앙의 실체를 의심하려고 하지 않음.

출처: Arterburn et al.(1991).

세 번째는 정상적인 삶의 파괴 단계로 조직에서 이탈되는 것을 두려워하며 강박적으로 중독적인 종교 행위를 계속하는 단계를 말한다. 이 단계에 이르게 되면 중독자의 가정은 방치되고 가족이나 동료, 친구들과는 갈등 관계에 놓이게 된다. 결혼 관계는 파탄에 이르게 되며 직장을 잃게 되며 그리하여 경제적 어려움에 직면하게 된다. 더 나아가 신체적·정신적으로 병들고 술과 마약, 성, 도박 등의 또 다른 중독에 빠져들게 됨으로써 그가 속한 조직으로부터 출교 당하는 등 그 어느 곳에서도 환영을 받지 못해 스스로 목숨을 끊는 일이 발생하게 된다(표 4-24 참조, Arterburn et al., 1991).

표 4-24 종교중독 말기 단계의 특징

1. 절망 – 중독자는 이색적인 집단의 믿음이 바라던 결과를 가져다 주지 못할 때 절망감을 갖게 됨.
2. 기괴한 행동 – 무언가 잘못되었다는 것을 알게 되었을 때 신앙을 바꾸기보다는 외적인 행동을 바꾸어 문제를 해결하려 시도함.
3. 분노와 화 – 중독자는 다른 사람에게 분노와 비난을 가함.
4. 믿음에 대한 강박적인 사고 – 중독자는 계속적으로 신앙에 대한 의구심을 갖으면서도 쉽게 포기하지 않음.
5. 깊은 우울증 – 자신이 믿었던 신앙의 실체를 바로 알았을 때.
6. 신체적 퇴행 – 신앙의 붕괴로 온 우울증과 스트레스는 신체적인 해를 가져옴.
7. 침체 – 신앙의 붕괴는 모든 것에 대한 상실감과 함께 과거의 실수에 대한 강박관념을 가짐.
8. 다른 해결책을 찾음 – 중독자는 상실감을 만회하기 위해 음식, 약물, 성과 같은 것에 쉽게 유혹됨.
9. 두려움 – 신앙의 붕괴는 다른 사람을 위협적인 존재로, 또한 이색적인 집단에 계속적으로 머물거나 떠나는 것도 두려워함.
10. 재정적인 몰락 – 실직과 그에 따른 문제로 재정적인 몰락을 가져옴.
11. 가정의 붕괴 – 이색적인 집단의 믿음으로 가족과의 스트레스와 불신이 팽배함으로써 가정이 파탄에 이르게 됨.
12. 막다른 골목에 이름 – 중독자는 자기 의지와 노력의 한계를 깨닫고 이색적인 집단을 떠나 신께로 돌이킴.

출처: Arterburn et al.(1991).

한편 종교중독의 특징을 살펴보면(그림 4-19 참조),

① 종교의 몰입성

종교중독자는 인간 내면의 공허와 인간의 한계성을 메우기 위해서 종교에 몰입하게 된다. 또한 종교중독자 자신이 추구하는 목표를 하나님(신)의 힘을 빌려서 달성할 수 있다는 믿음을 근간으로 하기 때문이다.

② 종교의 절대성

종교중독자는 그가 믿는 신에 대한 절대성에 기초한다.

③ 종교의 유착성

종교중독자는 그가 믿는 신과 떼려야 뗄 수 없는 불가분의 관계를 갖는다.

④ 종교의 초 윤리성

종교중독자는 그가 믿는 신과의 관계를 위해 사회에서 허용하는 법과 윤리와 규범을 넘어 신의 뜻이라는 명목으로 초월적으로 행동한다.

⑤ 종교의 염세성

중교중독자가 종교에서 쉽게 벗어나지 못하는 것은 종교가 가지고 있는 내세지향적 성향 때문이다. 특히 종교중독자는 기존의 종교인들과는 달리 현재보다는 내세만이 가치 있는 것으로 여겨 현실을 도피하거나 관계를 단절시키는 것에 주의해야 한다.

⑥ 종교의 공동성

오랫동안 함께 희로애락을 나누던 조직은 단순한 조직체가 아닌 절대적인 공동체로 볼 수 있다. 일반적으로 종교중독자들은 가정보다도 자신이 몸담고 있는 공동체를 더욱 중시하는 경향이 있다(신종수, 2008 요약 인용).

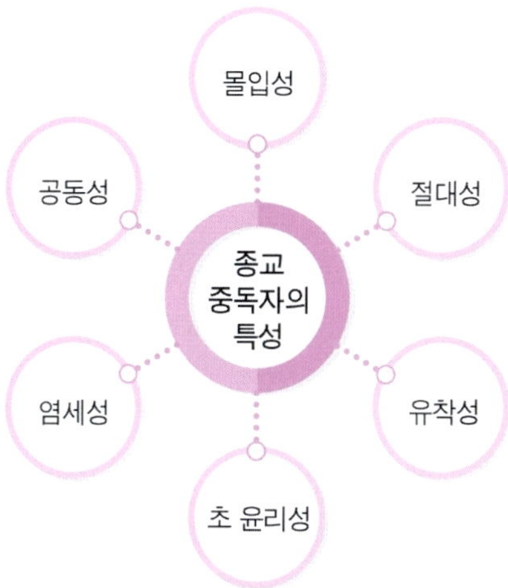

그림 4-19 종교중독의 특성

김선미(2015)는 '도널드 위니캇(D. W. Winnicott, 1971, 1984)의 이론에 기초한 종교중독의 문제와 그 해결방안의 연구'에서 종교중독의 특성상의 문제를 첫째, 심리적 결핍으로 나타나는 강박성의 문제, 둘째, 종교중독자들의 편파적이며 이분법적인 사고에 따른 흑백논리로 자신과의 동일한 믿음과 행동을 가진 사람과만 함께 하려는 경향을 갖고 있는 문제, 셋째, 종교를 이용해서라도 충족되지 못한 욕구를 충족해보려는 욕구 불충족과 관련한 문제, 넷째, 현실도피와 회피에 관련한 문제, 다섯째, 포장과 가식에 관련한 문제, 여섯째, 고통 등과 같은 신속한 해결을 요할 때 감정상의 변화를 위한 기분전환을 위해 중독행위를 숭배하고 따르게 되는 심취의 문제 등을 언급하고 있다. 그러나 여섯 가지 가운데 가장 문제시 되는 종교중독은 심리적인 결핍과 욕구불충족의 문제 등이다. 왜냐하면 종교중독은 무엇보다도 이 두 가지를 시초로 하여 나머지 문제들을 파생하며 급기야 강박증, 불안증, 우울증, 편집증 등 다양한 병리적인 증상을 동반하게 되기 때문이다(김선미, 2015 인용).

한편 Winnicott는 종교중독의 치유를 위해 다음과 같이 제시하였다.

① 모성적인 돌봄을 통한 심리적 결핍 해소

- 종교 중독자는 타인으로부터 인정과 사랑을 받지 못해 심리적인 갈등을 겪고 있다.
- 이로써 종교중독자는 강박성향의 이분법적인 사고와 분리적인 특성을 나타낸다.
- 강박적 성격장애로는 완고함, 엄격함, 두려움 등이 있다.

② 안아주기의 특성을 통한 종교중독 치유

- 안아주기는 종교중독자들의 심리적인 특성과 밀접한 연관성을 갖는다.
- 종교중독자들은 성장한 후에도 주변 사람들의 관심에서 소외를 당하거나 존재의 가치감이 충족되지 않을 때도 동일하게 경험되는 현상이다.
- 모성적인 돌봄 환경이 자아를 통합하는 공간이 되도록 해야 한다.
- 안아주기를 통한 욕구 해소 · 공격성의 수용 · 자기 본성의 회복 · 존재의 회복 등이 이루어져야 한다(윤가현 외, 2013).

③ 하나님(신) 중심의 신앙을 통한 심리적인 결핍 해소

- 종교중독자의 종교생활은 실상은 신 중심이 아니라 부차적인 것에 있다.
- 종교중독자의 미성숙한 인격은 유아기 모성으로부터 자신을 분리시키지 못한 결과다.
- 중간 대상인 부모 이미지가 신의 이미지를 대신하도록 한다(중간 대상화의 관계적 회복).
- 중간 대상의 경험을 통한 대인관계의 적응력 향상 등이 이루어져야 한다.
- 신 중심의 생활이 곧 현실적이라는 것을 인식하게 한다.

④ 지지자의 모성적인 돌봄을 통한 심리적 결핍 해소

- 종교중독은 영적인 질병으로 지지자의 모성적인 돌봄이 필요하다.
- 종교중독자의 영적 집착(대치와 회피)은 불안으로 인한 현실적 도피 과정에서 나타나는 심리적인 문제이다.

⑤ 건강한 참자기를 통한 포장과 가식 해소

- 종교중독자는 내적인 관계 상실로 본래의 자기가 아닌 포장된 자신을 부각시킨다.
- 긍정적인 신앙을 통한 포장과 가식을 해소한다.
- 건전한 신앙인과의 관계 향상을 통한 포장과 가식을 해소한다.

⑥ 자기정체성의 회복을 통한 심취 해소

- 종교중독자는 현실에 대한 도피적 성향을 가지고 있어 자기 정체성을 상실하고 있다.
- 자기정체성 상실은 곧 감정적 황홀감에 빠져 자기애에 몰입하는 특성을 보인다.
- 자기정체성을 회복하기 위해 인식의 전환이 필수적으로 요구된다.
- 좋은 환경을 통해 자기 정체성의 기능을 회복할 수 있게 한다.

6. 성형중독

과거 KBS의 대국민 토크쇼 '안녕하세요'에 성형중독(Plastic Surgery Addiction)된 딸을 둔 어머니의 사연이 소개되었다(KBS2 TV, 2017.2.16). 사연의 주인공은 자신이 직접 아르바이트를 해서 모은 돈으로 몰래 코를 수술한 후 그때부터 쌍꺼풀, 앞트임, 눈매교정, 코, 턱밑 필러, 턱옆 보톡스, 턱끝 보톡스, 이마 필러, 눈밑 애교 살 등 그동안 수술과 시술비용으로 1,000만 원가량을 들였다고 한다. 이뿐만 아니라 딸은 온몸에 피어싱과 문신을 해왔고 심지어 한 번도 챙긴 적이 없는 엄마의 생일을 문신으로 새겼다며 엄마는 어이없어 하는 표정을 지었다. 그런데 문제는 여기서 그치지 않고 앞으로도 뒤트임뿐만 아니라 높아진 코를 좀 낮추고 싶어 하고 턱에는 보형물을 넣어 샤프하게 하고 가슴성형과 허벅지 지방흡입도 하려고 한다고 하였다. 사연자의 딸은 사실 어머니의 관심을 필요로 하는 욕구에서 시작되었다고 볼 수 있는데 이제는 모든 사람들의 관심을 받고 싶어 하는 성형중독자의 모습을 보여주고 있어 보는 이로 하여금 안타까움을 자아냈다.

과거 성형은 선천적인 기형 또는 화상을 입거나 사고로 인해 미적으로 보기 흉해 상대방에게 불쾌감을 주거나 위화감을 줄 염려가 있을 때 주로 의료적으로 해오던 시술이었다. 본래 성형은 매독에 걸려 뭉개진 코를 정상적인 사람들의 코처럼 만드는 데서 시작되었다고 한다. 이후 범죄자들이 자신의 신분을 위장하거나 유색인종인들이 인종 차별을 피하기 위해서 성형이라는 수단을 이용하였다. '성형수술의 문화사'를 저술한 Gilmon(2000)은 과거 성형을 통과하기(Passing) 위한 염원에서 비롯되었다고 하였다. 즉, 그에 의하면 과거 성형수술은 자신의 불행을 해결하거나 혹은 다른 집단으로의 편입을 위해서라고 하였다. 이런 관점에서 볼 때 드라마 또는 영화 속의 인기 스타와 같은 화려한 삶을 위해 성형을 하는 현대인의 성형 또한 과거의 성형 목적과 비슷한 점이 있기는 하다. 그러나 오늘날의 성형은 과거보다 근본적으로 많은 문제를 안고 있는 것이 사실이다. 아무래도 지금의 성형은 외모지상주의, 황금만능주의, 경쟁주의, 자기혐오 등으로 인한 사회적인 분위기와 무관하지 않다. 외모에 대한 사회적인 기준이 높아지면서 미용 성형은 의료적인 목적을 벗어난 지 오래다. 미용 성형의 대중화로 방학이나 휴가철을 앞둔 여름에는 예약을 하지 않으면 수술을 받지 못할 정도이다.

인터넷에서 검색할 수 있는 성형 클리닉은 일반적인 눈 성형을 비롯하여 코성형, 체형성형, 가슴성형, 얼굴지방용해, 귀성형, 보형물삽일술, 보조개, 입꼬리성형, 액취증, 다한증 제거, 흉터제거성형, 남자성형, 여성안티에이징수술, 주름제거성형, 점제거, 양악수술, 지방이식, 다크서클제거, 주사시술 등 종류가 다양하다. 미국미용성형외과학회(ASAPS, The American Society for Aesthetic Plastic Surgery, 2017)의 성형수술통계에 따르면 2016년 미국인 1,365만 명이 성형 및 비성형 수술을 받았는데 그 가운데 성형수술(Surgical Cosmetic Procedures) 198만 명(14.5%), 비성형 수술(Nonsurgical Cosmetic Procedures) 1,167만 명(85.5%)으로 조사됐으며 이들의 성형비용은 150억 달러로 집계됐다. 이러한 수치는 전년도인 2015년도에 비해 성형 및 비성형 수술 건수는 86만여 명(6.7% 증가)이, 지난 1997년부터 20년간 8.3배가 증가한 것으로 조사됐다. 그러나

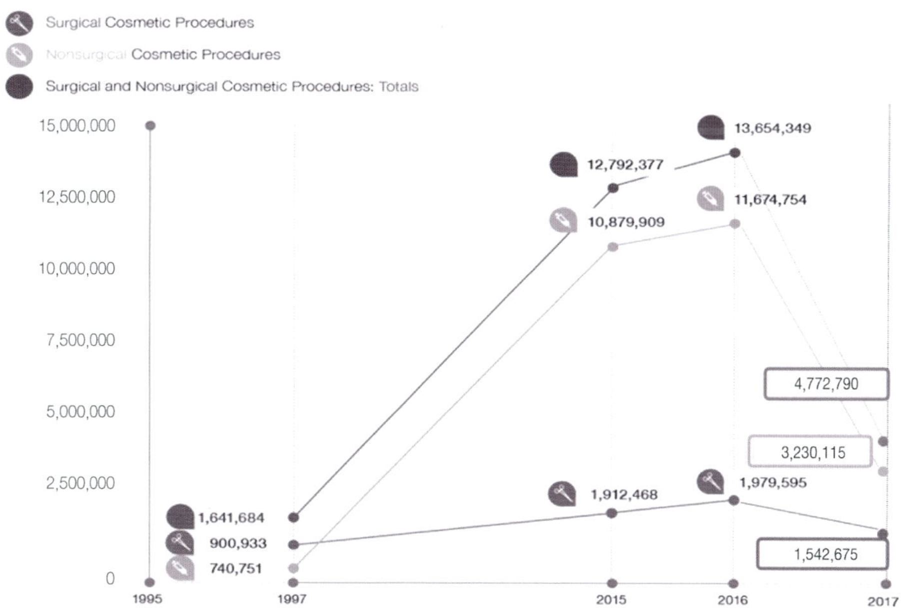

◌ 그림 4-20 ◌ 미국인들의 성형 및 비성형 수술 통계(단위: 명, 년도)

출처: The American Society for Aesthetic Plastic Surgery, 2017 Cosmetic Surgery National Data Bank Statistics. 수정인용.

2017년 성형수술통계에 의하면 477만 명이 성형 및 비성형 수술을 받았으며 이 가운데 성형수술 154만 명(32.3%), 비성형 수술 323만 명(67.7%)으로 성형인구가 전체적으로 급격하게 감소한 것으로 나타났다. 한편 그림 4-20은 성형수술과 비성형수술 통계를 나타낸다.

또한 이 학회에 따르면 성형수술은 지방 흡입술(Liposuction) 414,335명, 유방 확대술(Breast Augmentation) 310,444명, 뱃살제거수술(Tummy Tuck) 181,540명, 눈꺼풀 수술(Eyelid Surgery) 173,883명, 가슴성형(Breast Lift) 161,412명 순이었으며, 비성형수술은 보툴리눔 독소(Botulinum Toxin, BTX) 4,597,886명, 히알루론산(Hyaluronic Acid) 2,494,814명, 레이저 제모술(Laser Hair Removal) 1,035,783명, 피부재생술(Photo rejuvenation) 657,172명, 화학박피술(Chemical Peel) 616,225명 순으로 집계되었다. 남녀 성별에 따른 성형수술은 여성의 경우 지방 흡입술(Liposuction) 369,323명, 유방 확대술(Breast Augmentation) 310,444명, 뱃살제거수술(Tummy Tuck) 173,536명, 가슴성형(Breast Lift) 161,412명, 눈꺼풀 수술(Eyelid Surgery) 145,858명 순이었으며, 남성의 경우 지방 흡입술(Liposuction) 45,012명, 유방 축소술(Breast Reduction) 31,368명, 눈꺼풀 수술(Eyelid Surgery) 28,025명, 코수술(Nose Surgery) 26,205명, 안면 주름살 제거술(Facelift) 13,702명 순이었다(그림 4-21 참조).

따라서 남녀를 통틀어 가장 많이 한 성형수술은 지방 흡입술(Liposuction)이 414,335명으로 1997년 176,863명보다 2.3배 증가하였으며, 유방 확대술(Breast Augmentation)은 310,444명으로 1997년 101,176명보다 3.1배 증가하였다. 또한 뱃살제거수술(Tummy Tuck)은 181,540명으로 1997년 34,002명보다 5.3배 증가하였으며, 눈꺼풀 수술(Eyelid Surgery)은 173,883명으로 1997년 159,232명에 비해 1.1배 증가하였다. 이외에도 가슴성형(Breast Lift)이 161,412명으로 1997년 19,882명보다 8.1배 증가를 보였다. 그리고 비성형수술은 보톨리늄 독소(Botulinum Toxin) 459만 명, 히알루론산(Hyaluronic Acid) 249만 명, 제모술

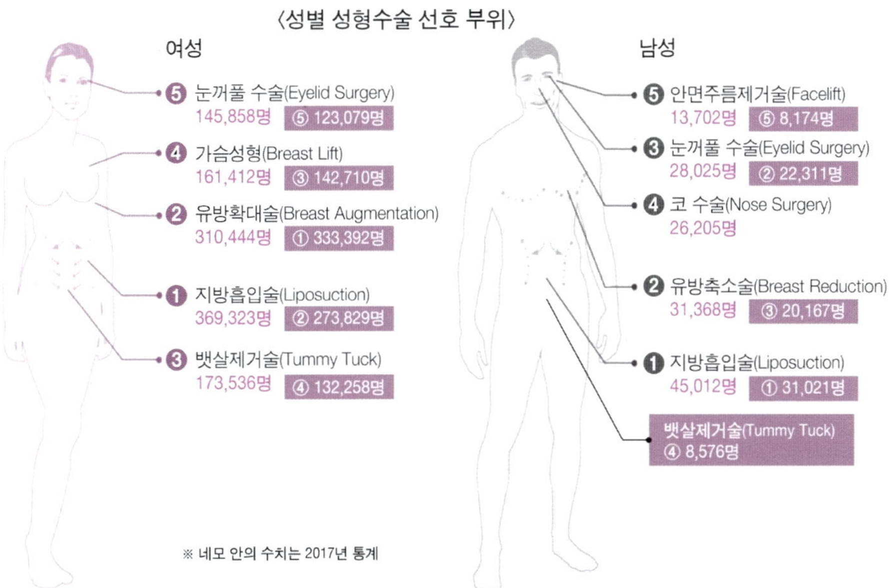

성형수술(Surgical Cosmetic Procedures)	비성형 수술(Nonsurgical Cosmetic Procedures)
유방 지방 이식(Fat Transfer to the Breast) (41%증가)	피부 재생술(Photorejuvenation) (36% 증가)
소음순 성형술(Labiaplasty) (23% 증가)	히알루론산(Hyaluronic Acid) (16% 증가)
힙업(Buttock Lift) (21% 증가)	레이저 문신제거시술(Laser Tattoo Removal) (13% 증가)
안면 지방 이식(Fat Transfer to the Face) (17% 증가)	피부조임술(Nonsurgical Skin Tightening) (12% 증가)
유방보형물제거술(Breast ImplantRemoval), (AKA explantation) (13% 증가)	보툴리눔 독소(Botulimum Toxin) (8% 증가)
연령별 성형수술 선호 부위	
• 18세 이하(1.5%) = 귀 수술(Ear Surgery) • 19~34세(17.6%) = 유방 확대술(Breast Augmentation) • 35~50세(39.3%) = 지방 흡입술(Liposuction) • 51~64세(30%) = 지방 흡입술(Liposuction) • 65세 이상(11.5%) = 눈꺼풀 수술(Eyelid Surgery)	

그림 4-21 성별에 따른 성형수술 선호 부위

출처: The American Society for Aesthetic Plastic Surgery(2016; 2017). Cosmetic Surgery National Data Bank Statistics. 13.

(Hair Removal) 103만 명, 피부재생술(Photorejuvenation, IPL) 66만 명, 화학박피술(Chemical Peel) 62만 명 순이었다. 이외에도 연령별로 살펴보면 총 성형수술자들 가운데 39.3%에 달하는 530만 명이 주로 35세에서 50세인 것으로 나타났다(18세 이하 1.5%, 19~34세 17.6%, 51~64세 30%, 65세 이상 11.5%). 연령별 가장 많은 성형수술은 18세 이하 귀수술, 19~34세 유방확대술, 35~50세 지방제

거술, 51~64세 지방흡입, 65세 이상 눈꺼풀 올림근 절제술이었다(The American Society for Aesthetic Plastic Surgery, 2016).

2017년 성별 성형수술 선호 부위는 여성의 경우 유방확대술(333,392명), 지방흡입술(273,829명), 가슴성형(142,710명), 뱃살제거술(132,258명), 눈꺼풀 수술(123,079명) 순이며 남성은 지방흡입술(31,021명), 눈꺼풀 수술(22,311명), 유방축소술(20,167명), 뱃살제거술(8,576명), 안면주름제거술(8,174명) 순으로 나타났다. 또한 연령별 성형수술 선호 부위는 전년도와 비슷한 양상을 나타내고 있다(The American Society for Aesthetic Plastic Surgery, 2016; 2017).

국제미용성형외과의사협회(ISAPS, International Society of Aesthetic Plastic Surgeons)의 2015년 성형수술(시술) 건수로만 따지면, 한국은 미국, 브라질에 이어 3위다(표 4-25 참조).

표 4-25 2015년 나라별 성형(비성형)수술 현황 (단위: 건수)

구분	세계전체	미국	브라질	한국	인도	멕시코	독일	콜롬비아	프랑스	이탈리아
성형수술	9,641,253	1,414,335	1,224,300	445,144	420,454	461,544	308,258	314,783	259,208	138,864
비성형수술	12,055,418	2,628,275	1,099,945	711,090	515,033	446,369	309,150	233,852	229,511	279,896
비율(%)	100	18.6	10.7	5.3	4.3	4.2	2.8	2.5	2.3	1.9
총합계	21,696,671	4,042,610	2,324,245	1,156,234	935,487	907,913	617,408	548,635	488,718	418,760

출처: ISAPS(2015).

총 세계 성형수술(시술포함) 건수 2,170여만 건 가운데 미국 404만 건, 브라질 232만 건, 한국 115만 건으로 집계되고 있다. 이 중 성형 수술은 총 964여만 건 가운데 미국 141만 건, 브라질 122만 건, 한국 44만 건이며, 비성형 수술은 총 1,206여만 건 가운데 미국 263만 건, 브라질 110만 건, 한국 71만 건으로 집계되고 있다. 한국 사람들이 가장 많이 받은 비성형수술은 보톡스 주사, 성형 수술은 쌍꺼풀 수술인 것으로 나타났다(표 4-26 참조).

표 4-26 한국의 다빈도 성형건수(2015) (단위: 건)

순위	성형수술		비성형수술	
1위	쌍꺼풀	101,985	보톡스	279,019
2위	코 성형	72,562	히알루론산(필러)	198,378
3위	얼굴지방이식(주름제거)	63,326	광회춘술(IPL레이저)	48,860
4위	유방확대	50,553	털 제거	45,217
5위	지방흡입	39,753	피부강화술	36,088

출처: ISAPS(2015).

한국의 성형수술 시장 규모(2017)는 전 세계의 1/4인 25%에 이르고 있고, 국내 연간 성형 시장 규모는 5조 원에 달한다. 이는 천 명당 성형수술이 13.5건에 해당하며 인구대비 성형수술 비율은 세계 1위다. 현재 국내 미용성형 시술을 집도하는 전국의 병의원은 4천여 곳이며, 강남구에 약 400여 개가 밀집되어 있다(그림 4-22 참조).

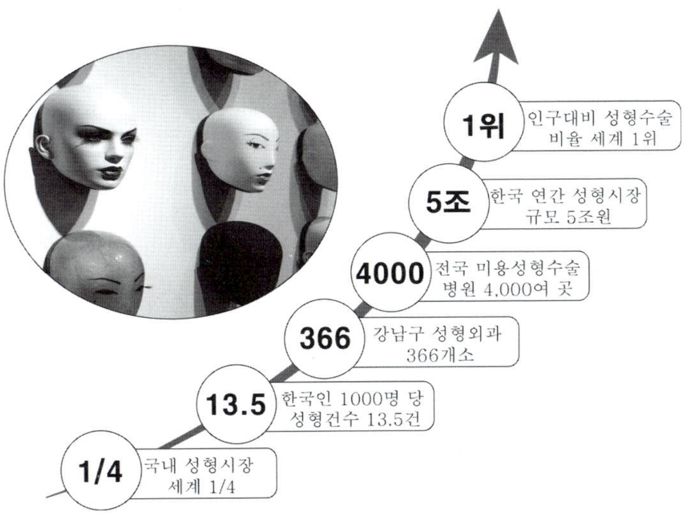

그림 4-22 한국의 성형수술 시장 규모

출처: Pixabay/CC0 Creative Commons.

성형수술 가운데 유방확대술에서 가장 흔하게 발생하는 부작용 중 하나가 구형구축이다. 구형구축이란 보형물이 위치를 제대로 잡지 못해 주변이 두꺼워지면서 단단해지고 모형이 변형되는 것을 말한다. 이외에도 유두 감각 소실, 보형물 이상 위치, 보형물 터짐 등의 합병증을 유발하게 된다. The Hills의 인기스타 Heidi Montag는 유방확대수술 후 입술, 목주름 제거, 코, 지방흡입 등 10가지 성형을 추가로 했는데, 성형수술 후 생명이 위태로웠던 적이 있다. 또한 대표적인 성형 부작용으로 눈에는 앞트임과 뒤트임의 흉터, 코에는 흉터와 콧볼축소흉터, 입에는 입꼬리수술흉터 등이 있다.

① 눈에 나타나는 부작용

눈 성형 후 나타나는 부작용으로는 앞트임 절개가 아래쪽으로 되어서 흉터가 하얗게 아물면 작은 눈곱이 낀 것처럼 보이며 심할 경우 여러 개의 눈곱이 덕지덕지 붙은 것처럼 보이며 또한 빨갛게 붓기도 한다.

② 입에 나타나는 부작용

입에 나타나는 부작용으로는 입꼬리 모양을 올려주는 입매교정수술 후 생기는 흉터로 조금만 흉터가 생겨도 크게 티가 나게 되어 성형자에게 스트레스가 된다. 이탈리아 명품 브렌드인 베르사체(Versace)의 대표이자 디자이너인 Donatella Versace는 입술 성형 부작용으로 극심한 스트레스에 시달리고 있는 것으로 알려졌다. 영국의 유명 팝스타인 Peter Burns는 두꺼운 입술을 가지기 위해 입술성형을 한 후 부작용으로 폐색전과 심각한 혈전에 걸렸으며 끝내는 성형중독으로 파산을 선고받았다.

③ 코에 나타나는 부작용

코에 나타나는 부작용은 코 수술 과정 중 코 기둥 끝을 절개하면서 생긴 흉터와 콧불축소 수술 후 콧볼 양쪽에 생긴 흉터이다. 이는 자연스러운 성형을 원하는 성형자에게 치명적이다(조선일보 뉴미디어경영센터, 2017). 팝의 황제로 불리던 Michael Jackson은 뭉뚝한 코를 세우기 위해 여러 차례 코 성형수술을 하였으나 만족할 만한 결과를 보지 못하였으며 2009년 프로포폴 과다 투여로 사망하였다(스마트뉴스 홈페이지, 2017).

표 4-27 성형수술 부위별 부작용(2013~2014) (단위: 건, %)

구분	비대칭	보형물 관련 이상	흉터	염증, 감염	효과미흡 (객관적)	신경 손상	기타	합계
눈	21 (52.5)	–	4 (10.0)	–	6 (15.0)	–	9 (22.5)	40 (100.0)
코	13 (38.2)	5 (14.7)	4 (11.8)	5 (14.7)	1 (2.9)	–	6 (17.7)	34 (100.0)
유방	–	17* (94.4)	–	–	1 (5.6)	–	–	18 (100.0)
지방 흡입·주입	–	–	2 (14.3)	4 (28.6)	–	–	8 (57.1)	14 (100.0)
안면윤곽	5 (38.5)	–		–	–	5 (38.5)	3 (23.0)	13 (100.0)
기타	1 (3.6)	1 (3.6)	7 (25.0)	6 (21.4)	4 (14.3)	1 (3.6)	8 (28.5)	28 (100.0)
계	40 (27.2)	23 (15.6)	17 (11.6)	15 (10.2)	12 (8.2)	6 (4.1)	34 (23.1)	147 (100.0)

출처: 의약뉴스 홈페이지(2015) 재인용.

한편 한국소비자원의 2013~2014년 성형수술 부작용 유형별 피해를 살펴보면 접수된 총 214건 가운데 부작용이 147건(69%), 나머지 67건(31%)은 위약금 과다 청구와 같은 계약 관련 피해였다. 성형수술 부작용으로는 비대칭이 40건(27%), 보형물 관련 이상 23건(16%), 흉터 17건(12%), 염증, 감염 15건(10%), 효과 미흡으로 재수술을 요하는 경우 12건(8%), 신경손상 6건(4%) 순이었다. 부작용 피해는 주로 눈과 관련한 성형수술 40건(27%), 코와 관련한 성형수술 34건(23%), 유방성형 18건(12%), 지방주입 또는 흡입 14건(9%), 안면윤곽성형 13건(9%) 등의 순이었다. 특히 부작용 성형수술자들은 재수술을 받았거나 재수술을 요하는 경우가 130건(88%)에 달했다(표 4-27 참조). 표 4-28은 한국소비자원에 성형수술 부작용과 관련하여 접수된 분쟁조정 사례이다.

표 4-28 성형수술 부작용과 관련한 분쟁조정 사례(2016)

가슴확대수술 후 보형물 파열에 따른 손해배상 요구[사건번호 2015일가638]	입꼬리 거상수술 후 흉터에 따른 손해배상 요구[사건번호 2016일가234]
신청인(여, 34세)은 2013. 9. 24. 피신청인 의원에서 겨드랑이 절개를 통한 양측 가슴확대수술(이하 '이 사건 1차 수술'이라 함)을 받았는데, 2014. 7. 21. 유방 초음파 검사 결과 우측 가슴 보형물 파열이 확인되어 같은 해 9. 12. 조정 외 의원에서 유륜 절개를 통한 양측 보형물 제거 및 가슴확대 재수술(이하 '이 사건 2차 수술'이라 함)을 받음.	신청인(여, 34세)은 2015. 3. 2. 피신청인 의원에서 입꼬리 거상술을 받은 후 양측 입꼬리 부위에 흉터가 발생하여 같은 해 8. 27. 조정 외 성형외과의원에서 레이저 치료를 받았고, 같은 해 9. 15. 조정 외 병원에서 입꼬리 선상반흔의 호전이 어렵다는 소견을 받음.
지방흡입수술 후 좌골신경 손상에 따른 손해배상 요구[사건번호 2015일가258]	**윤곽주사 후 안면부 함몰에 따른 손해배상 요구[사건번호 2016일가115]**
신청인(여, 20세)은 피신청인 의원에서 2009. 7. 7. 우측 둔부 및 후대퇴 부위에 지방흡입술을 받은 직후 우측 하지의 감각 이상 및 보행 장애가 발생하여 같은 해 7. 21. 조정 외 병원에서 우측 좌골신경병증 진단으로 약물 치료를 받았으나 현재 우측 좌골신경병변에 대하여 후유장해가 남은 상태임.	신청인(여, 41세)은 2015. 10. 14. 피신청인 의원에서 얼굴처짐을 개선하기 위해 양쪽 턱라인과 이중턱 부위에 윤곽주사 시술을 받고, 같은 해 10. 24. 우측 턱 부위에 동일한 시술을 받았는데 이후 안면부에 함몰이 발생하여 같은 해 12. 조정 외 병원에서 위 함몰에 대하여 자가 지방이식술이 필요하다는 소견을 받음.

출처: 한국소비자원(2017), 2016 의료분쟁조정 사례집.

성형수술(시술)자가 늘어감에 따라 마취 기술, 수술 기술, 통증 관리 기술 등 성형기술이 하루가 다르게 날로 발전해가고 있지만 그에 못지않게 출혈, 감염, 혈전증 등의 위험뿐 아니라 사망의 위험도 커지고 있다. 스웨덴의 한 연구에 따르면 유방 성형수술을 받은 이들이 우울증이나 자살 위험이 증가한 것으로 조사됐다. 이에 성형 부작용을 막기 위해서 다음과 같은 예방책을 강구할 필요가 있다. 첫째, 기존 법제도의 철저한 감시와 단속의 강화이다. 현행 의료법 제27조 제1항에 무면허 의료행위를 금지하고 있어 이를 어겼을 경우 면허자격 정지 또는 5년 이하의 징역이나 2천만 원 이하의 벌금에 처하도록 하고 있다. 둘째, 성형수술(시술)을 할 수 있는 의사의 자격 조건을 강화해야 한다. 의사면허를 가지고 있다고 해서 누구나 할 수 있는 것이 아니라 성형수술과 시술에 대한 적절한 교육과정을 이수하게 하고 더불어 정기적으로 재교육을 받도록 의무조항을 신설할 필요가 있다. 셋째, 환자의 자기결정권을 강화하여 성형수술에 대한 충분한 설명과 더불어 적절한 숙고기한을 가진 후에 성형수술을 받도록 해야 한다. 넷째, 상업적 사이비 치료에 대한 강력한 규제 방안이 필요하다. 현행 의료법상 의료광고는 특정 내용, 거짓이나 과장된 내용, 특정 방법 등에 대하여 금지하고 있고, 특정한 매체를 이용하여 의료광고를 할 경우 해당 의료인 중앙회의 심의를 거치도록 하고 있으나(의료법 제56조) 좀 더 심의를 강화하는 방안이 필요하다. 이외에도 성형수술 비용에 대한 규제가 필요하다. 지나친 경쟁으로 가격이 하락하고 결국은 서비스 질 저하로 이어져 성형 부작용을 초래하는 결과를 낳게 된다. 따라서 적절한 가격을 통제할 수 있는 가이드라인을 정해서 성형 부작용을 미연에 방지할 수 있도록 해야 한다(한국여성민우회, 2013 인용).

성형중독과 관련한 태반주사, 백옥주사, 신데렐라주사, 마늘주사, 감초주사 및 프로포폴 등에 대하여 살펴보기로 한다.

1) 태반주사

태반주사는 태반에서 혈액과 호르몬을 제거하고 단백질을 아미노산으로 분해해 다양한 영양소를 추출해서 만든 주사제다. 태반주사를 맞으면 몸의 기능이 개선되고 면역력 증가는 물론 피부미용, 노화방지에 큰 효과가 있는 것으로 알려졌다. 식약청은 태반주사를 만성 간질환자의 간 기능 개선제로 허가하였지만 만성 통증과 노화방지의 항염작용, 피로회복, 피부 노화 방지의 해독 기능, 탈모 치료와 간세포 재생, 상처 치료 등의 재생기능 등 다양한 효과를 나타내는 것으로 알려져 있다. 하지만 태반주사는 그 효과에 대해 논란이 많은 주사이다.

2) 백옥주사와 신데렐라주사

백옥주사(글루타티온)는 피부색을 결정하는 멜라닌세포 중에서 흑색 멜라닌세포의 활성을 억제하여 맑고 깨끗한 피부와 피부색을 갖게 한다고 해서 붙여진 이름이다. 또한 신데렐라주사(티옥트산)는 라포아주사로도 불리는데 신데렐라 공주와 같은 이미지를 연상케 하는 주사제로 독소를 없애주며 비타민C와 E의 400배나 되는 항산화제로 강력한 항산화 작용을 통해 해독기능과 함께 노화방지 및 피부문제가 개선된다고 알려져 있다. 하지만 알려진 만큼 안전하지 않은 주사제이다. 한국보건의료연구원에 따르면 태반주사 투여자 가운데 10%가 피부발진, 부종, 알레르기, 오심, 몸살 등의 부작용을 경험한 것으로 나타났다.

3) 마늘주사

마늘주사란 마늘이 들어 있어 붙여진 이름이 아니라 주사제 성분에 푸르설티아민(지용성 비타민B_1), 즉 마늘향이 첨가되어 붙여진 명칭이다. 마늘주사는 혈관에 직접 놓는 주사제로써 만성피로 회복과 스트레스 회복에 좋은 비타민B, 살균 및 항균에 좋은 알리신을 다량 함유하고 있어 도핑에도 검출 문제가 없어 운동선수들이 체력증진과 스태미나 증강 및 빠른 피로회복을 위해 사용하는 것으로 알려져 있다. 이외에도 원활한 산소 공급으로 활성산소를 제거하여 피부노화

방지 및 숙취해소와 면역력을 증가시키는 마늘을 먹는 것과 같은 효능을 가지고 있는 것으로 알려져 있다. 하지만 이 역시 태반주사와 백옥주사와 같이 약효에 대한 효과와 안전성이 정확하게 검증되지 못하고 있다. 일반적으로 마늘주사는 전신피로, 간 기능 장애, 과음 후의 탈수현상, 허약체질 개선에 효능을 나타내는 것으로 알려져 있으나 부작용으로는 저혈압 쇼크 외에 발진, 구토, 설사, 두통 등을 유발시키는 것으로 알려져 있다.

4) 감초주사

그 외에도 감초에 들어 있는 글리시리진과 글리신, 시스테인 등의 추출물을 주사제로 만들어 사용하는 감초주사가 있다. 주로 피로회복에 도움을 주며 간 기능 개선에도 효과가 있다고 알려져 있다. 특히 간수치를 개선하고 항알레르기, 가려움증, 해독 등에 도움을 주며 면역력을 높여주기 때문에 환절기의 특효약으로 통한다. 하지만 다른 모든 주사제들과 마찬가지로 감초주사도 과량으로 장기간 주사할 경우 글리시리진이 스트레스 호르몬인 코르티솔의 분비를 촉진시키고 노인들의 경우 저칼륨혈증, 두통, 고혈압 등의 부작용을 일으킬 수 있다.

5) 프로포폴

프로포폴(Propofol Addiction)은 정맥주사용 수면마취유도제로, 1977년 영국 임피리얼케미컬인더스트리스(ICI, Imperial Chemical Industry)가 개발한 페놀계 화합물이다. 물에 녹지 않아 물 대신 대두유나 달걀의 레시틴 용액에 약품을 녹여 주사약을 만든다. 용액과 섞여 탁한 흰색으로 보여 '우유주사'라는 은어로 불리기도 한다. 프로포폴은 전문의의 처방에 의해서만 합법적으로 투여할 수 있는 정맥주사용 향정신성의약품으로 신경전달물질인 GABA의 증가를 유도하여 마취제로 사용된다. 프로포폴은 정맥에 주사하기 때문에 투여 방법이 간단하고 마취 효능과 회복에도 빠르게 작용하며 소변으로 배출되어 체내에 남지 않는다. 이외에도 포로포폴은 마취에서 깨어났을 때 도파민 호르몬의 작용으로 피로가 가신 듯한 황홀감과 회복감과 같은 쾌적한 느낌을 주어 자칫 반복하여 사용빈도수를 늘리거나 사용량을 늘리게 되면 중독에 이르게 될 위험성이 있다. 즉, 그림 4-23에서 보는 것과 같이 프로포폴 투여 시(①), 신경전달물질인 감마아미노뷰티르산(GABA)의 수치가 높아져 뇌 기능 억제(②), 이로 인해 뇌의 도파민 조절 기능이 마비되고 결과적으로 도파민 과다 생성(③)으로 미상핵과 전두엽을 자극(④)함으로써 일시적인 기분상승(도취감)(⑤)과 더불어 프로포폴에 대한 심리적인 의존이 유발되어 프로포폴중독(⑥)으로 이어지게 된다. 표 4-29는 프로포폴중독 여부를 알아보기 위한 질문지로써 현재 비의학적으로 프로포폴을 사용하고 있고 이 질문들 중 하나 이상에 예라고 답한 경우 프로포폴중독을 의심해야 한다.

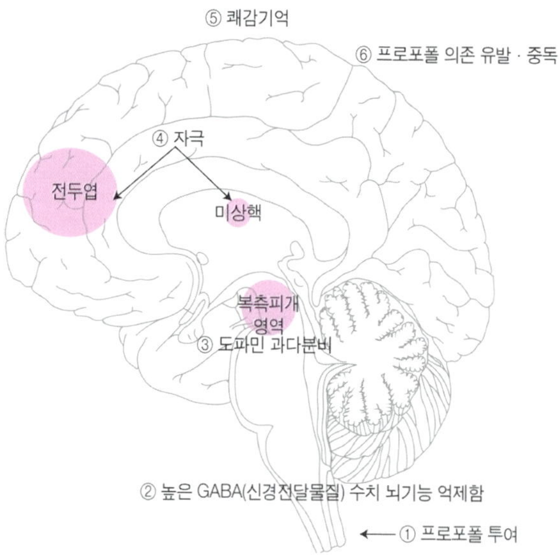

그림 4-23 프로포폴중독 과정

표 4-29 프로포폴중독 여부 알아보기

① 잠들기 위해 프로포폴을 사용하고 있는가?
② 프로포폴과 함께 다른 약물을 사용하고 있는가?
③ 아동기 때 부모, 형제 또는 보호자에 의한 성적 또는 신체적 학대와 같은 심각한 정신적 충격(Trauma)을 가지고 있는가?
④ 언제든지 좋지 않은 기억을 잊기 위해 프로포폴 사용을 즐겨하는가?
⑤ 프로포폴 사용을 중지하려고 시도한 적이 있는가?
⑥ 프로포폴을 사용한 후에 신체적 상해를 입었는가?
⑦ 프로포폴을 비롯한 모든 약의 사용을 조절할 수 없다고 생각하는가?
⑧ 프로포폴 사용을 중단할 때 두통이나 기타 금단증상이 있는가?
⑨ 약물 사용에 과다한 시간을 소비하여 경력이나 관계에 지장이 있다고 생각하는가?
⑩ 하루에 한 번의 포로포폴 투여로는 만족할 수 없는가?
⑪ 가족이나 친구들이 약물 사용에 대해 불평하는가?
⑫ 약물 사용으로 해고를 당하거나 당국에 체포될까봐 걱정되는가?
⑬ 프로포폴을 구하기 위해 불법적인 활동에 참여했는가?

출처: http://www.drugaddictiontreatment.com/types-of-addiction/prescription-drug-addiction/propofol-addiction/

프로포폴은 수면 내시경이나 성형수술 등 성형외과, 피부과, 내과, 산부인과 등에서 주로 사용된다. 하지만 프로포폴은 호흡 곤란 또는 둔화 호흡, 빠르거나 불규칙한 심장박동, 저혈압, 실신, 마비 또는 피부 따끔거림, 근육경련, 기침, 가려움증, 부은 얼굴, 두드러기, 가슴의 기민, 천명음, 통증 및 발작. 심장 근육, 신부전 및 호흡중단으로 사망을 유발할 수 있다. 2009년 사망한 가수 Michael Jackson이 불면증 치료를 위해 프로포폴을 장기 투여한 사실이 확인되었다(Posner, 2009). 이런 이유로 프로포폴은 불규칙한 심장박동, 혈관 질환, 심장병, 고 콜레스테롤, 발작, 췌장염, 머리 부상 환자 또는 임산부 등에게 사용을 금해야 한다. 최근 기억중추의 기능을 억제하여 기억해내지 못하는 프로포폴의 작용을 악용하여 의료인이 수면 중인 환자를 추행하거나 성폭력에 사용하는 사례가 발생하여 사회문제화 되기도 하였다. Michael Jackson 사망 2년 후 그의 의사인 Conrad Murray는 유명한 환자에게 프로포폴 투여에 대한 비자발적인 살인 혐의로 유죄 판결을 받았다. 최근 환자에게 프로포폴을 과다 투여해 숨지자 사체를 바다에 버린 뒤 자살로 위장하려 한 50대 의사가 구속되기도 하였다.

우리나라에서는 1992년부터 프로포폴 사용이 허가되었으나 식품의약품안전처는 2011년부터 프로포폴을 처음으로 마약류로 지정 관리하고 있다.

7. 쇼핑중독

현대인에게 쇼핑은 하나의 생활패턴으로 자리잡고 있다. 하지만 물건을 사고 싶은 충동과 심리적인 욕구를 조절하지 못하여 반복적인 구매행동으로 이어진다면 쇼핑중독(Shopping Addiction)이라고 할 수 있다(Valance et al., 1988). 현대사회에서는 물질적 가치가 우선시 되면서 물질을 통해 스트레스를 해소하려는 경향이 나타난다. 쇼핑중독은 조사결과에 따르면 최대 95%가 여성에게서 나타난다. 특히 쇼핑은 평소 누적된 심리적 결핍감을 물질로 대체하려는 데 있다. 즉, 부부갈등이나 고부갈등 등과 같은 대인관계가 원만하지 못하거나 진로나 미래에 대한 불안, 애착에 대한 상실감, 열등감 등 결핍된 것을 보상하려는 보상적 행동에서 비롯된다(Clark et al., 2008; O`Guinn et al., 1989).

그림 4-24는 쇼핑중독에 대한 심리사회적 설명 모델이다. 1980년대 이후 쇼핑에서 경제적인 통제력이 결여된 소비자들의 수가 급격히 증가하였으나 이를 단지 개인적인 문제로 간주하였다. 즉, 쇼핑에 있어 자신의 경제적인 여건을 고려하지 않고 충동적으로 과도하게 물건을 구매하는 소비자들이 점차 증가하였는데, 이는 전체 소비자 가운데 2~5%에 달한다. 또한 광고나 마케팅의 영향을 받아 충

동적으로 구매하는 소비자는 전체 소비자 가운데 최대 절반에 달하는데 이들은 쇼핑중독자 못지않게 경제적으로 자기통제가 결여되어 있어 과도한 쇼핑과 더불어 빈번한 부채문제로 심각한 상태에 놓여있다. 이에 반하여 전체 소비자 가운데 50~70%의 일반 소비자의 쇼핑은 주로 생활소비재를 구매하는 일에 초점이 맞춰져 있으나 간혹 충동적으로 물건을 구매하는 일이 발생한다. 충동구매자와 쇼핑중독자의 쇼핑의 문제는 질적인 것보다는 정량적인 것이다(위키피디아, 2017).

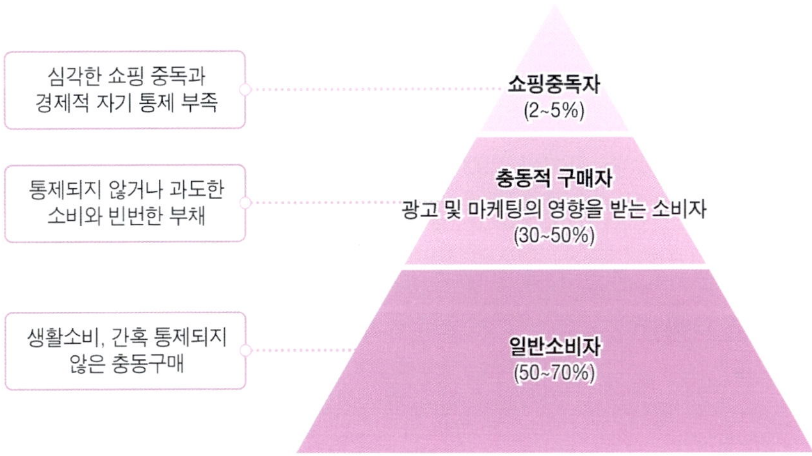

그림 4-24 쇼핑중독 심리사회적 설명 모델

현재 우리나라의 전자상거래 사용자는 3,050만 명으로 2021년에는 3,138만 명으로 증가하며, 사용자는 평균 1,023달러를 온라인으로 지불할 것으로 전망한다(그림 4-25 참조).

인터넷 사용을 연령별로 살펴보면 16~24세 96%, 25~34세 100%, 35~44세 98%가 매일 인터넷에 접속하며 45~54세 93%, 55세 이상 87%가 정기적으로 접속하는 것으로 나타났다. 2017년 전체 온라인 시장 점유율은 210억 달러를 차지하고 있으나, 2021년에는 326억 달러에 이를 것으로 전망한다. 이 가운데 패

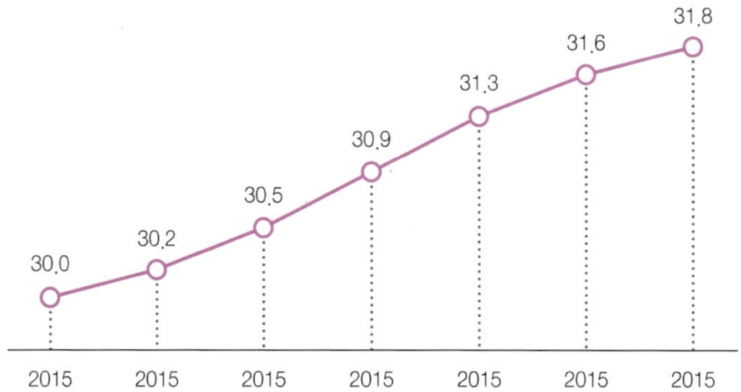

◌ 그림 4-25 ◌ **한국의 온라인 구매자 추이(단위: 백만 명)**

션은 온라인 주요 시장으로 70억 달러, 장난감과 기호품 그리고 DIY제품이 49억 달러를 차지하고 있다. 하지만 2021년에는 패션 112억 달러, 장난감을 비롯한 기타 제품이 70억 달러를 예상하고 있다(그림 4-26 참조). 2016년 세계은행에서 발표한 물류 순위를 보면 한국은 중국, 인도, 대만과 함께 세계 24위를 차지하고 있는 것으로 나타났다.

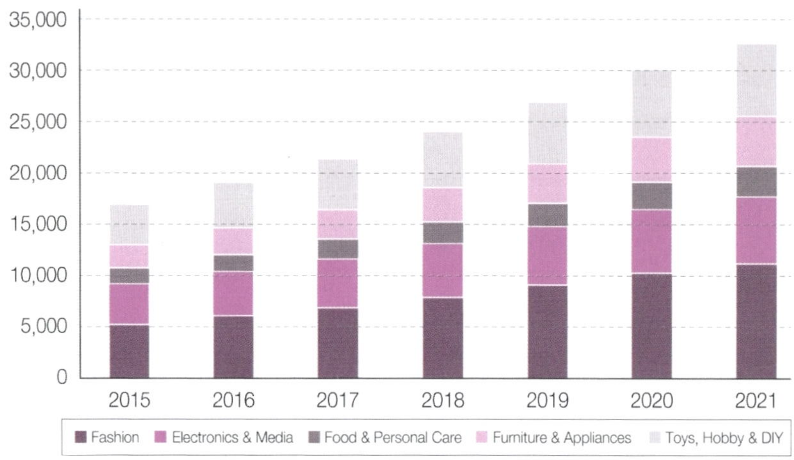

◌ 그림 4-26 ◌ **한국 시장별 전자상거래 수익 예측 현황(단위: 백만 달러)**

일반적으로 쇼핑중독은 정서 및 환경적인 문제를 쇼핑을 통해 발산하려는 데서 시작된다. 하지만 스트레스를 풀기 위해 쇼핑을 하지만 그 자체가 스트레스로 되돌아온다. 간혹 무리하게 자신의 경제상황을 고려하지 않고 충동적으로 물건을 구매했다가 카드값을 제때 지불하지 못해 연체나 신용불량자로 전락하여 더욱 큰 문제를 야기하게 된다. 쇼핑중독의 위험은 일시적인 만족감에 있다. 더욱 더 새로운 것을 더 많이 사고 싶은 욕망에 사로잡혀 물건을 구매하다보면 만족감보다는 오히려 우울감과 긴장감에 시달리게 된다(Wachtel, 1983).

Wachtel은 행복이 물질적인 것에서 얻는 것이라고 믿을수록 그만큼 낙담과 괴로움과 불안에 사로잡히게 될 것이며 더 나아가 진정 바라는 행복을 맛볼 기회는 영영 사라지게 될 것이라고 하였다(Benson, 2011: 21). 이와 함께 Durning (1992: 23)은 소비시대 풍요로운 세상에서 물질적인 것으로 사회적, 심리적, 정신적인 만족을 삼으려는 현대인들의 쇼핑은 헛된 몸부림이라고 지적하였다. 쇼핑중독 금단현상으로는 쇼핑을 하지 못하게 될 경우 불안감이나 우울감에 시달리고 분노와 함께 짜증, 심한 두통, 소화불량, 어지럼증 및 불면 등 여러 증상이 나타난다.

Benson(2011)에 의하면 과도한 쇼핑은 일시적으로 관심을 다른 곳에 돌리려는 도피 수단에 불과하다. 한 인터넷 매체의 쇼핑중독자에 대한 조사에 의하면 쇼핑을 한 후 죄책감이나 수치심을 경험했다고 응답한 사람이 36.7%, 가족에게 물건을 구매한 사실을 숨긴 사람이 20.5%, 일주일에 적어도 한 번 카드를 사용한 사람이 26.7%라고 하였다. 그리고 이들 응답자들 가운데 4.7%만이 자신이 쇼핑중독자라고 솔직히 답했다고 한다. Benson은 사람들이 과도한 쇼핑을 즐기는 이유에 대해 11가지로 설명하고 있다(Benson, 2011 요약 인용).

첫째, 쇼핑중독자들은 자신감과 안정을 되찾기 위해서 쇼핑한다.

쇼핑중독에 빠져드는 사람의 특성 가운데 하나가 아동기 때부터 비현실적으로 높은 기대치를 가진 사람들이 많다. 이런 사람들은 현실적으로 기대에 부응하지 못할 경우 자신감을 잃고 의기소침해진다. 이런 마음을 보상하려는 차원에서 자기 자신을 있는 그대로 인정하는 대신 광고에서 말하는 매력적이고 이상적인 사람으로의 변신을 꾀하기 위해 쇼핑을 선택하는 것이다. "이것을 구입하는 순간 당신도 매혹적이고 성공한 사람이 되지만 이것을 구입하지 않으면 이 모든 것이 물거품처럼 사라질 것입니다." 쇼핑을 통해 꿈도 이룰 수 있는 것처럼 환상을 심어주는 몇 마디의 광고 멘트에 실제 자신의 모습과는 다른 자기괴리(Self-Discrepancy)에 빠지게 된다.

둘째, 쇼핑중독자들은 현실도피를 위해서 쇼핑한다.

쇼핑중독자들의 쇼핑은 현실도피, 즉 중요한 문제를 회피하려는 데 있다. 특히 해결하기 힘든 문제가 발생하였을 때 알면서도 일부러 회피하고 외면하려고 쇼핑에 집중한다. 그러나 이러한 방법은 순간적으로는 회피가 될지언정 결과적으로는 대책없이 쇼핑한 탓에 더 많은 문제에 이중삼중으로 직면하게 된다.

셋째, 쇼핑중독자들은 간혹 자신의 분노와 복수를 위해 쇼핑한다.

과도한 쇼핑은 쇼핑중독자 자신의 감정을 드러내는 수단으로도 작용한다. 예를 들어, 부부 사이가 좋지 않을 때, 배우자가 자신의 요구를 제때 들어주지 않는다거나 무시할 경우 무분별한 카드사용으로 인해 가계에 재정적인 부담을 적잖이 주게 됨으로써 심각한 갈등에 놓이게 된다. 이처럼 과도한 쇼핑은 쇼핑중독자들이 자신의 감정 상태를 드러내는 하나의 수단이라고 할 수 있다.

넷째, 쇼핑중독자들은 사랑을 사기 위해 쇼핑한다.

쇼핑중독자들은 자신이 입거나 사용하기 위해서 물건을 구입하기보다는 단지 만족을 위해서 쇼핑하는 경우가 대부분이다. 따라서 쇼핑중독자들의 창고나 장롱에는 포장도 뜯지 않은 물건들이 수두룩하다. 그러나 일부 쇼핑중독자들은 다른 사람에게 선물을 하기 위해 물건을 구입하기도 한다. 하지만 이는 정상인들이 생각하는 선물이 아니다. 쇼핑중독자들은 다른 사람들로부터 호감을 사기 위해서 그리고 사람들로부터 버림받을 것을 두려워한 나머지 강박적으로 선물 공세를 펼치게 된다. 하지만 이러한 태도는 오히려 역효과를 내어 관계의 단절을 가져오게 된다.

다섯째, 쇼핑중독자들은 기분전환을 위해서 쇼핑한다.

강박적으로 쇼핑하는 사람들은 물건을 구매하려는 생각을 하거나 실제로 물건을 구매했을 때 아편과 같은 효과를 내는 신경전달물질인 도파민의 수치가 급격하게 상승하는 것으로 연구되었다. 쇼핑중독자는 쇼핑을 통해 기분전환을 경험하게 된다. 하지만 강박적인 쇼핑중독자는 물건을 구입하는 순간에만 그러한 기분을 느끼게 될 뿐이라고 한다. 쇼핑중독자와 일반 소비자의 심리를 비교하는 연구에서 의외의 결과를 보이고 있다. 일반 소비자는 쇼핑을 나설 때부터 기분이 좋아지다가 물건을 구입하는 순간 급격히 상승하며 집에 돌아온 후 최고 절정에 이른다고 한다. 그러나 쇼핑중독자는 일반 소비자보다 낮은 상태의 기분에서 쇼핑을 시작하나 물건을 구매했을 때 순간적으로 기분이 최고 절정에 이르다가 집에 돌아온 후에는 쇼핑을 하기 전보다도 못한 상태로 기분이 가라앉는다고 한다(Dittmar, 2004).

여섯째, 쇼핑중독자들은 부와 권력의 이미지를 갖기 위해서 쇼핑한다.

쇼핑은 부와 권력을 가진 사람들의 일상처럼 느껴지는 일 중에 하나다. 운전기사가 딸린 고급 승용차에 양손에 가득한 백화점 쇼핑백은 소비가 미덕인 이 시대 누구나가 한 번쯤 꿈꾸는 로망이다. 쇼핑중독자들은 남들이 부러워하는 부와 권력을 과시하기 위한 방편으로 물건을 구매한다.

일곱째, 쇼핑중독자들은 유행을 따르기 위해서 쇼핑한다.

유행을 따른다는 것은 시대의 흐름에 맞춘다는 것으로 시대적인 감각과 세련미를 대변한다. 쇼핑 문화가 유행인 요즘 세대에 유행을 따른다는 것은 그만큼 다른 사람들보다 한 발 더 앞서 나간다는 이미지를 갖게 된다. 특히 외모지상주의가 만연한 시대이다 보니 이러한 유행이 이를 부추기고 있는 실정이다. 남들에게 과시함으로써 자신의 존재를 드러내고자 하는 심리를 가진 쇼핑중독자들에게는 유행을 따르기 위한 쇼핑은 절대적이라고 해도 과언이 아니다. 새로운 신상품이 나왔다고 해서 그때마다 물건을 사용하는 것은 시대를 앞선 것이 아니라 물건을 만든 회사의 판매 전략에 따른 광고에 현혹되고 있다는 엄연한 사실을 인지할 수 있어야 한다.

여덟째, 쇼핑중독자들은 과거의 정신적 충격을 잊으려고 쇼핑한다.

Benson(2011)은 쇼핑중독자들의 쇼핑은 마음속 깊숙이 자리잡고 있는 만성적인 스트레스나 상실감과 정신적 충격 등 고통스러운 상처를 진정시켜 주는 연고와 같다고 하였다. 쇼핑중독자들은 대게 이혼, 부양의무, 생활고 등 현실 생활에서 느끼는 긴장감 때문에 이를 해소하기 위한 방편으로 쇼핑에 광적으로 탐닉하게 된다고 한다. 이들은 쇼핑을 하는 동안 현실의 긴장감에서 해방감을 느끼며 잠시나마 여유를 갖게 됨으로써 쇼핑중독에 빠지게 된다는 것이다. 그러나 쇼핑이 끝나고 현실에 직면했을 때 더 많은 스트레스를 경험하게 되어 오히려 정신적 충격이 가중된다고 한다.

아홉째, 쇼핑중독자들은 쇼핑을 심각하게 생각하지 않는다.

쇼핑중독자들은 쇼핑을 다른 중독들보다 심각하게 여기지 않는다. 알코올, 도박, 성, 인터넷, 마약과 같은 중독보다 쇼핑중독을 심각하게 생각지 않는 경향이 있다. 아무래도 다른 중독들보다 문제의 심각성이 상대적으로 미미하다고 생각하기 때문일 것이다. 그러나 쇼핑중독 또한 다른 중독들과 마찬가지로 여러 가지 문제를 낳는다. 그중 제일 흔하게 나타나는 문제는 재정적인 파탄이다. 과도한 쇼핑으로 인해 심각한 빚을 지게 됨으로써 가정불화는 물론 가정이 깨지는 일이 종종 발생하게 된다. 속담에 '가랑비에 옷 젖는다'는 말이 있듯이 상대적으로 중독성이 심각하지 않다고 여기는 그 생각 때문에 자신도 모르게 서서히 중독의 늪에 빠져들고 있다는 사실을 알아야 한다(표 4-30 참조).

표 4-30 **쇼핑중독자의 분류**

강박적인 쇼핑자(Compulsive Shoppers)	기분전환을 위해서 쇼핑함
기념품 수집 쇼핑자(Trophy Shoppers)	장식을 위한 액세서리 등을 쇼핑함
이미지 쇼핑자(Image Shoppers)	고가의 제품을 쇼핑함(과시용)
바겐형 쇼핑자(Bargain Shoppers)	세일시 필요치 않음에도 쇼핑함
의존형 쇼핑자(Codedepent Shoppers)	인정과 사랑을 받기 위해 쇼핑함
수집형 쇼핑자(Collector Shoppers)	보유를 위해서 쇼핑함
폭식 쇼핑자(Bulimic Shoppers)	구입과 반품을 반복함

열 번째, 쇼핑중독자들은 지배한다는 쾌감을 얻기 위해서 쇼핑한다.

Benson(2011)은 또한 쇼핑중독자들은 인간관계 등을 비롯하여 직장이나 가정생활 등 중독자의 삶의 중심 영역에서 지배적이기보다는 주변인일수록 쇼핑에 빠진다고 하였다. 강박적인 쇼핑중독 증세를 보이는 여성을 대상으로 조사한 결과 자신의 힘으로 무엇이든 할 수 있고 자신의 삶을 스스로 꾸려나갈 수 있다는 자신감을 얻는 유일한 것으로 쇼핑을 꼽았다(Eccles, 2002: 20). 인간의 삶은 조직 구성원 간의 협력 또는 협조의 연속으로 주도적인 사람과 주변인이 존재하게 된다. 쇼핑중독자의 특징 중에 하나는 사회 구성원들 간에 주도적인 사람보다는 주변인으로서 지시를 받는 열등적인 위치에 놓이는 경우가 빈번하다. 주도적이고 싶어 하는 인간의 욕구가 무엇보다 강한 쇼핑중독자 역시 쇼핑을 통해 자신만의 힘과 자유를 만끽하게 된다. 자신이 원하는 것을 언제든 살 수 있고 쇼핑하는 동안 최고의 찬사를 받으며 대접을 받게 된다. 쇼핑중독자는 자신의 지배력을 발휘하는 수단으로 쇼핑을 활용하는 것이다. 과연 쇼핑을 통해 자신이 지배한다는 쾌감을 얻게 되는 걸까. 판매원의 온갖 찬사에 자신도 모르게 분별력을 잃고 물건을 구매한 후 소위 바가지라는 것을 썼다는 사실을 인지할 때 지배한다는 마음보다는 오히려 바보처럼 당했다는 굴욕감으로 더욱 힘들어지게 된다.

열한 번째, 쇼핑중독자들은 삶의 의미를 찾고 죽음을 부인하기 위해서 쇼핑한다.

쇼핑중독자들은 쇼핑을 통해 삶의 의미를 찾으려고 물건을 구매한다. 과도하게 물건을 구매하는 사람들에게 쇼핑은 존재의 허무를 채워주는 방편이다. 또한 쇼핑중독자에게 쇼핑은 죽음에 대한 불안과 두려움에서 벗어나며 더 나아가 마음에 안정을 가져다주는 아주 친한 친구와 같은 존재이다. 사회과학자 Lawrence (1990)는 무엇인가를 사고 그리고 자신의 소유물을 늘려가면서 생을 견디고 있다며 이처럼 우리 모두는 사물로부터 미래를 빌리고 있다고 했다(Lawrence, 1990). 하지만 쇼핑은 쇼핑일 뿐이다. 세상에 둘도 없는 진귀한 물품이라 할지라도 언젠가는 낡아지듯이 쇼핑을 통해 찾고자했던 삶의 의미와 죽음에 대한 부인은 아무 의미가 없음을 하루속히 깨닫는 일이야말로 삶을 보다 의미 있게 살아가는 일이라 할 수 있다.

Valence 등(1988)의 연구에 의하면 쇼핑중독자들은 감정반응형, 충동형, 광적, 자아 상실형으로 구분할 수 있다.

① 감정반응형

감정반응형(Emotional Reactive Shopping Addiction) 쇼핑중독자는 물건이 지닌 상징성을 중요하게 생각하여 감정적이고 보상적인 동기에 의해 구매한다(예: 아동기 시절 갖지 못했던 물건을 어른이 되어서도 과도하게 구매하는 경우).

② 충동형

충동형(Impulsive Shopping Addiction) 쇼핑중독자는 갖고 싶은 물건에 대한 욕구가 지나쳐 자신의 여건이나 재정 상태를 고려하지 않고 본능적으로 구매하는 유형이다.

③ 광적

광적(Fanatical Shopping Addiction) 쇼핑중독자는 자신이 원하는 한 가지 물건에만 집착하여 강박적으로 구매하는 유형으로 수집광과 비슷한 형태를 보인다.

④ 자아 상실형

자아 상실형(Uncontrolled Shopping Addiction) 쇼핑중독자는 소유목적을 위해 물건을 구매하기보다는 자신이 가진 내적 긴장과 불안을 감소시키려는 의도에서 쇼핑하는 유형으로 일단 물건을 구매한 후에는 포장도 뜯지 않는 경우가 허다하다.

표 4-31 Bergen 쇼핑중독 척도

• 나는 항상 쇼핑을 생각한다.
• 나는 기분전환을 위해 쇼핑을 한다.
• 나는 쇼핑을 너무 많이 해서 학교, 일 등 일상적으로 해야 할 일들을 수행하지 못한다.
• 나는 예전과 같은 만족감을 얻기 위해 더 많은 쇼핑을 해야 한다고 느낀다.
• 나는 쇼핑을 절제해야 한다고 생각하지만 결국은 실패한다.
• 나는 어떤 이유로 쇼핑에 방해를 받으면 기분이 나쁘다.
• 나는 개인적인 행복감을 망칠 정도로 쇼핑을 많이 한다.

표 4-31은 노르웨이 베르겐대학 Andreassen(2015) 박사에 의해 고안된 베르겐 쇼핑중독 척도(BSAS, Bergen Shopping Addiction Scale)로써 '완전히 동의하지 않음', '동의하지 않음', '동의도 동의하지도 않음', '동의함', '완전히 동의함' 등 5점 척도로 구성되어 있다. 따라서 일곱 개의 질문 가운데 '동의함' 또는 '완전

히 동의함'이 네 개 이상일 때 쇼핑중독으로 판정하게 된다(Andreassen et al., 2015: 1374).

Andreassen은 과도한 쇼핑은 약물중독이나 알코올중독과 같이 충동이나 강박장애가 원인이라기보다는 낮은 자존감(Low Self-esteem)과 불안감이 원인이라고 한다. 쇼핑중독자에게 쇼핑은 존재할 가치를 느끼게 하며 타인에 대한 자신의 이미지를 긍정적으로 작용하게 된다는 비합리적인 믿음을 가지고 있다. 특히 쇼핑중독의 문제가 있는 사람은 통제력 상실, 인내력 부족, 갈망, 금단증상을 동반하며 젊은 여성에게서 두드러지게 나타났다. 또한 그에 의하면 외향성 성격을 가진 사람들은 대인관계와 사회적 지위를 유지하기 위해서 최고급 제품을 구매하는 것으로 조사됐다. 불안 및 우울증 등 신경증(Neuroticism)적으로 문제를 가지고 있거나 자의식이 강한 사람들 또한 자신의 증상을 회피하기 위해 쇼핑에 과도하게 집착한다고 하여 쇼핑중독이 불안감과 우울증의 원인이라고 하였다. 또한 사회규범을 준수하지 않는 성실성이 낮은(Low Conscientiousness) 사람들은 충동구매에 쉽게 빠지며, 개방(Openness)적인 태도를 보인 사람들은 모험심과 호기심이 적고 생각하기를 꺼려하지만, 이러한 태도가 오히려 과도한 쇼핑에 집착하게 만든다고 하였다. 반면에 친화성(Agreeableness)을 가진 쇼핑중독자들은 과도한 쇼핑으로 인해 다툼을 피하려고 구매를 조절하는 것으로 밝혀졌다(헬스코리아뉴스).

쇼핑중독의 치료에는 약리학적 치료(Pharmacological treatment), 행동 치료(Behaviour therapy), 후견인(Guardianship), 자체등록기법(Self-registration techniques), 자조 및 그룹 치료(Self-help groups and group therapy) 등이 있다. 먼저 약리학적 치료는 항우울제와 같은 약제를 투여하여 세로토닌 수치를 높여 쇼핑중독을 치료하는 방법을 말한다. 두 번째는 인지행동 치료요법(CBT, Cognitive Behavioral Therapy)으로 훈련을 통해 물건을 사고 싶은 충동이 생겼을 때 구매하고자 하는 물건이 꼭 필요한 것인지 따져보게 하는 방법을 말한다. 때에 따라서는 구매를 자극하는 케이블 TV의 쇼핑채널, 인터넷 쇼핑몰, 할인판매 전단, 쇼핑몰의 이벤트 행사 등을 차단하는 등의 극단적인 방법을 사용할 필요가 있다. 후견인은 쇼핑중독자의 지출과 충동구매를 보호자를 통하여 통제받게 함으로써 쇼핑중독에서 빠져나올 수 있도록 하는 방법이다. 자신을 말려줄 사람을 데리고 쇼핑하는 것도 한 방법이다. 자체등록기법은 중독자로 하여금 자신의 활동을 기억하고 분석하여 행동에 대한 단서를 얻게 하는 방법으로 경제적인 지출에 있어 자제력을 향상시키고 충동구매를 피하는 데 효과적이다. 또한 자조 및 그룹 치료는 같은 중독의 경험을 가진 사람들과의 친교와 연합을 통해 중독으로부터 벗어나도록 하기 위한 방법을 말한다(위키피디아, 2017).

8. 디지털중독

21세기는 디지털을 논하지 않고서는 그 무엇도 설명할 수 없는 미디어 시대가 되었다. 디지털(Digital)이란 '손가락'이라는 뜻의 라틴어 디지트(digit)에서 온 말이다. 물건을 세기 위한 손가락이 숫자 자체를 의미하는 것으로 모든 정보를 0과 1의 숫자로 바꿔서 저장하고 재생하는 전자 기술을 말한다. 과거 인간과 인간을 연결하던 인터넷 시대에서 인간과 사물, 사물과 사물을 연결하는 사물인터넷(IoT, Internet of Things)[15]의 도래를 앞두고 있다. 이처럼 사물인터넷은 디지털 시대의 산물이라 할 수 있다.

---

15) 사물인터넷(Internet of Things): 스마트폰, PC만이 아니라 자동차, 냉장고, 세탁기, 시계 등 모든 사물이 인터넷에 연결되는 것을 사물인터넷이라고 한다. 각종 기기에 통신, 센서 기능을 장착해 스스로 정보를 주고받은 데이터를 처리하여 자동으로 구동하도록 한다. 무인자동차, 집안의 모든 가전제품을 하나의 통신망으로 연결해 관리하는 스마트 홈과 같은 것에 이용된다(다음백과, 2017).

현대인은 자신도 모르는 사이 디지털중독에 빠져들고 있다. 디지털중독에는 사이버중독, 컴퓨터중독, 게임중독, 사이버 섹스중독, 유해한 인터넷 콘텐츠중독, 스마트폰중독 등이 있다(곽호완, 2017: 94). 과학기술정보통신부와 한국정보화진흥원(NIA)의 2017년 9월에서 11월까지 3개월간 최근 1개월 이내 1회 이상 스마트폰을 이용한 전국 17개 광역시도 총 일만 가구 29,712명, 만 3~69세를 대상으로 스마트폰 과의존 실태상황을 가구 방문면접 조사한 결과에 따르면 2014년 이래 4년간 지속적으로 증가세를 보이고 있다. 조사 대상인 만 3~69세 스마트폰 사용자 중 '잠재적 위험군'(15.9%)과 '고위험군'(2.7%)을 합한 '과의존 위험군'의 비율은 18.6%로, 2014년 14.2%, 2015년 16.2%, 2016년 17.8%로 나타났다(제1장 중독현황 참조).

이 외에도 유형별로는 고위험군은 2015년(2.4%)에 비해 2017년(2.7%)로 소폭 증가하였으며 잠재적위험군은 2015년 13.8%에서 2017년 15.9%로 크게 증가한 것으로 나타났다. 성별로는 여성 과의존위험군이 남성에 비해 지속적인 증가를 보이고 있다(2015년 여성 16.5% > 남성 16.0%, 2017년 여성 19.3% > 남성 18.0%). 2017년 가구원수별로는 4인 가구(19.6%)-3인 가구(18.7%)-2인 가구(16.2%)-1인 가구(1.2%) 순으로 가구원수가 많을수록 과의존위험군에 속하는 것으로 나타났다. 이는 부모들의 스마트폰 사용이 늘면서 영향을 받은 것으로 보인다. 부모가 과의존 위험군인 경우 유·아동(25.4%)이나 청소년 자녀(47.8%)가 일반사용자군의 부모의 유·아동(20.2%)이나 청소년 자녀(31.7%)보다 위험군에 속하는 비율이 높은 것으로 나타났다. 연령별 유형별 현황으로는 고위험군은 청소년(3.6%), 성인(2.8%), 60대(2.1%), 유·아동(1.2%) 순으로 나타났으며, 잠재적위험군은 청소년(26.7%), 유·아동(17.9%), 성인(14.6%), 60대(10.8%) 순으로 조사되었다. 특히 고위험군으로 발전할 가능성을 가진 잠재적위험군의 평균(15.9%)보다 높게 나타난 연령은 10대와 20대 그리고 3~9세 유·아동(17.9%)으로 나타남으로써 연령이 낮을 수록 과의존비율이 높은 경향을 보인다.

한편 주이용 콘텐츠 현황을 살펴보면 과의존위험군은 메신저(95.5%), 게임(91%), 뉴스검색(80.9%), 음악(75.6%) 순이었다. 이를 대상별로 살펴보면 유·아동은 게임(89%), 영화, TV, 동영상(71.4%) 순이었고, 청소년은 메신저(98.8%), 게임(97.8%), 음악(82.6%) 순이었다. 성인과 60대는 주로 메신저와 뉴스검색이 주를 이루었다. 따라서 콘텐츠 이용 비용은 과의존위험군이 일반군에 비해 통신비용은 과의존 50,760원, 일반 49,136원, 서비스이용요금 가운데 게임아이템은 과의존 3,176원, 일반 2,26원, 영화, TV, 동영상은 2,577원, 일반 1,984원, 전자책, 웹툰, 웹소설은 1,908원, 일반 1,405원으로 과의존위험군이 더 많은 비용을 지출하는 것으로 조사되었다(과학기술정보통신부·한국정보화진흥원, 2018)(그림 4-27 참조).

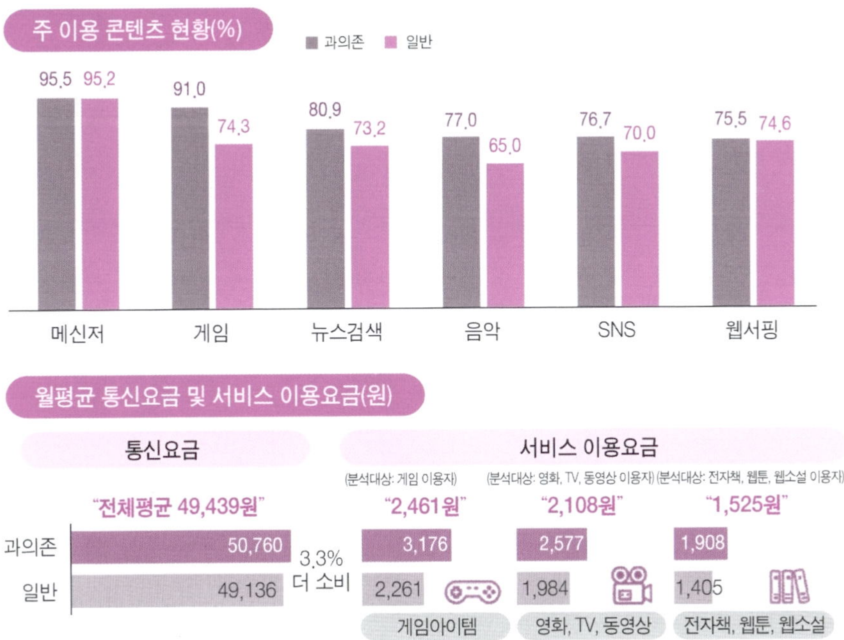

그림 4-27 스마트폰 주 이용 콘텐츠 및 이용 비용 현황

출처: 과학기술정보통신부 · 한국정보화진흥원, 2018.

홍콩대학 연구진(Cecelia Cheng & Angel Yee-lam Li, 2014)의 중동, 북아메리카, 아시아, 남동유럽, 오세아니아, 북서유럽, 남아메리카 지역 등 7개 지역의 31개국[16)]에 대한 웹중독 보고서에 의하면 인터넷중독률은 평균 6%에 이르는 것으로 나타났다. 지역적으로 인터넷중독 실태를 살펴보면 중동 10.9%, 북아메리카 8%, 아시아 7.1%, 남동유럽 6.1%, 오세아니아 4.3%, 북서유럽 2.6%, 남아메리카 0% 순으로 집계되었다(Cheng et al., 2014).

매일 스마트폰의 알람에 의해 일어나고, 출근하는 전차나 차 안 또는 길에서. 퇴근 후 잠자리에 들기 전까지 SNS나 취미 애플리케이션 동영상을 뒤적거린다는 것이 그 한 증거이다(24/7디바이스, 24hours 7days device, 온종일 스마트폰을 달고 산다는 뜻. 'Smombie'는 길을 걸으며 스마트폰을 보는 모습이 좀비를 닮았다는 뜻). 디지털중독이란 인터넷 및 스마트폰 등 IT기기를 이용하는 가운데 발생하는 중독을 가리킨다. 일반적으로 디지털중독이라 함은 인터넷 게임중독이나 인터넷 음란물중독, 인터넷 도박중독, 인터넷 검색중독, 스마트폰 게임중독, 스마트폰 채팅중독을 언급하였으나 각종 디지털 제품 및 서비스의 증가로 새로운 부작용을 예고하고 있다. 예를 들어, 구글안경중독, 스마트워치중독, 웨어러블 모자중독, 웨어러블 목걸이중독 등이다(디지털중독연구회, 2015).

디지털중독의 초기 증상으로는 스마트폰의 블루라이트(빛)와 전자파에 의한 안구 건조증, 망막이나 수정체 손상, 눈의 피로, 어깨 결림, 손목터널 증후군, 거북목 증후군 및 멜라토닌 분비 억제로 인한 수면 장애가 있다. 또한 과도한 디지털 기기 사용은 디지털 번아웃(digital burnout)을 동반하여 초조, 불안, 강박적 사고와 환상, 무기력한 신체뿐만 아니라 불안과 우울증을 동반하여 더욱 자극적인 내용을 찾기 위해 인터넷에 몰두하게 된다. Ho와 그의 동료들(2014)은 인터

---

16) 미국, 호주, 오스트리아, 에스토니아, 프랑스, 독일, 아일랜드, 노르웨이, 스웨덴, 영국, 불가리아, 키프로스, 체코, 그리스, 헝가리, 이탈리아, 폴란드, 루마니아, 세르비아, 슬로베니아, 스페인, 이란, 이스라엘, 레바논, 터키, 중국, 홍콩, 인도, 한국, 대만, 콜롬비아.

넷중독과 정신과적 장애의 공존질환에 대한 메타분석에서 인터넷중독은 알코올 남용(13.3%), 주의력결핍과잉행동장애(ADHD, Attention Deficit Hyperactivity Disorder)(21.7%), 우울증(26.3%), 불안장애(23.3%)를 나타낸다고 밝혔다. 이처럼 디지털중독은 집중력 저하 및 현실의 대인관계보다는 가상의 세계에 대한 욕구가 증가하며 고립감을 심화시켜 가정, 학교, 직장 등에 문제를 일으키게 된다(스마트 쉼센터 홈페이지, 2017; 곽호완, 2017: 95).

9. 성중독

성중독(Sexual Addiction)이란 성욕 과잉증, 성적 강박증 등으로 부정적인 결과를 초래한다는 것을 알면서도 과도한 성적 충동과 성관련 행위를 통제하지 못하고 반복적으로 성적 행위를 지속하려는 정신병적 불안증이다(Carnes et al., 1983; 2012). Litchfield는 성중독에 대하여 중독자 개인과 그 가족에게 심각한 스트레스를 유발하는 충동적인 성적 행위에 몰두하는 것이라고 하였다(Litchfield, et al., 2002). 국제질병사인분류 10차 개정판(ICD-10, International Statistical Classification of Diseases and related Health Problems)은 성중독을 과도한 성적 충동(Hypersexual behavior)으로 표현하고 있다. Kasl(1989)은 성중독을 통제력을 잃은 성행동과 더불어 다른 삶의 영역도 조절하기 어려울 정도로 성적 행동이 증가된 상태로써 중독자 자신에게 고통이 동반된다고 하였다. 즉, 대부분의 성중독자들은 불특정한 다수의 성 파트너와 무문별한 성관계를 가지면서 정상적인 파트너와의 관계에서 즐거움을 느끼지 못하게 된다. 또한 과도하거나 또는 비정상적인 성행위를 요구함으로써 이를 충족하지 못할 때 성폭력과 같은 범죄를 저지르기도 하며 끝내는 가정이 파탄에 이르기도 하는 것으로 연구되고 있다(Schneider, 2000; Lim et al., 2015; 배정원, 2015).

따라서 성중독이란 성적 중독으로 강박적인 성적 행위(Compulsive Sexual Behavior for Sexual Addiction)로써 섹스에 대해 저항할 수 없는 욕구와 함께 강박적으로 성적 행동을 추구하면서 자기통제력을 상실함으로 여러 가지 문제를 일으키는 상태를 일컫는다. 즉, 성중독은 일탈적인 성적 행위로 간주되고 있으나 시대와 문화의 차이로 이렇다 할 공통적인 기준을 찾기란 쉽지 않다. 하지만 일반적으로 받아들여지고 있는 정의는 비정상적인 대상과 행위 그리고 그에 대한 강렬한 성적 충동과 성적 환상 및 성적 행동으로 성중독자의 일상생활은 물론 사회·직업적인 영역에서 심각한 문제를 일으키는 상태를 일컫는다(신희천, 2003). 이러한 성중독에 대하여 Laaser는 성중독의 원인을 성적 공상, 자위행위, 포르노그라피(Pornograph) 등과 같은 것들로 중독자의 내면에 만들어진 형성벽돌(Building Block Behavior) 때문이라고 한다(Laaser, 2001). Laaser에 의하면 형성벽돌을 이루는 과정에 대해 첫째, 성적행위의 몰입, 둘째, 단계적으로 확대하는 성행위의 패턴, 셋째, 대인관계의 거리감과 위축된 행동, 넷째, 우울증과 급격한 감정변화, 다섯째, 짜증, 여섯째, 자기학대 및 타인의 학대 경험, 일곱째, 반항심, 여덟째, 성적 유머 사용, 아홉째, 부적절한 성적 행위와 노골적인 성적 접촉, 열 번째, 직업, 사회, 가족 등의 법적 문제 직면, 열한 번째, 전후관계 상실, 열두 번째, 명확한 증거, 열세 번째, 통제 불가능한 상황으로의 직면 등의 단계를 말한다(Laaser, 2001). 이와 함께 Adams는 동성연애 또한 유전이 아닌 인간의 성행동에서 발전된 습관이라고 주장한다(Adams, 1989).

한편 Carnes는 성중독을 3단계 수준으로 나누었다(Carnes, 2001). 성중독은 첫 번째 단계에서 초기 강박성 자위와 성적 외도, 도색잡기, 포르노, 스트립 쇼, 매춘, 익명자와의 성관계(Anonymous Sex), 동성애 등으로 이어지며 두 번째 단계에서 노출증, 관음증, 음란 채팅, 공공장소에서의 성추행 등을 보이다가 세 번째 단계에서는 강박성 강간, 근친상간, 아동 성추행 등으로 발전한다고 하였다

(Vikler, 1997). 그러므로 Carnes에 의하면 성중독자의 삶은 점점 더 자신의 중독욕구를 충족시키는 방향으로 모든 계획을 세우고 욕망을 해소하기까지는 아무런 인식도 얻지 못한다고 하였다(김혜선, 2012). 특히 Carnes는 성중독자들은 심리적인 불안과 정서적인 고통에서 벗어나기 위해 몰입(Preoccupation), 의례화(Ritualization), 강박적 성행동(Compulsive Sexual Behavior), 절망(Despair) 등 네 단계로 제시하고 있다. 몰입은 섹스에 대해 집착하는 현상이며 의례화는 성적인 환상을 구체적으로 습관적으로 실행에 옮기는 단계를 말한다. 강박적 성행동은 강박적인 행동에 집착하는 단계로 통제할 수 없는 상황에 이르는 현상이며 절망은 강박적인 성적 행위에 대한 죄책감과 허탈감으로 자포자기 단계에 빠져드는 것을 말한다. 돈으로 성을 매수한 것과 아내에 대한 죄책감, 자신의 행위가 드러날 것에 대한 사회적 두려움, 반복적인 성 행위에 대한 좌절감, 이를 통제할 수 없는 무기력감을 주기적으로 경험하게 된다고 하였다(강신란, 2014).

성중독과 관련한 행위들에는 성도착 장애(Paraphilic Disorder)가 있다. 성도착 장애란 성행위 대상이나 성행위 방식에서 정상적인 성행위의 범주를 벗어나는 행동을 가리킨다. 성도착 장애는 여성보다는 남성이 다수(남여 발생 비율 20:1)를 차지하며 연령은 18세 이전에 발병하여 25세까지 증가하다가 이후에는 감소하는 것으로 알려졌다. 미국정신의학회(APA, American Psychiatric Association, 2013)의 장애의 주요 진단 기준에 따르면 성도착증 장애는 부적절한 대상, 즉 인간이 아닌 존재, 아동, 동의하지 않은 사람에 대하여 강렬한 성적 욕망을 느끼고 성적 상상이나 성행위를 적어도 6개월 이상 지속하고 이러한 문제로 인해 심각한 고통이나 사회적·직업적 또는 기타 중요한 영역에서 부적응을 일으킬 때를 말한다.

성도착증과 관련한 중독현상으로는 노출증(Exhibitionism), 관음증(Scoptophilia), 의상도착증(Transvestism), 성 전환증(Transsexualism), 동성애(Homosexualism), 절편 음란증(Fetishism, 물품 음란증), 기아증(Pedophilia, 소아기호증), 성적 가

학증(Sexual Sadism), 피학증(Sexual Masochis), 접촉 도착증(Frotteurism), 동물애호증(Zoophilia, 수간), 스와핑(Swapping), 근친상간(Rape, Incest), 강간(Rape), 수음(Masturbation), 음란전화증(Telephone Scalatogia), 매춘(Prostitution), 분변애호증(Corophilia), 관장애호증(Klismaphilia), 소변애호증(Urophilia), 시체애호증(Necrophilism), 시체절단증, 저산소애호증(Hypoxyphilia), 성희롱(Sexual Harassment, 시각, 언어, 신체적), 음란물 전시 및 낙서, 성적 봉사 요구 등이 있다(표 4-32 참조; 임숙빈 외, 2015).

표 4-32 성중독과 관련한 행위

노출증	• 낯선 사람에게 성기 노출함(반복) • 상대방의 반응 즐김 • 남성임을 과시함 • 열등감, 내성적 성격 • 사춘기와 중년 사이에 발병	성적 가학증	• 상대를 학대함으로써 성적 쾌감을 얻음 • 인정을 받지 못하거나 불신과 억압을 받은 사람에게서 발병 • 성인 초기 발병	동성애	• 게이, 레즈비언 • Butch femmed형[17] • Bar-Dancer형[18] • Ordinary People형[19] • Romantic Friendship형[20] • Intermittent lovers of women형[21]
관음증	• 남의 벗은 몸, 성행위 등을 훔쳐보는 것 • 성적 열등감 • 자위행위로 성적 극치감을 얻음	성적 피학증	• 상대로부터 학대를 받으며 성적 쾌감을 얻음	시체 애호증	• 시체를 사랑하는 이상 성욕 • 밤중에 무덤을 파서 시신과 성관계를 함
의상 도착증	• 이성복장 착용증 • 남성>여성 • 사춘기 • 유아기 이성 복장 착용 • 동성애자	접촉 도착증	• 이성의 신체에 자신의 몸의 일부를 접촉하여 성적 쾌락을 얻음(청소년기 발병)	시체 절단증	• 시체를 사랑하여 시신을 절단하여 보관함
성전 환증	• 반대의 성으로 전환 • 성전환수술	동물 애호증	• 수간(동물과의 성접촉)	분변 애호증	• 대변을 보는 행위나 대변 자체에서 성적으로 흥분함

(계속)

17) 동성애자 중 한 사람이 이성의 역할을 하는 형

음란 전화증	• 상대방에게 외설적인 통화를 하면서 쾌감을 얻음	스와핑	• 배우자를 바꾸어 성관계를 가짐 • 수치심, 절망감, 자멸감, 자포자기, 분노에 시달림	성희롱	• 성적인 불쾌감과 피해를 주며 성적 쾌감을 느낌
절편 음란증	• 이성의 물품 음란증	근친 상간	• 친족 간의 성관계	소변 애호증	• 소변에서 성적으로 흥분함
기아증, 노인 애증	• 아동과의 성행위 • 노인과의 성행위	강간	• 강제적인 성관계	저산소 애호증	• 목이 졸리는 것에서 성적 흥분함
수음	• 자위행위	매춘	• 성 상품을 구매하는 행위	관장 애호증	• 항문성교
음란물 전시	• 영상물, 그림, 사진 등을 게시함	음란물 낙서	• 성에 관한 그림, 글을 게시함	성적 봉사 요구	• 과도한 성적 봉사를 요구

성중독의 원인은 생물학적 관점, 심리학적 관점, 영적 관점에서 살펴보면 다음과 같다(박현자, 2006 인용).

① 생물학적 관점

성중독의 생물학적 관점은 후천적으로 중독 환경으로 인해 성중독에 기인한다는 주장이다. 이는 알코올중독자와 마찬가지로 성중독 또한 성적 욕구를 억제하는 중추신경계의 이상으로 성적 도착증이 발생하는 것으로 의학적인 치료가 가능한 생물학적인 질병이라고 하였다. 즉, 대뇌 장애, 호르몬 장애, 염색체 장애 등과 관련한다고 주장하였다. 19세기 의사였던 미국의 George Beard는 성도착증을 신경쇠약증이라고 하였고 일부에서는 변태성욕자들의 생식기와 두뇌에 장

18) 겉으로는 정상적인 삶을 살지만 동성애자들과는 자신의 정체를 드러내는 형
19) 동성애자임을 드러내는 형
20) 동성 간 사랑을 역사적인 것으로 주장하는 형
21) 동성애자와 간헐적으로 관계를 맺는 형

애가 있음을 주장하였다

② 심리학적 관점

성중독의 심리학적 관점은 정신분석학적으로 구강기와 항문기에서 고착된 오이디푸스·일렉트라 콤플렉스(Oedipus & Electra Complex)와 관련한다는 설이다. 즉, 이 시기 심층적인 거세 불안에 대한 방어가 중요한 성중독으로 이어졌다는 것으로, 이외에도 아동기에 경험한 부모로부터의 거절, 부모에 대한 증오, 어머니와의 이별, 어릴 적 받은 성적 폭행 등이 작용한다고 하였다. Sigmund Freud(1856~1939, 정신분석 이론의 창시자)는 남근기에 아동이 동성인 부모와의 관계에서 갈등을 제대로 해결하지 못할 경우 비정상적인 성적 발달은 물론 동성애자가 된다고 하였다(채규만, 2002). 이외에도 성중독은 소아기 때 부모로부터 당한 모욕에 대한 복수의 방편으로 성적 행동 시 상대방을 학대하거나 모욕감을 불러일으키게 된다(신희천, 2003).

③ 영적 관점

성은 본래 하나님이 만드신 것으로 생식의 한 방편(창15:5)과 가정의 화목과 질서를 위해 인간에게 주신 선물이라고 한다(시127:3, 고린도전서 7장 참조). 이런 관점에서 성중독의 원인을 하나님과 인간의 단절로 인한 불신과 불안감에서 비롯된 행위로 인간의 타락된 죄에 그 근원이 있다는 관점이다(김병오, 2003). 또한 구약성경은 레위기에 의하면 동성애자들을 반드시 사형할 것으로 명하고 있다. “누구든지 여인과 교합하듯 남자와 교합하면 둘 다 가증한 일을 행함인즉 반드시 죽일지니 그 피가 자기에게로 돌아가리라”(레위기 18:22, 20:13).

표 4-33은 Carnes(1983)의 성중독 스크린 테스트(SAST, Sexual Addiction Screening Test)로 1983년부터 성중독의 존재 여부를 알아보기 위해 만들어졌다. 50점 가운데 6점 미만은 성중독이 낮은 상태이며, 6~10점 사이는 성중독이 강한

상태이며, 10점 이상은 성중독이 매우 위험한 상태를 나타내어 전문적인 성중독 치료를 받아야 하는 위험한 수준을 나타낸다.

표 4-33 성중독 스크린 테스트

1. 나의 성적지향은? (이성애, 양성애, 동성애 중 택1)
2. 나의 성적 행동에 대해 염려하지 않지만 다른 사람들은 걱정한다.
3. 나의 성적 행동에 문제가 있지만 섹스중독자라고 생각하지 않는다.
4. 나는 섹스중독자라는 것을 알고 있다.
5. 나는 성적인 문제 때문에 치료를 받았다.
6. 당신은 아동기 혹은 청년기에 성적 학대를 받은 적이 있는가?
7. 당신의 부모에게 성적 행동에 문제가 있는가?
8. 당신은 종종 성적인 생각에 정신이 팔리는 경우가 있는가?
9. 당신의 성적 행동이 정상적이지 않다고 느끼는가?
10. 당신의 성적 행동에 대해 나쁘게 생각하는가?
11. 당신의 성행위가 당신과 당신의 가족에게 문제를 만든 적이 있는가?
12. 당신의 좋아하지 않은 성적 행동으로 도움을 구한 적이 있는가?
13. 당신의 성적 행동으로 감정적인 상처를 입은 사람이 있는가?
14. 법을 위반한 성적 행위가 있는가?
15. 성적 행동을 중지하려고 했으나 실패한 적이 있는가?
16. 성적 행동의 일부를 다른 사람들에게 숨기고 있는가?
17. 성적 활동의 일부를 중단하려고 시도했는가?
18. 성적 행동에 대해 죄책감을 가진 적이 있는가?
19. 당신은 섹스를 한 후 우울하다고 느끼는가?
20. 당신은 성적 욕구에 사로잡혀 있는가?
21. 성적 활동에 너무 많은 시간을 보내고 있기 때문에 삶의 중요한 부분(직업, 가족, 친구, 여가 활동)을 소홀히 한 적이 있는가?
22. 당신의 성적 욕구가 자신보다 더 강하다고 생각하는가?
23. 당신이 생각하는 것 대부분이 섹스인가?

(계속)

24. 문제를 회피하는 수단으로 섹스를 하거나 섹스에 대한 낭만적인 환상을 가지는가?
25. 당신의 삶에서 가장 중요한 부분은 섹스인가?
26. 성적인 일로 위기에 처해 있는가?
27. 인터넷과 당신의 성적인 문제가 연관되는가?
28. 성적 목적을 위해 온라인에서 많은 시간을 보내는가?
29. 연애를 목적으로 온라인으로 데이트, 포르노, 판타지 및 친구 찾기 사이트를 구매했는가?
30. 낭만적인 또는 에로틱한 관계를 맺기 위해 인터넷을 사용했는가?
31. 당신의 온라인 성적 활동에 대해 주위 사람들이 실망하는가?
32. 당신은 온라인 성적 행위를 중단하려 했는가?
33. 당신은 성과 관련한 잡지, 비디오, 서적, 온라인 포르노를 구독했거나 또는 정기적으로 구매, 대여했는가?
34. 당신은 미성년자와 성관계를 가졌는가?
35. 당신은 스트립 클럽, 성인 서점 및 영화관에 많은 시간과 돈을 들였는가?
36. 당신의 성적 욕구를 충족시키기 위해 매춘 여성을 매수한 적이 있는가?
37. 당신은 온라인 포르노 서핑을 하기 위해 상당한 시간을 보냈는가?
38. 가족에게 발각될 위험이 있음에도 잡지, 비디오 또는 온라인 음란물을 사용했는가?
39. 로맨틱 소설이나 성인 잡지를 정기적으로 구입했는가?
40. 정서적 또는 육체적으로 학대를 당한 후에도 로맨틱한 관계에 머물러 있었나?
41. 당신은 돈이나 선물로 섹스를 거래하였나?
42. 당신은 동시에 여러 사람과 연애하거나 성적 관계를 유지했는가?
43. 당신은 섹스를 한 후 상당한 시간 동안 모든 성관계를 삼가는가?
44. 당신은 정기적으로 변태성욕을 가지는가?
45. 당신은 정기적으로 성욕 목욕탕, 섹스 클럽, 성인 비디오나 서점을 방문하는가?
46. 당신은 해를 당할 것을 알면서도 안전하지 않거나 위험한 성관계를 했는가?
47. 당신은 낯선 사람들과의 섹스를 위해 공용화장실, 휴게공간이나 공원을 찾았는가?
48. 당신은 우연 또는 낯선 이와의 섹스는 장기간 친밀한 관계를 유지할 수 없다고 생각하는가?
49. 당신의 성적 행위는 음란물과 공연음란에 대한 법적 구속의 위험에 놓여있는가?
50. 당신은 성관계를 위해 돈을 지불했는가?

출처: https://www.recoveryzone.com

한국형사정책연구원에 따르면 2016년 현재 국내 성매매 시장 규모는 30~37조 원으로 추정된다. 하지만 최근 전 세계 불법거래시장을 대상으로 분석하는 미국의 Havocscope의 각국의 연간 성매매 산업 규모에 따르면 전 세계적으로 1,860억 달러(207조 원) 가운데 우리나라는 14조 4천억 원으로 6위를 차지하였다. 일인당 성매매 지출 규모에선 스페인 65만 원, 스위스 51만 원에 이어 한국 29만 원으로 세계 3위를 차지하였다. 표 4-33은 세계 각국의 성매매 산업 규모와 성매매 종사자 수를 나타낸다. 한편 여성가족부(MOGEF, Ministry of Gender Equality and Family)는 2007년 실시한 성매매 실태조사에서 우리나라 성매매 경제 규모는 14조 952억 원으로 같은 해 국가예산(239조 원)의 6%에 달한다. 전국의 성매매 업소는 4만 6,247곳이며 성매매 여성은 약 27만 명이며 이들을 성매수한 남성은 9,395명으로 집계되고 있다. 이러한 수치는 성인남성을 2,000만 명이라고 가정할 때 일인당 다섯 번 가까이 성매매를 한 것으로 추정된다.

표 4-34 세계 주요국가의 성매매 산업 규모(원)

중국	88조 700억	한국	14조 4,000억
스페인	32조	인도	10조
일본	28조	태국	9조
독일	21조	필리핀	8조
미국	17조	터키	6조
성매매 종사자 수(명)			
중국	500만	독일	40만
인도	300만	브라질	25만
미국	100만	태국	25만
필리핀	80만	방글라데시	20만
멕시코	50만	한국	14만 7,000

출처: Havocscope 홈페이지(2016).

이외에도 성매매 산업으로 포르노그래피 시장이 인터넷으로 인해 엄청나게 팽창하고 있다. 가정에서 손쉽게 접속이 가능하며 저렴한 금액과 증거가 남지 않는 익명성 보장 등으로 매우 빠르게 확산되고 있다. Quadri와 그의 동료(2013: 101)에 따르면 전 세계 전체 웹사이트 가운데 12%가 포르노 사이트이며 전 세계적으로 월 평균 7,200만 명의 인터넷 이용자들이 포르노 사이트를 방문한다. 그리고 인터넷 포르노그래피에 처음 노출되는 평균 연령은 11세로 나타났다(표 4-35 참조).

표 4-35 인터넷 포르노그래피 통계

포르노그래피 웹사이트	420만 개(전 세계 웹사이트의 12%)
포르노그래피 화면 수(페이지)	4억 2,000만
일일 포르노그래피 검색	6,800만(전체 검색 건수의 25%)
일일 포르노그래피 이메일	25억(전체 이메일 건수의 8%)
인터넷 포르노 관람자	42.7%
성적 자료에 원치 않는 노출을 받음	34%
월 포르노그래피 다운로드 수	15억(전체 다운로드 건수의 35%)
월 포르노그래피 웹사이트 방문 수	7,200만
인터넷 포르노그래피 판매 수	49억 달러

출처: Quadri et al.(2013) 인용.

10. 도박중독

도박중독(Pathological Gambling)이란 본인은 물론 가족 및 주변 사람들과 심각한 갈등과 사회적·법적·재정적인 문제가 발생하고 있음에도 불구하고 도박 행위를 조절하거나 근절하지 못하고 지속적으로 하는 것으로 비밀스런 질병

(hidden illness)으로 불린다.

일반적으로 도박중독과 관련한 사업을 사행산업으로 불린다. 사행산업이란 인간의 사행심을 이용하여 이익을 추구하는 산업을 말한다. 사행산업통합감독위원회법(National Gaming Control Commission Act) 제2조 제1호에 의하면 사행산업은 카지노업, 경마, 경륜, 경정, 복권, 체육진흥투표권, 소싸움경기 등으로 규정하고 있다(사행산업통합감독위원회법). 한편 사행산업관련 법규는 카지노업의 경우 관광 진흥법을 비롯하여 폐광지역 개발 지원에 관한 특별법, 기업도시개발 특별법, 제주특별자치도 설치 및 국제 자유도시 조성을 위한 특별법, 경제자유구역의 지정 및 운영에 관한 특별법 및 카지노업 영업 준칙 등이 있으며 이를 관리하는 주무부처로는 문화체육관광부, 제주특별자치도정 등이 있다. 이외 경마와 경륜, 경정, 복권, 체육진흥투표권 및 소싸움경기 등에 관한 관련 법규는 표 4-36을 참조하기 바란다.

표 4-36 사행산업 관련 법규와 주무부처

구분	해당법규	주무부처	사업자	
카지노업 (17개소)	• 관광 진흥법 • 폐광지역 개발 지원에 관한 특별법 • 기업도시개발 특별법 • 제주특별자치도 설치 및 국제 자유도시 조성을 위한 특별법 • 경제자유구역의 지정 및 운영에 관한 특별법 • 카지노업 영업 준칙	문화체육관광부, 제주특별자치도청	내국인 전용(1개소)	㈜강원랜드
			외국인 전용(16개소)	-그랜드코리아레저(주)외 15개소
경마 (34개소)	• 한국마사회법 • 말산업육성법 • 축산법	농림축산식품부	한국마사회	

(계속)

경륜(23개소) 경정(18개소)	• 경륜, 경정법 • 국민체육진흥법	문화체육관광부	서울올림픽기념 국민체육 진흥공단
복권	복권 및 복권기금법	기획재정부 복권위원회	복권위원회 ㈜나눔 로또 (수탁사업자)
체육진흥 투표권	국민체육진흥법	문화체육관광부	국민체육진흥공단 ㈜케이토토
소싸움(1개소)	전통 소싸움경기에 관한 법률	농림축산식품부	청도공영사업공사
기타관련법규	• 사행산업통합감독위원회법 • 사행행위 등 규제 및 처벌 특별법 • 형법(제23장 도박과 복표에 관한 죄, 제246조~249조)		

출처: 사행산업통합감독위원회 조사홍보과(2017. 8, 21) 재구성.

사행산업통합감독위원회(NGCC)는 2016년 사행산업 관련 통계를 통하여 우리나라의 사행산업 총매출액은 총 21조 9,777억 원으로 발표했다. 이는 전년도인 2015년의 20조 5,042억 원보다 7.2%가 증가한 수치다. 각 사행산업별 전년 대비 총매출액 현황을 살펴보면, 경마는 0.2% 증가한 7조 7,459억 원(전체 비중 35.2%), 체육진흥투표권은 28.8% 증가한 4조 4,414억 원(전체 비중 20.2%), 복권은 9.3% 증가한 3조 8,855억 원(17.7%), 카지노업(외국인카지노 포함)은 3.6% 증가한 2조 9,034억 원(전체 비중 13.2%), 경륜은 0.4% 증가한 2조 2,818억 원(전체 비중 10.4%), 경정은 2.5% 증가한 6,989억 원(3.1%), 소싸움경기는 68.9% 증가한 299억 원(전체 비중 0.1%)으로 집계되었다(표 4-37 참조).

표 4-37 2016년 사행산업 현황 (단위: 억 원, %)

구분	경마	체육진흥투표권복권	복권	카지노		경륜	경정	소싸움	계
				내국인 전용	외국인 전용				
총 매출액 (비중)	77,459 (35.2)	44,414 (20.2)	38,855 (17.7)	16,277 (7.4)	12,757 (5.8)	22,818 (10.4)	6,898 (3.1)	299 (0.1)	219,777 (100)
입장객 수 (천명)	13,168			3,169	2,363	5,520	2,126	717	
1인 평균 배팅액 (만원)	58.8			51.4	54	41.3	32		

출처: 사행산업통합감독위원회 조사홍보과(2017. 9) 재구성.

한편 합법적인 사행산업의 규모가 21조 원에 비해 불법 사행행위시장은 4배나 더 큰 84조 원(2015년 기준)으로 추정된다(온라인 도박 25조 원, 온라인스포츠 도박 22억 원, 불법 사행성게임 14조 5,000억 원, 불법경주 12조 7,000억 원, 불법 하우스도박 6억 3,000만 원, 사설 카지노 3조 4,000억 원).

표 4-38은 10년간 사행산업 규모를 나타낸다. 총매출액에서 고객 환급금을 제외한 금액인 2016년의 사행산업 순매출액은 총 9조 3,357억 원으로 2015년의 8조 8,121억 원과 비교해 5.9% 증가했다. 조세현황은 2016년 2조 4,129억 원으로 전년도 2조 4,148억 원에 비해 0.08%가 감소하였지만 2007년에 비해 21.8%가 증가한 것으로 나타났다. 각 사행산업별 전년 대비 순매출액 현황은, 카지노업은 6.9% 증가한 2조 9,034억 원(31.1%), 경마는 0.1% 증가한 2조 795억 원(22.2%), 복권은 10.3% 증가한 1조 9,082억 원(20.4%), 체육진흥투표권은 17% 증가한 1조 6,050억 원(17.2%), 경륜은 0.4% 증가한 6,386억 원(6.8%), 경정은 2.5% 증가한 1,926억 원(2.1%), 소싸움경기는 68% 증가한 84억 원(0.1%)으로 나타났다.

표 4-38 사행산업 규모(2007~2016년) (단위: 억 원, %)

구분	2007	2008	2009	2010	2011	2012	2013	2014	2015	2016
총매출액 (증감률)	145,255 (20.2)	159,699 (9.9)	165,322 (3.5)	173,270 (4.8)	183,526 (5.9)	195,443 (6.5)	196,726 (0.7)	198,933 (1.1)	205,042 (3.1)	219,777 (7.2)
순매출액 (증감률)	59,890 (18.1)	65,833 (9.9)	68,554 (4.1)	72,257 (5.4)	76,462 (5.8)	82,315 (7.7)	84,091 (2.2)	86,474 (2.8)	88,121 (1.9)	93,357 (5.9)
국세	4,738	5,489	5,449	6,035	6,390	7,141	7,418	7,985	8,628	8,520
지방세	15,077	16,642	14,638	15,257	15,892	16,010	15,459	15,228	15,519	15,609
총계	19,815	22,131	20,087	21,292	22,282	23,152	22,877	23,213	24,148	24,129

출처: 사행산업통합감독위원회 조사홍보과(2017) 재구성.

2016년 사행산업 입장객 현황을 살펴보면 카지노업 553만 2,000명, 경마 1,316만 8,000명, 경륜 552만 명, 경정 212만 6,000명, 소싸움경기 71만 7,000명으로 집계됐다. 카지노업의 경우 국내인 전용인 강원랜드의 입장객은 2015년도에 비해 1.1%가 증가한 316만 9,000명으로 나타났으나 외국인 전용 카지노업은 전년도에 비해 9.6%가 감소한 236만 3,000명으로 집계되고 있다. 경마는 전년도에 비해 3.3%가 감소한 1,316만 8,000명, 경륜 2.9%가 감소한 552만 명, 경정 4%가 감소한 212만 6,000명, 소싸움경기는 전년도에 비해 12.6%가 증가한 71만 7,000명으로 집계됐다(표 4-39 참조).

표 4-39 사행산업 입장객 현황 (단위: 천명, %)

구분		입장객		
		2015년	2016년	증감률
카지노업	내국인 전용	3,133	3,169	1.1
	외국인 전용	2,614	2,363	-9.6
	계	5,747	5,532	-3.7
경마		13,617	13,168	-3.3
경륜		5,684	5,520	-2.9
경정		2,214	2,126	-4.0
소싸움경기		637	717	12.6

출처: 사행산업통합감독위원회 조사홍보과(2017) 재구성.

OECD 주요 국가의 사행산업을 살펴보면 오스트레일리아를 선두로 그리스, 이탈리아, 슬로바키아, 캐나다, 핀란드, 체코, 일본, 뉴질랜드, 스페인, 포르투갈, 영국, 미국에 이어 한국으로 전체 30개국 가운데 14위에 달한다. 2016년 현재 대륙별 사행산업 순매출액은 아시아, 유럽, 북미, 중남미, 오세아니아, 아프리카 순이며, 2019년까지 이러한 추세가 이어질 것으로 전망된다(그림 4-28 참조). 이런 가운데 사행산업 유형별 순매출액 전망은 복권, 카지노, 게이밍머신, 배팅, 빙고 및 기타 순으로 추정된다.

(단위 : 백만USD)

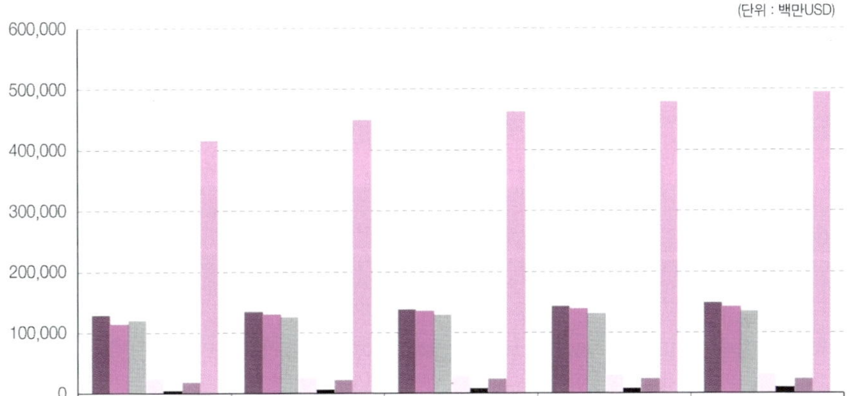

	2015	2016	2017	2018	2019
아시아	129,845	133,869	137,680	142,561	148,513
유럽	114,751	131,153	135,813	140,221	143,277
북미	120,779	125,845	129,151	131,638	134,492
중남미	26,656	28,154	29,665	31,695	33,658
아프리카	5,510	6,921	7,918	9,124	10,489
오세아니아	18,926	23,206	23,905	24,522	25,167
합계	416,467	449,148	464,132	479,761	495,596

그림 4-28 **대륙별 사행산업 순매출액 증감 추이**

출처: 사행산업통합감독위원회 조사홍보과(2017) 재구성.

한편 도박중독 선별검사 척도(CPGI, Canadian Problem Gambling Index) 기

준에 따른 우리나라의 도박중독 유병률은 5.1%, 영국 7.2%, 호주 3.5%, 프랑스 1.3%(2011년 기준), 뉴질랜드 1.3%(2012년 기준), 미국 1.5%(2012년 기준), 캐나다 1.8%(2014년 기준), 노르웨이 4.4%(2010년 기준), 체코 2.9%(2012년 기준)로 대체적으로 한국의 도박중독 유병률이 높은 것으로 나타났다(우리나라 만 20세 이상 전체 인구 중 약 200만 명 정도가 도박중독자로 추정됨). 도박중독 유병률에 따른 성별을 보면 남자 8.0%, 여자 2.3%로 남자가 여자보다 약 3.5배 높은 것으로 나타났다. 연령별 도박중독 유병률은 30(5,5%)~40대(5.8%)가 가장 높으며 20대(4.5%)와 50대(4.3%)는 상대적으로 낮게 나타났다. 직업별로는 기능과 숙련직이 14.1%로 제일 높게 나타났으며 그 다음이 경영과 관리직이 14.0%를 차지하였다. 직업별로 가장 낮은 유병률을 보이는 직군은 전업주부 2.5%, 학생 3.1%를 보이고 있다. 특히 무직자(5.8%)의 경우 사무직, 자영업, 농어축산업, 판매 서비스직보다도 유병률이 높은 것으로 조사됐다(사행산업통합감독위원회, 2016).

이와 함께 도박중독 치유 및 재활활동은 한국도박문제관리센터(KCGP, Korea Center on Gambling Problem) Help-Line(1336번)의 상담 자료에 따르면 2016년 도박중독자 본인 및 가족과 지인 그리고 기타 기관에 의해 지역센터를 연계한 이용은 3,960건(34.7%), 민간기관 연계이용 1,459건(12.8%), 기타 기관 연계이용 3건 등으로 나타났으며, 중독자 본인이나 가족 및 지인 그리고 기타 일반 상담을 통해 자체 처리한 건수는 5,547건(48.6%), 인터넷 상담을 통한 자체처리 건수 300건(2.6%), 위기상담 자체 처리 건수 10건(0.1%)으로 집계됐다. 이외에 해외거주로 상담기관과 연계가 어려운 상황의 중독자를 대상으로 한 정규상담은 125건(1.1%)으로 나타났다. 도박중독자의 상담 의뢰인 현황은 본인(44.2%), 부모(22%), 배우자(14.9%), 형제, 자매(10.4%), 친인척 및 지인(4.8%), 기관(0.3%) 순으로 나타났다(표 4-40 참조).

표 4-40 도박중독자 상담현황(2016년) (단위: 건, %)

상담의뢰	연계상담			자체상담처리			정규 상담	계
	지역 센터	민간 기관	기타 기관	일반 상담	인터넷 상담	위기상담 (자살 등)		
중독자본인	1,847	737	3	2,266	175	10	84	5,122 (44.9)
가족 · 지인	2,105	720	0	3,255	123	0	41	6,244 (54.8)
기타	8	2	0	26	2	0	0	38 (0.3)
합계(비율)	3,960 (34.7)	1,459 (12.8)	3 (0.0)	5,547 (48.6)	300 (2.6)	10 (0.1)	125 (1.1)	11,404 (100)

상담의뢰인 현황(2016년)

본인	배우자	부모	자녀	형제 자매	친인척	지인	기관	무응답	합계
4,853 (44.2)	1,634 (14.9)	2,414 (22.0)	371 (3.4)	1,138 (10.4)	264 (2.4)	259 (2.4)	36 (0.3)	0	10,969 (100)

출처: 사행산업통합감독위원회 조사홍보과(2017) 재구성.

도박중독자의 도박유형을 살펴보면 표 4-41과 같이 합법적인 사행산업은 카지노(6.7%), 경마(3.6%), 체육진흥투표권(2.4%), 경륜(1.2%), 복권(0.4%), 경정(0.3%) 순이었다. 반면에 불법 사행행위와 주식 및 기타 중독자의 도박유형은 온라인 도박(67%), 카드(7.5%), 주식(3.3%), 성인오락실(3.1%), 기타(2.8%), 화투(1.7%) 순이었다.

표 4-41 도박중독자의 도박유형(2016년) (단위: 명, %)

도박 유형	합법 사행산업							불법 사행행위, 주식 및 기타							합계
	카지노	경마	경륜	경정	복권	체육진흥투표권	소싸움	카드	화투	성인오락실	투견, 투계	온라인 도박	주식	기타	
빈도 (비율)	446 (6.7)	243 (3.6)	82 (1.2)	21 (0.3)	26 (0.4)	163 (2.4)	0	499 (7.5)	116 (1.7)	205 (3.1)	0	4,471 (67.0)	218 (3.3)	185 (2.8)	6,675 (100)

출처: 사행산업통합감독위원회 조사홍보과(2017) 재구성.

사행산업통합감독위원회의 2016년 사행산업 이용실태 조사에 의하면 도박으로 인해 발생한 사회적 부작용으로 술이나 약물 오·남용, 이혼 위기에 처하거나 이혼한 경험, 실직위기나 하던 일을 그만둔 경험, 언어·신체적 폭력을 행사한 경험, 범법행위를 시도한 경험 순으로 나타났다. 이 가운데 남자가 여자보다 그리고 50~60대에서, 직업별로는 일반직에서 높게 나타났는데, 농어촌축산업 직군에서는 자살을 심각하게 생각하거나 시도한 경험 등을 보였다. 이외에도 월 소득 600만 원 이상의 고소득 계층에서, 교육수준은 중졸 이하에서 부작용 경험률이 높게 나타났다(사행산업통합감독위원회, 2016).

그림 4-29 도박

미국정신의학회(APA, American Psychiatric Association, 2000)는 도박중독을 충동조절장애(Disorders of Impulse Control)로 간주하고 있으며 도박중독에 대한 진단기준에 의하면 10가지 가운데 5개 이상이 해당될 경우 도박중독이라고 할 수 있다(표 4-42 참조; 미국정신의학회(이근후 외), 1995).

일반적으로 도박중독자는 통제력에 장애를 나타낸다. 자신이 선택한 도박행위를 자발적으로 통제할 수 있는 능력이 상실된 것은 물론 내성이 증가하여 각성이나 흥분 유발을 위해 배팅금액을 증가하게 된다. 도박을 중단하면 불안하거나 예민해지고 신경질적인 금단증상을 동반하게 된다.

표 4-42 DSM-IV 도박중독 진단 기준

① 도박에 집착한다(과거 도박할 때 느꼈었던 위로나 안도감에 집착하며, 다음 도전에서의 승률을 예상해보거나 계획을 세우고, 도박으로 돈을 벌 수 있는 방법을 궁리한다).
② 더 많은 흥분을 맛보기 위해 액수를 올리려는 욕구가 강하다.
③ 도박을 조절해보거나 줄이거나 중단하려고 수차례 노력해보지만 번번이 실패한다.
④ 도박을 줄이거나 중단하려고 시도할수록 안절부절 못하고 과민해진다.
⑤ 문제로부터 도피하거나 무력감, 죄책감, 불안감, 우울감 등, 기분 나쁜 상태를 완화하기 위한 수단으로 도박을 한다.
⑥ 도박에서 돈을 잃은 후 만회하기 위해 다음날 도박판으로 되돌아간다.
⑦ 가족이나 치료자 및 다른 사람들에게 도박과 관련된 사실을 숨기기 위해 거짓말을 한다.
⑧ 도박자금을 조달하기 위해 위조지폐, 사기, 절도, 횡령 등의 불법적 행동을 저지른다.
⑨ 도박으로 인해 중요한 관계가 위태로워지거나 직업, 교육 기회, 출세의 기회를 상실한다.
⑩ 도박으로 인해 야기된 심각한 경제상태에서 벗어나기 위해 타인을 의존한다.

05
CHAPTER

중독 치료의 실제

중독 치료는 크게 약물 치료, 신체적 치료, 정신 치료, 심리적 치료, 가족 치료, 집단 치료, 환경 치료 등으로 나눌 수 있다(임숙빈 외, 2015 인용).

1. 약물 치료

중독 치료에 있어서 약물 치료제로는 항정신병 약물(Antipsychotics), 항우울제(Antidepressants), 기분안정제(Mood Stabilizers), 항불안제 및 수면제(Anxiolytics and Hypnotics), 인지기능 개선제(Cognitive Enhancers) 등이 있다. 일반적으로 약물 치료를 하지 않을 때 1년 내에 재발할 가능성이 70~80%에 이르는 것으로 알려졌으며 또한 약물 복용을 하지 않는 상황에서는 어떤 치료법도 효과를 보지 못한다. 즉, 약물을 통해 뇌를 안정시킨 후 그 바탕 위에서 추가적인 치료를 더 할 때 효과를 볼 수 있다. 한편 또 하나의 사실은 약물 치료를 꾸준히 하는 경우에도 재발률이 20~30% 정도이며 현재까지 밝혀진 가장 좋은 치료법은 약물 치료와 재활 치료를 병행하는 방법으로 재발률이 10% 미만으로 감소하는 것으로 알려졌다. 중독자를 치료하는 데는 약물 치료가 필수적이며 이와 함께 기타 치료를 함께 적절하게 사용하는 것이 중요하다(표 5-1 참조).

표 5-1 치료방법에 따른 효과차이

치료방법	1년 후 재발률
• 치료를 전혀 하지 않은 집단 • 정신 치료만 하는 집단 • 재활 치료만 하는 집단	70~80%
• 약물 치료만 하는 집단 • 약물 치료와 정신 치료 병행	20~30%
• 약물 치료와 재활 치료 병행	10% 미만

출처: 손명자 외(2003).

1) 항정신병 약물

항정신병 약물(Antipsychotic Drugs)이란 정신병에 대항하는 약물로 주로 중뇌의 피질경로(Mesocortical Pathway)와 변연계 경로(Mesolimbic Pathway)의 신경전도에서 도파민 수용체(Dopamine Receptor)를 차단하여 망상, 환각, 사고장애 등의 정신병적 증상을 개선하기 위해 개발되었다. 항정신병 약물은 1950년부터 본격적으로 이용하기 시작하였으며 인지작용의 변화를 초래하지 않으면서 반응을 진정시키는 것으로 알려졌다.

항정신병 약물은 그림 5-1과 같이 중앙도파민 수용체(Central Dopamine Receptors)를 차단하므로 정신병 통제(Control of Psychosis와 구토방지 효과(Antiemetic Effects)를 나타낸다. 이외에도 항정신병 약물은 진정 작용, 항콜린성 효과(Anticholinergic Effects), 체위성 저혈압증과 같은 항아드레날린성 효과(Antiadrenergic Effects), 가짜 파킨슨 증상, 근육긴장이상증, 정좌 불가능, 지연성이상운동증(영구적)과 같은 추체외로 효과(Extrapyramidal Effects)를 보인다. 또한 내분비 효과로는 갈락토아제(유즙과다분비증), 남성에게 있어 여자 유방종, 무월경, 성욕구 저하를 유도하며 과민반응을 초래해 발진, 변색된 색소침착과 감광도와 같은 피부 역반응과 담즙정체성황달을 유도한다. 항정신병 약물은 정형 항정신병 약물(Typical Antipsychotic Drug)과 비정형 항정신병 약물(Atypical Antipsychotic Drug)로 구분한다.

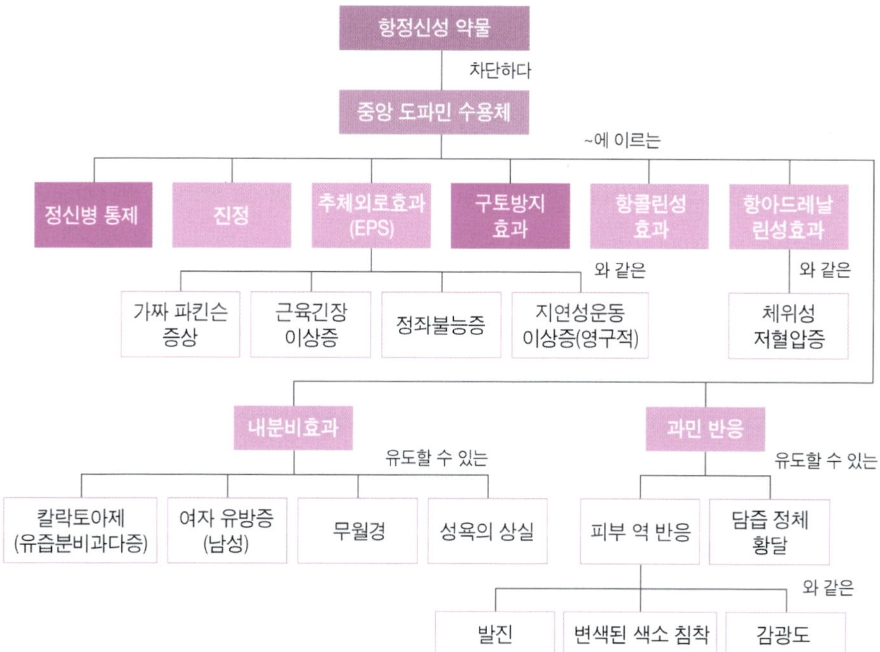

그림 5-1 항정신병 약물 작용 및 부작용

출처: Bullock et al.(2007).

(1) 정형 항정신병 약물

정형 항정신병 약물(Typical Antipsychotic Drug)은 도파민 수용체를 차단하여 정신병적 상태에서 나타나는 긴장, 흥분, 초조, 공격적이거나 파괴적 행동, 과도한 불안, 편집증적 혹은 적대적 행동, 망상과 환각 등의 증상에 효과를 나타낸다. 정형 항정신병 약물에는 할로페리돌(Haloperidol), 할로페리돌 데카노에이트(Haloperidol Decanoate), 페르페나진(Perphenazine), 피모자이드(Pimozide), 클로르프로마진(Chlorpromazine) 등이 있으며 정형 항정신병 약물은 고역가와 저역가 약물로 나눈다(임숙빈 외, 2015). 고역가 정형 항정신병 약물의 대표적인 약물로 할로페리돌(Haloperidol), 피모자이드(Pimozide)가 있으며 이들은 주로 추체외로계 부작용(EPS, Extrapyramidal Symptom)[1]으로 근육경직, 의식의 변화, 지남력 장애, 연하곤란, 혼미, 긴장증, 이상 고열, 맥박과 혈압의 변화 등을 가져온다. 이에 반하여 저역가 정형 항정신병 약물은 추체외로계 부작용 증상이 적으나 대신 입이 마르거나 눈앞이 흐려 보이거나 변비 및 소변이 잘 나오지 않는 항콜린성 및 항히스타민 등의 부작용을 나타낸다.

(2) 비정형 항정신병 약물

비정형 항정신병 약물(Atypical Antipsychotic Drug)은 정형 항정신병 약물의 추체외로계 부작용을 줄인 약물로써 대표적으로 클로자핀(Clozapine), 지프라시돈(Ziprasidone), 리스페르돈(Risperdone), 올란자핀(Olanzapine), 쿠에티아핀(Quetiapine), 아미술프리드(Amisulpride), 아리피프라졸(Aripiprazole), 조테핀(Zotepine) 등이 있다. 비정형 항정신병 약물은 추체외로계(EPS) 부작용이 발생하는 정형 항정신병 약물과는 달리 EPS는 별로 나타나지 않으나 부작용으로 혈액 속의 중성 백혈구 수가 감소하여 폐렴이나 폐혈증과 같은 무과립구증(Agranulocytosis) 등이 발병하는 것으로 알려져 있다. 이외에도 비정형 항정신병 약물은 대사증후군으로 체중이 증가한다거나 당뇨 등의 부작용을 나타낸다(표 5-2 참조).

---

1) 파킨슨(Parkinson) 증후군과 같이 근육강직, 떨림, 운동장애를 동반하여 목이나 몸이 뻣뻣하게 굳고 안절부절 못하고 몸이 심하게 떨리는 증상을 말한다.

표 5-2 항정신병 약물의 종류

구분	분류	세부	내용
항정신병 약물	정형 항정신병 약물	고역가	할로페리돌(Haloperidol), 피모자이드(Pimozide), 플루페나진(Fluphenazine), 피모지드(Pimozide),
		저역가	클로르프로마진(Chlorpromazine), 티오리다진(Thioridazine),
		부작용	추체외로 증상, 안절부절 못함, 심계항진, 빈맥
	비정형 항정신병 약물		클로자핀(Clozapine), 지프라시돈(Ziprasidone) 리스페르돈(Risperdone), 올란자핀(Olanzapine), 쿠에티아핀(Quetiapine), 아미술프리드(Amisulpride), 아리피프라졸(Aripiprazole), 조테핀(Zotepine),
		부작용	체중증가, 당뇨 등 지방대사 이상
	부작용	신경학적	가성파킨슨 증후군[2], 정좌불능증[3], 급성근긴장이상증[4], 지연성 운동장애[5], 신경이완제 악성 증후군[6]
		기타	진정작용(주간졸음, 정신운동 지연), 항콜린성 작용(체내의 수분 감소, 입마름, 피부건조, 소변장애, 변비, 주의집중장애, 항아드레날린 작용(기립성 저혈압, 어지러움), 혈액계 부작용(무과립구증), 체중증가 및 대사증후군(비만, 당뇨, 고지혈증), 심혈관계부작용(빈맥), 피부반점, 광선민감증, 황달, 간독성, 경련 등

출처: 임숙빈 외(2015); Giltin(1990).

2) 항우울제

항우울제(Antidepressants)는 우울증을 완화하는 데 사용하는 약물로써 우울증, 조울증, 공황장애, 강박성 장애, 섭식 장애, 불면증 및 만성 동통 등에 효과가 있는 것으로 알려졌다. 항우울제는 삼환계 항우울제(Tricyclic Antidepressants,

2) 가성 파킨슨 증후군(Pseudoparkinsonism): 전신적으로 운동이 느려지고 얼굴 표정의 경직(안면무표정)과 구부정한 자세, 발을 끄는 듯한 걸음걸이와 진전, 침 흘림 등
3) 정좌불능증(Akathisia): 긴장, 불안, 불편감으로 가만히 앉아 있질 못하고 안절부절 못함.
4) 급성근긴장이상증(Acute dystonia): 목과 어깨 등이 갑자기 뒤틀리는 사경(Torticollis), 몸이 뒤로 뒤틀리는 후궁반장(Opisthotonus), 안구 근육에 경련이 일어나는 안구운동발작(Oculogyric crisis), 정확한 발음을 하기 어려운 구음곤란증(Dysarthria) 등
5) 지연성 운동장애(Tardive dyskinesia): 반복적으로 입술을 오므리거나 혀를 내밀고 씹는 등의 입 주위의 이상행동 및 손가락, 다리, 몸통 근육의 불규칙한 동작
6) 신경이완제 악성증후군(Neuroleptic malignant syndrome): 고열, 불규칙한 맥박 및 혈압, 빈맥, 발한, 근육경직, 진전(손 떨림), 실금, 혼수, 백혈구 증가증, 급성신부전 등의 증상

TCAs) 사환계 항우울제(Tetracyclic Antidepressants, TeCA), 선택적 세로토닌 재흡수 억제제(Selective Serotonin Reuptake Inhibitor, SSRI), 단기아민 산화효소 억제제(Monoamine Oxidase Inhibitor, MAOI), 기타 최신 개발된 약물 등으로 분류한다(표 5-3 참조)(임숙빈 외, 2015).

표 5-3 항우울제의 종류 및 부작용

구분	종류	적용	부작용
삼환계 항우울제(TCAs)	아미트리립틸린(Amitriptyline), 이미프라민(Imipramine), 클로미프라민(Clomipramine)	주요 우울장애, 양극성, 야뇨증, 공황 증상, ADHD	항콜린성, 심혈관계, 진전, 안절부절 못함, 두통, 오심, 구토, 다리부종
사환계 항우울제(TeCA)	미르타자핀(Mirtazapine)	비 정형성 우울증	입안 건조, 침 분비 증가. 어지러움, 변비, 설사, 혈압, 심장박동, 성기능장애, 기계조작능력 저하
선택적 세로토닌 재흡수 억제제(SSRI)	설트랄린(Sertraline), 시탈로프람(Citalopram)	우울증, 불안장애, 인격 장애, 조루	진정작용, 항콜린성 작용, 간독성, 사정지연, 체중증가 및 감소
단기아민 산화효소 억제제(MAOI)	모클로베미드(Moclobemide)	우울증, 공황장애, 외상 후 스트레스 장애, 거식증	기립성 저혈압, 진정, 불면, 체중증가, 부종, 성기능 저하
최신 개발 억제제	벤라펙신(Venlafaxine), 미르타자핀(Mirtazapine), 부프로피온(Bupropion), 네파조돈(Nefazodone), 프라조돈(Frazodone), 듀오록시틴(Duoloxetine)	자살시도자, 불안, 수면장애, 무기력증, 성기능장애, 금연 치료제, 우울증, 만성 통증	구토, 불안, 구갈, 졸음, 어지러움, 혈압증가, 진정, 체중증가, 무과립구증, 경련, 불면증

출처: 임숙빈 외(2015).

그림 5-2는 항우울증제의 작용 및 부작용을 나타낸다.

① 항우울제는 시냅스 후 수용체를 차단하므로 세로토닌(5-HTs) 수용체를 호출해 선택적 세로토닌수용체 차단제(Selective Serotonin Receptor Blockers)가 될 수 있으며 이는 구강건조, 메스꺼움, 현기증, 변비와 가벼운 현기증의 약물 부작용(ADRs)을 일으킨다.

② 항우울제는 사환계 항우울제(TeCAs)라 지칭하는 시냅스 전 알파2 수용체를 차단하므로 시냅스(연접) 송신기라는 신경전달물질들(노아드레날린[NA/NE], 세로토닌[5-HT], 다른 물질)의 수치를 증가시킨다. 사환계 항우울제는 두통, 졸음, 구강 건조, 피로감, 혈액세포 독성에 대한 약물 부작용을 일으킨다.

③ 항우울제는 단기 아민 산화효소(MAO)를 억제하므로 시냅스(연접) 송신기라는 신경전달물질들(노아드레날린[NA/NE], 세로토닌[5-HT], 다른 물질)의 수치를 증가시킨다. 단기 아민 산화효소 가역적저해제(RIMAs)와 비 선택적 단기아민 산화효소 억제제(Non-Selective MAO inhibitors)로 구분되는데. RIMAs는 메스꺼움, 불면증과 현기증의 약물 부작용을 일으키며, Non-Selective MAO inhibitors는 다이어트 제한, 혈압상승 위협의 약물 부작용을 일으킨다.

④ 항우울제는 신경전달물질(송신기) 재흡수(Transmitter re-uptake)를 억제하므로 시냅스(연접) 송신기라는 신경전달물질들(노아드레날린[NA/NE], 세로토닌[5-HT], 다른 물질)의 수치를 증가시킨다. 그로 인하여 선택적 노르아드레날린 재흡수 저해제(SNRIs)가 될 수 있는데 이는 두통, 메스꺼움, 구토, 떨림, 불면증의 약물 부작용을 일으킨다.

⑤ 항우울제는 신경전달물질(송신기) 재흡수(Transmitter re-uptake)를 억제하므로 시냅스(연접) 송신기라는 신경전달물질들(노아드레날린[NA/NE], 세로토닌[5-HT], 다른 물질)의 수치를 증가시킨다. 그로 인하여 삼환계 항우울

제(TCAs)가 될 수 있는데 이는 항 무스카린성, 항 히스타민성 및 항 아드레날린 성 효과(과다 복용 시 치명적임)의 약물 부작용을 일으킨다.

⑥ 항우울제는 신경전달물질(송신기) 재흡수(Transmitter re-uptake)를 억제하므로 시냅스(연접) 송신기라는 신경전달물질들(노아드레날린[NA/NE], 세로토닌[5-HT], 다른 물질)의 수치를 증가시킨다. 그로 인하여 선택적 세로토닌 재흡수 저해제 (SSRIs)가 될 수 있는데 이는 두통, 메스꺼움, 불면증, 현기증, 세로토닌 증후군의 약물 부작용을 일으킨다.

⑦ 항우울제는 신경전달물질(송신기) 재흡수(Transmitter re-uptake)를 억제하므로 시냅스(연접) 송신기라는 신경전달물질들(노아드레날린[NA/NE], 세로토닌[5-HT], 다른 물질)의 수치를 증가시킨다. 그로 인하여 노르아드레날린-세로토닌 재흡수 저해제(NSRIs))가 될 수 있는데 이는 두통, 메스꺼움, 식욕부진, 진정작용, 현기증의 약물 부작용을 일으킨다.

⑧ 항우울제는 신경전달물질(송신기) 재흡수(Transmitter re-uptake)를 억제하므로 시냅스(연접) 송신기라는 신경전달물질들(노아드레날린[NA/NE], 세로토닌[5-HT], 다른 물질)의 수치를 증가시킨다. 그로 인하여 선택적 세로토닌수용체 차단제(selective serotonin receptor blockers)가 될 수 있는데, 이는 구강건조, 메스꺼움, 현기증, 변비와 가벼운 현기증의 약물 부작용을 일으킨다.

이상 종합한 결과 항우울제의 부작용은 흐릿한 시야, 구갈(목마름), 변비, 빈맥(빠른 맥), 어지러움, 저혈압, 심전도 변화, 위장관계 장애, 불면, 진정, 졸림, 근육통, 오한, 오심 등이 나타날 수 있다. 따라서 위험한 일을 피하게 하고, 입을 자주 헹구거나 얼음 조각이나 무설탕 껌, 사탕을 물도록 한다. 또한 수분섭취와 고섬유 식사, 운동을 권장하며 카페인은 줄이고 앉았다가 갑자기 일어나지 않도록 하며 약물 사용 전 심장질환에 대한 과거력을 사정하여 낮 동안 위험한 일을 하지 않도록 하고 처방에 의한 약물을 복용하고 임의로 약물 복용을 중단하지 않도록 해야 한다(임숙빈 외, 2015).

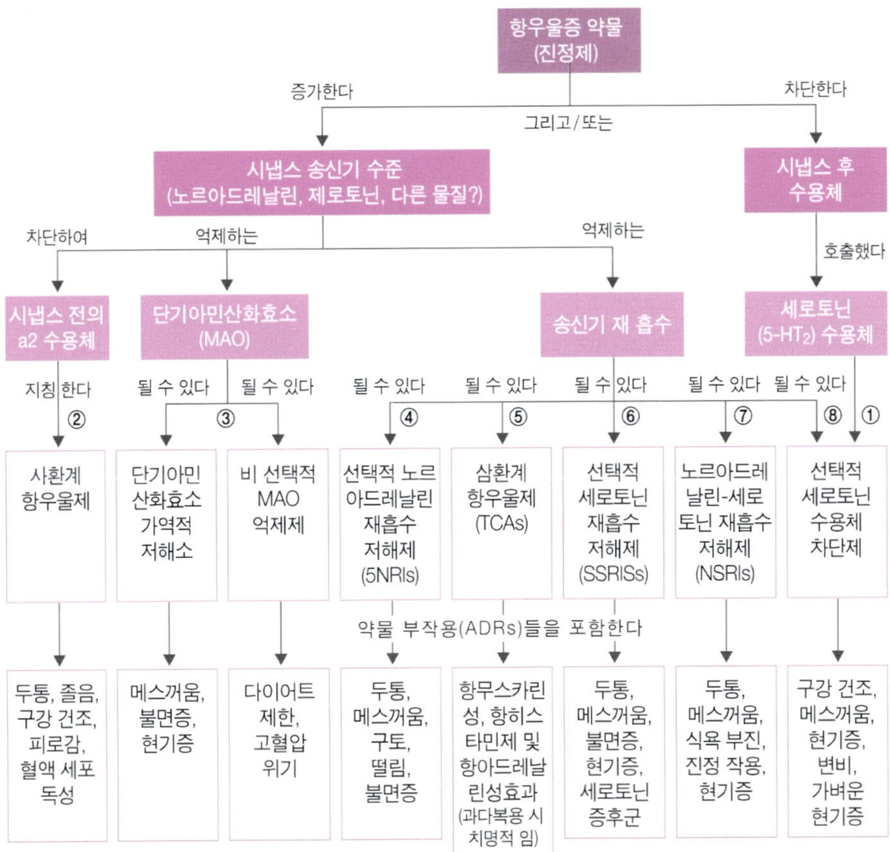

그림 5-2 항우울제의 작용 및 부작용

출처: Bullock et al.(2007).

3) 기분안정제

기분안정제(Mood Stabilizers)는 양극성 장애와 우울 및 조증삽화(Mania episode)의 호전을 비롯하여 다른 삽화로의 전환을 유발하지 않는 약물을 가리킨다. 기분안정제로는 리튬(Lithium), 발프로에이트(Valproate), 디발프로엑스(Divalproex), 카르바마제핀(Carbamazepine) 등이 있다. 기분안정제의 효과와 부작용은 표 5-4와 같다.

표 5-4 기분안정제의 종류 및 부작용

분류	효능	부작용
리튬 (Lithium)	조증 주치료제, 양극성 장애의 일차 치료제	일반적인 부작용으로는 오심, 설사를 동반한 위장장애, 진전, 체중증가, 구갈, 피로감, 기억력 장애, 콩팥 및 갑상선 이상, 조혈기관 이상 등
발프로에이트 (Valproate)	양극성 장애, 급성 조증 치료	오심, 식욕부진, 구토, 설사, 진정, 진전을 동반한 신경학적 증상, 혈소판 감소증, 백혈구 감소증 등
카르바마제핀 (Carbamazepine)	급성 순환성 조증, 불쾌성 조증, 신체 증상 치료	피부발진, 위장관계 증상, 백혈구 감소, 재생불량성 빈혈, 간염, 박리성 피부염, 심장전도 이상 등

출처: 임숙빈 외(2015).

4) 항불안제 및 수면제

항불안제(Anxiolytics)는 일명 불안용해제, 정온제라고도 하는데 주로 불안, 긴장, 초조 등의 증상을 완화시키는 용도로 사용하는 약물이다. 항불안제 약물은 벤조디아제핀(Benzodiazepine)계와 비벤조디아제핀(Nonbenzodiazepine)계로 분류한다. 항불안제 및 수면제(Hypnotics)의 효능과 부작용은 표 5-5와 같다.

표 5-5 항불안제와 수면제의 효능 및 부작용

구분	종류	효능	부작용
벤조디아제핀(Benzodiazepine)	알프라졸람(Alprazolam), 브로마제팜(Bromazepam), 클로바잠(Clobazam), 클로나제팜(Clonazepam), 다이아제팜(Diazepam),	범불안장애, 우울과 관련한 불안 및 수면장애 치료, 긴장 감소, 진정 유도, 수면제, 마취제로 이용, 항경련제, 근육이완제	심리적, 신체적 의존, 금단증상 동반(불안, 불면, 피로감, 두통, 근육경련, 통증, 진전, 발한, 어지러움, 주의산만, 오심, 식욕부진, 우울, 이인증, 비현실감, 감각지각 이상, 중추신경억제작용(GABA)으로 마약, 알코올과 함께 복용 금지
비벤조디아제핀(Nonbenzodiazepine)	부스피론(Buspirone), 졸피뎀(Zolpidem)	벤조디아제핀계보다 금단증상이 없음, 항불안효과(효과가 느린 것이 단점), 수면제	두통, 오심, 어지러움, 수면장애 동반, 내성과 의존 위험성 내포함

출처: 임숙빈 외(2015).

5) 인지기능 개선제

인지기능 개선제(Cognitive Enhancers)란 치매와 같은 인지기능 저하의 문제를 치료하기 위하여 개발된 약물이다. 인지기능 개선제는 일시적으로 인지기능을 호전시키고 증상을 지연시키게 할 뿐 근본적으로 질환을 치료하지는 못한다.

인지기능 개선제로는 도네페질(Donepezil), 갈란타민(Galantamine), 리바스티그민(Rivastigmine), 메만틴(Memantin) 등이 있다. 인지기능 개선제의 효능과 부작용은 표 5-6과 같다.

표 5-6 인지기능 개선제의 효능 및 부작용

종류	효능	부작용
도네페질(Donepezil), 갈란타민(Galantamine), 리바스티그민(Rivastigmine), 메만틴(Memantin)	알츠하이머병의 지연, 파킨슨을 포함한 대뇌질환 치료제	간 기능 저하, 오심, 구토, 설사를 동반한 위장 관계 증상, 식욕감소, 체중감소, 두통, 허약감, 피로감, 수면장애, 흉통, 어지러움, 변비, 혼동
정신자극제(교감신경흥분제, 자극제, 각성제)	자신감, 각성, 신체적 및 정신적 수행능력증가, 피로감 해소 및 기분고양, ADHD 치료제, 우울, 신경쇠약 치료제	내성과 금단증상, 남용, 의존성 증가, 혈압상승, 심부정맥, 구갈, 산동, 초조, 정서불안, 식욕감소, 위장관계 장애, 빈맥, 불면

출처: 임숙빈 외(2015).

2. 신체적 치료

일반적으로 알려진 신체적 치료로는 전기경련 치료, 광선 치료, 신체적 억제 및 격리 등이 있다.

1) 전기경련 치료

전기경련 치료(ECT, Electro Convulsive Therapy)는 일명 충격 치료(쇼크 치료)라고도 하는데 환자의 머리에 전극을 붙이고 전기를 흘려보내 인위적으로 전신성 경련을 유발시켜 질병을 치료하는 정신의학적 방법이다. 전기경련치료는 1938년 4월에 이탈리아 로마대학의 정신과 교수인 Cerletti는 Lucio Bini와 공동으로 정신 분열증 환자를 대상으로 ECT를 사용하여 정신병을 치료한 데서 시작되었다(Rudorfer et al., 1997).

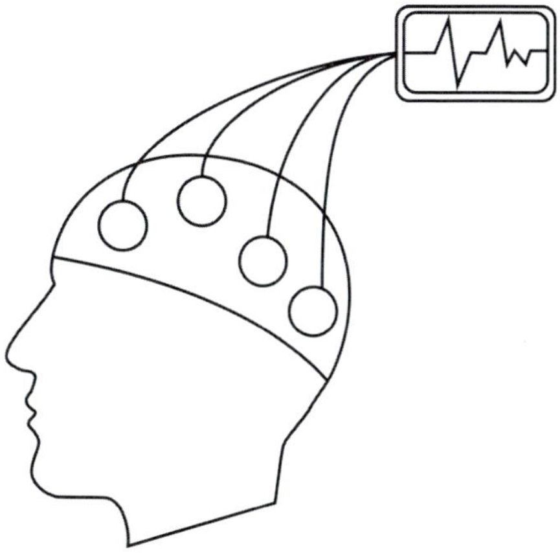

그림 5-3 전기경련요법

Cerletti 연구팀은 처음에 돼지를 가지고 실험한 경험을 가지고 정신병을 앓고 있는 노숙자에게 열한 번의 전기경련 치료를 시행한 후 끝에 증세를 호전시키는 결과를 낳았다. 이후 전기경련 치료는 정신의학에서 환자의 행동변화를 일으키게 하는 치료 중 약물 치료 다음으로 현재 가장 널리 사용되고 있다. 전기경련 치료는 뇌에 전기적, 생화학적, 내분비적, 유전적인 변화를 초래하여 증세의 호전을 가져오는 것으로 여기고 있다. 즉, 베타아드레날린성(β-adrenergic) 수용체의 감수성의 하향조절, 세로토닌(5-HT2) 수용체의 증가, 감마아미노부티르산(GABA)의 합성과 유리의 감소 등을 통해 증세를 치료하는 것으로 알려졌다.

전기경련 치료는 주로 자살위험이 있는 우울증 및 항우울제 효과가 나타나지 않는 우울장애, 조증, 조현병, 중증의 기질적 정신증(Organic Psychosis), 섬망(Delirium), 난치성 간질(Refractory Epilepsy), 신경이완제 악성증후군(Neuroleptic Malignant Syndrome),[7] 파킨슨증후군(Parkinson`S Disease), 신경성 피부염, 궤

7) 신경이완제 악성증후군(Neuroleptic Malignant Syndrome): 항 정신병 약물 투여 중 나타나는 부작용으로 고열, 근육 강직, 발한, 무동증, 무언증, 초조, 섬망, 혼수상태를 동반하며 급성 시 사망에 이름

양성 위장염, 식욕부진, 오심 등의 정신적·신체적 문제가 있거나 삼차신경통,[8] 사지절단과 같은 급성 고통에 적용하는 치료법이다. 전기경련 치료는 일반적으로 6회에서 9회를 이틀 간격으로 약 2주간에 걸쳐 치료한다. 하지만 전기경련 치료는 뇌종양, 심근경색, 뇌출혈, 두개내출혈, 정맥류, 동맥류, 뇌동맥류, 망막분리, 갈색종, 잠재적 고혈압, 울혈성 심부전, 심실부정맥 등이 있는 경우 사용할 수 없다. 한편 전기경련 치료는 일시적으로 기억력장애, 척추골절, 무월경, 무호흡, 두통, 식욕부진, 고혈압 등의 부작용을 동반한다.

2) 광선 치료

광선 치료(Phototherapy)는 해변 모래 위에서 일광욕(Heliotherapy)을 하거나 다색편광, 레이저, 발광다이오드, 형광등, LED 램프 등과 같은 특별한 파장의 기구를 이용하여 치료하는 방법을 말한다. 빛을 이용한 피부질환 치료는 오래 전부터 전해 오고 있다. BC 1500년 인디언은 자연약초와 함께 광선 치료를 병행한 것으로 전해지고 있으며 AD 200년 경 중국의 의학서적에도 비색소성 피부질환 치료에 태양광을 이용한 것으로 알려져 있다. 헤로도토스(Herodotus)는 일광욕을 통해 피부병을 치료하였으며 특히 여드름 치료에 사용되어 온 것으로 전해진다.

그림 5-4
Niels Ryberg Finsen
출처: By 미상 - Self-scanned, 퍼블릭도메인, https://commons.wikimedia.org/w/index.php?curid=9550621

한편 1903년 덴마크의 코펜하겐 대학의 의사인 Finsen(1860-1904)은 광선 치료를 이용하여 피부결핵

8) 삼차신경통(Trigeminal neuropathy): 일명 안면신경통으로 얼굴 한쪽이 심한 통증을 동반하는 인류 질병학 상 가장 극심한 고통을 야기하는 질병.

(Lupus Vulgaris)을 치료하는 시술법으로 노벨상을 수상하며 광선 치료의 아버지로 불리고 있다. 오래전부터 널리 알려진 광선치료는 여드름 균과 피지선을 줄임으로써 여드름을 효과적으로 치료할 수 있는 방법으로 여드름 광역학 치료(Photodynamic Therapy)를 둘 수 있다. 이외에도 일반적으로 알려진 광선 치료는 아토피성 피부질환(Atopic Dermatitis), 건선(Psoriasis), 백반증(Vitiligo), 습진(Eczema), 신생아 황달(Neonatal Jaundice), 당뇨 망막병증(Retinal Conditions), 생체리듬 수면장애 및 시차로 인한 지연성 수면기 장애(Circadian Rhythm Sleep Disorders and Jet Lag), 계절 및 비계절성 정신질환(Seasonal Affective Disorder), 만성피부상처, 파킨슨병의 수면장애(Sleep Disorder in Parkinson's Disease), 피부암(Cancer)을 치료하는 데 사용된다.

광선 치료에 사용되는 빛의 밝기는 2,500Lux에서 10,000Lux가 적당하다. 광선 치료 시 광선 등을 눈높이에서 정면으로 향하여 30분 가량 빛에 노출시킨다. 계절성 정서 장애인 경우 주로 아침 광선 치료를, 생체리듬 수면장애 및 시차로 인한 지연성 수면기 장애의 경우는 환자에 따라 새벽 또는 저녁(오후 6~9시)에 광선 치료를 적용하는 것이 좋다. 광선 치료의 부작용으로는 자외선의 과다로 인해 피부홍반, 유전학적인 손상(Genetic Damage), 콜라겐 손상(Collagen Damage), 비타민 A, C 파괴, 백내장 형성, 피부암 발병, 각막염 청색 빛 노출로 인한 생식호르몬 생성 활성화(테스토스테론, 황체형성호르몬, 난포자극호르몬, 에스트라다이올) 및 불안감, 두통, 메스꺼움, 눈 자극 및 눈의 피로, 불면 등이 있으므로 광선 치료에 주의를 기울여야 한다(임숙빈 외, 2015).

3) 신체적 억제 및 격리

신체적 억제 및 격리(Physical Restraint and Seclusion)란 중독자의 전신 혹은 신체 일부분의 움직임을 제한하기 위해 사용하는 물리적 장치 및 기구 등을 가리킨다. 신체 억제대와 격리는 조증, 조현병 환자와 같은 신체적 조절 능력이 심하게 격앙된 환자, 자살, 타살, 기물 파손 등 자해와 타해의 위험성이 높은 환자, 눈에 띄게 흥분하거나 파괴적 행동을 하는 환자, 치료를 거부하는 환자, 약물로 과도한 행위를 조절할 수 없는 환자, 행동 치료의 한 방편으로 하는 경우, 환자의 요청이 있을 때, 음식이나 휴식을 거부하여 환자의 건강이 위험하다고 인정될 때 사용하게 된다.

이처럼 신체 억제대 사용 및 격리는 환자 자신, 다른 환자들, 방문객, 직원들, 주위 환경의 안전 및 보호, 환자 자신을 진정시키기 위한 조치라 할 수 있다. 최근 보건복지부는 요양병원 직원들의 편의에 의한 신체 억제대 사용을 미연에 방지하고 환자의 신체적, 정신적 건강 상태의 안정을 담보하기 위해 요양병원용 신체 억제대 사용 감소를 위한 지침을 마련하였다. 특히 신체 억제대를 사용하는 경우 신체 억제대의 두께나 길이 등을 고려하여 국소적인 과도한 압박을 피하며, 손가락 두 개 정도의 공간을 확보하여 혈액순환장애를 예방하도록 하고 있다. 또한 신체 억제대 사용부위가 뼈 등의 돌출 부위인 경우에는 패드(pad)를 대도록 하였고 흉부 억제가 필요한 경우는 호흡에 지장이 없도록 반드시 확인토록 하였다. 이외에도 신체 억제대를 사용한 경우 최소 2시간마다 환자상태 관찰 및 욕창 예방을 위해 체위 변경, 맥박, 체온, 피부색 및 감각을 관찰을 통해 혈액 순환 장애, 피부손상 위험성 등을 예방하기 위해 허용된 범위 내에서 움직임이 최대한 가능하도록 해야 하며 배설 및 섭취 등 환자의 기본욕구를 충족할 수 있도록 하고 있으며 이때 환자 혼자 두지 않도록 규정하고 있다.

한편 보건복지부에서 정한 신체 억제대 종류에는 클로브 히치(Clove-Hitch), 고리 매듭(Half-Bow or Reef Knot), 정방형 매듭(Square or Reef Knot) 등이 있다. 클로브 히치는 잡아당겼을 때 조여지지 않고 쉽게 풀어지는 것으로 환자의 몸을 어느 정도 움직일 수 있도록 하는 신체 억제 방법이다. 고리 매듭은 잡아

당겼을 때 미끄러지지 않으며 풀기 쉬운 신체적 억제 방법이며 정방형 매듭은 두 개의 끈을 서로 묶을 때 사용하는 방법으로 잡아당겨도 조여지지 않고 압력이 풀려도 미끄러지지 않는 장점이 있다(그림 5-5 참조)(보건복지부 보도자료, 2015).

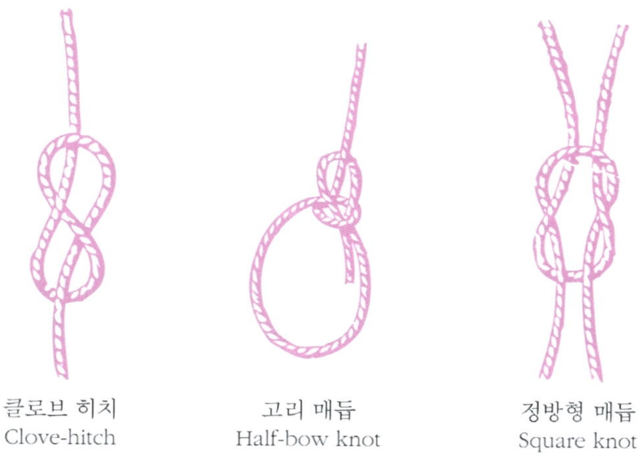

그림 5-5 억제대 종류

격리를 하게 될 경우 필요에 따라 의사의 처방을 받아 근육주사를 투여하며 때에 따라서는 강박을 사용하며 그 이유를 설명하여 안심시킨다. 그리고 음식은 종이나 플라스틱 재료로 된 격리용 트레이를 사용하며 대소변 또한 일회용 플라스틱 변기를 사용하도록 한다. 격리되는 동안 면회, 전화, 잡지, 라디오, 텔레비전 등은 제한하며 자주 관찰하여 활력 징후를 살피며 그에 따른 적절한 대응이 필요하다. 결과적으로 신체적 억제 및 격리는 환자의 격양된 행동의 교정 및 진정을 가져오게 되나 반대로 강박되었을 때 환자는 두려움, 적개심, 죄책감, 망상, 보복, 지남력 상실, 비가역적 신체적 손상, 지적 장애, 저혈압, 심장 발작, 무호흡 등을 일으키는 것으로 알려지고 있다(임숙빈 외, 2015).

3. 정신 치료

정신 치료란 상담을 통하여 중독자로 하여금 자신의 삶을 통제할 수 있는 능력을 갖게 하는 치료를 말한다. 정신 치료는 심인성 장애(신경증적 장애, 정신병적 장애, 인격 장애, 정신생리장애, 심리적 위기)와 행동장애(알코올중독, 약물중독 및 비행 등)에 적용하며 당면한 문제를 치료하여 중독자의 성숙한 대인관계 증진과 사회적으로 용납되는 적절한 행동을 수행하는 능력을 향상시키는 데 있다. 정신 치료는 크게 지지 심리 치료와 통찰 심리 치료로 나눈다.

1) 지지 심리 치료

지지 심리 치료(Supportive Psychotherapy)는 심신이 약해진 중독자의 자아를 지지해주는 치료방법으로 자신을 통제할 수 있다는 자신감, 즉 역량강화(Empowerment)를 제공한다(조홍식 외, 2007). 지지 심리 치료에는 표 5-7과 같이 안심(Reassurance), 지지(Support), 환기(Ventilation), 제반응(Abreaction), 설득(Persuasion), 암시(Suggestion), 충고와 지도(Advice and Guidance), 마취합성(Narcosynthesis) 등이 있다(임숙빈 외, 2015).

표 5-7 지지 심리 치료의 방법

방법	내용
안심	불안한 상황을 위로하며 중독자의 마음을 든든히 하는 방법
지지	중독자의 상황을 이해하며 격려해주는 방법
환기	중독자의 불안한 상황에서 해방감을 갖도록 하는 방법
제반응	신경증적 장애를 발생시킨 스트레스 상황을 감정적으로 재경험하게 함으로써 긴장이나 불안을 완화시키는 방법
설득	자녀를 훈계하듯 나약한 자아를 설득하여 증상을 극복케 하는 방법
암시	나쁜 증상은 사라지고 차츰 나아지리라는 생각을 들게 하는 방법
충고와 지도	판단이나 결정에 도움이 되도록 말로 거들거나 깨우쳐 주는 방법
마취합성	펜토탈소듐[9]이나 소듐아미탈[10]을 주사하여 긴장을 풀게 하는 방법

2) 통찰 심리 치료

통찰 심리 치료(Insight Psychotherapy)는 평소 전의식이나 무의식에 있던 개인 자신의 정신적, 감정적 요소들을 자각하고 인식하는 정도를 높임으로써 행동의 변화를 가져오게 하는 치료를 말한다. 통찰 심리 치료에는 표 5-8과 같이 심리 분석 치료(Psychodynamic Psychotherapy), 대인관계 분석 치료(Interpersonal Psychotherapy), 단기역동 심리 치료(Short-Term Psychodynamic Psychotherapy), 실존주의 치료(Existential Psychotherapy) 등이 있다(임숙빈 외, 2015).

표 5-8 통찰 심리 치료의 종류

심리 분석 치료	Freud의 정신분석 치료 방법 적용
대인관계 분석 치료	Sullivan 등 신프로이트학파의 이론 적용
단기역동 심리 치료	현재의 문제를 해석, 직면, 명료화한 후 저항에 도전하며 중독자의 감정을 도출함
실존주의 심리 치료	현실(here and now)에서 일어난 경험을 중요시함
	*Ellis(1950)의 합리적 정서 치료(Rational emotive therapy) 적용
	*Frankl의 의미 치료(Logotherapy) 적용
	*Glasser의 현실 치료(Reality therapy) 적용
	*Perls의 게슈탈트 치료(Gestalt therapy) 적용
	*Rogers의 내담자중심 치료(Client-centered Therapy) 적용
	*Hayes의 수용전념 치료(Acceptance and Commitment Therapy) 적용 -지난 경험을 회피하기보단 수용하도록 하여 치료하는 방법

9) 펜토탈 소듐(Pentothal sodium): 사형수가 사형당할 때 진정제로 투여하는 약물로 알려져 있으나 미량으로는 진실을 자백하도록 유도할 때 사용된다.

10) 소듐 아미탈(Sodium amytal): 중독자 자신을 묶고 있는 방어기제를 해제시켜 사실을 말하게 하는 약물

(1) 심리 분석 치료

심리 분석 치료는 19세기 말 Freud(1856-1939)에 의해 개발된 정신과적 치료 방법으로써 신경증 원인이 중독자의 내부에 있음을 알게 하여 증상을 치료하는 치료방법이다. 그러므로 심리 분석 치료는 증상 완화와 더불어 중독자의 기본적 성격 양상과 방어기전을 수정하거나 제거하는 데 목표를 둔다. 심리 분석 치료는 중독자가 머리에 떠오르는 생각과 느낌을 모두 솔직하게 말로 표현하는 자유연상(Free Association) 기법과 꿈의 분석 등이 있다. 자유연상 기법은 중독자의 머리에 떠오르는 생각과 느낌을 말하지 못하게 하는 정서적 차단(Emotional Blocks), 즉 저항(Resistance)을 규명하고 해석하는 것이 우선되어야 한다. 그러기 위해서는 중독자가 현재 느끼고 있는 모든 생각들을 숨김없이 모두 털어놓도록 유도하며 현실상황에 대한 대처 또한 중독자 스스로가 방법을 찾도록 해야 한다. 이때 심리 분석 치료자는 중독자의 말과 행동양상을 토대로 중독자의 심리상태를 해석(Interpretation)함으로써 그동안 무의식적인 사고와 감정을 일깨워줌으로써 억압된 상태에서 자유롭게 하는 일이 중요하다(한국산업사회학회, 2009; 윤가현 외, 2013).

Freud는 꿈의 분석에서 꿈을 인간의 의식과 무의식 사이의 상호작용으로 억압된 욕망의 위장된 성취로 이해한다. 즉, 꿈은 무의식 속에 자리잡고 있는 인간의 욕망, 충동, 기억 등과 같은 것들이 모습을 바꾸어 꿈속에서 나타나는 것으로 본다. 그러므로 꿈의 해석은 꿈속에서 보이는 상징들의 위장과 은폐를 걷어내고 꿈의 진짜 의미, 즉 감추어진 욕망을 드러내는 데 그 목적이 있다.

(2) 대인관계 분석 치료

대인관계 분석 치료는 1940년대 신프로이트학파(Neo Freudian School)인 Sullivan(1892-1949), Fromm(1900-1980), Horney(1885-1952) 등에 의해 개발된 치료방법으로 인간의 인격구성에 있어서 사회문화적 요소를 중요시한다.

Sullivan에 의하면 인격은 인간의 상호관계 속에서 발생하는 역동적인 것이며, 성격 또한 부모와 같은 친밀한 사람들과의 관계에 의해 형성된다고 하였다(윤가현 외, 2013).

대인관계 분석 치료에 의하면 인간의 행동은 만족(의식주 등 인간의 기본적인 욕구)과 안전(가정, 사회, 문화 등 전체와 대인관계에서 발생하는 감정적인 요소)을 추구하는 충동에 의해 발생한다. 특히 대인관계 분석 치료에서 정신질환은 어떤 행동에 대한 허용 또는 금지에 따른 개인의 자기 체계가 만족과 안전에 대한 욕구충족 능력이 저해될 때 발생하는 것으로 보고 있다. 대인관계 분석 치료에서 주요한 치료 기법은 면담으로 중독자의 성공적인 대인관계를 맺도록 격려하고 도와주는 데 있다.

(3) 단기역동 심리 치료

단기역동 심리 치료는 정신분석 이론을 기반으로 중독자에게 영향을 미치는 정신역동적인 패턴을 이해하고 탐색하는 데 초점을 둔다(윤가현 외, 2013). 특히 단기 역동 심리 치료는 중독자가 적극적으로 자신의 현실적인 문제를 해석, 직면, 명료화하는 동시에 저항에 도전하며 중독자의 감정을 이끌어내는 치료 과정을 거치게 된다. 단기역동 심리 치료 초기에는 약물을 투여하여 우울, 불안 등 심리적인 문제를 안정시키는 것이 중요하며 다음 단계로는 중독자로 하여금 자신의 생각과 느낌을 모두 숨김없이 솔직히 이야기하도록 하는 동시에 치료자는 이야기하는 중독자의 상태를 면밀히 분석하는 일이 필요하다. 이후 상담 과정에서 파악한 사항을 설명한 후 중독자 스스로가 방법을 찾도록 해야 한다.

(4) 실존주의 심리 치료

실존주의 심리 치료는 현실((Here and Now)에서 얻어진 경험을 중요시하는 치료방법으로 엘리스(Ellis, 1913~2007)의 합리적인 정서 치료(Rational Emotive Therapy), Frankl(1905~1997)의 의미 치료(Logotherapy), Perls의 게슈탈트 치료(Gestalt therapy), Rogers의 내담자중심 치료(Client-centered Therapy), Hayes의 수용 전념 치료(Acceptance and Commitment Therapy) 등이 있다.

엘리스의 합리적 정서 치료는 일명 ABCDE 이론으로 불리며 사람의 감정과 행동이 주어진 상황에 대한 부정적인 주관적 평가에 의해 영향 받는다고 가정하고 모든 행동의 결정인자로서 인지과정을 중요시한다. 치료 목표는 어떤 사건(A, Activating Event)에 대한 내담자의 문제 행동을 만들어내는 비합리적이고 부정적인 신념체계(B, Beliefs)를 통해 나타난 부정적인 결과(C, Consequences)를 논박(D, Disputing)을 통해 보다 현실적이고 합리적인 신념체계를 내면화(E, Effects)하는 데 있다(Neenan et al., 1999, 그림 5-6 참조).

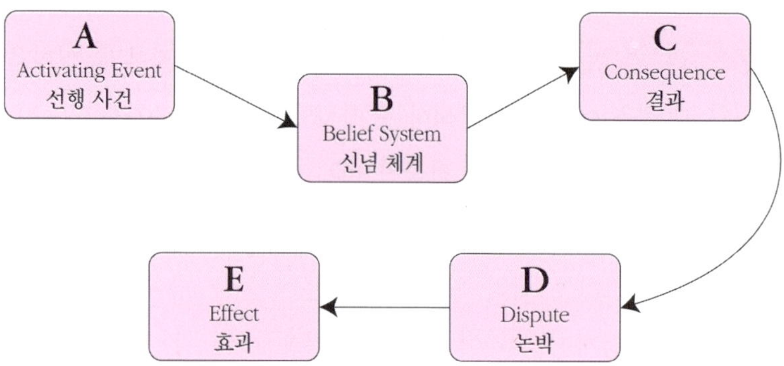

그림 5-6 엘리스의 ABCDE 모델

Frankl의 의미 치료는 고통이 아무리 크더라도 의미를 찾아낸다면 이겨낼 수 있다는 치료방법으로 비인간적인 대우를 받았던 아우슈비츠 수용소에 갇힌 사람들의 대처와 반응에 대한 정신 상태를 고찰한 자신의 저서 『Man's Search for Meaning: An Introduction to Logotherapy』(삶의 의미를 향한 인간의 탐구: 의미 치료의 소개)에서 출발한다. 의미 치료는 특별히 무의미한 삶을 살아가는 사람들에게 삶의 의미와 가치를 깨닫게 하여 궁극적으로 자신의 삶을 긍정적이고 가치 있는 의미를 부여하는 것을 핵심으로 하고 있다. Frankl에 의하면 극심한 상황 속에서 생의 의미를 찾지 못한 사람들은 생을 쉽게 포기하거나 짐승처럼 이성을 잃은 행동은 물론 또한 완전히 정신이 나간 폐인이 되었다고 한다. 하지만 똑같은 상황 속에서도 생의 의미를 찾으려고 애썼던 사람들은 존엄한 인간으로서 생존할 수 있었다고 한다(Frankl, 2006).

Glasser(1976)의 현실 치료는 중독자의 불만족스런 인간관계에 의해 발생한 좌절감을 극복하여 자신을 긍정적으로 인정하도록 하여 자신의 삶에서 필요한 책임 있는 행동과 대안적 해결책을 효과적으로 선택하도록 강구하는 치료 방법이다. 따라서 현실 치료는 중독자의 감정보다는 행동에, 과거보다는 현재와 미래에 초점을 두며 어떠한 변명(Excuses)이나 동정도 용납하지 않고 '왜'라는 질문도 가급적 피한다. 현실 치료는 수용시설(Institutional Settings)에 수용자들과 만성적 정신분열증 환자 및 비행자 등의 치료에 효과적이다.

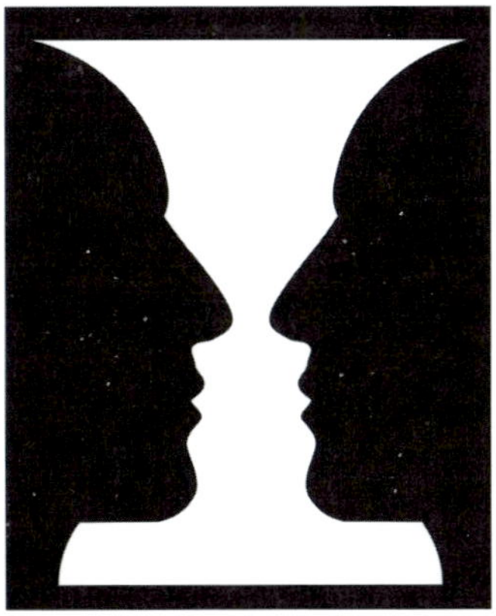

그림 5-7 게슈탈트의 루빈의 꽃병

출처: Pixabay/CC0 Creative Commons.

Perls(1951)의 게슈탈트 치료(Gestalt Therapy)는 인간중심 치료로 중독자 자신에게 문제를 해결할 수 있는 열쇠가 있음을 알게 해주는 상담 기법이다. Gestalt는 독일어로 '형태(Form)', '모양(Shape)' 이란 의미로 기차 여행 중 창밖 배경을 보고 생각해낸 이론이다. 즉, 유리창을 통해 창밖의 풍경을 보았지만, 실제로는 유리창을 본 것임에도 불구하고 자신은 풍경을 본 것으로 심리적으로 더 중요한 것을 지각하는 인간의 경향성을 주목한다. 그림 5-7은 게슈탈트 치료(Gestalt Therapy)에서 사용하는 '루빈의 꽃병(Rubin's Vase)'이다. 가운데 흰색은 꽃병모양을, 검은색은 마주보는 두 사람의 얼굴로 인식된다. 동일한 시각적 정보지만 뇌가 어떻게 인지하느냐에 따라 해석이 달라지는 것으로 알 수 있다. 이러한 현상을 착시(Optical Illusion)라고 하는데 어떤 물체나 이미지가 특정한 조건 아래에서 실제와는 다르게 보이는 현상을 말한다. 예를 들어, 한낮 하늘에 떠 있는 태양과 서쪽의 지평선에 가까운 태양의 크기가 달라 보이는 것과 같다. 일반적으로 착시현상은 신체의 정면에 있는 물체가 올려다보는 방향의 물체보다 더 크게 보인다.

열자[11]의 탕문편에 동방나라를 여행하는 중에 있던 공자는 두 아이가 다투는 모습을 보고 그 이유를 물으니 한 아이가 해가 한낮 중천에 떠 있을 때 더 뜨겁고 해가 지고 있을 때 덜 뜨거우니 당연히 하늘 높이 떠 있을 때 땅과 더 가깝다고 하였다. 이에 반하여 다른 아이는 해가 높이 떠 있을 때는 작게 보이고 지고 있을 때 더 크게 보이니 태양이 지고 있을 때 땅과 더 가깝다고 하였다. 결국 두 아이는 공자에게 누구의 말이 맞는지 의견을 물었지만 태양이 어느 위치에 있든 거리는 똑같다는 엄연한 사실을 두고도 공자는 답을 하지 못했다고 한다(조관희, 2014).

11) 열자: 중국의 춘추전국시대(BC8-BC3) 사상가 열자의 저서로 노자, 장자와 함께 도가의 삼서로 알려져 있으며 모두 8편으로 구성되어 있다. 논리보다는 비유적인 우화로 무위자연의 도가학설을 해설한 책이다.

게슈탈트 이론(Gestalt Theory)은 체코슬로바키아 출신인 Max Wertheimer (1880~1943), Wolfgang Kohler(1887~1967), Kurt Kofffka(1886~1941) 등에 의해 제시되었으며 1910년대 게슈탈트 심리학이 만들어졌다. 게슈탈트 이론에는 다섯 가지 법칙이 있다(Weiten, 1998; 윤가현 외, 2013).

첫째, 통폐합의 법칙(Law of Closure)

통폐합의 법칙이란 기존의 지식을 토대로 완성되지 않은 형태를 완성시켜 인지하는 경향을 말한다.

둘째, 유사성의 법칙(Law of Similarity)

유사성의 법칙이란 유사한 요소끼리 그룹지어 하나의 패턴으로 보려는 경향을 가리킨다.

셋째, 근접성의 법칙(Law of Proximity)

근접성의 법칙은 시공간적으로 서로 가까이 있는 것들을 함께 집단화해서 보는 경향을 말한다.

넷째, 단순성의 법칙(Law of Simplicity)

단순성의 법칙은 주어진 여건 하에서 최대한 가장 단순한 쪽으로 인식하는 경향을 말한다.

다섯째, 연속성의 법칙(Law of Continuity)

연속성의 법칙이란 요소들이 기존 패턴에 따라 연속적으로 함께 묶여 이어나갈 것이라고 지각하는 원리이다.

그림 5-8 게슈탈트의 5가지 법칙

게슈탈트 치료(Gestalt Therapy)는 현재 상황에 대한 자각에 초점을 두고 있으며, 또한 인간의 문제는 자신과 주변에서 일어나는 일들을 충분히 자각하지 못하는 데서 발생하는 것으로 본다. 그러므로 게슈탈트 치료는 중독자 자신과 주변에서 일들을 충분히 자각할 수만 있게 된다면 그러한 문제들을 스스로 효과적으로 대처하고 해결해 나갈 수 있다고 본다. 이처럼 게슈탈트 치료는 중독자 스스로가 무엇을, 어떻게 하고 있는지를 자각하게 함과 동시에 자신을 수용하고 존중하도록 하는 데 있다. 따라서 게슈탈트 치료는 개체와 환경 간의 유기적 통합성을 강조하며 대화를 중시한다.

건강한 개인은 자신이 경계를 유지하면서 타인 및 환경과 교류하게 된다. 때로는 자신의 경계를 개방하여 자신이 필요로 하는 부분을 받아들이고 동시에 주변 환경으로부터 오는 해로운 것들을 경계하여 자신을 보호한다. 또한 인간의 신체와 감각, 감정, 욕구, 사고와 행동을 분리된 것이 아닌 유기적으로 연결되어 있는 것으로 인식하고 중독자가 사용하는 언어를 비롯한 표정, 목소리, 자세, 제스처, 꿈과 환상, 이미지 등의 비언어적 부분을 통합적으로 활용하여 다각적인 치료를 시도하게 된다. 즉, 게슈탈트 치료에서 중요한 것은 현재의 자신을 어떻게 지각하는지를 깨닫게 하는 데 있다. 곧 과거의 억압되었던 생각이나 기억을 되살리고 이를 분석하는 것이 아니고 중독자의 현재 상황에 대해 어떻게 느끼고 그 가운데서 자신의 행동은 어떠한지 자각하고 체험하게 함으로써 해결되지 못한 과제(Unfinished Business)를 해결할 수 있도록 돕는 치료이다(윤가현 외, 2013).

Gestalt(1940)의 대표적인 치료 기법 가운데 하나가 빈 의자 기법이다. 빈 의자에 그와 관계된 대상이 앉아 있다고 가정하고 평소에 그에게 하고 싶은 이야기를 하게 하는 방법이다. 빈 의자 기법은 중독자 스스로가 미해결 과제에 대한 자각을 높이도록 하기 위해 자신의 힘들고 괴로운 일에 대한 내용보다는 과거의 경험에서 느꼈던 사항을 표현하도록 하는 데 있다. 가령 아버지에게 하고 싶었던 이야기를 하게 하는 것이다. 당시 어떤 상황에 대하여 말하지 못하여 억압되었던 상황에 대하여 하고 싶은 이야기를 모두 하도록 함으로써 문제를 치료하는 기법으로 의존적이며 신경증이 있는 중독자들에게 보다 효과적이다(장연집 외, 2008).

Rogers(1950)의 내담자 중심 치료는 중독자에게 현실의 불행을 초래하는 요인을 이해할 능력과 방향 설정 및 긍정적인 변화를 일으킬 수 있는 능력이 있음을 가정하는데서 출발한다. 인간의 자기개념을 형성하는 데는 다른 사람으로부터의 긍정적 존중을 받는 것이 중요하다. 특히 주변 사람들로부터 사랑과 칭찬을 받으려는 욕구가 강한 아동기에는 주변인들의 가치 조건에 길들여지게 됨으로써 자신도 모르게 이를 자기 개념으로 받아들여지게 된다. 문제는 주변인의 가치 체계로 살아가다보면 자기 개념과 경험 간에 불일치가 발생하면서 불안을 겪게 되고 결국 그러한 일들이 위협적인 것으로 작용하게 된다. 그러므로 내담자 중심 치료는 일차적으로 중독자의 자기개념과 경험 간의 불일치를 제거하는 데 초점을 둔다.

내담자 중심 치료는 치료자의 따뜻하고 개방적인 분위기를 조성하여 중독자로 하여금 자유롭게 자신의 감정을 표현하도록 하며 진솔한 경청과 더불어 무조건적 긍정적 존중 및 자신의 감정인 것처럼 느끼는 공감적 이해가 필요한 치료 기법이다(윤가현 외, 2013).

Hayes(1982)의 수용전념 치료는 인지행동 치료의 제3동향으로 심리적 유연성을 위한 마음 챙김과 수용과정 및 전념과 행동변화 과정을 적용한 현대 행동심리학에 따른 치료 기법이다. 즉, 수용전념 치료는 필연적으로 겪게 되는 고통(불안, 걱정, 스트레스 및 기타 문제 등)을 받아들임으로써 풍부하고 충만하며 의미 있는 삶을 창조하는 데 있다.

인지행동 치료의 발달과정에서 보면 제1동향은 학습된 행동을 재학습함으로써 표면적으로 나타난 문제가 되는 행동을 수정하는 데 초점을 맞추고 있어 보상이나 처벌 등이 동반된다. 제2동향은 제1동향과는 달리 역기능적인 문제의 원인을 일으키는 사고체계를 수정하는 데 그 초점을 둔다. 하지만 수정된 사고체계가 종종 강박적으로 문제해결에 적용하다보면 오히려 문제가 더 지속되는 일이 발생하게 되어 더욱 문제가 심각해지는 일이 발생하게 된다. 예를 들어, 도박에 대한 부정적인 사고체계를 바꾸어 도박중독에서 벗어나려고 노력해보지만 실패함으로써 더욱 도박중독에 빠지는 경우를 말한다.

따라서 제3동향은 문제를 문제로 보지 않는다. 문제를 있는 그대로 인정하고 수용하는 데서 시작한다. 이때 자신의 감정이나 생각을 변화시키려는 노력을 금지한다. 그러므로 수용전념 치료는 말 그대로 아무리 부정적인 문제나 감정이라 할지라도 있는 그대로 받아들이는 것이 중요하다. 그리고 자신에게 가장 적절한 개인적인 가치를 명료화하여 이를 행동으로 실행하게 함으로써 문제로부터 해방을 가져오게 한다(임숙빈 외, 2015). 일반적으로 수용전념 치료는 만성적 통증, 금연, 우울, 불안, 정신증, 스트레스, 당뇨 관리에 효과를 보인다.

4. 심리적 치료

심리적 치료에는 인지행동 치료와 동기 강화상담 치료 등이 있다.

1) 인지행동 치료

(1) 인지행동 치료의 개념

인지행동 치료(CBT, Cognitive Behavioral Therapy, 1963)는 중독자의 일상생활에서 발생하는 문제들의 실체를 파악하여 이를 극복하도록 하는 데 초점을 둔다. 즉, 인지행동 치료는 긍정적인 적응 행동은 촉진하는 반면에 부정적인 비적응 행동은 변화시키는 데 있다. 이러한 인지행동 치료의 치료 방법은 중독자의 모든 부적응적인 행동 원인을 중독자의 삶의 과정에서 획득된 학습으로 기인한다고 간주하기 때문이다. 그간 기존의 행동 치료는 중독자의 부적응적인 행동을 치료하기 위해 지나치게 통제하여 왔으며, 치료과정에서 중독자의 행동 변화에 대한 동기화 등의 요소를 무시해 왔기 때문이다. 따라서 인지행동 치료는 인간의 행동 반응에 있어서 일차적으로 사고과정을 중요시하며 이를 바탕으로 인지적 중개 과정과 행동 수정 기법을 활용하여 중독자의 부적응적인 행동을 치료한다 (윤가현 외, 2013).

(2) 인지행동 치료의 특성

인지행동 치료가 기존의 행동 치료와 다른 점은 다음과 같다.

① 인지행동 치료는 전적으로 대상자 중심이다.
치료 대상자의 부적응적인 문제를 정신병리적인 관점보다는 삶의 과정에서 획득된 부정적인 문제를 가진 하나의 인간으로 간주한다. 그러므로 치료과정에 있어서 치료 대상자 스스로가 문제를 인식하고 해결해나가도록 돕는 데 있다.

② 인지행동 치료는 치료 과정에서 치료자와 대상자의 상호관계성을 중요시한다.
인지행동 치료는 대상자를 통제하는 대신 대상자와 함께 문제에 대한 규명을 비롯하여 목표 확인, 치료 전략 및 평가를 세운다.

③ 인지행동 치료는 현재 일상생활에서 발생한 문제를 해결하는데 초점을 둔다.
인지행동 치료는 과거보다는 지금 여기, 즉 현재의 문제를 치료하는 데 역점을 둔다.

④ 인지행동 치료는 대상자의 역기능적인 행동은 학습된 것으로 본다.
인지행동 치료는 대상자의 모든 부적응적인 역기능적 행동은 삶의 과정에

서 학습된 것으로 본다. 따라서 인지행동 치료는 대상자의 부적응적인 행동을 수정하여 적응 행동을 학습하도록 하는데 목적을 갖는다.

⑤ 인지행동 치료는 대상자에게 과제를 부여하여 문제를 치료한다.
인지행동 치료는 대상자의 역기능적인 문제를 치료하기 위해 대상자로 하여금 자료수집, 기술적용, 새로운 반응의 강화를 위해 과제를 부여한다.

⑥ 인지행동 치료는 모든 연령층에 적용한다.
인지행동 치료는 아동, 청소년, 성인, 노인을 포함한 모든 연령층에 적용할 수 있다.

⑦ 인지행동 치료는 다양한 임상문제를 다루는데 효과적이다.
인지행동 치료는 불안장애, 기분장애, 섭식장애, 조현병, 물질남용 등의 정신심리학적인 분야의 임상문제를 다루는데 필수적인 치료 기법 중에 하나이다.

⑧ 인지행동 치료는 대상자 개인을 비롯하여 모든 대상자에게 적용할 수 있다.
인지행동 치료는 대상자 개인만이 아니라 대상자의 가족 및 집단에 적용할 수 있는 치료 기법이다.

(3) 인지행동 치료 기법

인지행동 치료 기법은 어떤 사건을 경험했을 때 나타나는 감정이나 행동은 그 사건에 대한 지각에 의해 영향을 받는다는 가정으로부터 시작한다. 어떤 사건에 직면했을 때 대부분의 사람들은 그 상황에 대한 정보를 확보하고 그에 따른 평가적 사고를 하게 된다. 여기서 평가적 사고란 심사숙고한 가운데 내린 합리적인 판단이라기보다는 무의적으로 자동적으로 발생한 자동적 사고(Automatic Thought)를 말한다. 문제는 자동적 사고가 왜곡(표 5-9 참조)되어 있는 경우 이를 수정하여 기분과 행동의 호전을 가져오도록 내재해 있는 중독자의 역기능적인 신념체계를 수정해야 한다(Beck, 1995).

표 5-9 인지적 왜곡

- 과잉일반화:(Overgeneralization): 한 가지 사건을 가지고 여러 가지 결론을 유도함(시험에 낮은 점수를 받은 학생이 다른 시험도 좋은 점수를 받지 못하고 결국 퇴학당하게 될 거라는 생각까지 하게 됨)
- 개인화(Personalization): 자신과 관계없는 일까지 연관시킴(회사의 생산량이 감소하였다는 사장의 연설을 듣고 그것을 자신에게 들으라고 한 소리인 줄로 암)
- 이분법적 사고(Dichotomous Thinking): 흑백논리로 해석함(남편이 날 떠난다면 차라리 죽는 게 나아)
- 비극화(Catastrophizing): 항상 부정적으로 최악의 상태를 생각함(승진 신청을 하지 않을 것이다. 왜냐하면 어차피 안 될 것이고 그로 인해 기분이 상할 것이기 때문이다.)
- 선별적 추상화(Selective Abstraction): 사소한 일에 관심을 갖는 대신 연관된 다른 정보에는 무관심함(남편이 늦게 귀가하는 것에 대해 불만을 보이며 이를 자신을 사랑하지 않는 증거로 봄. 그리고 남편의 애정표현이나 선물, 전화 등에 대한 무심함)
- 독단적 추론(Arbitrary Inference): 사건이나 상황에 대한 잘못된 결론을 내림(생일날 친구로부터 케이크를 받지 못한 일을 가지고 더 이상 친구가 자신을 좋아하지 않는다고 생각함)
- 다른 사람 마음 읽기(Reading Mind): 독심이라고 하며 근거 없이 다른 사람의 마음을 알고 있다고 생각함(사람들이 나를 게으르고 못생겼다고 생각할 거야)
- 극대화/극소화(Magnification/Minimization): 사건의 중요성을 극대화 또는 하찮게 하는 것(밥을 태운 것은 나의 무능력 때문이야, 이번 시험을 잘 본 것은 어쩌다 운이 좋아서 그렇게 된 거야)
- 완벽주의(Perfectionism): 자신이 만족할 때까지 완벽하게 해야 직성이 풀리는 경우(시험에서 반드시 A학점을 받지 못하면 실패자가 될 것이다)
- 자기 가치의 외면화(Externalization): 타인의 인정을 바탕으로 자신의 가치를 인정함(늘 친절하게 보여야 해 그렇지 않으면 친구들이 나를 왕따 시킬 거야)

출처: Beck(1995); 임숙빈 외(2015).

인지행동 치료 기법에는 불안 완화 기법, 인지 재구조화 기법, 새로운 행동 학습 기법 등 크게 세 가지 분야로 나눌 수 있다. 불안 완화 기법으로는 이완요법(Relaxation Training), 바이오피드백(Biofeedback), 체계적 둔감법(Systematic Desensitization), 감각기관에의 노출(Interceptive Exposure), 홍수법(Flooding), 반응방지(Response Prevention) 등이 있다(표 5-10 참조).

표 5-10 불안 완화 기법

이완요법	근육이완을 통한 긴장과 두려움을 해소함
바이오피드백	인체의 생리적 변화를 알려주는 전자장치를 이용한 불안감소와 행동 반응을 수정함
체계적 둔감법	불안을 야기하는 자극을 약한 것부터 시작하여 강한 것으로 단계적인 경험을 통해 불안과 공포를 경감시킴
감각기관에의 노출	신체적 단서에 대한 극단적인 해석을 하는 사람들을 치료하기 위한 기법(평소 빈맥에 대한 불안을 가진 대상자에게 계단을 빨리 오르게 하는 활동을 통해 견딜 수 있게 함으로써 빈맥에 대한 불안을 이완시킴)
홍수법	가장 높은 수준의 불안을 일으키는 자극에 대상자를 노출시킴
반응방지 (예방, 차단)	불안을 야기하는 자극에 대한 반응을 하지 않아도 문제가 일어나지 않음을 인식하게 함(공중화장실 갖다온 후 20번도 더 씻는 대상자에게 단지 1분 정도만 손을 씻게 함)

출처: Beck(1995); 임숙빈 외(2015).

인지 재구조화 기법으로는 사고와 감정의 감시(Monitoring Thoughts and Feeling), 증거 탐문(Questioning the Evidence), 대안 검토(Examining Alternatives), 탈 비극화(Decatastrophizing), 재구성(Reframing), 사고 중지(Thought Stopping) 등이 있다(표 5-11 참조).

표 5-11 인지 재구조화 기법

사고와 감정의 감시	어떤 상황에서 역기능적인 자동화 사고가 발생하며 그에 따른 감정과 부적응 행동을 확인함(상황, 감정, 자동적 사고 등에 대하여 상세히 기록함) 예: 주말에 영화 관람을 가자고 했는데 상대방이 거절함(상황), 화가 몹시 남(80%)(감정), 그는 나를 더 이상 좋아하지 않아(85%)(자동적 사고)
증거 탐문	자동적 사고를 뒷받침하는 증거를 검토함
대안 검토	자동적 사고의 증거가 되는 정보에 대한 다른 설명이 존재하는지 생각해 보게 함
탈 비극화	만일 그렇다면 어떤 일이 벌어지는지 생각해 보게 함(대상자들은 비극적 특성을 과대평가하는 경향이 있음)
재구성	문제 상황을 다른 측면에서 파악하거나 바라보게 함
사고 중지	눈덩이처럼 커지는 역기능적 사고를 초반에 적용함(중지, 그만!)

출처: Beck(1995); 임숙빈 외(2015).

또한 새로운 행동 학습 기법은 모델링(Modeling), 형성법(Shaping), 토큰경제(Token Economy), 역할극(Role Play), 사회기술훈련(Social Skills Training), 혐오요법(Aversion Therapy), 행동계약(Contingency Contraction) 등이 있다(표 5-12 참조).

표 5-12 새로운 행동 학습 기법

모델링	타인의 행동을 모방함으로써 새로운 행동을 학습하게 함.
형성법	목표하는 수준을 정해놓고 단계적으로 수준을 높여 목표 행동에 다다르게 함
토큰경제	바람직한 행동을 했을 때 보상을 통해 그 행동을 강화시킴.
역할극	대상자로 하여금 목표 행동을 연기하게 한 후 그에 대한 피드백을 통해 새로운 행동을 학습하게 함.
사회기술훈련	교육을 통해 습득하는 것으로 지도, 시범, 연습, 피드백을 통해 사회기술을 획득시킴.
혐오요법	부적응 행동에 대해 혐오자극을 가해 문제 행동을 제거함(잘못한 행동에 대해 꿀밤을 주어 행동을 수정케 함)
행동계약	대상자와 함께 어떤 행동이 변화되어야 할지 그리고 그 변화된 행동으로 어떤 결과가 나타날지 치료자와 계약함(바람직한 행동은 긍정적 결과를, 바람직하지 않은 행동은 부정적 결과를 나타낸다는 내용으로 구성함)

출처: Beck(1995); 임숙빈 외(2015).

표 5-13은 인지 재구조화에서 문제가 되는 역기능적 사고에 대한 기록지이다. 본 기록지는 대상자가 상황에 따라 어떤 감정과 자동적 사고가 발생하는지 그리고 그에 대한 합리적 반응과 결과를 기록하게 함으로써 역기능적인 자동적 사고에 대한 대안적 반응을 찾게 하는 데 유용하다.

표 5-13 역기능적 사고 기록지

날짜/시간	0월 3일 PM 5시	0월 5일 AM 10시	0월 10일 밤 11시
상황 ① 기분 나쁜 감정을 느끼	남자친구와 전화 중 (주말에 영화를 보	시험공부를 하기 위 해 책을 보려고 했	

(계속)

게 한 사건이나 생각, 상황은 어떤 것이었나? ② (혹시 있다면)어떤 기분 나쁜 신체적 감각을 느꼈는지?	러 가자고 했는데 거절함)	을 때 심장이 뛰고 가슴이 답답함.	
감정 ① 위에 상황에서 느끼게 된 감정은 무엇이었는가? ② 그 감정의 정도는 얼마나 심했는지?	화가 남 0%	불안함 90%	
자동적 사고 ① 위의 상황에서 어떤 생각이나 장면이 마음 속에 스쳤는가? ② 그러한 생각들을 얼마나 얻었는지?	그는 틀림없이 나를 더 이상 좋아하지 않아. 85%	기억나는 것이 없으니 이번 시험도 망칠 것이 틀림없어 80%	
합리적 반응(대안적 반응) ① (선택사항) 자신이 어떤 인지왜곡을 하였는가? ② 대안적인 반응을 고안해본다면?(하단참조)	그 친구가 그날 피치 못할 사정이 있는 것인지도 모른다(80%). 어제까지 나에게 친절했다(85%) / 그 친구는 나를 만나는 것을 싫어하기보다는 영화 보는 것을 싫어할 수 있어(90%) / 최상의 결과는 그 친구와 여전히 좋은 관계를 유지한 것(90%) / 그 친구에게 왜 영화 보는 것을 거절했는지 물어보면 된다(90%). 어찌됐든지 남자 친구로부터 영화보자는 것을 거절하는 이야기를 들은 것이 큰 문제인가?(80%)		
결과 ① 이제 각각의 자동적 사고를 얼마나 믿는가? ② 각각의 대안적인 반응을 얼마나 믿는지?	① 자동적 사고에 대한 믿음 50% ② 화가 남 50%		
대안적 반응을 작성하는 데 도움이 되는 질문: ① 증거는 무엇인가? 이러한 생각을 뒷받침할 증거는 무엇인가? 이 생각에 반한 증거는 무엇인가? ② 또 다른 설명이 존재하는가? ③ 일어날 수 있는 최악의 일은 무엇인가? 일어날 수 있는 최선의 일은 무엇인가? 가장 현실적인 결과는? ④ 자동적 사고를 믿음으로써 나타나는 효과는 무엇인가? 내 생각의 변화가 미치는 영향은 무엇인가? ⑤ 내가 그것에 대하여 무엇을 해야만 하는가? ⑥ 만일 내 친구가 나와 유사한 상황에 처한다면 그에게 해줄 수 있는 일은 무엇인가?			

출처: Beck(1995); 임숙빈 외(2015) 인용.

2) 동기강화 상담(Motivational Interviewing, MI)

동기강화 상담(1991)이란 중독자의 변화에 대한 동기강화를 목적으로 하는 의사소통적 상담을 말한다(신성만 외, 2006; Miller et al., 2013). 동기강화 상담은 알코올중독이나 행동중독(Behavioral Addiction)과 같은 중독행위의 개선에 효과가 있는 것으로 입증되고 있다. 이는 동기강화 상담의 중독 치료가 행동변화를 목표로 하면서 중독자 자신의 중독 상황에서 개선하고자 하는 변화에 대한 동기를 강화시키도록 돕기 때문이다. 일반적으로 변화가 필요한 상황에 처하면 사람들은 변화하고 싶은 마음과 기존의 양상을 그대로 유지하고 싶은 양가감정(Ambivalence)을 느끼게 된다. 이러한 상황에서 상담자는 동기강화 상담을 통해 양가감정의 대립으로 인한 긴장 상태에 있는 중독자자신이 진정으로 원하는 모습을 찾고 상황에 맞는 방법을 선택하게 함으로써 행동의 변화를 가져올 수 있게 하는 것이다(네이버 지식백과, 2017).

MI은 MI정신, MI원리, 미세기술(Open-ended Question, Affirming, Reflecting, Summarizing, OARS), 변화대화 등의 요소로 구성된다. 상담자는 MI 정신을 가지고 MI 원리와 함께 미세기술(의사소통 기술)을 활용하여 중독자와의 상호작용을 통해 변화에 대한 동기를 강화시켜 나간다(그림 5-9 참조).

그림 5-9 동기강화 상담 요소

MI 정신은 협동심(Collaboration), 유발성(Evocation), 자율성(Autonomy) 등이 있다. Mi 원리는 공감 표현하기(Express Empathy), 자기효능감 지지하기(Support self-efficasy), 불일치감 만들기(Develop Discrepancy), 저항과 함께 구

르기(Roll with Resistance) 등으로 구성된다. 또한 치료적인 의사소통을 위한 미세기술로는 개방형 질문하기(Open-ended Question), 인정하기(Affirming), 반영하기(Reflecting), 요약하기(Summarzing) 등으로 구성되며, 변화대화에는 변화열망(Desire), 변화능력(Ability), 변화이유(Reason), 변화필요성(Need), 결심공약(Commitment), 변화실행하기(Taking Steps) 등으로 구성된다(표 5-14 참조).

표 5-14 동기강화 상담(MI) 구성

MI정신	협동심: 상담자와 중독자간의 협력함(Partnership)
	유발성: 중독자로 하여금 행동변화에 대한 아이디어와 해결책을 찾을 수 있도록 행동변화에 대한 동기를 강화함(Helper)
	자율성: 상담자는 중독자 스스로가 행동변화에 대한 선택의 자유와 변화행동을 유지 해갈 수 있도록 안내함(Guider)
MI원리	공감 표현하기: 중독자의 마음을 편안하게 하기 위함
	자기효능감 지지하기: 중독자의 변화 능력에 대한 자신감을 불어넣음
	불일치감 만들기: 현재의 상태와 희망하는 상태의 차이를 확인케 함
	저항과 함께 구르기: 중독자의 행동변화에 대한 저항을 수용하며 탐색함
미세기술	개방형 질문하기: "예", "아니오"의 폐쇄형 질문보다 중독자 자신의 상태를 충분히 이야기 할 수 있도록 함
	인정하기: 중독자가 지닌 역량과 자기효능감을 형성하는데 활용됨
	반영하기: 중독자의 의사를 존중하고 공감하는 자세로 동기형성에 활용됨
	요약하기: 일목요연하게 중독자의 이야기를 정리하여 그의 상황을 통찰할 수 있도록 활용함
변화 대화	변화 열망: "나는 ~을 원해요", "나는 ~하고 싶다" 등 변화하고자 하는 열망
	변화 능력: 중독자가 무언가를 성취할 수 있다는 느낌을 표현함("저는 ~할 수 있다고 생각합니다.")
	변화 이유: 왜 변화가 좋은지 변화를 통한 좋은 점이나 장점을 들어 변화 이유를 표현함
	변화 필요성: 중독자가 변화에 대한 필요성을 느낄 때 ("반드시 ~해야 합니다.")
	결심 공약: 변화를 결심한 중독자에게서 나타남("저는 ~할 것입니다.")
	변화 실행하기: 변화된 것을 실행하고 있음을 표현함("저는 ~을 해왔습니다.")

출처: 신성만 외(2006); Miller et al.(2013); 임숙빈 외(2015) 요약인용.

① 상담 시작하기(open the encounter)

- 자기소개 및 역할 소개
- 방문이유 확인하기
- 상담시간 정하기
- 허락 요청하기
- 개방형 질문하기
- 판단과 방해 없이 듣기
- 내담자 이야기 요약 및 반영하기
- 적절한 정보 교환하기

⇩

② 안건 정하기(negotiate the agenda)

- 선택지 제공하기: 이 서류에는 _______에 영향을 줄 수 있는 여러 요인이 있습니다.
- 내담자의 선택 유도하기: 오늘 집중적으로 다루고자 하는 문제가 있습니까?
  이 서류에 당신이 추가하고 싶은 이야기가 있습니까?
- 적절한 정보 교환하기

⇩

③ 준비도 평가하기 (assess readiness)

- 준비도 0~10
- 직접적인 질문: 왜 5입니까?
- 역방향 질문: 왜 2가 아닌 5입니까?
- 순방향 질문: 5에서 7이나 8로 이동하는데 필요한 것이 무엇입니까?
- 요약하기

⇩

④ 양가감정 탐색하기 (explore ambivalence)

- 왜 현재 상태에 머물기를 원합니까?
- 변화하고자 하는 이유는 무엇입니까?
- _______의 좋은 점과 좋지 않은 점은 무엇입니까?
- 요약하기

⑤ 변화 이끌기(tailor the transition)

준비되지 않음(0~3): 변화를 위해서는 무엇이 필요합니까?

- 인식 높이기(제가 도울 수 있는 것은 무엇입니까?)
- 변화대화 이끌어 내기(_______에 대해 더 알고 싶습니까?)
- 조언 및 격려(미래에 변화하기 위해 달라져야 할 것이 무엇입니까?)
- 적절한 요약

양가감정(4~6): 당신이 지금 있는 곳은 어디입니까?

- 양가감정 평가하기(당신이 다음 단계라고 생각하는 것은 무엇입니까?)
- 변화대화 이끌어 내기(이 시점에 느끼거나 생각하는 것은 무엇입니까?)
- 준비도 구축하기(_______은 당신의 미래 어느 지점에 있습니까?)
- 적절한 요약

준비됨(7~10): _______을 위한 당신의 중요한 이유는 무엇입니까? / 이것이 당신에게 왜 중요합니까?

- 결의 다지기(______에 대해 어떻게 생각합니까? / 어떻게 할 생각입니까?)
- 변화대화 이끌어 내기(이러한 변화로 삶이 어떻게 변화할 것이라고 생각합니까?)
- 계획 협상하기(이러한 변화에 대해 어떤 어려움을 만날 것이라고 생각합니까?)
- 적절한 요약

⇩

⑥ 상담 종결하기(close the encounter)

- 인정해주기
- 긍정적인 행동 확인하기
- 결정 존중해주기
- 이용가능(연결)한 자원 제시하기
- 적절히 조언하기
- 선택 강조하기
- 자신감 나타내기

그림 5-10 동기강화 상담의 로드맵

출처: 임숙빈 외(2015) 인용.

동기강화 상담(MI)에서 상담자는 중독자들이 과거 경험이나 인식에 대한 통찰력을 지니고 있지 않으며 그들이 이미 알고 있는 것과 알기 원하는 것 그리고 앞으로 알아야 할 것들 외에 상담 목표에 대해 하나씩 알아나갈 필요가 있다. 따라서 동기강화 상담의 진행은 상담 시작하기, 안건 정하기, 변화 준비도 평가하기, 양가감정 탐색하기, 변화 이끌기, 상담 종결하기 등으로 진행한다(그림 5-10 참조).

5. 가족 치료

1) 가족 치료의 유형

가족 치료(Family Therapy)는 가족구성원의 문제행동은 그 개인만의 문제가 아니라 가족 전체의 상호작용에 의한 문화적 맥락에서 출발한다. 가족 치료는 개인의 심리적인 문제보다는 그의 삶을 둘러싸고 있는 생태학적 체계 속에서 일어나는 문제에 더 많은 관심을 갖는다(최경석 외, 2001). 그러므로 문제를 가진 개인에 초점을 두기보다는 가족 구성원들의 상호체계를 변화시키는 데 역점을 둔다. 이는 사회적 체계 안에 존재하는 인간의 특성상 가족체계의 변화에 따라 개인의 삶도 변화한다는 것을 전제하기 때문이다.

가족 치료의 유형으로는 체계론적 가족 치료, 인지 행동적 가족 치료, 심리분석적 가족 치료, 경험적 가족 치료, 구조적 가족 치료, 해결 중심적 가족 치료, 전략적 가족 치료, 이야기 가족 치료 등이 있다(최경석 외, 2001; 그림 5-11 참조).

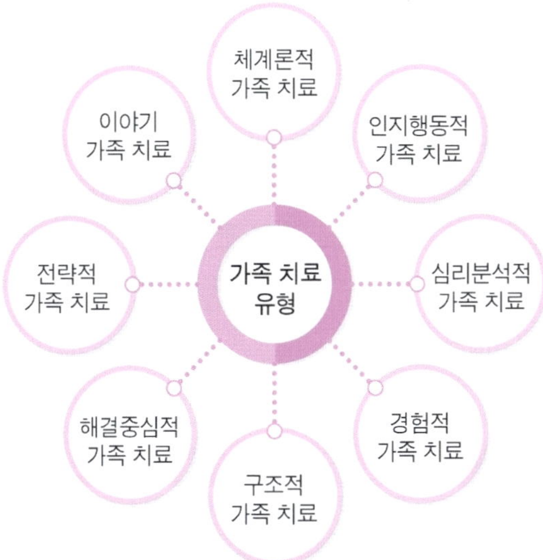

그림 5-11 가족 치료의 유형

(1) 체계론적 가족 치료

체계론적 가족 치료(Systemical Family Therapy)는 보웬(Bowen, 1913-1990)이 개발한 가족 치료 기법으로 가족의 구조보다는 정서적 관계체계를 중요시한다. 보웬은 가족 치료의 일차적인 목표를 미분화된 가족 자아 집합체로부터 개인을 분화시키는 것이다. 그 다음으로는 개인의 변화를 통한 가족의 정서적인 체계의 구조를 변화시키게 된다. 이때 개인이 가족으로부터 분화를 이루기 위해 먼저 가족체계 내의 삼각관계(Triangles)에서 탈피하도록 하는 것이 중요하다(송성자, 1997: 133).

그림 5-12는 가족 내의 삼각관계를 나타낸다. ①은 남편Ⓐ 아내Ⓑ로 부부관계를 나타낸다. ②는 ⒶⒷ 부부관계가 갈등관계에 놓여 있음과 동시에 부부간의 갈등관계를 해소하기 위해 자녀Ⓒ를 끌어들여 삼각관계를 이루는 모습을 나타낸다. ③은 자녀Ⓒ가 아버지Ⓐ와 가까운 친분관계를 형성하게 되면서 동시에 어머니와

는 갈등관계에 놓이게 됨을 나타낸다.

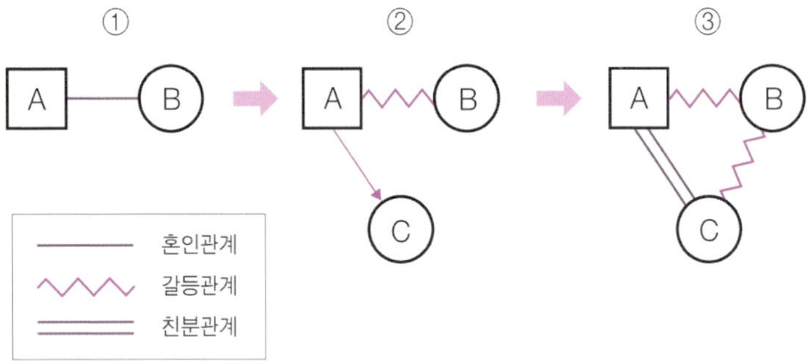

◌ 그림 5-12 ◌ **보웬의 삼각관계**

출처: Kerr et al.(1988).

이처럼 체계론적 가족 치료는 개인의 문제행동은 원가족으로부터 심리적으로 분리되지 못한 미분화(Undifferentiation) 상태로 한 세대에서 다음 세대로 전수된 정서적 융해(Fusion) 때문에 발생하는 것으로 보고 다세대에 걸친 삼각관계 속의 문제의 개인을 해방시키는 데 있다. 그러므로 보웬은 체계론적 가족 치료에서 문제 행동을 가진 중독자의 자기분화를 증진시킴으로써 자신의 정체성 확립과 더불어 생각과 행동의 자유를 얻는 데 초점을 둔다. 따라서 체계론적 가족 치료에서 중요하게 여기는 개념은 자기분화(Differentiation of Self), 삼각관계(Triangle), 핵가족 정서과정(Nuclear Family Emotional Process), 가족투사 과정(Family Projection Process), 다세대 전수 과정(Multigenerational Transmission Process), 형제순위(Sibling Position), 정서적 단절(Emotional Cutoff), 사회적 정서 과정(Emotional Process in Society) 등이 있다(Bowen, 1978; Kerr et al., 1988; Brown, 1999)(표 5-15 참조).

특히 Bowen은 자기분화 척도에서 정서적 기능과 지적 기능을 0~25 범위, 25~50 범위, 50~75 범위, 75~100 범위 등 네 단계로 구분하였다.

0~25 범위는 자기분화 수준이 가장 낮은 상태를 의미한다. 이러한 사람들의 특징은 융해 정도가 심해 주위 사람들의 감정이나 반응에 민감하고 의존적이며 대인관계를 오랫동안 지속하지 못한다. 또한 스트레스 등에 적응하지 못하며 다른 사람에게 과도한 정서적 애착을 보이고 욕구가 충족되지 못할 경우 불안해한다. 결과적으로 자기분화 정도가 낮은 이 수준의 사람은 관계체계에 문제(불신, 불만족)가 발생할 경우 신체 및 정신적인 질환과 함께 사회적 역기능을 유발하게 된다.

25~50 범위는 자기분화 수준이 낮은 상태로 다른 사람과의 융해 정도가 심하지 않지만 자아정체감이 불분명한 수준을 가리킨다. 이 수준에서는 자기주장이나 신념은 있지만 타인의 감정에 쉽게 변하는 등 자기에 대한 타인의 시선과 의식에 매우 민감하게 반응한다. 결과적으로 신체 및 정신적인 질환과 함께 사회적 역기능을 유발하며 우울증, 성격장애 등의 정서적 문제를 일으키게 되어 상습적으로 약물에 의존하게 된다.

50~75 범위는 자기분화 수준이 보통 상태를 의미한다. 즉, 정서적 체계와 지적체계가 충분히 분화된 상태로써 자율적이고 독립적인 의사결정과 자립심을 갖고 있다. 또한 자신의 위치를 알고 그에 알맞은 역할과 책임을 수행하게 된다.

75~100 범위는 자기분화 수준이 가장 높은 상태를 의미한다. 이러한 수준의 사람은 성숙함과 높은 수준의 독립성을 가진 극히 현실적으로 찾기가 어려운 수준이다. 이 수준의 사람은 다른 사람들과 원만한 정서적 관계를 맺으면서 그들의 신념과 가치를 존중하며 동시에 자신의 자아정체감을 유지하면서 목표지향적인 삶을 추구하는 것이 특징이다(Bowen, 1978).

체계론적 가족 치료에서 상담자는 중립적이어야 하며 가족의 기능과 능력을 최대한 발휘할 수 있도록 가족의 역동성을 돕는 교사 또는 코치의 역할이 요구된다.

표 5-15 **보웬의 가족 치료의 8가지 개념**

개념	내용
자기분화	지적인 기능과 정서적 기능이 분화된 경우=균형(사고와 감정간), 통제력, 개관적, 생활 스트레스 대처함(구약 창세기 39장 35절의 레아)
	미분화된 경우=감정에 따른 의사결정, 자율적이지 못함, 타인에게 융화되려는 경향이 큼
	척도: 0-25, 25-50, 50-75, 75-100의 범위
삼각관계	당사자인 두 사람이 다른 한 사람을 개입시키는 현상(부부문제에 자녀 개입시킴), 자기분화 수준이 낮고, 불안 정도가 심할 때 발생함(창세기31장 1~16절의 외삼촌과의 갈등을 해결하기 위해 아내를 끌어들인 야곱)
	문제점: 부부 한 사람과 자녀 간에 강한 애착관계를 형성하며 결국은 중복된 삼각관계를 초래함
핵가족 정서체계	핵가족 정서체계는 배우자의 선택이나 기타 중요한 관계에서 나타나는 현상(원가족에서 습득한 유형을 반복함-이것이 자녀에게 전수됨-다음 세대 예측 가능)(구약 창세기 30장 1~8절의 리브가-야곱-라헬 관계), -원가족과의 미분화: 부부간 융합이 강해지나 부모와는 정서적인 단절을 가져옴 -결혼 전 미분화: 배우자와의 융합이 강해짐 -새로운 융합이 불안전할 때: ① 정서적 거리감(배우자간) ② 상대 배우자에게서 역기능 발생(선천적, 정서적인 면) ③ 부부갈등 ④ 가족투사
	해결방법: 원가족과의 상호작용을 변화시킴으로 분화가 진행됨
가족 투사과정	미분화된 자신의 문제를 공생관계를 형성한 특정 자녀에게 전가함
	문제점: 미분화된 부부와 밀착된 자녀 또한 미분화 상태에 처함, 자기분화 수준이 낮을수록 투사정도가 심함
다세대 전수과정	여러 세대를 통해 가족의 자기분화 수준 및 정서적 장애가 전달됨
	문제점: 정신질환 발병
형제순위	자녀의 출생순위가 성격 형성 및 가족역할에 영향을 미침
	문제점: 특정 자녀가 투사과정에 개입됨
정서적 단절	원가족과의 미분화(세대 간의 융해정도가 심한 경우) 상태에서 발생
	문제점: 융해가 심한 자녀를 부모로부터 분리시켜 문제를 해결해보지만 다른 가족원과의 융해가 반복됨
사회적 정서과정	사회의 정서적 기능영역으로 미분화하려는 것과 분화하려는 상반된 힘이 존재함(사회불안은 분화를 저해함). 사회 또한 가족체계와 마찬가지로 분화가 안 될 경우, 정서적 충동에 의한 의사결정을 내리며 사회의 역기능적 증상이 나타남
	결과: 사회적으로 이혼, 성범죄, 불안, 비행, 폭력, 불신 등이 심화됨(미분화가 강해짐)
	해결책: 감정적이고 단기적인 임시 변통적인 해결책 대신에 이성적이고 장기적인 해결책을 세워야 함

출처: Bowen(1978); Kerr et al.(1988); Brown(1999).

(2) 인지 행동적 가족 치료

인지 행동적 가족 치료(Cognitive Behavioral Family Theory)는 가족의 효과적인 의사소통과 문제해결 능력을 향상시키는 데 목표를 갖는다. 그리하여 가족 기능보다는 바람직하지 않은 문제행동을 긍정적 행동으로의 변화를 가져오도록 행동 치료 이론과 기법을 적용한다. 이 분야의 대표적인 이론가들은 Patterson, Liberman, Stuart 등이다(Kuyken et al., 2009; Kahlon et al., 2014; Liberman, 1970; Stuart, 1969).

인지 행동적 가족 치료의 과정은 먼저 가족의 행동유형에 대한 상담자의 관심과 문제행동을 지배하는 상황을 파악하기 위해 사정을 한다. 다음 단계로는 사정 결과를 통해 얻어진 자료를 가지고 행동분석을 하며 이를 근거로 문제행동을 변화시키는 방법에 대한 계획을 수립한다. 이때 가족의 특성에 맞는 기법을 적용하여 주된 치료영역으로 부모와 자녀 혹은 부부간의 상호작용의 변화에 두어야 한다. 인지 행동적 가족 치료에는 바람직한 행동을 이끌어내기 위한 강화 요인으로는 행동형성, 토큰강화법, 유관계약, 타임아웃(Time-out) 등이 있다. 이 가운데 행동형성은 목표하는 행동을 점진적으로 변화하도록 접근하는 방법을 말하며 토큰강화법은 바람직한 행동을 형성할 경우 그에 대한 대가로 토큰과 같은 보상을 주며 그렇지 않은 경우에는 보상으로 주어졌던 토큰을 회수함으로써 목표로 하는 행동을 획득하게 하는 강화 요인이다. 유관계약은 부모와 자녀 사이에 맺어지는 계약으로 아동의 긍정적인 변화에 대한 부모의 보상을 약속하는 요인이다. 또한 타임아웃은 밖에 나가 있도록 한다거나 생각하는 의자에 앉게 하는 등과 같은 방법으로 아동의 바람직하지 않은 행동을 저지하는 데 효과적이라고 알려져 있다(최선화, 2016).

(3) 심리 분석적 가족 치료

심리 분석적 가족 치료(Psycho-analysis Family Therapy)는 1980년대 개인중심에서 관계중심으로의 심리분석의 흐름에 따라 Ackerman에 의하여 시작된 치료 방법이다. 심리 분석적 가족 치료의 주 대상은 개인으로 개인의 개별화를 치료 목적으로 한다(Ackerman, 1958). 즉, 개인을 가족으로부터 자유롭게 함으로써 숨겨진 과거사건으로부터 자유롭게 하여 바람직하지 않은 증상을 제거하는 데 있다. 따라서 심리 분석적 가족 치료는 중독자로 하여금 무의식적인 제약에서 벗어나 현실에 합당한 행동을 하게 함으로써 가족 모두가 건강한 개인으로서 상호작용을 할 수 있도록 돕는다. 이에 심리 분석적 가족 치료에서는 가족 간의 상호작용과 감정이나 욕구로 인해 발생하는 가족 간의 갈등을 해결하고 충족시키는 개인의 항상성과 그리고 가족이나 사회로부터 기대되는 역할에 부응하며 자아실현을 이루려는 역할론이 강조된다. 심리 분석적 가족 치료에서 상담자는 비지시적이며, 경청, 감정이입, 해석, 중립성유지 기법 등을 동원하여 주로 성장과정에서 부모로부터 상처를 받았거나 제약에서 헤어나지 못하는 가족과 그리고 언어와 지적 수준이 높은 성인을 대상으로 할 때 치료효과가 크다.

(4) 경험적 가족 치료

경험적 가족 치료(Experiential Family Therapy)는 Satir(1951)에 의해 만들어진 가족 치료법으로 가족 문제의 근본원인이 정서적 억압에 있다고 전제한다. 따라서 가족 구성원들로 하여금 가족의 특유한 갈등과 행동양식에 맞는 경험을 제시하며 가족 구성원들로 그 경험을 통해 개인의 성장과 가족의 결속력을 도모한다. 이와 같이 경험적 가족 치료는 이론보다는 가족과의 깊은 교류를 통해 가족을 변화시킬 수 있다는 믿음 외에 경험, 만남, 직면, 직관 과정, 성장, 존재, 자발성, 현재와 지금 등의 개념을 중요시한다(최경석 외, 2001). 이에 상담자는 선택, 자유의지, 자기결정, 자기달성 등 인간의 능력을 강조한다. 치료 기법으로는 가족 구성원들이 각자의 몸으로 가족의 상호작용 양상을 표현하게 함으로써 가족에 대한 이해를 돕기 위한 가족조각, 역할극, 역할연습, 비유, 문제가 되는 행동과 반응을 재구성하여 긍정적인 의미를 부여하며, 유머와 가족그림 등이 동원된다. 한편 Satir는 의사소통 유형으로 일치형(Levelers), 회유형(Placaters), 비난형(Blamers), 초이성형(Computer), 산만형(Distracters)으로 구분하였다(정문자, 2007; Baldwin, 1991; Satir et al., 1983; Satir, 1967; Banmen et al., 2002; 최경석 외, 2001; 표 5-16 참조).

표 5-16 Satir의 의사소통 유형

유형	설명
일치형 (균형 갖춤)	일치형은 단어, 음성, 몸짓, 얼굴 표정 등 의사소통의 내용과 감정적으로 균형을 가지고 있으며 주위 모든 사람들과 상호작용에 합당함. 높은 자존감을 갖고 있으며 자신의 주장을 솔직하고 정확하게 표현함
회유형 (비유 맞춤형)	회유형은 지나치게 타인을 기쁘게 하며 착한 행동을 취하는 등 비독단적이며 갈등을 회피하고 비굴한 자세를 취함. 회유형의 주된 관심사는 다른 사람이 자신을 어떻게 인식하는지에 초점을 맞춤
비난형 (잘못 전가)	비난형은 회유형과 정반대 형으로 항상 타인의 잘못된 행동을 찾아 비난함. 자신은 힘이 있고 강한 사람으로 인식시키려 함. 이 유형은 실상 자신의 내면에 소외감과 외로움을 갖고 있음. 비난형은 타인과의 갈등 관계를 형성함
초이성형 (이성적이고 비판적 평가)	초이성형은 상황을 중시하여 매우 정확하고 적절한 행동을 취하나 감정을 드러내지 않음. 냉정하고 매몰차게 보임. 자신의 견해를 설명하기 위해 자료를 인용하며 자신이 옳다는 것을 증명하려고 애쓰며 타인으로부터 무시당하지 않으려 결함 없이 말하고 생각하려고 함. 내면적으로 쉽게 상처받고 소외감을 느낌
산만형 (어려움 회피)	산만형은 상황을 무시하고 자신의 외로움을 보상받으려는 관심차원에서 긍정적인 행동보다는 기괴한 행동을 하여 주위를 혼란하게 함. 타인으로부터 관심을 추구함

(5) 구조적 가족 치료

구조적 가족 치료(Structural Family Therapy)는 1960년대 초반 비행청소년을 대상으로 연구하던 Minuchin에 의해 만들어진 가족 치료 방법이다. Minuchin (1972, 1974)에 의하면 가족의 문제는 가족이 조직화되는 과정에서 구조적인 결함으로 발생한다고 한다. 구조적 가족 치료는 개인의 문제를 심리 내적 요인보다 사회체계와의 관련성에 두고 가족의 구조를 변화를 통해 개인의 위치가 변경되어 이로 인해 문제의 개인이 변화를 가져오게 한다는 것이다(이화여자대학교 사회복지학과편, 1995; 이명홍, 1987). 이처럼 구조적 가족 치료는 간단하고 실용적이며 중독자와의 상담과정에서 가족의 문제점과 가족의 특성을 파악하여 문제의 가족 구조를 변화시킬 수 있는 장점을 가지고 있다(이효경, 2015). 따라서 구조적 가족 치료는 왜곡된 가운데 고착된 가족의 상호작용 패턴을 수정하고 관계를 재정립하는 것을 일차적 목표로 삼는다(Wynne, 1991). 그러므로 구조적 가족 치료에서는 가족 하위체계 간의 명확한 경계선 설정을 비롯하여 가족위계 질서의 강화, 가족현실에 맞는 규칙대체 등이 필요하며 이러한 것들을 통해 가족 간의 지지는 물론 개인의 문제행동을 제거하고 성장하도록 함으로써 가족체계의 성장을 가져오게 된다.

(6) 해결 중심적 가족 치료

해결 중심적 가족 치료(Solution-Focused Family Therapy)는 1980년 이후 등장한 획기적인 가족 치료 기법으로 대표적인 학자로는 Eve Lipchik, De Shazer와 김인수 부부이다. 해결 중심적 가족 치료는 병리적인 문제보다는 해결해야 하는 것에 초점을 둔 목적 지향적 치료 기법이다(최경석 외, 2001). 즉, 이 치료 기법은 설사 문제를 가진 가족일지라도 일상생활에서 성공했던 경험을 가지고 있고 또한 그러한 경험을 바탕으로 당면한 문제를 해결해 나갈 수 있는 잠재능력을 인정하는 데서 출발한다. 따라서 해결 중심적 가족 치료는 인간에 대해 긍정적으로 접근하며 탈 이론적이고 비규범적이며 과거보다는 현재와 미래에 초점을 두면서 가족의 경험과 강점, 건강한 특성, 능력, 자원 등을 활용한다(Shazer, 1981; De Shazer et al., 1986; Berg, 1990).

(7) 전략적 가족 치료

전략적 가족 치료(Strategic Family Therapy)는 현존하는 가족문제를 해결하기 위한 전략을 모색하는 치료기법으로 Haley(1976)에 의하여 연구되었다(Holly, 2007). 그는 전략적 가족 치료를 위해 가족의 위계질서(Rank)와 권력(Power)의 재구조화를 목표로 문제를 지속시키는 행동을 수정하는 데 초점을 둔다. 즉, 문제해결을 위해 상담자는 가족의 권력과 통제관계에 따른 권력투쟁을 파악하여 가족의 무너진 권력관계와 위계질서를 복구하는 일이 무엇보다 중요하다. 따라서 가족의 문제를 해결하기 위한 전략을 고안하는 데 주안점을 두고 이론보다는 문제해결을 위해 재정의(Reframing), 역설적 개입(Paradoxical Intervention), 은유(Metaphor), 의식(Ritual) 등과 같은 전략수립에 주력한다. 재정의란 어떤 행동, 관계, 현상을 현재와는 다른 측면에서 보면서 새로운 의미를 부여하는 과정이며 역설적 개입은 상담자가 가족에게 목표에 반대되는 것을 실행하도록 지시함으로써 변화를 시도하는 방법이다(김유숙, 2004; Rambo et al., 2012). 이에 상담자는 가족의 변화를 위해 전략적인 지시와 실천 과제를 부여함으로써 가족문제를 해결하는 전략가로서의 역할을 하게 된다(김용태, 2000; 최경석 외, 2001; Nichols, 2002; 2004).

(8) 이야기 가족 치료

이야기 가족 치료(Narrative Therapy)는 White(1990)에 의하여 시작되었으며(정문자 외, 2007; 정은, 2015), 문제해결보다는 중독자의 내면에 자리잡고 있는 부정적인 감정에 지나치게 집착하고 있는 점을 깨닫게 하는데 있다. 즉, 중독자로 하여금 부정적이고 패배적인 견해는 반박하고 문제를 해결할 수 있는 능력을 찾아서 이야기를 새롭게 쓸 수 있도록 하는 기법이다(White et al., 1990; White, 2005). 그러므로 이야기 가족 치료에서 상담자는 중독자의 이해와 경험을 중요시하며 중독자 자신과 문제를 보는 대안 외에도 중독자로 하여금 과거를 재조명하고, 인생의 사건, 순서, 구성, 주제의 형태로 미래와 자신에 대한 삶의 이야기를 다시 쓰도록 하여 고정된 관점을 확대하고 보다 넓은 이해를 갖도록 한다.

2) 가족 치료의 기법

가족 치료(Bowen, 1950)를 위해서는 무엇보다도 먼저 가족에 대한 사정이 필요하다. 가족을 사정하는 도구로는 가족 기능, 가족 생활 주기, 가계도 외에 가족 생태 지도, 가족 밀착도, 사회 지지도 등이 있다. 가족 기능이란 가족 구성원들의 행동방식을 말하는 것으로, 이를 통해 기능적 또는 역기능적 가족의 특성을 알게 된다. 기능적인 가족의 경우 자신의 감정과 생각을 표현하는데 주저함이 없는 자아존중감이 높고, 타인과의 의사소통에서도 직접적이고 명확하며 솔직하다. 또한 가족 내에서 자신의 역할에 있어서 융통성과 임무완수를 위한 책임 완수를 위하여 타인과의 관계에서도 개방적이다. 그러나 역기능적 가족의 경우 자아존중감이 낮고 의사소통 또한 자신의 입장을 명확하게 표현하지 못하며 솔직하지 못하다. 그리고 가족에 대해 지나치게 엄격하고 융통성이 없고 비인간적이며 타인과의 관계에서도 폐쇄적이고 비관적이며 책임을 전가하는 경향이 강하다(Minuchin, 1974; 김유숙, 2006; 이영주 외, 2018).

Stoop(1991)는 역기능 가정을 응집성(Cohesion), 적응성(Adaptability), 대화(Communication)와 역할구조(Role Structure)의 관점에서 혼돈된 가정(The Chaotic Family), 경직된 가정(Rigid Family), 밀착된 가정(The Enmeshed Family), 유리된 가정(The Disengaged Family)으로 구분하였다. 혼돈된 가정은 권위, 질서, 훈련이 없는 제멋대로의 가정으로 부모는 무책임과 무능력하고 유약한 부모로 인식된다. 이런 부모는 자녀교육이나 매사에 일관성이 없이 기분에 따라 즉흥적으로 일을 처리하여 자녀들은 부모에 대한 존경심이 결여되어 있고 자녀들은 자제력이나 인내심이 없이 충동적이고 무질서하게 제고집대로 하려는 경향을 보인다. 경직된 가정은 부모가 학식이 많아 자녀들의 교육에 관심이 많고 엄격하고 권위적이며 율법적이어서 완벽함을 추구하여 자녀들이 자칫 타율적인 존재로 성장하기 쉽다. 또한 자녀들은 문제가 있어도 자신의 감정을 솔직하게 표현하지 못해 자칫 반항아 또는 심한 경우 정신분열증까지 초래하게 된다. 밀착된 가정은 가족 간에 지나친 유대로 규칙이나 위계질서가 없다. 따라서 자녀들 또한 개인의 자율성보다는 가족의 의식을 더 중요하게 여기며 가족에 대한 지나친 의존감을 갖고 있다. 유리된 가정은 가족보다는 개인 자신을 더 귀중하게 여기는 가정이다. 이런 가정의 부모는 자녀보다는 자신이 중요하다고 생각하는 일에 열중한다. 이런 가정의 자녀는 가정을 소중히 여기지 않으며 가족에 대한 가치나 구심점이 없어 가정은 단지 잠만 자는 곳이라는 인식을 갖고 있다. 따라서 자녀들은 독립적이며 한편 버림받은 것 같은 생각이 들 때 바람직하지 않은 방법으로 외로움을 달래려는 경향을 보인다(Masteller et al, 2011)(그림 5-13 참조).

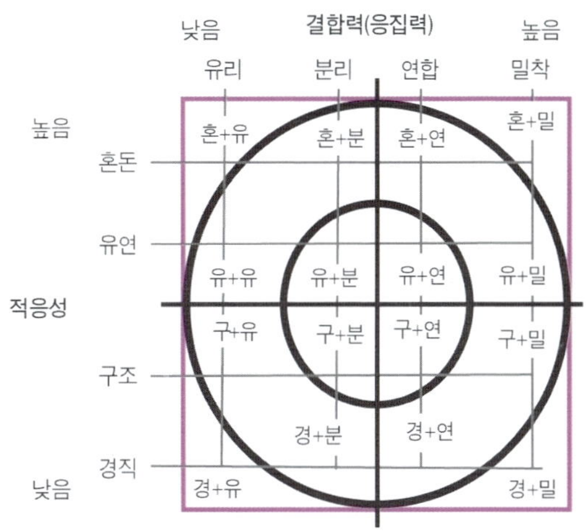

(혼돈된) 리더십부족, 극적인 역할 변화, 일관성 없는 규율과 잦은 변경
(유연성) 리더십공유, 민주적 규율과 역할 분담, 필요 시 변경
(구조된) 상황에 따른 리더십 공유와 민주적 규율, 안정된 역할, 요구 시 변경
(경직된) 권위주의적인 리더십, 엄격한 규율, 고정된 역할과 미미한 변경

그림 5-13 가족 역동 원형 모델

역기능 가족 간의 역동관계는 그림 5-13과 같다. 역기능 가족은 응집성과 적응성을 바탕으로 혼돈·유리된 가족, 혼돈·분리된 가족, 혼돈·연합된 가족, 혼돈·밀착된 가족, 유연·유리된 가족, 유연·분리된 가족, 유연·연합된 가족, 유연·밀착된 가족, 구조·유리된 가족, 구조·분리된 가족, 구조·연합된 가족, 구조·밀착된 가족, 경직·유리된 가족, 경직·분리된 가족, 경직·연합된 가족, 경직·밀착된 가족 등 모두 16개 유형의 가족체계를 보인다. 이 가운데 유연·분리된 가족, 유연·연합된 가족, 구조·분리된 가족, 구조·연합된 가족 등 네 가족 유형을 균형가족(Balanced Family)이라고 하며, 혼돈·분리된 가족, 혼돈·연합된 가족, 유연·유리된 가족, 유연·밀착된 가족, 구조·유리된 가족, 구조·밀착된 가족, 경직·분리된 가족, 경직·연합된 가족 등 여덟 가족 유형을 중간범위가족(Mid-range Family), 혼돈·유리된 가족, 혼돈·밀착된 가족, 경직·유리된 가족, 경직·밀착된 가족 등 네 가족을 극단가족(Extreme Family)이라고 구분한다. 따라서 균형가족을 이루었을 때 가족발달 및 가족기능 수행이 가장 효과적이다(최경석 외, 2001)(표 5-17 참조).

표 5-17 역기능 가족 역동관계(혼돈된 가족–경직된 가족–유리된 가족–밀착된 가족)

	혼돈된 가족	경직된 가족	유리된 가족	밀착된 가족
주체	가족개인	부모(아버지)	가족개인	가족전체
규칙	없음(안 지킴)	있음(훈계와 징계)	있으나마나 함	거의 없음(간혹 지킴)
자율성	많음(방종)	없음	있음	없음
감정표현	자유로움	경직됨	관심 없음	자유로움
위계문제	구분 없음	엄격함	중요치 않음	어른 존중
가족관계	함께 함	외로움	가정 내 외로움 가정 밖 즐거움	함께 함
가족행사	함께 함	의무적임	관심 없음	함께 함

가족 생활 주기는 가족 구성원으로부터 은퇴 후 노년기 가족에 이르는 단계별 가족이 수행해야 할 과업을 가리킨다(임숙빈 외, 2015). 가계도는 Bowen의 이론을 기초로 한 3세대 이상의 가족구성원의 정보와 관계를 도표로 기록하는 가족력 지도로써 여러 세대에 걸친 정서적 과정과 현재 나타난 문제의 기원 파악 등 가족 관계에서 어떻게 관련되어 있는지 추적해볼 수 있는 수단이다(Kerr et al., 1988, 그림 5-14 참조).

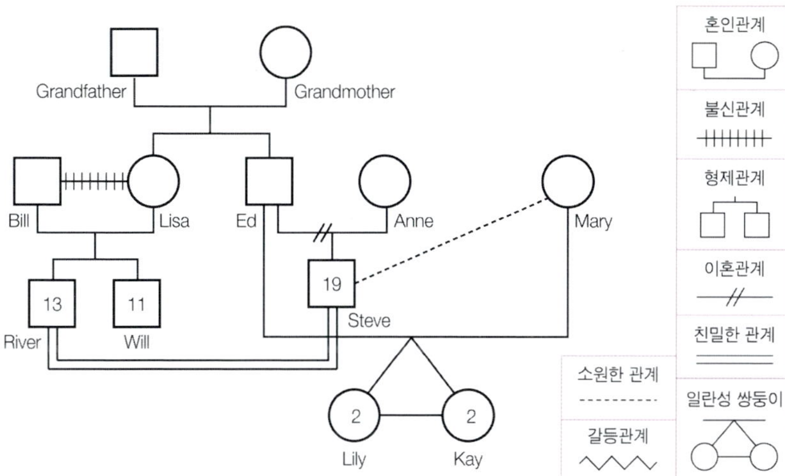

그림 5-14 보웬의 가계도

한편 가족 치료의 기법으로는 공동 치료(Cotherapy), 네트워크 치료(Network Therapy), 조작적 애도(Operational Mourning), 가족조각 기법(Sculpting), 역설명령(Paradoxical Injunction), 재할당하기(Making Assignment), 거울 기법(Mirroring) 등이 있다. 공동 치료는 두 명 이상의 상담자가(치료자) 함께 참여하는 방법으로 부부관계 상담, 집단 및 가족 치료에 유용하다. 네트워크 치료는 상담가와 함께 중독자 또는 그의 가족뿐만 아니라 이웃 및 친구가 참여하는 치료법이다. 조작적 애도는 잃은 것과 분리에 의한 해결되지 않은 슬픔을 찾아내어 이를 표현하게 만드는 기법이다. 가족 조각 기법은 조각하는 것으로 가족관계를 조각 작품으로 나타내는 기법이다. 즉, 가족 구성원 한 명이 가족 개개인의 몸이나 얼굴 등을 자신이 생각하는 이미지에 따른 신체적 표현을 통해서 가족 관계를 나타내는 치료기법이다. 역설 명령은 그동안 시행하던 방법을 180도로 전환시켜 목표와 반대되는 것을 시도하게 하여 보다 나은 결과를 얻고자 하는 기법이다. 재할당하기는 가족에게 과제를 수행하도록 하는 것을 말한다. 그리고 거울 기법은 상담자가 가족의 특징을 거울로 비추듯이 흉내(모방)내는 기법으로 대화하는 상대방이 팔짱을 끼고 있으면 그대로 팔짱을 낀다거나 다리를 꼬고 있으면 같이 똑같은 동작을 하는 것으로 중독자와의 유대감이나 라포형성에 매우 유용하다.

6. 집단 치료

1) 집단 치료의 목적

집단 치료(Group Therapy)란 전문적인 상담자(치료자)가 자발적으로 참여한 두 사람 이상의 집단 대상자들의 심리적인 갈등과 잘못된 의사소통, 왜곡된 대인관계 문제들을 개선하는 일종의 정신 치료 기법을 말한다. 집단 치료는 참여자들이 집단 내의 모임을 통해 먼저 자신과 타인과의 대인관계 속에서 나타나는 문제를 해결하고 나아가 타인과의 관계를 개선하는 데 목적이 있다.

Yalom(1995)은 집단 치료 요소(Yalom's Therapeutic Factors in Group Psychotherapy)로 ① 희망고취(Instillation of Hope), ② 보편성(Universality), ③ 정보 공유(Imparting information), ④ 이타주의(Altruism), ⑤ 본래의 가족집단의 교정 재구성(The Corrective Recapitulation of the Primary Family Group),

⑥ 사회화 기법 개발(Development of Socializing Techniques), ⑦ 모방 행동(Imitative Behavior), ⑧ 대인관계 학습((Interpersonal learning), ⑨ 집단결속력(Group Cohesiveness), ⑩ 감정정화(Catharsis), ⑪ 실존 요인(Existential Factors) 등을 제시하였다(표 5-18 참조)(Yalom, 1995; Yalom et al., 2005).

표 5-18 Yalom의 집단 치료 요소

치료 요소	정의
희망고취 (Instillation of Hope)	유사한 문제로 고군분투하는 집단에 참여하게 될 때 타인의 변화를 목격할 경우 자신도 성공할 수 있다는 희망을 갖게 되고 나아가 현재의 문제 개선에 대한 낙천적인 생각을 갖게 함
보편성 (Universality)	다른 집단원 또한 자신과 같은 비슷한 감정, 생각 및 문제를 공유하고 있음을 인식함
정보 공유 (Imparting Information)	상담자(치료자) 혹은 집단원들로부터의 정보 또는 충고를 주고받는 것. 공유되는 정보는 개인적으로 동기부여로 경험됨(약물남용 문제를 극복한 타인으로부터 어떻게 문제를 다루고 성공했는지 정보를 공유하는 것은 집단에 긍정적이고 변화를 조장함)
이타주의 (Altruism)	집단의 개인이 다른 집단원들을 도움으로써 자기 개념을 향상시킴. 집단원에게 자신의 존재 가치가 있음을 인식할 때 자기변화는 물론 자기효능감이 향상됨
본래의 가족집단의 교정 재구성 (The Corrective Recapitulation of the Primary Family Group)	집단원들과 함께 위기의 가족역동을 올바른 방식으로 재현할 수 있는 기회(가족 그룹의 재구성). 개인은 집단인 그들의 가족과 아주 만족스럽지 못한 경험을 가지고 있음. 이런 가족집단의 구조의 특징은 경직되고 완고한 체제로 성장을 방해하는 관계들이 굳어져 있음. 따라서 관계를 탐색하고 새로운 행동을 시행케 함으로써 미해결 과제를 해결해 나가도록 함
사회화 기법 개발 (Development of Socializing Techniques)	집단은 집단원들에게 적응력 있고 효과적인 의사소통을 촉진시키는 환경을 제공함. 많은 중독자들은 현장에 의존적이고 민감하여 자신들의 고립을 깨고 더 의미 있는 방식으로 다른 사람들과 소통하는 데 도움이 되는 새로운 사회 기술을 습득하게 함. 이외에도 타인과의 연결을 해체(관계손실, 슬픔, 근심)하는 방법을 배우게 함

(계속)

대인관계 학습 (Interpersonal Learning)	개인은 집단원들이 제공한 피드백을 통해 대인관계에 대한 개인적인 통찰력을 얻으며 집단원들간의 상호작용 환경을 제공함. 즉 집단은 집단원들이 관계와 친밀성에 대해 배울 수 있는 기회를 제공함
집단결속력 (Group Cohesiveness)	집단원들에 의해 경험된 신뢰, 소속감 및 동료의식, 즉 집단의 일원인 소속감을 느끼게 함
감정 정화 (Catharsis)	표현하지 못한 집단원들의 과거 혹은 현재의 경험에 대한 느낌을 발표하게 함. 다른 집단원들과의 상호작용을 통해 내부변화를 경험하게 된 개인은 과거의 심리적 상처와 관련된 고통이나 분노를 풀어주는 감정의 파열이 수반될 수 있음. 이 과정은 응집력이 발달 된 집단에서 보다 쉽게 일어남. 따라서 상담가(치료자)는 감정을 자유롭게 공유 할 수 있는 안전한 환경을 조성해야 함
실존 요인(Existential Factors)	삶에 대한 결정에 책임을 갖게 함. 즉, 중독자에게 손실과 사망의 실존 요인은 가장 큰 문제임. 죽을 수밖에 없는 운명, 본인 스스로 삶을 계획할 자유와 그에 따른 책임 등 직면은 엄정한 실존적 삶의 현실을 인식하게 함. 따라서 중독자 개인은 과거 탈출 패턴(past patterns of escape) 대신 인생의 삶으로 수용한 집단의 도움을 받아 한계에 직면한 현실의 문제를 극복하게 함

출처: Yalom(1995); Yalom et al.(2005).

일반적으로 집단 치료는 다음과 같은 사람들에게 효과가 크게 나타난다. 곧, 집단 치료는 부끄러움이 많거나 외로운 사람, 상담가(치료자)를 지나치게 의존적인 사람, 부모 혹은 권위자에게 지나친 공포를 가진 사람, 자기중심적이어서 대인관계가 원만치 못한 사람, 성적정체감에 혼란이 있는 사람(청소년), 동성애자, 야뇨증, 비만증 등과 같은 특정 문제를 가진 중독자의 집단, 문제를 가진 부부모임 등이다(임숙빈 외, 2015).

2) 집단 치료 과정

집단 치료 과정은 치료 전 단계, 치료 초기 단계, 치료활동 단계, 치료종결 단계로 구분한다. 치료 전 단계에서는 집단의 치료 목표를 정하고 그에 따른 집단 치료 계획서를 작성해야 한다. 치료 초기 단계에서는 규칙설정, 부여되는 역할 등과 관련한 불안이 발생하는 시기로써 집단 치료에 대한 자세한 안내가 필요한 오리엔테이션기, 갈등기, 응집기 등으로 나눈다. 한편 집단 치료 과정은 그림 5-15와 같다(임숙빈 외, 2015).

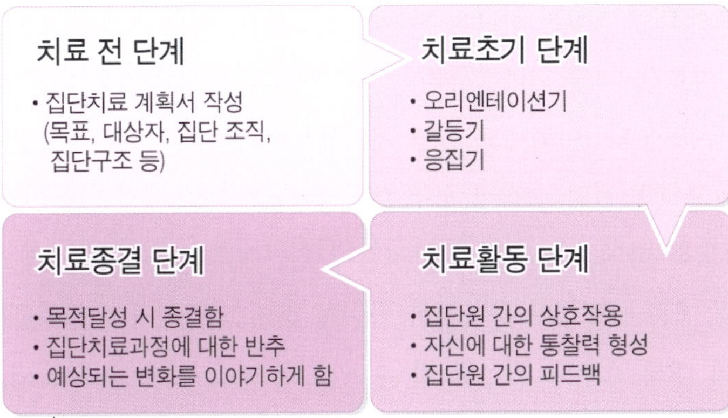

그림 5-15 집단 치료 과정

7. 환경 치료

1) 환경 치료의 목적

환경 치료(Milieu Therapy)는 중독자의 처한 환경을 치료적 환경으로 재구성하여 치료하는 기법을 말한다. 19세기 전까지 정신과 환자는 사회와 격리된 상태에서 치료해왔다. 하지만 20세기 이후 정신병리와 정신분석 이론 등에 힘입어 비정상적인 사고, 감정, 행동 등에 대한 정신의학적 이해와 해석이 가능하게 됨으로써 치료 요인 가운데 절대적인 영향을 미치는 환경요인을 가미한 치료적 접근을 시도하고 있다. 이러한 분위기 속에서 환경 치료의 선구자라 할 수 있는 Maxwell Jones는 환경 치료적 요소로 문 개방(Open Door), 비제복(No Uniform), 병실모임(Community Meeting), 직원 감성 훈련(Staff Sensitivity Training), 각종 치료집단과의 작업 프로그램[12] 등을 언급하였다(Jones, 1953; 1968; White, 1972).

환경 치료에서는 병실을 하나의 사회체계로 본다. 환경 치료는 병원의 모든 구성요소, 즉 치료진, 환자, 시설, 규칙, 제도, 기구 등을 중독자의 치료에 이용하는 데 역점을 두고 있다. 이외에도 환경 치료에서는 병원의 모든 의료진과 환자 간에 권위적이고 일방적인 수직적 구조 대신 환자 자신의 감정이나 의견을 자유롭게 표현 하도록 하여 의료진과 중독자간에 친근감과 신뢰감을 갖게 하고 있다. 또한 환자의 치료나 결정에 중독자를 참여케 하여 의존성과 수동성을 낮추며 자신의 행위에 대해 스스로 책임을 질 수 있도록 하고 있다(강경미 외, 1995).

환경 치료는 물리적 환경, 사회적 환경, 기능적 환경, 인적 환경이 구비되어야 한다. 물리적 환경이란 중독자의 건강을 증진시키는 환경으로 개인의 비밀이나 독립성을 보장하기 위한 병실과 전문적인 치료를 행하는 치료실 및 입원한 중독자들의 에너지를 건설적인 방향으로 유도할 수 있는 활동실 등이 구비되어야 한다. 이외에도 물리적 환경에서 주의할 점은 치료환경에 대한 색채 또한 각성을 일으키는 붉은색이나 차가움을 느끼게 하는 청색 계통은 가급적 피하도록 해야 한다. 병실 조명의 경우 자연광에 가깝도록 해야 하며 시계, 달력, 사물함 등을 구비하여 생리적 기능과 정서를 유지할 수 있게 해야 한다.

사회적 환경은 치료진 간 및 치료진과 중독자와의 상호작용 등 병실 내에서의

12) 환경 치료에서 행해지는 프로그램: 환자권익체계(Patient group privilege), 병실모임(Community meeting), 개인정신 치료(Individual psychotherapy), 집단정신 치료(Group psychotherapy), 치료자 모임(Ward meeting), 팀 접근(Team approach), 직원감성훈련(Staff sensitivity training), 회진(Ward round), 치료팀 모임(Treatment team meeting), 리더모임(Leader meeting), 사회적 기술 훈련(Social skill training), 집단 활동 프로그램(Group activity program) 등.

사회적 상호작용을 활성화함으로써 중독자가 치료에 적극적으로 참여하도록 의사소통 체계와 지지 체계를 조성해야 한다. 기능적 환경은 중독자의 발작, 기괴한 행동 등과 같은 부적응적인 행위에 대비한 격리, 억제 등과 같은 의학적 관리를 위한 체계를 말한다. 특히 기능적 환경은 중독자 개개인에게 맞는 프로그램을 구성하는 일이 무엇보다 중요하다. 인적 환경은 정신과 의사를 비롯하여 정신과 간호사, 임상심리사, 정신사회복지사 등 환경 치료를 위한 인적구성을 말한다. 이들 간에는 정기적인 만남을 통해 중독자의 치료에 대한 진행과정과 진료계획에 대하여 상호협력하는 가운데 토론하고 재검토하는 일이 중요하다(Vandevelde et al., 2009).

2) 환경 치료의 실제

환경 치료에 있어서 주요한 치료 가운데 하나는 활동 치료(Activity Therapy)이다. 활동 치료는 그림, 음악, 원예, 스포츠 등과 같은 각종 놀이를 통해 입원한 중독자들의 에너지를 보다 긍정적인 방향으로 유도하기 위한 치료기법을 말한다. 활동 치료는 놀이를 통하여 타인과의 접촉을 증가시킴으로써 대인관계 기술향상은 물론 협동심과 참여의식을 높여 불안, 적개심, 공격심, 갈등 등과 같은 정서 상태를 긍정적으로 개선함으로 건강한 정신 기능 향상과 더불어 정상적 행동을 증가시키게 된다.

일반적으로 알려진 활동 치료에는 미술 치료(Art Therapy), 음악 치료(Music Therapy), 문학 치료(Bibliotherapy), 댄스 치료(Dance Therapy), 작업 치료(Occupational Therapy), 원예 치료(Horticulture Therapy), 아로마 치료(Aroma Therapy), 오락 및 놀이 치료(Recreational and Play Therapy), 웃음 치료(Laughter Therapy), 울음 치료(Cry Therapy), 동물 매개 치료(Animal-assisted Therapy), 색채 치료(Color Therapy), 영성 치료(Spiritual Therapy) 등이 있다.

(1) 미술 치료

그림 5-16 미술 치료

미술 치료(Art Therapy)는 19세기에 도입되었으며, 미술 치료가 심리 내면의 변화를 촉진하는 데 사용되었던 시기는 1940년대 미국이다(Ulman et al., 1977). 일반적으로 알려진 미술 치료 분야의 선구자로는 Naumburg와 Kramer로 이들은 미술 치료 또한 치료적 기제로써 자리매김할 수 있도록 토대를 마련하였다. 하지만 이들 간에는 상이한 접근법을 가지고 있다(주리애, 2011). Naumburg(2014)에 의하면 미술은 내담자의 자신의 내면의 무의식의 세계를 방출시키려는데 역점을 두는 분석적이고 역동적인 심리 치료의 한 도구로 미술작업의 결과에 초점을 두고 있다, 이에 반하여 Kramer(2007)는 그림 작업을 통해서 그동안 겪었던 감정과 충동들이 통합되는 승화 과정을 경험하게 함으로써 파괴적, 반사회적인 에너지의 감소 또는 전환을 꾀한다. 특히 Kramer는 예술을 창조하는 행위 자체와 작품을 만드는 과정 자체를 치료로 보는 등 미술작업 과정에 주안점을 두고 있다.

미술 치료는 그리기 활동을 통하여 환자의 심리를 평가하고 이를 치료 활동에 이용하여 마음의 상처나 병을 다스려서 낫게 하는 치료법이다. 미술 치료는 그림, 디자인 공예 등 미술 전 영역에 걸친 미술적인 치료와 놀이, 춤, 레크리에이션, 미술, 음악, 소설, 연극 등을 포함한 예술적인 치료로 나눌 수 있다. 일반적으로 미술 치료는 미술 치료사와 내담자, 미술 등의 상호작용으로 이루어진다(Dally et al., 1993). 미술은 언어로 표현하기 힘든 부분을 극복할 수 있도록 한다. 아동발달심리학자인 융에 의하면 의식적으로 도달하기 어려운 무의식적인 내면의 상징과 꿈같은 심상을 이미지로 표현하게 함으로써 내담자의 내면을 지지하고 강화할 수 있다고 하였다(Riedel, 2000).

Wadeson(2012, 1980)은 미술 치료의 유용성에 대하여 첫째, 내담자의 내면의 사고에 대한 이미지를 다룬다는 점이다. 이로써 창조적 과정을 고취하여 해결책을 찾게 한다. 둘째, 방어를 감소시킨다. 언어보다는 미술은 내담자 내면의 무의식에 대한 표현으로 자신을 표출시키도록 하는 데 유용하다. 셋째, 객관화 할 수 있다. 미술 작업 과정을 통해 내담자의 생각과 감정이 반영된 결과물을 통해 객관적인 시각으로 인식할 수 있는 기회가 제공된다. 이때 미술 치료사는 내담자와 함께 적절한 해석, 작품에 대한 이해 그리고 작품과 현실과의 관계를 객관적으로 볼 수 있도록 하는 것이 중요하다. 넷째, 작품의 영속성이다. 시간이 경과한 후에 자신의 작품을 통해 새로운 통찰을 경험할 수 있으며 진행순서에 따라 나열된 작품을 보면서 그간의 패턴이나 변화를 발견하도록 하는 영속성이 있다. 다섯째, 공간성이다. 한 폭의 이미지이지만 그 안에 담긴 다양한 정보는 효과적인 치료기회를 열게 한다. 여섯째, 창조적 에너지로의 활성화이다. 미술 활동에 몰입하게 될 때 자연스럽게 적극적인 치료에 임하게 된다. 일곱째, 창작자의 자긍심을 고취시킨다. 미술 작업 과정 중에서 발견되는 자신의 새로운 면과 결과물에 대한 타인의 인정은 내담자의 자존감을 높이는 결과를 가져온다(Ulman, 1992; 주리애, 2011).

미술 치료에서는 내담자로 하여금 멋진 예술작품을 완성하는데 중점을 두지 않는다. 미술 치료사는 내담자의 그림을 평가 또는 판단을 내리기보다는 그림에 대한 표현과 그에 따른 경험을 더욱 중요시한다. 즉, 내담자의 그림의 완성도에 초점을 맞추지 않고 그림이 담고 있는 내담자의 내면의 분노, 아픔, 트라우마, 상실 경험 등의 내용에 주목한다. 그리고 내담자의 개인적인 내면의 욕구에 대해 공감과 같은 정서적인 반응을 통해 그들이 더 효과적이고 적절한 사회적 기술개발은 물론 만족하고 행복한 삶을 살도록 돕는 역할을 하는 것이 미술 치료사의 임무이다(Allen, 1995; Moon, 2010; Safran, 2007).

한편 미술 치료를 통해 주의력결핍장애 아동의 공격성 행동의 감소와 더불어 아동의 사회성과 의사소통 기술 발달에 효과를 나타내며 우울, 불안과 치매의 개선 효과를 가져오는 것으로 연구되고 있다. 정신질환자에게서는 미술 치료를 통해 자존감 향상, 사회적응력 향상, 대인관계 기술의 향상을 보이고 있어 전 연령대에서 폭넓게 사용되는 치료법이라 할 수 있다. 일반적으로 미술 치료에 활용되는 미술 활동으로는 미술 감상하기, 그림 그리기, 색칠하기, 콜라주, 만들기, 점토나 고무로 만들기 등이 있다.

(2) 음악 치료

그림 5-17 음악 치료

음악 치료(Music Therapy)에 대해 처음으로 알려진 문헌으로는 1789년 콜럼비아의 Music Physically Considered라는 제목의 글이 있다. 그 후 음악 치료의 가치에 대해 Atlee(1804)와 Mathews(1806)를 이어 1940년대 Ira Altshuler, Williem van de Wall, Thayer Gaston 등이 음악 치료를 개발해온 것으로 알려져 있다(최병철 외, 2015; American Music Therapy Association, 2018). 우리나라의 음악 치료는 1997년 숙명여자대학교 음악치료대학원이 설립되면서 본격적으로 시작되었으며 석사학위를 소지한 음악치료사들이 활동하고 있다(최병철 외, 2015). 인간의 신체적, 정신적 건강증진과 더불어 유지 및 회복, 바람직한 행동변화를 위해 악기 연주, 노래 활동, 음악 감상, 창조적 작업 등의 다양한 음악경험을 적용하는 치료법을 말한다. 한국음악치료학회(KMTA, Korean Music Therapy Association)에 의하면 음악 치료는 음악을 체계적으로 적용하여 인간의 육체 및 정신기능을 향상시키고 삶의 질을 보다 높여주는 음악의 전문분야로 규정하고 있다(최병철 외 2015). 음악 치료 또한 다른 치료와 마찬가지로 내담자를 사정하고 치료 목적에 따른 계획과 더불어 평가하는 일련의 체계적인 과정을 갖는다(Bruscia, 2003).

음악은 아주 오래전부터 인간의 생활과 매우 밀접한 관계가 있다. 음악은 사람의 감정을 자극하며 행동 변화와 무의식의 세계를 일깨운다. 따라서 음악 치료의 목적은 내담자의 주의환경 및 기분전환, 공상과 연상을 자극하여 자존감과 자기표현 기술을 발전시킴으로써 사회화 및 생활 적응력을 높이는 데 있다. 특히 음악 치료는 생리적 효과, 인지적 효과, 정서적 효과, 심리적 효과, 사회적 효과 등을 가져온다. 생리적 효과는 음악의 리듬에 따라 신체의 자율신경계에 자극을 주어 긴장과 이완을 경험하게 하며, 이러한 경험이 심리적인 현상에까지 이어지는 것을 말한다. 인지적 효과는 자신이 속한 구조에 주의력을 집중시키며 규칙과 활동에 적절하게 행동하게 한다. 정서적 효과는 음악적 자극을 통해 인간행동에 동기를 유발케 함으로써 정서적 변화를 가져오게 하여 치료에 유용하다(Liederman, 1967). 심리적 효과로 음악은 인간의 원초아(Id)를 자극하여 본능적인 욕구를 해소하거나 감소시켜 우울 증상과 정서적 안정을 가져오게 한다. 또한 음악은 자아(Ego)를 강화시키고 초자아(Superego)에 적응하며 정서 순화와 즐거움, 편안함, 의미 있는 감정 및 풍부한 심미적 경험을 갖게 하여 자신의 무한한 가능성을 극대화하여 삶의 질을 향상시킬 수 있도록 한다. 음악 치료는 인류의 기원 이래로 인간의 영적·정신적·신체적 치료를 위해 빈번하게 사용되어온 치료기법이다. 이스라엘의 초대 왕이었던 사울은 악신으로 그의 몸이 괴롭고 우울증과 발작을 일으킬 때 다윗의 수금 연주를 통해 치료되었다고 기록하고 있다(사무엘상16:-23). 사회적 효과로 음악은 보통 다른 사람과 교류하게 하는 커뮤니케이션의 도구라고 할 수 있다. 또한 음악은 사회통합에도 역할을 한다. 특히 집단 음악 치료에서는 집단 구성원들과의 다양한 역동을 경험하게 됨으로써 타인을 이해하고 상호교류하는 데 치료적인 역할을 하여 개인적인 발전을 가져오게 한다(이은선, 2017).

음악 치료에는 능동적 음악 치료와 수동적 음악 치료가 있다. 능동적 음악 치료는 직접 노래와 연주 등을 하는 것을 말하며, 수동적 음악 치료는 감상을 통해 치료하는 기법을 말한다. 음악 치료에 사용되는 악기는 피아노를 비롯한 모든 악기 외에 오디어 시스템과 영상 시스템 등이 동원된다. 음악 치료는 알코올중독자의 분노조절 및 우울함에 효과적이며 자폐아의 의사소통향상 그리고 학교생활에 적응하지 못하는 청소년들의 자존감 증진에 효과가 있는 것으로 나타났다.

(3) 문학 치료

문학 치료(Bibliotherapy)란 책을 통해 병을 치료하는 기법을 말한다. 문학 치료에 대한 용어는 Crothers(1916)의 Atlantic Monthly라는 잡지에 실은 글 –"문학 치료는 새로운 학문으로 어떤 특정한 책이 가지는 실제적인 치료 효과에 대해 의견이 일치하지 않는것은 당연하다"–에서 시작되었다. 문학 치료는 'biblion'

그림 5-18 문학 치료

(문학, 책)과 'therapeia'(병을 치료하다)라는 그리스어에 유래되었으며, 이는 문학(책)을 매개로 하여 질병을 치료하는 것을 뜻한다(Hynes et al., 1994). 문학에는 시, 소설, 글쓰기, 토론, 영화, 비디오, 시청각 자료, 일기 등 다양한 분야의 문학과 상호작용을 통하여 현재의 직면한 문제 해결은 물론 더 나아가 미래에 경험할 수 있는 문제에 대처하는 예방적인 치료법이다(국립특수교육원, 2009).

문학 치료는 내담자의 문제 상황과 관련한 문학작품을 매개로 치료해가는 과정이다. 즉, 문학 치료는 특정한 문제를 가진 참여자가 그와 관련한 문학작품을 선정하여 치료자와 일대일 또는 집단으로 토론, 글쓰기, 시, 그림 그리기 등을 통하여 자신의 문제를 해결하도록 하는 기법이다(안옥자, 2017: 4-5).

한편 문학 치료의 한 부분이라고 할 수 있는 시 치료(Poet Therapy)는 보다 절제된 언어를 통하여 손상되고 미숙한 자아를 조직화하고 통합된 건강한 자아로 회복하도록 돕는 치료법이다. 즉, 인간 내면의 갈등을 해소하고 불안정한 자아를 성숙하고 심리적 안녕을 가져오게 하여 통합된 자아로 회복시키는 것을 말한다(최소영, 2004). 시 치료에서는 일상적인 언어와는 달리 시 언어를 사용하여 평소 잃었던 자신의 모습과 타인에 대한 이해를 넓히는 데 있다. 따라서 시 치료는 솔직하고 자유롭게 자신의 심정을 표현하도록 하며, 다른 사람들에게도 자신의 시를 들려주며, 이에 대한 피드백을 주고받는 일이 치료과정에서 매우 중요하다.

(4) 댄스 치료

그림 5-19 댄스 치료

출처: Pixabay/CC0 Creative Commons.

댄스 치료(Dance Therapy)의 선구자인 Marian Chace(1942)는 인간관계의 새로운 접촉과 자신을 자각하게 해주는 치료기법으로 무용 치료라고도 부른다(배해영, 2012). 일반적으로 댄스 치료는 언어적으로 표현하기 어려운 개인의 감정과 정서를 자유롭고 즉흥적인 신체의 동작이나 움직임을 통해 문제를 치료하는 기법을 말한다. 즉, 무용 치료는 움직임을 통한 감정 표현, 상징화를 통한 내면의 이해, 그룹 활동을 통한 타인과의 상호작용, 내담자와 치료사의 공감적 반응과 신체와 정신, 감정을 통합하는 치료법이다(박소애, 2013). 따라서 댄스 치료는 규정한 동작이나 규칙, 몸놀림, 스텝 등에 얽매이지 않고 자유롭게 자신의 신체를 가지고 표현하도록 한다.

댄스 치료는 참여자들이 한 자리에 원형으로 모여 자기소개와 더불어 근육을 이완시키는 워밍업(warming up)을 거친 후 치료자를 따라 동작을 익히도록 한다. 이때 긴장과 위축된 참여자로 하여금 능동적인 움직임이 되도록 격려하며 점차 자신감을 갖고 자유로운 신체적 표현을 하게 함으로써 긴장완화와 해방감을 맛보게 하여 내면의 갈등을 표출시킴으로 감정이 정화되도록 한다. 정리 단계에서는 깊은 심호흡과 천천히 원을 그리며 마무리하도록 한다. 그리고 참여자의 특별한 행동이나 표현에 대한 정보교환을 통해 치료에 도움을 받게 하며 이외에도 댄스하는 동안 자신이 느낀 점을 주고받음으로써 참여자의 문제 발견과 해결 방법을 찾도록 한다.

(5) 작업 치료

그림 5-20 작업 치료

작업 치료(Occupational Therapy)는 19세기 초 정신장애 환자들을 대상으로 인본주의와 인도주의를 바탕으로 한 도덕적 치료를 주장한 데서 출발한다. 프랑스의 Pinel과 영국의 Tuke 그리고 미국의 Rush는 환자들을 독서, 자수, 낚시, 자전거 타기, 볼링, 산책 등과 같은 레크레이션 활동과 작업에 참여하게 함으로써 작업 치료를 시도하였다. 이후 20세기 초에는 수공예가 작업 치료의 수단이 되었고, 1920년대에는 신체장애분야보다는 정신과 분야에서의 발전을 가져오며 이 분야의 치료사를 작업치료사로 부르게 되었다. 한편 작업 치료의 전문적인 치료 프로그램의 한 분야로 활용한 사람은 Thomas Wills이다(Bissel et al, 1981).

우리나라의 작업 치료는 한국전쟁(1950, 5.25)에서 다친 상이군인들을 치료하기 위해 1952년 정양원이 설립되면서부터 시작되었으며 이듬해 국립재활원으로 명칭을 변경하여 작업재활 치료가 시작되었다. 이후 1965년 의료기사법의 시행령으로 작업치료사와 물리치료사 면허제도가 시작되었으나 1991년 이 두 분야의 치료가 분리되어 작업 치료의 전문화를 가져오는 계기가 되었다. 1993년 보건복지부의 법인인 (사)대한작업치료사협회가 창설되었으며 1996년 아시아태평양작업치료사협회에 가입하였고 1998년 세계작업치료사연맹(WFOT, World Fedration of Occupational Therapiests)에 회원국으로 가입하였다(최혜숙, 2008).

작업 치료는 인간을 작업적인 존재(Occupational Being)로 인식하여 내담자로 하여금 의미 있고 목적 있는 작업 활동을 통해 기능회복 및 기능유지를 가져오게 하여 자신이 처한 환경에 능동적으로 적응할 수 있도록 하는 치료법이다. 즉, 작업 치료는 내담자로 하여금 치료와 관련한 작업 활동을 하게 함으로써 내담자 자신의 건강을 증진시킴으로 장애를 예방하고 신체적 정신적 손상을 경감시키는 데 일차적인 목표를 가진다. 또한 작업 치료는 내담자의 능력을 최대로 향상시켜 일상생활을 독립적으로 하게 함은 물론 사회적응을 도우며 궁극적으로 내담자의 삶의 질을 향상시키는 데 의의를 둔다.

이처럼 작업 치료는 작업 활동으로 긴장과 갈등을 일시적으로 해소하며 자발적인 노동의욕을 고취시켜 사회적응 능력을 향상시키는 것으로 알려졌다. 특히 활동적이고 생산적인 작업 활동은 집단 구성원 간의 역동적인 상호교류가 활성화되며 더 나아가 이를 통해 이룩한 성과로 인해 내담자 자신으로 하여금 자신감과 함께 자존감을 높일 수 있게 된다. 작업 치료에 동원되는 작업 활동은 가구 수리, 농작물 재배, 수예, 조립 등이며 이외에도 내담자에 형편에 맞는 작업 활동을 선별·적용하는 일이 중요하다(Bissell et al, 1981; 김영희, 2007).

작업 치료는 일반적으로 아동 작업 치료, 성인신체장애 작업 치료, 정신사회 작업 치료, 노인 작업 치료 등이 있다. 아동 작업 치료는 일명 발달장애 작업 치료로 발달지체, 뇌성마비, ADHD, 학습장애 등에 문제를 가진 아동에게 적용한다. 성인신체장애 작업 치료는 뇌졸중, 척수손상, 관절염, 신경손상 환자 등의 재활 치료에 적용한다. 정신사회 작업 치료는 주로 정신분열증, 우울증, 조울증, 성격장애 등과 같은 정신과 분야의 환자에 적용한다. 노인 작업 치료는 치매, 관절염, 뇌졸증, 심장질환 등을 가지고 있는 노인을 대상으로 하는 작업 치료를 말한다(최혜숙, 2008).

(6) 원예 치료

그림 5-21 원예 치료

출처: Pixabay/CC0 Creative Commons.

원예 치료(Horticulture Therapy)는 대체 치료의 한 유형(CAM, Complementary and Alternative Medicine)으로 1979년 WHO의 Alma ATA회의에서 처음 사용

되었으며(Gester et al, 1998; Gordon, 1996), 사람의 심리적, 교육적, 사회적, 신체적 적응력을 향상시켜 몸과 마음, 영혼을 개선시키기 위해 식물과 원예 활동을 이용하는 치료법을 말한다(American Horticultural Therapy Association, 1991). 즉, 원예 치료는 녹색 자연을 통해 심리적 안정감을 경험하며 식물의 생육주기 관찰을 통해 생명과의 직접적 체험으로 자아 성숙에 도움을 가져오게 된다(Hass et al., 1998). 또한 원예 활동을 위한 집단적인 활동은 치료자와 내담자간 외에 다양한 사회적 상호작용이 이루어지며 의사소통능력 및 자기통제력이 증진된다. 이 외에도 원예 활동에서 생산된 물품을 처리하는 과정에서 대인관계 등 사회적 교류 기술이 증대하게 된다(서정근 외, 2010).

원예 치료는 기억력, 인지 능력, 작업 시작, 언어 기술 및 사회화를 향상시키는 것으로 연구되고 있다. 신체 재활에서 원예 치료는 근육을 강화하고 조정, 균형 및 지구력을 향상시키는 데 도움이 된다. 또한 원예 치료 환경에서 사람들은 독립적으로 일하고 문제를 해결하며 지시를 따르는 법을 배우게 된다. 강문희(2005)는 원예요법을 적용한 간호 중재 프로그램이 알츠하이머형 치매 노인의 인지, 정서, 의사소통 및 문제행동에 미치는 효과 연구에서 원예요법을 적용한 간호중재 프로그램에 참여한 실험군의 반응을 매 회기마다 관찰 기록한 내용을 분석한 결과 개인 수준에서는 참여 태도, 흥미 정도, 수행 능력, 의사소통, 얼굴 표정, 자세 및 동작에서 유의미한 변화가 나타났으며, 집단 수준에서는 집단 결속력과 시선 접촉, 집단 내 대상자-대상자 간, 대상자-연구자 간 상호작용에서 유의미한 변화가 나타났다. 결과적으로 원예요법 프로그램에 참여한 횟수가 증가할수록 대상자는 인지기능과 대인관계가 향상되고 자기 표현능력과 긍정 정서가 강화되는 것으로 나타났으며 원예요법을 적용한 간호 중재 프로그램은 경증 알츠하이머형 치매 노인의 인지기능 향상, 정서적 안정, 의사소통 능력 증진 및 문제행동 감소에 기여하는 것으로 입증되었다.

일반적으로 적용되는 원예 치료 프로그램으로는 각종 식물재배, 감상, 이용을 위한 접시 정원, 꽃꽂이, 압화제작 활용(꽃을 평면으로 말려 장식하는 것), 토피어리(Topiary, 식물을 사람의 손으로 다듬은 것) 등을 둘 수 있다.

(7) 아로마 치료

그림 5-22 아로마 치료

출처: Pixabay/CC0 Creative Commons.

아로마 치료(Aroma Therapy)는 프랑스의 화학자 Gattefosse가 'Aromatherapie'(1936)라는 저서에서 처음 사용하였다. 아로마 치료는 허브의 꽃, 잎, 열매, 수지, 뿌리 등에서 추출한 100% 천연 방향 오일을 원료로 한 아로마 오일을 호흡기로 흡입하거나 음용, 마사지, 목욕 등의 다양한 방식으로 체내에 흡수시켜 몸과 마음을 치료하는 대체요법이다(조태동 외, 2008; 정충영, 2007; 김선미 외, 2004).

아로마 치료는 후각, 혈관, 피부를 통하여 신체의 각 기관이나 조직에 확산된다. 아로마 오일은 일반 화학 약물과는 달리 몸에 부작용을 일으키지 않으며 호흡기, 간과 신장체계를 통해 몸 밖으로 배출되는 이점을 가지고 있다. 또한 단시간에 빠른 효과를 주어 가장 편하고 쉽게 사용할 수 있는 방법으로 향유 1~2방울을 손수건이나 티슈에 묻혀 3~5분 정도 향기를 맡는 방식으로 심신의 안정 및 자극에 의한 기분전환, 정신집중 등에 효과적이다(Cerrato, 1998; Buckle, 1999;

이민희, 2011).

아로마 치료는 신경계에 작용하여 진정(Calming), 원기회복(Restorative), 심리적 상승(Uplifting), 자극(Stimulating), 스트레스 감소 및 예방 등 인지적 기능이 증가하는 것으로 연구되고 있다. 이외에도 과도한 스트레스를 적절하게 대처하지 못해 그로 인해 나타나는 부작용으로 우울, 불안, 피로, 분노 등의 심리적 반응이 감소하는 것으로 알려졌다(Battaglia, 1995; Brenda, 1999; 하안례, 2006). 한편 이민희(2011)는 대학생의 우울증에 대한 아로마 치료의 인지 및 생리적 효과에 대한 연구에서 아로마 치료의 인지적 효과와 관련하여 생리적 치료 효과를 지속시킨다며 대학생의 우울증에는 자연 치료보다 아로마 치료가 더 효과적이라고 하였다.

아로마 치료에 사용되는 흡입법에는 건식흡입법(Dry Inhalation), 스프레이 분사법(Spray), 연고 흡입법(Ointment Inhalation), 증기 흡입법(Steam Inhalation), 램프 확산법(Lamp Diffusion) 등이 있다(표 5-19 참조).

표 5-19 아로마 오일 흡입법

건식흡입법	• 손수건에 1~2방울의 오일을 묻혀 냄새를 맡는 방법 - 3~4분 동안 냄새를 맡음 - 라벤더: 불안장애, 공황장애, 두통 - 유향: 불안장애, 공황장애 - 센달우드: 불안장애, 공황장애 - 페퍼민트: 졸음으로 각성이 필요할 시, 기관지염, 호흡기질환, 비염, 멀미 - 유칼립투스: 콧물 유출 시, 기관지염, 호흡기질환, 비염
스프레이분사법	• 증류수나 알코올 용매에 오일을 5% 이내로 희석하여 손등에 뿌려 흡입함 - 감기, 기관지염, 호흡기 질환, 비염, 구취제거, 인후염 증상 완화, 겨드랑이 냄새 제거 시 - 유칼립투스: 호흡기질환 치료 - 카모마일: 알레르기성 비염, 공황장애, 불안장애 - 라벤더, 샌달우드, 유향: 공황장애, 불안장애
연고흡입법	• 오일에 향유 5~10%를 첨가하여 만든 연고를 코 밑에 발라 흡입함 - 불면증, 감기, 기관지염 치료에 효과

(계속)

증기흡입법	• 따듯한 물(40c)에 오일을 떨어뜨린 후 수건을 덥고 흡입함 – 그릇과 20cm 가량 떨어져 20이내 흡입함(흡입 속도가 가장 빠름) – 호흡기질환(감기, 비염, 콧물), 피부질환(여드름) 치료 시
램프확산법	• 3~4방울의 오일을 물이 담긴 램프에 떨어뜨려 발한시켜 흡입함 – 창문을 닫고 흡입은 3~4시간이 적당함 – 야간(수면유도 시), 주간(공기정화 시) – 라벤더+미조랑: 불면증 – 라벤더, 카모마일, 샌달우드, 유향, 클라리세이지: 흥분, 불안증 해소와 안정 시 – 타임, 페퍼민트, 라벤더: 공기정화, 살균 – 로즈마리, 레몬: 기면증, 학습효과 – 라임, 유자, 그레이프푸트: 기분 상승 – 장미, 재스민: 최음 작용 – 클라리세이지, 제라늄, 장미유: 신경쇠약증세

출처: http://blog.naver.com/bmkj/90013319813

(8) 오락 및 놀이 치료

그림 5-23 오락 및 놀이 치료

오락 치료는 환자들이 놀이나 오락을 통해 문제행동이나 질병을 치료하는 기법이다. 오락 치료는 창의 예술, 무용, 스포츠, 모험 프로그램 및 퍼즐 또는 논리 게임에 참여함으로써 개인의 독립성과 기능을 향상시키는 아이디어를 기반으로 한다. 미국오락치료협회(ATRA, American Therapeutic Recreation Association)에 따르면 오락 치료는 개인의 기능을 향상시키고 선택한 삶의 목표에 가능한 한 적극적이고 건강하며 독립적으로 유지하는 것을 목표로 한다. 즉, 오락 치료는 심리적, 육체적 건강, 회복 및 건강관리의 수단으로 질병 또는 장애를 가진 개인의 평가된 요구를 해결하기 위해 레크리에이션 및 기타 활동 기반 개입을 활용하는 체계적인 과정이다. 오락 치료사는 내담자의 신체적, 인지적, 정서적, 사회적 및 여가 요구를 개선하기 위해 다양한 활동 및 지역 사회 기반의 개입과 기술을 활용한다(미국오락협회홈페이지, 2017).

오락 치료에는 승마(Horseback Riding), 수영(Swimming), 각종 운동(Sports), 게임(Game), 카드, 음악, 미술, 연극, 바둑, 장기 등 다양한 종류의 오락 활동을 통하여 개인 또는 집단의 흥미를 자극하여 성취 등의 만족감을 누릴 수 있도록 해야 한다. 특히 오락 치료는 일상적인 것과는 달라야 하며 즐거워 다음의 오락에 대한 기대감을 갖도록 하여야 한다.

놀이 치료(Play Therapy)는 Hug-Hellmuth(1921)이 아동 분석을 위해 놀이를 처음으로 치료에 적용하면서 시작되었다. 놀이 치료 가운데 일반적으로 많이 알려진 모래놀이 치료는 모래상자, 모래, 물, 각종 이미지를 사용하여 치유하는 심리 치료방법으로 Lowenfeld(1929)가 문제아동에게 모래와 장난감을 사용하면서 시작되었으며 이후 Kalff(1980)에 의해 모래놀이 치료라고 불리게 되었다(Ross et al, 2004; Steinhardt, 2010).

놀이 치료는 정신적, 신체적 건강회복은 물론 건강 관리의 수단으로 질병 또는 장애를 해결하여 생활기능 활성화, 교정 및 재활, 건강증진 등 생활전반에 걸친 여가 활동에 참여하도록 도와줌으로써 삶의 질을 향상시키는 데 유익한 치료기법이다. 따라서 놀이치료사는 환자의 우울증, 스트레스 및 불안감을 줄이고 자신감을 키우며 대인관계 향상은 물론 사회성을 넓히도록 돕는 역할을 하게 된다.

(9) 웃음 치료

그림 5-24 웃음 치료

출처: Pixabay/CC0 Creative Commons.

웃음 치료(Laughter Therapy)란 일상 속의 재미있는 경험이나 유머, 미소, 웃음 등 즐거운 감정을 표현하도록 하여 내담자의 신체 및 사회적 관계를 건강하게 함으로써 궁극적으로 삶의 질을 향상하여 행복을 찾도록 하는 일련의 행동인지 치료이다(이임선, 2010). 웃음에 관하여 성경은 양약이라고 하였으며(잠언 17:22), 16세기 의사들은 웃음을 신체적 운동이라고 하였다. 칸트(18c)와 스펜서(19c)는 웃음이 긴장해소는 물론 건강을 회복시키고 유지하는 데 긍정적인 영향을 끼친다고 하여 예로부터 웃음은 심리적 또는 신체적인 치료제 역할을 하는 것으로 알려졌다(Dean, 1997; Bennett et al, 2006). 웃음 치료는 개별 또는 집단으로 시행할 수 있다. 영화나 텔레비전 및 라디오의 코미디 프로그램 등과 같은 영상 및 오디오 자료, 책, 게임 등을 통해 웃음을 유발하여 치료에 적용한다.

웃음 치료의 구성요소로 웃음소리, 웃음운동, 웃음명상, 자기표현 등 네 가지가 있다. 웃음소리는 의도된 웃음을 10초 이상 길게, 크게, 온 몸으로 웃음을 표현하도록 하여 신체에 변화를 주기 위한 것이다. 웃음운동은 심장박동수의 40~60% 정도에서 시작하여 최대 80%까지 끌어올리는 웃음운동으로 평범한 웃음동작으로부터 왁자지껄 박장대소로까지 이어져 신체근육의 이완은 물론 맥박과 호흡수 증가로 활력을 주기 위한 것이다. 웃음명상은 웃음운동이 끝난 후 물, 새소리 및 클래식과 같은 조용한 음악과 함께 기분 좋은 상태를 유지하도록 하도록 하기 위한 것이다. 그리고 자기표현은 자신이 겪고 있는 문제를 솔직히 이야기하도록 하여 감정의 환기, 정화, 위로와 격려, 수용을 경험하게 하여 자기이해와 자기 수용을 촉진하기 위한 것이다(이임선, 2012),

웃음 치료에 있어 웃음초기에는 심박동수, 혈압, 근육긴장 호흡수는 증가하나 웃음이 멈춘 후 곧바로 혈압강화, 전신순환, 소화촉진, 체내 포화산소 증가로 스트레스와 연관된 각종 신체 증상을 감소시키는 것으로 알려졌다. 특히 배꼽을 쥐고 웃을 정도의 큰 웃음은 신체의 650개 근육 중 230여 개의 근육을 움직여 전신운동을 하는 것과 동일한 효과를 낳아 심혈관계, 근골격계, 호흡계 등에 영향을 미쳐 운동의 효과와 동일하다는 것이 알려졌다. 이외에도 웃음은 만성호흡기장애 환자들의 분비물 제거와 혈액에 산소를 공급하여 심폐기능을 강화시키는 것으로 나타났다(Fry, 1992). 또한 웃음 치료는 코티졸과 같은 스트레스 호르몬 감소와 다이어트 효과, 암환자, 요통환자의 불안 감소, 통증 제거, 노인, 중년여성, 뇌졸중 편마비 환자의 우울감소와 더불어 기분상승 및 수축혈압을 감소시키는 것으로 연구되었다(김용운, 1997; Cousins, 1979; Lebowitz, 2002; Zweyer et al, 2004). 또한 아토피 피부염 환자의 스트레스 정도가 감소하였고 노인의 삶의 만족도와 자아존중감은 증가한 반면에 죽음 불안은 감소하였다. 이처럼 웃음치료는 혈압, 맥박, 혈청 코티졸 등과 같은 생리적 스트레스 반응과 임파구 등 면역학적 스트레스 반응 및 부정적인 인지 반응을 감소시킴으로써 불안 및 우울 등의 스트레스 반응을 감소시키는 데 효과가 있다(권영복, 2014). 그리고 웃음 치료는 심리적으로도 부정적인 사건들에 대한 불안감을 경감시켜주는 완충 효과 역할과 문제점을 객관적인 태도로 견지하여 문제해결을 위한 통찰력을 갖게 한다(Lefcourt, 1986).

권영복(2014)은 주부들의 웃음 치료를 통한 삶의 질 향상에 관한 연구에서 웃음 치료 후 신체적 기능, 심리적 기능, 사회적 기능, 웃음지수, 부부관계 만족도, 가정생활 만족도, 삶의 만족도가 높게 나타났다. 고예정(2014)은 웃음 치료 프로그램이 결혼 이주 여성의 문화 적응 스트레스와 스트레스 반응에 미치는 효과를 위한 연구에서 웃음 치료를 통한 결혼 이주 여성의 문화 적응 스트레스와 심리적 스트레스 반응(불안, 우울)과 생리적 스트레스 반응(타액 코티졸)을 경감시키는 것으로 나타났다.

(10) 울음 치료

그림 5-25 울음 치료

출처: Pixabay/CC0 Creative Commons.

울음 치료(Cry Therapy)는 웃음 치료와는 달리 눈물을 흘리게 함으로써 내담자의 문제를 치료하는 기법이다. Tom Lutz(1999)에 의하면 사람들은 기원전 14세기부터 울음을 이해하며 눈물의 사용방법을 모색해왔다고 주장한다(Lutz, 1991). 울음 치료의 궁극적인 목표는 울음을 통하여 우리 안에 내재된 상처와 아픔, 괴로움들을 물로 씻어내듯 눈물로 치료하는 것이다. 일본의 히데오 교수에 의하면 눈물을 흘리는 순간에도 비록 스트레스가 쌓이지만 신기하게도 눈물을 그친 후에는 속이 후련해지고 스트레스가 풀려 이전보다 더 기분이 나아진 평상심의 상태로 돌아간다고 하였다(한

광일 외, 2012). 20년 전 1997년 8월 31일 프랑스 파리에서 영국의 전 왕세자빈 이었던 다이애나(Diana, 1961~1997)가 불행하게도 교통사고로 생을 마감한 사건이 있었는데 이 사건으로 영국에서는 한때 심리 상담소를 찾는 사람들이 평소보다 현저하게 낮아졌다고 한다. 그 이유인 즉은 다이애나의 죽음을 애도하며 흘린 눈물이 자신도 모르게 쌓였던 스트레스를 씻어냈기 때문이라고 한다. 당시 영국의 모든 매체는 정규방송을 중단하고 연일 다이애나의 죽음에 대해 추모방송을 내보내고 있었으며 이를 본 영국 국민은 물론 전 세계인들이 그녀의 죽음을 안타까워하며 흘린 눈물의 효과라고 한다. 이를 두고 심리학자들은 '다이애나 효과'(Diana Effect) 또는 '다이애나 신드롬'(Diana Syndrome)이라고 한다(이병욱, 2008). 한편 Morgan-Jones와 그의 동료들(1998)의 연구에 의하면 다이애나가 사망한 이래로 외상 입원환자 수가 10% 감소하였고 부상 심각도가 높은 환자의 입원 횟수도 현저히 떨어져 3개월 동안 지속되었으나 그해 12월부터 이전의 수준으로 되돌아갔다고 한다.

울음 치료의 효과는 눈물 속에 담겨있다. 삶에 시달리다보면 자신도 모르게 스트레스가 쌓이게 된다. 불평불만, 시기, 미움, 질투, 증오, 슬픔, 화, 분노, 저주 같은 심리적으로 내재한 감정들이 쌓이게 되다보면 우리 몸에는 카테콜아민(Catecholamine)이라는 호르몬이 다량으로 생성된다. 카테콜아민은 도파민(Dopamine), 에피네프린((Epinephrine, 아드레날린), 및 노르에피네프린(Norepinephrine)으로 이들이 정상적인 상태에서는 아무런 문제를 일으키지 않으나 과다하게 생성하게 될 때 심한 두통, 고혈압, 심계항진, 발한, 구역, 불안, 크롬친화세포종, 뇌졸중, 심장마비 등을 일으키게 된다. 지금까지는 이러한 증세에 대한 약물요법 등으로 증세를 치료하는 대증요법을 사용하여 왔으나, 눈물을 흘리는 것만으로도 그에 못지않은 효과가 있다는 사실이 여러 연구에서 입증되고 있다. 성인들의 우는 행동을 연구한 마거릿 크르포는 자주 울고 눈물에 대해 긍정적인 자세를 가진 사람들은 아예 울지 않거나 눈물을 하찮게 여기는 사람들보다 정서적·신체적으로 건강하다고 하였다(이병욱, 2008).

그러므로 나타난 증세를 치료하는 것도 중요하지만 근본적으로 질병의 원인이 된 스트레스로 인해 쌓여진 호르몬을 배출시키는 것이 무엇보다 중요하다. 눈물의 효과는 바로 이러한 스트레스 호르몬의 원인물질을 몸밖으로 배출시켜 본래의 건강한 신체로 되돌리는 힘을 갖고 있다. 분노의 독소를 씻어내는 감정 치료제인 눈물은 어린아이처럼 크게 소리 내어 엉엉 울 때 눈물의 효과는 더욱 증대된다(한광일 외, 2012). 더욱이 목 놓아 울 때 우리 몸의 뇌를 다시 한 번 리셋(Reset)하는 것과 같다고 한다(이병욱, 2008). 빌프레이는 눈물을 지속적인 눈물, 자극에 의한 눈물, 감정적 눈물 등 세 가지로 나누었다. 눈물이 다 똑같은 것 같지만 실제로는 언제 어떻게 흘리느냐에 따라 눈물의 구성 성분이 달라지고 눈물을 발생시키는 뇌의 지점도 각기 다르다고 하였다. 지속적인 눈물은 눈동자를 촉촉하게 적셔주는 일종의 윤활유와 같다. 눈동자를 깜박일 때마다 분비되며 박테리아와 바이러스로부터 눈을 보호하는 기능을 한다. 자극에 의한 눈물은 양파를 깔 때 나오는 눈물로 외부의 자극으로부터 눈을 보호하기 위해 씻어내는 기능을 한다. 감정적인 눈물은 고단백질을 함유하고 있는 눈물로 스트레스로 만들어진 독소를 몸 밖으로 내보내는 기능을 가진 눈물로 울음 치료에서 말하는 눈물을 말한다(이병욱, 2008).

울음 치료는 눈물을 흘리게 함으로써 심장 박동이나 자율신경계가 안정을 이루며 스트레스 감소, 면역력 증강, 류머티즘 통증 감소, 혈압 안정, NK세포 자극(Natural Killer Cell, 바이러스에 감염된 세포와 암세포를 죽이는 세포), 암 예방, 심혈관계 개선, 소화기계, 면역계, 골격근계 관절계통 개선, 피부개선, 불안감 저하, 안정감, 신체적, 심리적, 영적인 안정감을 갖게 한다(이병욱, 2008).

(11) 동물 매개 치료

그림 5-26 동물 매개 치료

출처: Pixabay/CC0 Creative Commons.

동물 매개 치료(Animal-assisted Therapy)는 일명 펫 치료(Pet Therapy)로 동물이나 애완동물 또는 반려동물을 활용한 치료기법을 말한다(Kruger et al., 2010). 주로 주변 사람에게 상처를 입었거나 외상 후 스트레스 장애(트라우마)를 입은 사람을 치료하는 데 사용한다. 동물 매개 치료는 인간과 동물이 함께 생활하면서 시작되었을 것으로 추정한다. 고고학자 Davis는 1976년 북부 이스라엘에서 약 12,000년 전의 것으로 추정되는 고분에서 인간과 동물(개) 간의 정서적 유대가 있었음을 주장하였으며 1792년 영국의 정신질환자들의 치료 시설인 요크 수용소에서 환자의 보조 치료를 목적으로 토끼와 닭을 키움으로 긍정적인 효과를 보았다고 전해진다. 오늘날과 같은 과학적이고 체계적인 동물 매개 치료는 1988년 미국국립보건원(NIH)에서 시작되었다. 한국은 2009년 동물매개치료단체 설립을 계기로 오늘날까지 이어지고 있다.

Katcher와 Wilkins(2000)는 동물 매개 치료를 통하여 주의력결핍과잉행동장애(ADHD) 및 자폐증 환자에게 사회성 증가와 더불어 자부심 및 언어구사능력에서 향상을 가져온다고 하였다(이형구, 2013). 애완동물과 상호작용하면 많은 육체적 정신적 문제를 해결하게 된다. 혈압을 낮추고 전반적인 심혈관 건강 개선과 함께 진정효과를 나타내는 엔도르핀을 방출함으로써 고통을 완화하고 스트레스를 줄이며 전반적인 심리적 상태를 개선하는 데 도움을 준다(Jorgenson, 1997). 이외에도 동물 매개 치료는 환자의 운동 기술 및 관절 운동 개선, 보조 또는 독립적인 운동 개선, 자부심 증가, 의사소통 증가, 사회적 기술 개발, 외부활동 참여 의지 증가, 타인과의 상호 작용 향상, 동기부여 증대, 우울증 감소, 외로움과 고립감 감소, 지루함 감소, 불안해소, 공감능력과 배려심 증대 등의 효과가 있다. 따라서 동물 매개 치료는 약물 치료를 받거나 장기 요양 시설에 거주하는 사람, 만성 심부전으로 입원한 사람들, 외상 후 스트레스 장애를 가진 사람들, 신체적 치료를 받는 어린이, 뇌졸중 환자 및 운동 요법을 되찾기 위해 물리 치료를 받는 사람들, 정신 건강 장애를 가진 사람들에게 매우 유용한 치료법이라 할 수 있다(Lundgvist, 2017; Hoagwood, 2016; Krause-Parello, 2016; Andreasen, 2017).

(12) 색채 치료

색채 치료(Color Therapy)의 현대적인 치료기법은 1930년 인도의 과학자 Ghadiali에 의하여 처음으로 시도되었다. 그는 특정한 색깔이 특정 신체기관의 기능을 강화한다고 주장하였다(Lambert, 2003). 또한 Finsen(1903)은 광선요법을 도입하여 붉은색의 자외선으로 피부 결핵 치료에 성공하여 노벨상을 수상하였다. 하지만 색채 치료는 예로부터 고대 바벨론에서는 신의 의학이라고 불리웠으며 이집트의 제사장들은 종교의식에 빨강, 노랑, 파랑색 등을 사용하여 인간의 영적, 정신적, 육체적 건강을 치료하는 수단으로 사용하였다. 이외에도 중국의 음양오행과 허준의 동의보감은 색으로 병을 진단하는 내용을 담고 있다(김미정, 2004; 김민경, 2004; 김나영, 2005; 김경숙, 2005; 최주인, 2014).

◌ 그림 5-27 ◌ **색채 치료**

출처: Pixabay/CC0 Creative Commons.

색채 치료는 색소 요법(Chromo therapy) 또는 광선 요법(Light Therapy)이라고도 하는데 빛과 색의 가시 스펙트럼을 사용하여 사람의 기분과 신체적 또는 정신적 건강을 치료하는 기법을 말한다. 이러한 치료기법은 각 색상이 가진 특정 주파수와 진동에 따라 인체의 생체 리듬에 영향을 줄 수 있다는 생각에서 출발한다. 일반적으로 우리의 눈을 통해 빛이 들어오는 것만 생각하나 색채 치료에서는 빛이 우리의 피부를 통해 들어오는 점에 착안한 기법이다. 즉, 모든 색상은 저마다 고유 주파수와 진동을 가지고 있으며 이러한 특성들이 호르몬을 활성화시켜 화학 반응을 일으킴으로써 인체 내의 감정에 영향을 주어 질병을 치료하게 된다.

색채는 뇌 질환이나 감정적인 문제가 있는 사람들에게 영향을 주는 것으로 알려져 있다. 예를 들어, 파란 색은 진정 효과가 있어 낮은 혈압을 유발할 수 있지만 붉은 색은 반대 효과를 나타낸다. 녹색은 감정적으로 불균형한 사람들을 풀기 위해 사용할 수 있는 반면에 황색은 우울증을 앓고 있는 사람들을 활성화시키는데 사용된다. 밝은 보라색은 평화로우며 긴장을 덜게 하며 사무실 등에 어울리며 평화롭고 조용한 환경을 원한다면 녹색 또는 파란색을 사용하는 것이 좋다. 파란색은 사람들이 많이 왕래하거나 상당한 시간을 보내는 장소에 적합하다. 그리고 일반적으로 호흡을 줄이고 혈압을 낮추는 고요한 색상으로 긴장을 푸는 데 도움이 된다. 자극의 환경을 조성하거나 사람들의 식욕을 자극하고 싶을 때 노란색 또는 주황색을 사용하는 것이 좋다. 이 색은 종종 음식과 관련이 있으며 식당에서 많이 이용하는 색상이다. 주황색, 특히 노란색과 같은 밝은 색상은 과도하게 자극을 유발하여 다이어트를 생각한다면 이런 식당은 피해야 한다.

색채는 사람들이 배고프고 긍정적이거나 부정적인 색조를 연상시키거나, 신뢰, 평온 또는 에너지의 느낌 그리고 기타 여러 가지 방법으로 사용된다. 일반적으로 알려진 색채의 심리적인 의미를 살펴보면 다음과 같다.

흰색은 • 순수(Purity) • 결백(Innocence) • 청결(Cleanliness) • 공간감각(Sense Of Space) • 중립(Neutrality) • 애도(Mourning)의 의미로, 검정색은 • 권위(Authority) • 영향력(Power) • 권력(Strength) • 악(Evil) • 지성(Intelligence) • 날씬함(Thinning/Slimming) • 사망 또는 애도(Death Or Mourning)의 의미를 나타낸다.

회색은 • 중립(Neutral) • 영원(Timeless) • 실용적(Practical)인 의미로, 빨강은 • 사랑(Love) • 연애(Romance) • 친절(Gentle) • 따뜻함(Warmth) • 위로(Comfort) • 힘(Energy) • 흥분(Excitement) • 강구(Intensity) • 생명(Life) • 피(Blood)의 의미를 나타낸다.

오렌지색은 • 행복(Happiness) • 활력(Energetic) • 흥분(Excitement) • 열광(Enthusiasm) • 따뜻함(Warmth) • 번영(Wealth Prosperity) • 지성(Sophistication) • 변화(Change) • 자극(Stimulation)의 의미를 나타낸다.

노랑색은 • 행복(Happiness) • 웃음(Laughter) • 쾌활(Cheery) • 따뜻함(Warmth) • 낙천주의(Optimism) • 굶주림(Hunger) • 강구(Intensity) • 좌절(Frustration)

• 분노(Anger) • 주의 집중(Attention-Getting)의 의미를 나타낸다.

녹색은 • 자연적인(Natural) • 시원함(Cool) • 성장(Growth) • 돈(Money) • 건강(Health) • 부러움(Envy) • 냉정(Tranquility) • 조화(Harmony) • 평온(Calmness) • 비옥(Fertility)의 의미를 나타낸다.

파랑색은 • 평온(Calmness) • 침착(Serenity) • 차가움(Cold) • 냉담한(Uncaring) • 지혜(Wisdom) • 충성(Loyalty) • 진실(Truth) • 집중(Focused) • 식욕감퇴(Un-Appetizing)의 의미를 나타낸다.

자주색은 • 충성, 왕족(Royalty) • 부(Wealth) • 지성(Sophistication) • 지혜(Wisdom) • 이국적인(Exotic) • 영적인(Spiritual) • 번영(Prosperity) • 존경(Respect) • 신비(Mystery)의 의미를 나타낸다.

갈색은 • 신뢰(Reliability) • 안정(Stability) • 우정(Friendship) • 슬픔(Sadness) • 따뜻함(Warmth) • 위로(Comfort) • 보안(Security) • 자연적인(Natural) • 근본적인(Organic) • 애도(Mourning)의 의미를 나타낸다.

분홍색은 • 연애(Romance) • 사랑(Love) • 친절(Gentle) • 진정(Calming) • 동요(Agitation)의 의미를 나타낸다. 표 5-20은 색상에 따른 치료 효능을 나타낸다.

표 5-20 컬러에 따른 치료 효능

빨강	색상	오렌지나 짙은 보라색에 가깝지 않은 선명하고 아름다운 명확한 색
	의미	체력, 에너지, 생기, 삶, 성, 경고, 능력, 변경, 수축
	치료 효능	저혈압, 생기부족, 무기력증, 게으름, 졸림, 혈액순환 활성화, 불임, 철분결핍, 마비 치료, 몸이 차가운 사람 등(금기: 고혈압, 천식, 불안증)
		보색(파란색)을 병행할 경우 감염, 폐렴 증세 중화, 변화 완화

(계속)

오렌지	색상	생기 넘치고 기운 나는 색채. 빨간 색에서 노란 색으로 가는 중간의 색채.
	의미	행복, 춤, 기쁨, 독립, 부주의, 상기(기분이 들뜸)
	치료 효능	항우울증, 레드의 에너지가 너무 강할 시에 저혈압에 사용됨. 갑상선 기능자극, 우울, 변비, 소화불량, 생리불순, 자궁질병, 근육경련진정, 구토진정, 칼슘증가(임산부), 모유분비 촉진(금기: 신경질적이고 과도하게 활동적인 사람, 산만한 사람은 부적절)
		보색(파랑)
노란색	색상	빛에 가장 가까운 색
	의미	분리, 지적인, 고려하는, 판단적인, 비평, 동심, 스마일, 따뜻함
	치료 효능	류머티즘, 관절염, 칼슘, 과정의 조절, 상담 시 효과, 근육에너지 생성, 마비, 소화불량, 골절 등에 효과, 피부, 소화 및 배설(변비)기능, 흐린 날 효과(금기: 고열, 심장박동이 빨라질 때
		보색(보라)
녹색	색상	자연과 식물, 나라의 색채
	의미	조화, 균형, 안정과 중립성, 젊음, 풍요, 성장, 패기
	치료 효능	깨끗이 함, 정화, 암, 종기, 낭종 치료, 천식, 기관지염, 협심증, 방부성, 해독, 심장발작, 긴장완화, 혈압낮춤, 교감신경활성화(금기: 졸음이나 짜증과 같은 부작용 발생, 종양생성)
		보색(자주)을 병행하면 악성종양 치료
파란색	색상	바다와 하늘의 색
	의미	긴장 이완, 수면, 평화, 팽창, 희망
	치료 효능	고혈압, 스트레스, 천식, 편두통, 면역체계 증진, 전염병, 패혈증, 감염, AIDS 치료
		보색(빨강)

(계속)

보라색	색상	기분을 들뜨게 하는 정신적인 색채
	의미	위엄, 신성함, 명예, 가치, 희망
	치료 효능	절망감, 자기존중의 부족, 자기비하, 개성의 확립, 강박성뇌질환, 신경질환, 눈 기능 강화, 감수성 조절, 백혈구 조성, 영적인 자각, 통찰력, 좌골신경통, 두피질병(금기: 폭력적인 성향의 사람에게는 해롭다, 외고집, 심술, 비사교적, 자기중심적, 다툼)
		보색(노랑)
자주색	색상	가장 고위의 색채
	의미	이기심, 명상, 완벽함, 양보, 허락
	치료 효능	더 이상 적용할 수 없는 낡은 습관들을 놓는 자유, 변화들, 올바른 시간에 정신으로 향하는 마지막 변화
흰색	색상	모든 색채를 포함하는 색채
	의미	순결, 처음, 고립, 현명, 성직자, 죽음, 애도(동양)를 대표하는 색채
	치료 효능	종합적인 중립성과 절대적인 청결과 진실, 기미, 주름효과
		보색(검정)
검은색	색상	지구상의 모든 색채를 끌어당기는 측정할 수 없는 깊이의 색채, 경험
	의미	유혹, 모욕감, 부정의 구체적 지식, 과학
	치료 효능	억제, 만성질병, 심리요법에는 사용치 않음, 엄격, 권위적, 결함에 대한 공포
		보색(흰색)
회색	색상	색채가 되는 것을 거부하는 색채
	의미	봉사, 헌신
	치료 효능	자존심, 오만함(잘 사용되지 않음)
갈색	색상	지구의 색채, 죽음
	의미	희생, 헌신, 범죄, 안정, 클래식, 소박, 보수적, 침착함, 촌스러움, 수수함, 늙음
	치료 효능	지나치게 자만한 사람들을 위해서만 사용함.

출처: 오수연(2007); 류화정(2007); 스에나가 타미오(2011) 인용.

(13) 영성 치료

그림 5-28 영성 치료

출처: Pixabay/CC0 Creative Commons.

영성 치료(Spiritual Therapy)란 행동 및 신체 건강에 대한 도덕적, 영적 및 종교적 영향을 포함하는 상담 또는 심리 요법의 한 형태로써, 자아를 강화하기 위한 영적, 종교적 신념과 가치를 사용하는 치료기법을 말한다. 즉, 영성 치료는 부정적인 에너지를 제거하고 긍정적인 치유 에너지로 대체하여 정신과 신체를 회복시키는 치료법이다. 그러므로 영성 치료는 개인에 관한 모든 문제를 영성의 일상생활에의 적용에 중점을 둔다. 영적 치유는 이집트, 바빌론, 그리스, 이스라엘, 동방 제국의 고대사에 뿌리를 두고 있다. 고대 사회에서 의료 종사자는 성전에서 훈련을 받고 성전 학자들로부터 배웠던 제사장들이었다. BC1,500년경에는 그리스의 치유 사제들은 의료 개업의 또는 의사로 자리매김했다. 이들 중 가장 유명한 사람은 의학의 아버지로 알려진 Hippocrates(BC460~BC370)이다. 히포크라테스의 선서는 본래 성직자들이 선행한 개개인의 영과 생명이 신과 하나라는 이론에 근거에서 출발한다. 이외에도 성경은 역사상 가장 위대한 영성 치유자로 예수 그리스도를 나타내고 있다(Smith, 2014).

영성 치료는 슬픔, 스트레스 및 우울증과 같은 문제를 다루며 심령(Psychic)을 통해 몸을 치유하는 전체론적인 치료(Holistic Therapy)로 육체적인 것에서 정신적인 차원까지의 모든 차원을 포괄한다.

본래 '정신 요법'(Psychotherapy)이라는 단어는 '프뉴마(πνεῦμα, 영혼, 영)의 치유'를 의미하는 그리스어에서 유래한다. '프뉴마'(πνεῦμα)는 '공기의 움직임, 바람, 입김, 숨, 영혼, 영, 성령, 생기, 공기, 기분, 경향 등 힘과 애정과 감정과 욕망과 같은 결과를 가져오는 근원'의 의미를 가지고 있다. 프뉴마(πνεῦμα, 영)는 그 자체가 선하거나 악하거나 한 것이 아니라 그것이 무엇과 결합하고 누구의 소유가 되느냐 또는 그 안에 무엇을 담느냐에 따라서 결과가 달라진다. Canda (1988)에 의하면 영성은 자신, 타인, 신을 포함한 모든 존재물과의 상호연결의 통합적인 관계를 이룰 수 있는 가장 핵심 구성 요소로써 육체(Body), 지성 (Intellect), 감정(Emotion), 감각(Senses), 상호역동(Interactional), 양육(Nutritional), 상황(Contextual) 등을 포괄한 심리적, 사회적, 도덕적, 종교적, 신체적 경험 사이

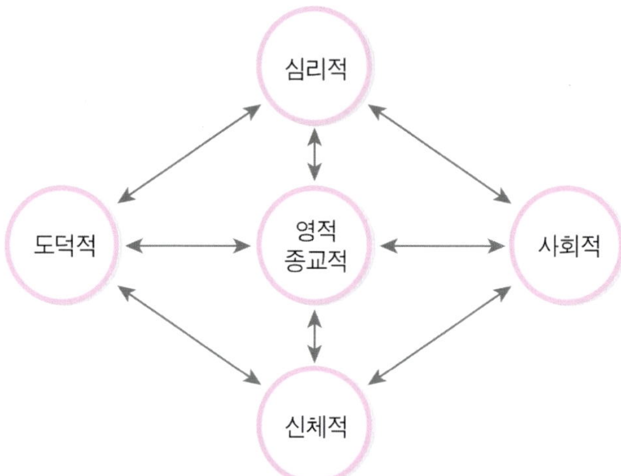

그림 5-29 경험 차원에서의 영성의 위치

출처: Sperry(이정기, 윤영선 역), 2011: 51 수정인용.

에서 중심을 차지하며, 모든 환경과의 관계에서 의미 부여는 물론 기능을 총괄하게 된다(Schwab, 1990; Canda et al., 1999, 그림 5-29 참조). 즉, 영성이란 모든 인간의 본성으로 변화와 성장을 초래하는 창조적이고 역동적인 힘, 곧 드러나는 신비(삶의 불확실한 부분과 신비스런 경험 처리), 삶의 의미와 목적 주관(자신을 넘어 타인과 절대자와의 관계에 조화를 꾀하는 초월감 등), 조화로운 상호 관계성(자아존중감, 자아실현, 타인에 대한 사랑, 용서, 봉사 믿음), 내적 강인함(내적 자원, 의식, 자각 등)을 통해 자신은 물론 타인 및 신과 관계를 맺게 하는 힘을 말한다(Burkhardt, 1989; 김희경, 2014; Bullis, 2013).

오복자 등(2000)은 영성을 크게 형이상학적 차원과 실존적 차원으로 구분하며 선행조건으로 영(Spirit)을 제시하였다. 그리고 영성의 주요 속성으로 조화로운 관계성(Harmonious Interconnectedness), 초월성(Transcendence), 통합적 에너지(Integrative Energy), 삶의 의미와 목적(Purpose and Meaning in Life)으로 나누었으며 이러한 작용의 결과로 신체적, 정신적, 사회적, 영적 안녕을 가져온다고 하였다(표 5-21 참조).

표 5-21 영성의 차원과 그에 따른 결과

	차원	선행조건	주요 속성	결과
영성	형이상학적 (수직적/신-사람)	영(Spirit) • 자기성찰(Introspection), 과 반성(Reflection) • 상위존재인식(Awareness of supreme being) • 상호연결(Interconnection)	조화로운 관계성	신체적, 정신적, 사회적, 영적 안녕
			초월성	
	실존적 (수평적/사람-사람)		통합적 에너지	
			삶의 의미와 목적	

출처: 오복자 외(2000).

영성 치료는 주로 예배와 기도, 찬송, 타인의 몸에 손을 얹거나 접촉하는 방식, 그리고 성경(경전) 읽기 등이 주로 사용되나 기본적으로 영성은 기도에 의존한다. Holt(2002)는 기도를 영성과 동일한 의미로 사용하며 마치 영성과 기도는 굶주림과 식사와의 관계와 같다고 하였다. 즉, 영성이란 현상을 초월한 분과의 관계를 지향하는 내적 성향으로 기도란 이러한 행위를 구하는 구체적인 행동으로써 하나님과의 관계를 이루는 동시에 그로 인하여 인간관계 및 문제를 치유하고 해결하며 또한 목적을 달성하게 된다는 것이다. 영성 치료는 실제로, 특별한 상황에서, 가장 절실하고 가장 낮은 지점에 있었던 개인이 기도나 명상을 통해 육체적 또는 정서적 질병에 놓여 있는 다른 사람들을 치유하는 행위에 관련될 수 있다. 또한 영성 치료는 우정, 공동체, 미덕 또는 의미, 신, 더 높은 힘 또는 삶의 더 높은 진리, 아름다움 또는 신성함과 같은 자신보다 더 큰 무언가를 찾는 것이다. 그러므로 영성 치료는 삶에서 의미나 목적이 부족하거나 고립감을 뛰어 넘는데 도움이 되는 것으로 알려지고 있다.

문순희(2009) 가족 치료와 기독교 영성을 중심으로 부부갈등 예방과 치유를 위한 부부관계 향상 프로그램 개발 및 효과성 연구에서 질적 평가를 바탕으로 프로그램 효과를 분석한 결과 첫째, 가족 치료와 기독교 영성을 통합한 프로그램에서 가장 큰 유의미한 차이가 나타났으며 둘째, 집단 간 요인별 차이에서 원가족과의 관계, 의사소통, 자아존중감, 갈등 대처 방식, 부부 성 만족도 등에서도 현저하고 유의미한 결과를 나타냈다고 한다. 결과적으로 가족 치료와 기독교 영성을 통합하여 개발된 프로그램이 부부 갈등 예방과 치유를 통한 부부관계를 향상시키는데 효과성이 있다는 것이 밝혀졌다. Columbia University(CASA, Center on Addiction and Substance Abuse, 2002)의 중독 및 물질 남용 연구에 의하면 종교적 신념을 중요시하지 않는 성인은 담배를 피우는 데 1.5배 이상, 폭음을 호소하는 비율이 3배 이상이며, 마리화나 이외의 다른 불법 약물 사용은 4배가량 높게 나타났다. 또한 종교 서비스에 참석하지 않는 성인은 담배를 피우는 확률이 3배나 높으며 마리화나 이외의 불법 약물을 사용하는 비율이 5배 이상, 폭음에는 7배, 전체적으로는 종교 서비스에 참여하는 사람보다 담배를 피울 가능성이 8배나 높은 것으로 나타났다. 또한 종교적 신념을 중요시하지 않는 청소년들 역시 술을 마시거나, 술을 마시고 담배를 피우며, 마리화나를 사용하는데 종교적 신념을 중요시하는 청소년보다 불법 약물을 사용하는 비율이 3배가량 높았다. 이처럼 종교 및 영성은 치료 및 회복 과정에 중요한 결정적 요인을 제공하고 있다. 실제로 회복중인 많은 알코올중독자와 중독자는 치료에 대한 동기와 자신의 종교적 신념에 대한 절제와 종교모임 공동체의 지원을 통해 문제를 해결할 수 있다는 생각을 가지고 있는 것으로 알려졌다.

올해 서른한 살인 러시안 Tolmachyov Artem은 열한 살 때부터 친구들과 어울리며 술을 마시기 시작했다. 그러다가 기분전환을 위해 점차 마리화나와 엑스터시를 투여하였으며, 열일곱 살 때부터는 매일 헤로인을 흡입하였다. 마침내 자신의 의지로는 술과 마약에서 헤어날 수 없음을 알고 중독 치료 클리닉을 시도했으나 효과를 보지 못했다. 게다가 재활 치료하는 동안 함께 했던 사람들이 자신의 곁을 떠나자 또 다시 마약에 손을 대기 시작하여 스물한 살 때는 하루에 아홉 번이나 마약을 투여하는 심각한 상태에 도달하였다. 당시 그의 신장은 167cm이었으나 체중은 40kg에 지나지 않았다. 끝내 삶에 대한 회의와 주위 사람들에게 아무 도움을 주지 못하는 매우 위험한 사람이라는 사실을 알고 난 후 목욕탕에서 들어가 목을 매 자살하려고 했으나 뜻을 이루지 못하였다. 하지만 그의 어머니의 권유로 기독교재활센터에서 1년 동안 치료과정을 받으면서 마약과 술중독에서 벗어날 수 있었다.

중독 및 재활센터는 매일 기도하고 성경을 읽고 실천하며 같은 상황에서 중독을 극복한 사람들과 접촉하고 대화할 것을 촉구했다. 이후 그는 술이나 마약에 손을 대지 않았다. 재활 치료 중 의사는 술과 마약중독의 후유증으로 자녀를 낳을 수 없을 것이라고 하였으나 이십오 세에 결혼하여 자녀를 낳고 행복한 가정을 이루고 있다. 그는 하나님과 그분의 아들 예수 그리스도를 통해 자신의 삶이 바뀌게 되었다고 고백한다.

그림 5-30 Tolmachyov Artem과 그의 가족

Horvath와 그의 연구팀(2007)은 생물심리사회영적 모델(BPSS, Bio-Psycho-Social-Spiritual)을 통해 중독은 개인의 생물학적 요인에 크게 의존하는 반면에 중독으로부터의 회복은 개인의 심리적 요인에 크게 의존한다고 강조하였다(www.amhc. org). 그러나 여기서 그치지 않고 중독과 회복 모두에 영향을 미치는 사회적 구성 요소 및 중독 회복에 대한 영적인 접근법을 제시하였다. 그들의 연구에 따르면 영성이 많은 질병과 장애로부터의 회복에 긍정적인 영향을 미칠 수 있음이 입증되었다. 중독으로부터의 회복이 "스스로보다 큰 힘"(일명 신)으로 시작되었든 희망이 담긴 심리적 믿음에 따른 것이든 간에 많은 사람들의 건강은 그들의 영적 신념에 의해 많은 질병으로부터 회복할 수 있다는 연구결과를 제시하고 있다.

표 5-22는 Howden(1992)이 개발한 영성측정도구(SAS, Spirituality Assessment

Scale)로 Oh와 그의 동료들(2001)이 번역한 것으로 모두 28문항으로 '전혀 그렇지 않다'에서 '매우 그렇다'의 6점 척도이며 삶의 의미와 목적 4문항(18, 20, 22, 28), 내적 자원 9문항((8, 10, 12, 14, 16, 17, 23, 24, 27), 상호관계성 9문항(1, 2, 4, 6, 7, 9, 19, 25, 26), 초월성 6문항(3, 5, 11, 13, 15, 21) 등으로 구성되어 있다. 본 척도는 최소 28점에서 최대 168점까지 점수분포를 나타낸다. 이 가운데 56점까지는 약하고 부정적인 영성과 영적 고뇌를, 112점까지는 긍정적인 면과 부정적인 면이 함께 뒤섞여 있는 보통 정도를, 140점 이상은 강하고 긍정적인 영성을 나타내는 것으로 진단한다(Howden, 1992; 김희경, 2014).

표 5-22 **영성측정 설문지**

내용	전혀 그렇지 않다		보통		매우 그렇다	
1. 나는 전반적으로 소속감을 느낀다.	1	2	3	4	5	6
2. 나는 내게 잘못한 사람들을 용서할 수 있다.	1	2	3	4	5	6
3. 나는 현재의 신체적 혹은 심리적 상태를 극복하거나 초월할 힘이 있다.	1	2	3	4	5	6
4. 나는 자연환경 파괴를 염려한다.	1	2	3	4	5	6
5. 나는 절망적인 때에 평온함을 경험해본 적 있다.	1	2	3	4	5	6
6. 나는 다른 사람들에 대해 동질감을 갖는다.	1	2	3	4	5	6
7. 나는 삶의 모든 부분과 연결되어 있고 연관성을 갖는다.	1	2	3	4	5	6
8. 나는 어려운 때에 내재하는 힘을 의지한다.	1	2	3	4	5	6
9. 나는 다른 이들에게 즐겨 봉사한다.	1	2	3	4	5	6
10. 나는 삶의 안내자로 마음속에 내재된 영적 힘에 의지한다.	1	2	3	4	5	6
11. 나는 신체적 변화나 결손을 극복하고 초월할 힘이 있다.	1	2	3	4	5	6
12. 나는 조화로운 느낌이나 내적 평안감이 있다.	1	2	3	4	5	6
13. 나는 자가 치유력이 있다고 느낀다.	1	2	3	4	5	6
14. 나에게는 내적 강인함이 있다.	1	2	3	4	5	6

(계속)

15. 나의 우주관은 기존의 시공간에 관한 일반적 관념을 초월한다.	1	2	3	4	5	6
16. 나는 내 자신에 대해 좋은 느낌을 가진다.	1	2	3	4	5	6
17. 나는 내 삶에 대한 균형감이 있다.	1	2	3	4	5	6
18. 내 인생에 성취감을 갖는다.	1	2	3	4	5	6
19. 나는 지구를 보존할 책임을 느낀다.	1	2	3	4	5	6
20. 삶의 의미는 나에게 평온함을 가져다준다.	1	2	3	4	5	6
21. 낙담될 때에도 내 삶은 좋을 것이라고 확신한다.	1	2	3	4	5	6
22. 내 삶에는 의미와 목표가 있다.	1	2	3	4	5	6
23. 나의 내적 강인함이나 내면적 의지력은 삶의 불확실성을 해결하는데 도움을 준다.	1	2	3	4	5	6
24. 나는 난관의 때에 스스로의 힘을 발견해 왔다.	1	2	3	4	5	6
25. 나 자신이나 이웃 혹은 절대자와의 조화관계 혹은 화해관계는 내게 중요하다.	1	2	3	4	5	6
26. 나는 내가 살고 있는 지역사회의 일원임을 느낀다.	1	2	3	4	5	6
27. 나의 내적 힘은 절대자나 신에 대한 믿음과 연관이 있다.	1	2	3	4	5	6
28. 나는 이생에 대한 목표와 계획을 가지고 있다.	1	2	3	4	5	6

출처: Howden(1992); 김희경(2014).

표 5-23 중독 치료의 유형

치료유형	치료방법	치료요소	기타
약물 치료 (Drug Therapy)	항정신병 약물 (Antipsychotics)	정신병에 대항하는 약물로 도파민 수용체(Dopamine Receptor)를 차단하여 망상, 환각, 사고장애 등의 정신병적 증상을 개선하기 위해 개발 됨	1950년대 시작 대표약물 : 정형 항정신병 약물, 비정형 항정신병 약물
	항우울제 (Antidepressants)	우울증을 완화약물(우울증, 조울증, 공황장애, 강박성 장애, 섭식 장애, 불면증, 만성 동통)	대표약물 : 삼환계 항우울제, 사환계 항우울제, 선택적 세로토닌 재흡수 억제제, 단기아민 산화효소 억제제, 기타최신 개발된 약물

(계속)

	항기분안정제 (Mood Stabilizers)	양극성 장애, 우울, 조증삽화의 호전	대표약물 : 리튬, 발프로에이트, 디발프로엑스, 카르바마제핀
	항불안제 및 수면제 (Anxiolytics and Hypnotics)	불안, 긴장, 초조 증상 완화	대표약물 : 벤조디아제핀계, 비벤조디아제핀계
	인지기능 개선제 (Cognitive Enhancers)	인지기능 저하의 문제 치료 약물	대표약물 : 도네페질, 갈란타민, 리바스티그민, 메만틴
신체적 치료 (Physical Therapy)	전기경련 치료	충격 치료(쇼크 치료)	1938년 시작
	광선 치료	일광욕, 다색편광, 레이저, 발광 다이오드, 형광등, 이색 성 램프, LED 램프를 사용	B.C. 1500년 시작
	신체 억제 및 격리	신체 일부분의 움직임을 제한하기 위한 물리적 장치 및 기구 사용	조중, 조현병 환자와 같은 신체적 조절능력 약한 환자에게 사용
정신 치료 (Mental Therapy)	지지심리 치료	심신이 약해진 중독자의 자아를 지지해주는 치료방법	안심, 지지, 환기, 제반응, 설득, 암시, 충고, 지도, 마취합성
	통찰심리 치료	중독자의 자각하고 인식하는 정도를 높임으로 행동변화를 꾀하는 치료방법	심리분석 치료(Freud), 대인관계분석 치료(Sullivan), 단기역동심리치료, 실존주의 치료(Ellis, Frankl, Glasser, Perls, Rogers, Hayes)
심리적 치료 (Psychotherapy)	인지행동 치료	중독자의 일상생활에서 발생하는 문제들의 실체를 파악하여 이를 극복하게 함	불안 완화 기법, 인지재구조화 기법, 새로운 행동 학습 기법
	동기강화상담 치료	중독자의 변화에 대한 동기강화를 목적으로 하는 의사소통적 상담기법	MI정신, MI원리, 미세기술, 변화대화

(계속)

가족 치료 (Family Therapy)	체계론적 가족 치료	미분화된 가족 자아 집합체로부터 개인을 분화시키는 기법	Bowen
	인지행동적 가족 치료	가족의 효과적인 의사소통과 문제해결능력을 향상시키는 데 목표를 둠	Patterson, Liberman, Stuart
	심리분석적 가족 치료	개인을 숨겨진 가족의 과거사건으로부터 자유롭게 하여 바람직하지 않은 증상을 제거하는 기법	Ackerman
	경험적 가족 치료	가족구성원들로 하여금 가족의 특유한 갈등과 행동양식에 맞는 경험을 제시하여 개인의 성장과 가족의 결속력을 도모하는 기법	Satir
	구조적 가족 치료	왜곡된 가족의 상호작용 패턴을 수정하고 관계를 재정립하는 기법	Minuchin
	해결중심적 가족 치료	병리적인 문제보다는 해결해야 하는 것에 초점을 둔 치료기법	De Shazer, 김인수 부부
	전략적 가족 치료	현존하는 가족문제를 해결하기 위한 전략을 모색하는 치료기법	Haley
	이야기 가족 치료	중독자로 하여금 부정적이고 패배적인 견해보다는 문제해결능력을 찾아 이야기를 새롭게 쓰게 하는 기법	White
집단 치료 (Group Therapy)	집단대상자들의 심리적인 갈등과 잘못된 의사소통, 왜곡된 대인관계 문제 개선	희망고취, 보편성, 정보 공유, 이타주의, 본래의 가족집단의 교정재구성, 사회화 기법 개발, 모방행동, 대인 관계학습, 집단결속력, 감정 정화, 실존 요인	Yalom
환경 치료 (Milieu Therapy)	중독자의 처한 환경을 치료적 환경으로 재구성하여 치료하는 기법	문 개방, 비제복, 병실모임, 직원감성훈련, 각종 치료집단, 작업 프로그램	미술 치료, 음악 치료, 문학 치료, 댄스 치료, 작업 치료, 원예 치료, 아로마 치료, 오락 및 놀이 치료, 웃음 치료, 울음 치료, 동물 매개 치료, 색채 치료, 영성 치료

참고문헌

가와기타 미노루(장미화 역, 2003). **설탕의 세계사**. 서울: 좋은책 만들기.

강경아, 이영렬(1995). 정신병원의 개방병동 운영에 관한 연구. **임상연구논문집**(1995. 12), 국립서울정신병원. pp. 194-201.

강문희(2005). 원예요법을 적용한 간호중재프로그램이 알츠하이머형 치매 노인의 인지, 정서, 의사소통 및 문제행동에 미치는 효과. 충남대학교 대학원 박사학위논문.

강신란(2014). 성 중독자의 통합예술심리치료 프로그램적용 경험에 관한 연구. 중앙신학대 학원대학교 박사학위논문.

강신욱(2002). 생활체육 참가자의 운동중독과 주관적 삶의 질에 대한 연구. **한국체육학회지**, 41(5), 59-70.

강신욱(2003). 생활체육 참가자의 운동중독과 자기의식 및 사회적응의 관계. **한국체육학회지**, 42(5), 91-99.

경찰청(2016). 2016 범죄 통계.

고예정(2014). 웃음치료 프로그램이 결혼이주여성의 문화적응 스트레스와 스트레스 반응에 미치는 효과: 무작위 대조군 실험연구. 중앙대학교 대학원 박사학위논문.

과학기술정보통신부, 한국정보화진흥원(2018). 2017년 스마트폰 과의존 실태조사 결과.

곽호완(2017). **사이버 심리와 인터넷·스마트폰 중독**. 서울: 시그마프레스.

국립특수교육원(2009). 특수교육학 용어사전.

국제미용성형외과의사협회. 2015년 성형수술(시술) 건수.

국제질병사인분류 10차 개정판(ICD-10, International Statistical Classification of Diseases and related Health Problems).

권영복(2014). 주부들의 웃음치료를 통한 삶의 질 향상에 관한 연구. 대구한의대학교 대학원 박사학위논문.

권준수(2015). **정신질환의 진단 및 통계편람 제5판(DSM-V)**. 서울: 학지사.

권혁주(2016). 운동중독자의 운동박탈에 따른 신체적 자기개념의 변화양상. 인하대학교 대학원 석사학위논문.

김경숙(2005). 색채명상 프로그램이 여대생의 정서상태에 미치는 효과. 창원대학교 대학원 석사학위논문.

김나영(2005). 정서장애 아동의 색채선호도 조사 및 효과적 학습 환경에 대한 연구. 숙명여자대학교 대학원 석사학위논문.

김남용(2008). 레저스포츠 참가자의 참가동기와 스포츠몰입, 운동중독 및 심리적 웰빙의 관계. 강릉대학교 대학원 미간행 박사학위논문.

김미선(2014. 12). 중독 관련 연구 동향 분석: 중독과 범죄와의 관계성 중심. **한국중독학회보**, 제4권 제2호 통권 제8호.

김미정(2004). 대상에 따른-색채놀이의 정서적 영향. 멀티테라피학회, 5주년 기념 학술대회, 95-107.

김민경(2004). 색이 인간에게 미치는 영향과 색채 요법의 적용분야에 관한 연구 분석. 한국뷰티아트학회, 2(1), 5-66.

김병오(2003). **중독을 치유하는 영성**. 서울: 예수전도단.

김병준(2009). **운동심리학 이해와 활용**. 서울: 무지개사.

김상만(2008). **만성피로 해결사 부신을 고치자**. 서울: 건강다이제스트사.

김선미(2015). 도널드 위니캇(D. W. Winnicott)의 이론에 기초한 종교중독의 문제와 그 해결방안의 연구 :목회상담학의 관점에서. 한일장신대학교 일반대학원 박사학위논문.

김선미, 한현정, 김현숙(2004). **프로페셔널 아로마테라피**. 경기: 현문사.

김성이(2002). **약물중독총론**. 경기: 양서원.

김시정, 홍미선, 이은순, 조인순, 이용철, 김성단, 조한빈, 김정현, 정권(2015). 유통음료에 대한 카페인 함량 조사. **보건환경연구원보 제50권**, 서울특별시 보건환경연구원.

김영희(2007). 집단미술치료가 치매위험군 노인의 기억과 우울에 미치는 효과. 한양대학교 대학원석사학위논문.

김용운(1997). **웃음건강학**. 서울: 예영 커뮤니케이션.

김용태(2000). **가족치료 이론**. 서울: 학지사.

김유숙(2004). **가족치료 이론과 실제**. 서울: 학지사.

김유숙(2006). **가족치료-이론과 실제**. 서울: 학지사.

김종성(2005). **춤추는 뇌**. 서울: 사이언스북스.

김충렬(2011). **알코올 중독과 목회상담적 치료**. 서울: 한들출판사.

김현표(2011). **웃음치료, 내 몸을 살린다**. 서울: 모아북스.

김혜경(2002). 젊은 여성의 카페인에 대한 지식, 태도 및 섭취 실태. **생활과학논문집, 3**, 57-63.

김혜선(2012). 중년기 부부의 성 중독 회복을 위한 목회 프로그램 개발. 한남대학교 대학원 석사학위논문.

김희경(2014). 용서치료가 알코올 의존자 배우자의 극복력, 자존감 및 영성에 미치는 효과. 인하대학교 대학원 박사학위논문.

대한해부학회(2011). **알기쉬운 사람해부학**. 경기: 현문사.

도박중독 선별검사 척도(CPGI, Canadian Problem Gambling Index) 기준.

디지털중독연구회(2015). **인터넷 중독의 특성과 쟁점**. 서울: 시그마프레스.

류화정(2007). 컬러테라피의 활용방안과 과제. 한세대학교 사회복지대학원 석사학위논문.

문순희(2009). 부부갈등 예방과 치유를 위한 부부관계향상 프로그램 개발 및 효과성 연구 : 가족치료와 기독교 영성을 중심으로. 경기대학교 대학원 박사학위논문.

미국미용성형외과학회(2016; 2017). 성형수술통계.

미래창조과학부, 한국정보화진흥원(2017). 2016년 인터넷(스마트폰) 과의존 실태조사 결과.

박소애(2013). 무용치료의 사회적 역할. 숙명여자대학교 대학원 석사학위논문.

박웅기(2003). 대학생들의 이동전화 중독증에 관한 연구. **한국언론학보**, 47(2), 250-281.

박정희(2007). 테니스 동호인의 운동중독에 관한 현상학적 연구. 단국대학교대학원 석사학위논문.

박현자(2006). 성중독에 대한 영적 치유 연구. 아세아연합신학대학교대학원 석사학위논문.

배정원(2015). 성인남녀에서 인터넷 음란물 노출과 성중독 및 성기능과의 연관성. 인제대학교 대학원 박사학위논문.

배혜영(2012). 여성 치매노인의 문제행동 개선을 위한 무용/동작치료 프로그램의 효과. 부산대학교 대학원 박사학위논문.

브루스와 넬리 리치필드(정동섭·정성준 역, 2002). **기독교 상담과 가족치료(Vol. 4)**. 서울: 예수전도단.

사행산업통합감독위원회 조사홍보과(2017). 2016년 사행산업 현황.

사행산업통합감독위원회(2016). 2016년 사행산업 이용실태 조사.

서정근, 이상미(2010). **원예치료과정의 적용과 실제**. 서울: 단국대학교출판부.

손명자, 배정규(2003). **조현병과 가족**. 서울: 정신재활.

송성자(1997). **가족관계와 가족치료**. 서울: 홍익제.

스에나가 타미오(박필임 역, 2011). **색채심리-마음을 치유하는 컬러테라피**. 서울: 예경.

식품의약품안전처. 10년부터 15년까지 체내 중금속 농도 변화 및 체내 중금속 농도와 식품 섭취, 생활습관 등과의 관련성 분석.

신성만, 권정옥, 손명자 역(2006). **동기강화상담**. 서울: 시그마프레스.

신종수(2008). 종교중독자의 치유와 회복을 위한 목회적 돌봄의 방안 연구, 안양대학교 신학대학원 석사학위논문.

신희천(2003). **성도착증과 성정체감 장애**. 서울: 학지사.

심창섭, 이진, 조재혁(2007). **건강과 운동처방**. 서울: 광림북하우스.

아놀드 루드비히(김원 역, 2016). **중독자의 내면 심리 들여다보기**. 서울: 소울메이트.

안병민(2015). 30대 웨이트트레이닝 참여자의 운동중독이 사회적응에 미치는 영향. 용인대학교 교육대학원 석사학위논문.

안상현(2013). 유해약물 중독 청소년 문제행동 진단 및 상담·치료 프로그램 개발 연구. 여성가족부 청소년보호과.

안옥자(2017). 독서치료 프로그램이 지역아동센터 아동의 자아존중감 향상과 스트레스 감소에 미치는 효과. 한남대학교 사회문화·행정복지대학원 석사학위논문.

엄수영(2016). 더치커피의 추출 조건에 따른 카페인 저감화 효과 분석. 세종대학교 대학원 석사학위논문.

염만용(2015). 킥복싱 수련생의 성취목표성향이 운동중독 및 운동지속에 미치는 영향. 경희대학교 교육대학원 석사학위논문.

오동열 역(2003). 알코올리즘과 약물의존(해리슨의 내과학 15판).

오복자, 강경아(2000). 영성(Spirituality) 개념분석. Journal of Korean Academy of Nursing, 30(5), 1145-1155.

오수연(2007). **색의 유혹-색채 심리와 컬러 마케팅**. 서울: 살림출판사.

윌리엄 더프티(최광민 역, 2006). **슈거 블루스(Sugar Blues)**. 서울: 북라인.

유수현, 천덕희, 이효순, 성준모, 이종하, 박귀서(2010). **정신건강론**. 경기: 양서원.

유태종(1993). **식품보감**. 서울: 서우출판사.

윤가현, 권석만, 김문수, 남기덕, 도경수, 박권생, 송현주, 신민섭, 유승엽, 이영순, 이현진, 정봉교, 조한익,

천성문, 최준식(2013). **심리학의 이해**. 서울: 학지사.

윤지인(2009). 기호음료 속의 카페인에 관한 연구. 원광대학교 석사학위논문.

음료자격검정원학술위원회(2011). **Coffee Barista**. 서울: 도서출한 한수.

이명홍(1987). 가족치료 이론 개요와 Minuchim의 구조적 가족치료. **이화여자대학교 사회사업학과**. 제2권.

이민희(2011). 대학생의 우울증에 대한 아로마 치료의 인지 및 생리적 효과. 경기대학교 대학원 박사학위논문.

이병욱(2008). **울어야 삽니다**. 서울: 중앙M&B.

이수진(2014). 경북지역 일부 고등학생의 카페인 섭취실태 조사 및 교육 자료개발. 경북대학교 교육대학원 석사학위논문.

이영주·최경화·정윤태·김현희·오정아(2018). **가족복지론**. 경기: 양서원.

이윤관(2000). 중·고강도 운동이 통증매개체에 미치는 영향. 동아대학교대학원 미간행박사학위논문.

이은선(2017). 음악치료가 탈북청소년의 정서발달과 임파워먼트 증진에 미치는 영향. 숙명여자대학교 대학원석사학위논문.

이임선(2010). **몸과 마음을 치유하는 웃음치료**. 서울: 하남출판사.

이임선(2012). **웃음치료는 과학이다**. 서울: 다음생각.

이정학, 이경훈(2006). 운동중독에 관한 체육학적 담론. **한국체육학회지**, 45(1), 103-112.

이해국, 이만우, 원시연(2014). 100줄 토론 찬성: 우리나라 중독예방 정책의 현황과 과제. **국회입법조사처보**, 통권 19호(2013년 겨울), 국회입법조사처, 96-103.

이해선(2014). 피트니스클럽 이용자의 참여정도가 운동몰입과 운동중독에 미치는 영향. 단국대학교교육대학원 석사학위논문.

이형구(2013). 말(馬)을 이용한 동물매개치료가 ADHD 성향 아동의 문제행동개선에 미치는 효과성. 평택대학교 대학원 박사학위논문.

이혜원(2000). 카페인이 인체에 미치는 영향 및 섭취량 감소방안에 관한 연구. **한국조리학회지**, 6:343-355.

이화여자대학교 사회복지학교 편(1995). **가족치료 총론**. 서울: 동인.

이효경(2015). 알코올중독자 가정에 나타난 가족희생양에 대한 구조적가족치료 연구. 한세대학교대학원 석사학위논문.

임숙빈, 김선아, 김성재, 이숙, 현명선, 신성희, 김석선 외(2015). **정신간호총론(제7판)**. 경기: 수문사.

장연집, 박경, 최순영(2008). **현대인의 정신건강**. 서울: 학지사.

잭 캘럼, 버트 벅슨, 멜리사 D. 스미스(인창식 역, 2006). **탄수화물 중독증**. 서울: 북라인.

전상완(2008). 레저스포츠 참여자의 여가몰입과 운동중독 및 생활만족도의 관계. 미간행 석사학위논문. 한국체육대학교 대학원.

전태준(2005). 생활체육 참가자의 건강관련태와 여가욕구, 운동중독과의 관계. **한국체육학회지**, 44(1), 77-87.

정경아(2016). 청소년의 우울, 불안, 충동성과 스마트폰 중독의 관계에서 자아탄력성과 사회적 지지의 조절효과. 숙명여자대학교 박사학위논문.

정문자(2007). **사티어 경험적 가족치료**. 서울: 학지사.
정문자, 정혜정, 이선혜, 전영주(2007). **가족치료의 이해**. 서울: 학지사.
정은(2015). **가족상담**. 서울: 창지사.
정재승(2007). **21세기에는 지켜야 할 자존심**. 서울: 한겨례출판.
정충영(2007). 아로마오일 음용시 인체의 간 기능과 호르몬에 미치는 영향. 경기대학교 대체의학대학원 석사학위논문.
조관희(2014). **열자(풀어쓴 고전8)**. 서울: 청아출판사.
조태동, 송진희(2008). **허브 아로마라이프**. 서울: 대원사.
조흥식, 김인식, 김혜란, 김혜련, 김은주(2007). **가족복지학**. 서울: 학지사.
주리애(2011). **미술치료학**. 서울: 학지사.
지제근(2004). **알기쉬운 의학용어 풀이집(제3판)**. 서울: 고려의학.
질병관리본부(KCDC). 2016년 지역사회건강소사.
최경석, 김양희, 김성천, 김진희, 박정윤, 윤정향(2001). **한국 가족복지의 이해**. 서울: 인간과 복지.
최병철, 문지영, 문서란, 양은아, 김성애, 여정윤(2015). 음악치료학. 서울: 학지사.
최선화(2016). **풀어쓴 사회복지실천기술**. 경기: 공동체.
최소영(2004). 시 치료의 이해와 실제 2. 한국문학치료학회.
최주인(2014). 색채치료 연구 동향에 관한 문헌분석연구. 한양대학교 교육대학원 석사학위논문.
최현석(2011). **인간의 모든 감정**. 서울: 서해문집.
최혜숙(2008). **작업치료학 개론**. 서울: 계축문화사.
토머스 드 퀸시(김명복 역, 2011). **어느 영국인 아편 중독자의 고백**. 서울: 팽귄클래식코리아.
하안례(2006). 향기요업의 이용형태와 뇌파로 본 건강증진 효과. 고신대학교 대학원 박사학위논문.
한광일, 김선호(2012). **울음, 참으면 병된다**. 서울: 삼호미디어.
한국산업사회학회(2009). **사회학**. 서울: 도서출판 한울.
한국여성민우회(2013). 이야기하자. 한국의 성형 실태 및 대안 모색을 위한 포럼.
한국정보화진흥원(2011). 스마트폰 중독 진단척도 개발 연구.
화학용어사전편찬회(2006). **화학용어사전**. 서울: 일진사.

Adams, J. E.(정정숙 역, 1989). **목회상담학**. 서울: 총신대학출판부.
Anthony S. Fauci.(2010). 해리슨 내과학 17판(전2권)(Harrison`s Principles of Interal Medicine). MIP.
APA,(권준수 외 11인 역, 2015). **정신질환의 진단 및 통계 편람 제5판**. 서울: 학지사.
APA,(이근후 외 14인 역, 1995). **정신장애의 진단 및 통계편람(DSM-Ⅳ) 제4판**. 서울: 하나의학사.
Benson, A. L.(홍선영 역, 2011). **쇼핑: '잇걸'에서 '빚걸'까지 쇼핑 중독 치료법**. 서울: 부키.
Bruscia, K. E.(최병철 역, 2003). **음악치료(Defining music therapy)**. 서울: 학지사.
Gilmon, S. L.(곽재은 역, 2003). **성형수술의 문화사**. 서울: 이소출판사.
Kandel, E. R., James H. Schwartz., Thomas M. Jessell., Steven A. Siegelbaum. & A. J. Hudspeth.

(강봉균 외 27인 역, 2014). **신경 과학의 원리 제5판**. 서울: 범문 에듀케이션.
Kramer, E.(김현희, 이동영 역, 2007). **치료로서의 미술**. 서울: 시그마프레스.
Laaser, M.(김성준 역, 2001). **아무도 말하지 않는 죄**. 서울: 예수전도단.
Lambert, M.(유영석 옮김, 2003). **색다른 색이야기**. 서울: 나들목.
Litchfield, B., N. Litchfield,(김동섭 역, 2002). **기독교상담과 가족치료(4)**. 서울: 예수전도단.
Moon, C. H.(정은혜 역, 2010). **스튜디오 미술치료**. 서울: 시그마프레스.
Naumburg, M.(전순영 역, 2014). **역동적 미술치료**. 서울: 하나의학사.
Nichols, M. P.(2002). **가족치료 개념과 방법**. 서울: 시그마프레스.
Nichols, M. P.(2004). **가족치료 핵심개념과 실제적용**. 서울: 시그마프레스.
Ray, O., Ksir, C.(주왕기, 주진형 역, 2003). **약물과 사회 그리고 인간행동**. 서울: 라이프사이언스.
Riedel, I.(정여주 역, 2000). **융의 분석심리학에 기초한 미술치료**. 서울: 학지사.
Safran, D. S.(최외선, 정현희, 최은영, 윤대영 역, 2007). **미술치료와 AD/HD**. 서울: 학지사.
Sperry, L.(이정기, 윤영선 역, 2011). **영성과 심리치료**. 서울: 도서출판 실존.
Steinhardt, L.(김옥경 역)(2010). **미술치료 관점에서 본 융의 모래놀이치료**. 서울: 학지사.
Vikler, H. A.(김의식 역, 1997). **외도상담(Broken Promises)**. 서울: 두란노.
Wadeson, H. W.(2012). **임상미술심리치료학 제2판**. 서울: 시그마프레스.

홈페이지 및 기사

2050년 항생제내성 사망자(http://www.cbsnews.com/news/superbugs-could-kill-more-people-than-cancer-report-warns/)
게슈탈트 법칙. http://de_monstar.blog.me/20209733449
게슈탈트이론. https://explorable.com/gestalt-laws-similarity-proximity-and-closure
경상북도농업정보 DB
급성중독증상(ccohs 홈페이지)(http://www.ccohs.ca/oshanswers/chemicals/pesticides/health_effects. html)
기획재정부 홈페이지
김제시 홈페이지
네이버 지식백과
노벨상 홈페이지 www.nobelprize.org
다음백과
도덕이론 http://socialworkpodcast.blogspot.kr/2007/02/bio-psychosocial-spiritual-bpss.html
도로교통법, 음주운전 처벌기준
두산백과
마약류 관리에 관한 법률
마약류 관리에 관한 시행령
미국 알코올 중독 및 약물 의존에 관한 전국협의회 홈페이지 www.ncadd.org
미국식생활지침자문위원회 홈페이지 www.abcnews.go.com

미국심장협회 홈페이지 www.heart.org
미국오락협회 홈페이지 www.atra-online.com
미국원예치료협회 홈페이지. 1991. www.atha.org.
미국표준성경(ASV)
정부 보도자료, 금연종합대책 발표. 2014. 9.
법제처 홈페이지
보건복지부 보도자료. 2015.
사행산업통합감독위원회법
서울아산병원 홈페이지, www.amc.seoul.kr
설탕중독테스트 http://www.sleekgeek.co.za/sugarfree30
성매매 지출규모 자료 worldatlas.com
성중독 스크린 테스트 www.recoveryzone.com
스마트 쉼센터 홈페이지
스마트뉴스, http://divorce-joseph.tistory.com)
식품의약품안전처 보도자료, 2013.
식품의약품안전처 홈페이지 www.nifds.go.kr
아로마 오일 흡입법 http://blog.naver.com/bmkj/90013319813
아리수홈페이지. http://arisumer.tistory.com/
여성가족부 홈페이지
연합뉴스, 2017. 06.16
우울증(www.netdoctor.co.uk)
위키백과
위키피디아
의료법
의약뉴스홈페이지 www.newsmp.com
이데일리 뉴스 www.edaily.co.kr
전세계 성산업 규모 자료 www.havocscope.com
조선일보 뉴미디어경영센터
조선일보 홈페이지. www.news.chosun.com
조이상담치료센터(http://blog.naver.com/PostView.nhn?blogId=kwan0910&logNo=220219120640)
중독물질의 세계역사 http://recoveryfirst.org/world-history-of-drug-use.html
청주시중독관리통합지원센터 홈페이지http www.cjacc.or.kr
킹제임스성경(KJV)
톰슨주석성경
프로포폴 중독. http://www.drugaddictiontreatment.com/types-of-addiction/prescription-drug-addiction/propofol-addiction/

한국경제뉴스(http://news.hankyung.com/article/2010111648317?nv=o)

한국도박문제관리센터 홈페이지(광주센터)

한국도박문제관리센터 홈페이지.

한국산업안전공단 산업보건지도국

한국산업안전공단 산업보건지도국 홈페이지(1997), 물질안전보건자료(MSDS, Material Safety Date Sheet)-N 헥산(Normal Hexane).

한국소비자원 보도자료(2016).

한국소비자원(2017). 2016 의료분쟁조정 사례집.

한국정보문화 센터 홈페이지 www.nia.or.kr

한국정책방송원 KTV

헬스코리아뉴스

희망단우 단주모임(http://cafe.daum.net/NOAlcool/3zyp/11?q=%BE%CB%C4%DD%20%B1%DD%B4%DC%20%BC%B6%B8%C1)

KAMA 홈페이지 www.koreamam.co.kr

KBS 대국민 토크쇼, 안녕하세요. 2017. 2. 16.

Niels Ryberg Finsen. (By 미상 - Self-scanned, Public domain, https://commons.wikimedia.org/w/index.php?curid=9550621)

OECD Health Statistics 2016.

Otto Heinrich Warburg. (Attribution: Bundesarchiv, Bild 102-12525 / Georg Pahl / CC-BY-SA 3.0)

Pixabay(무료 이미지 홈페이지)

Recovery Brands 홈페이지 www.recoverybrands.com

Thomas De Quincey(Public domain). (https://babel.hathitrust.org/cgi/pt?id=hvd.hxcn3j;view= 1up;seq=160)

WHO홈페이지

영문 참고문헌

Ackerman, N. W.(1958). *The Psychodynamics of Family Life*. New York: Basic Books.

Allen, P. B.(1995). *Art is a Way of Knowing*. Boson: Shambhala Publications.

American Psychiatric Association.(1995). *Diagnostic and Statistical Manual of Mental Disorders* (4th ed. text revision, DSM-Ⅳ-TR). Washington, DC: American Psychiatric Association.

American Psychiatric Association.(2000). *Diagnostic and Statistical Manual of Mental Disorders* (4th ed. text revision, DSM-Ⅳ-TR). Washington, DC: Author.

American Psychiatric Association.(2013). *Diagnostic and Statistical Manual for Mental Disorders* (5th ed., SM-Ⅴ), American Psychiatric Press.

American Psychiatric Association.(2013). *Diagnostic and statistical manual of mental disorders* (5th ed.). Arlington, VA: American Psychiatric Publishing.

Andreasen, G.(2017). "Animal-assisted therapy and occupational therapy". *Journal of Occupational*

Therapy, Schools, & Early Intervention. 10: 1 - 17. doi:10.1080/ 19411243.2017.1287519.

Andreassen, C. S., Griffiths, M. D., Pallesen, S., Bilder, R. M., Torsheim, T. & Aboujaoude, E. N.(2015). The Bergen Shopping Addiction Scale: Reliability and validity of a brief screening test. *Frontiers in Psychology*, 6, 1374. doi: 10.3389/fpsyg.2015.01374.

Arterburn, S. & Felton, J.(1991). *Toxic Faith.* Colorado: Water Brock Press.

Austin, G. A. & Southern California Research Institute(1985). *Alcohol in Western society from antiquity to 1800: A chronological history.* Santa Barbara, Calif: ABC-Clio Information Services.

Ausubel, D. P.(1961). Causes and types of narcotic addiction: A psychosocial view. *Psychiatric Quarterly, 35,* 523-531.

Baldwin, M.(1991). *The triadic concept in the work of Virginia Satir.* In B.J. Brothers (Ed.), Virginia Satir: Foundational ideas. Binghamton, NY: Haworth.

Banmen, J. & Maki-Banmen, K.(2002). Satir's Systemic Brief Therapy-Level I. Unpublished Manuscript. Satir Institute of the Pacific. Richmond, BC.

Battaglia, S.(1995). The complete guide to aromatherapy, The Perfect Potion(Aust) Pty Ltd., 70-86, 125-129, 268-270, 421.

Beck, J.(1995). *Cognitive Behavior therapy: Basics and beyond* (2nd.). Retrievedfrom. http://file.zums.ac.ir/ebook/082-Cognitive%20Behavior%20Therapy,%20Second%20Edition%20-%20Basics%20and%20Beyond-Judith%20S.%20Beck%20Phd%20Aaron%20T.%20Be.pdf

Bennett, C. & Sinatra, S. T.(2006). *Sugar Shock!: How Sweets and Simple Carbs Can Derail Your Life and How You Can Get Back on Track.* NY: Berkley Books.

Bennett, M. P. & Cecile, A. L.(2006). "Humor and Laughter may influence health Ⅰ history and background." *Evid Based Complement Alternat Med 3*(1): 61-63.

Berg, I. K.(1990): Manual for Family Based Services. Milwaukee, WI: Milwaukee Dept. of Social Service.

Berrios, G. & Porter, R. (Eds.).(1995). *A History of Clinical Psychiatry. The Origin and History of Mental Disorders.* London, UK: The Athlone Press.

Bissell, J. C. & Mailoux, Z.(1981). The use of crafts in occupational therapy for the physically disabled. *American Journal of Occupational Therapy, 35*(6), 369-374.

Bowen, M.(1978). *Family Therapy in Clinical Practice.* NY: Jason Aronson.

Brand, R. A.(2010). "Biographical Sketch: Otto Heinrich Warburg, PhD, MD". *Clinical Orthopaedics and Related Research, 468*(11), 2831 - 2832. doi: 10.1007/s11999-010-1533-z

Brenda, S.(1999). London school of aromatherapy Textbook, 14-25.

Brown, J.(1999). Bowen Family Systems Theory and Practice: Illustration and Critique. *Australian and New Zealand Journal of Family Therapy* (ANZJFT) Vol.20 No.2 pp. 94-103.

Buckle, J.(1999). Use If aromatherapy as a complementary treatment for chronic pain. *Altern Ther Health Med, 5,* 42-51.

Bullis, R. K.(2013). Spirituality In Social Work Practice. Taylor & Francis 1101 Vennont Avenue. N.W.. Suite 200 Washington. D.C. 20005-3521.

Bullock, S., Manias, E. & Galbraith, A.(2007). Fundamentals of pharmacology (5th ed.). NSW: Pearson Education Australia.

Burihardt, M. A.(1989). Spirituality: An analysis of a concept. *Holistic Nuring Practice*, r(3), 69-76.

Canda, E. R.(1988). Spirituality, religious diversity, and social work practice. *Social Casework 69(4)*, 238-247.

Canda, E. R., Furman, L. D.(1999). *Spiritual Diversity in Social Work Practice*. New York. The Free Press.

Carnes, P.(2001). Out of the Shadows: Understanding Sexual Addiction. New York: Hazelden Publishing.

Carnes, P.(1983). *Contrary to Love: Helping the Sexual Addict.* Hazelden Publishing.

Carnes, P., Green, B. & Merio, L.(2012). PATHOS: A brief screening application for addressing sexual addiction. *Journal of Addict Med, 6*, 29-34.

CBS NEWS, Touch Screens, Cell Phones Can Make You Sick. October 18, 2010.

Cerrato, P.(1998). Aromatherapy : Is it for real? *RN*, *61*(6), 51-52.

Cheng, C. & Li, A. Y. L.(2014). Internet addiction prevalence and quality of (real) life: A meta-analysis of 31 nations across seven world regions. *Cyberpsychology, Behavior, and Social Networking, 17*(12), 755-760.

Chein, I., Gerard, D. L., Lee, R. S. & Rosenfeld, E.(1964). *The road to H.: Narcotics, delinquency, and social policy.* Oxford, England: Basic Books.

Clark, M. & Calleja, K.(2008). Shooing addiction: A Preliminary investigation among Maltese University. *Addiction Research & Theory, 16(*6), 633-649.

Colonna, M. & Laydevant, G.(2001). A cohort study of workers exposed to chloroprene in the department of Isère, France. *Chem Biol Interact,* 135-136, 505-514.

Cooper, J. R., Bloom, F. E. & Roth, R. H.(2003). *The biochemical basis of neuropharmacology* (8th ed.), Oxford: Oxford University Press.

Corrao, G., Zambon, A., Bagnardi, V., D'Amicis, A., Klatsky, A. & Collaborative SIDECIR Group. (2001). Coffee, caffeine, and the risk of liver cirrhosis. *Annals of epidemiology, 11*(7), 458-465.

Cousins, N.(1979). *Anatomy of an illness as perceived by the patient: reflection on healing and regeneration*. New York: Norton.

Crocq, M.(2007). Historical and cultural aspects of man's relationship with addictive drugs. *Dialogues in clinical neuroscience, 9*(4), 355.

CSPI, Center for Science in the Public Interest(2014). Comments to the 2015 Dietary Guidelines Advisory Committee Center for Science in the Public Interest 1220 L Street, N.W., Suite 300

Washington, D.C. 20036

Cureton, T. K.(1972). *The Physiological Effects of Wheat Germ Oil on Humans in Exercise: Forty-two Physical Training Programs Utilizing 894 Humans.* Springfield, Ill: Thomas.

Dally, T., Rifkind, G. & Terry, K.(1993). *Three voice of art therapy: image, client, therapy.* New York: Rouledge.

Darren, C. G., Natalie, J. T., Jin, Y., Lucy, G., Georgina, K., Laura, G. K. & Kanct, E. C.,(2014). Caffeine intake during pregnancy and adverse birth outcomes : a systematic review and dose-response meta-analysis. *European Journal of Epidemiology, 29*(10):725-734, 0393-2990 SCI(E).

Dean, R. A.(1997). Humor and laughter in palliative care. *Journal of Palliative Care 13*(1): 34-39.

De Shazer, S., Berg, I. K., Lipchik, E., Nunnally, E., Molnar, A., Gingerich, W. J. & Weiner-Davis, M.(1986). Brief Therapy: Focused Solution Development. *Family Process, 25*(2), 207-221.

Dittmar, H.(2004). Understanding and Diagnosing Compulsive Buying, In R. Coombs (Ed.), *Handbook of Addictive Disorders: A Practical Guide to Diagnosis and Treatment.* Habokenl N.J.: John Wiley & Sons.

Doweiko, H. E.(2012). *Concepts of Chemical Dependency* (8th ed.). Blemont, CA: Linda Schreiber-Ganster.

Drug Enforcement Administration(2005). *Drugs of Abuse* (5th ed.). New York: Author.

Durning, A. T.(1992). *How Much is Enough? The Consumer Society and the Future of the Earth.* New York: Norton.

Eccles, S.(2002). The Lived Experiences of Women as Addictive Consumers. *Journal of Research for Consumers (a Web-based interdisciplinary journal) 4.* Retrieved from www.jrconsumers.com/academic_articles/issue_4/ Eddles.pdf.

Eskelinen, M. H. & Kivipelto, M.(2010). Caffeine as a protective factor in dementia and Alzheimer's disease. *Journal of Alzheimer's Disease, 20*(s1), S167-S174.

Foroud T., Edenberg H. J. & Crabbe, J. C.(2010). Genetic Research: Who Is At Risk for Alcoholism? *Alcohol Research & Health, 33*(1-2), 64 - 75.

Frankl, V.(2006). *Man's Search for Meaning: An Introduction to Logotherapy.* Boston: Beacon Press.

Fry, W. F.(1992). The physiologic effects of humor, myth, and laughter. *The Journal of the American Medical Association, 267*(13), 1857-1858.

Gallus, S., Tavani, A., Negri, E. & La Vecchia, C.(2002). Does coffee protect against liver cirrhosis?. *Annals of epidemiology, 12*(3), 202-205.

Gay, G. R., Senay, E. C. & Newmeyer, J. A.(1973). The pseudo-junkie: Evolution of the heroin lifestyle in the non-addicted individual. *Drug Forum, 2*, 279-290.

Gelernter, J. & Kranzler, H. R.(2009). Genetics of alcohol dependence. *Human Genetics, 126*(1), 91 - 99. Retrieved from https://doi.org/10.1007/s00439-009-0701-2

Gester, W. M. & Gordon, R. J.(1998). Alternative therapies : why now? In Gordon, R. J., Nienstedt, B. C. & Gesler, W. M. (Eds.). Alternative Therapies : Expanding Options in Health Care. Spriger Publishing Compong, Inc., New York, USA. PP. 3-12.

Gilman, S. L.(2000). *Making the Body Beautiful: A Cultural History of Aesthetic Surgery.* New Jersey: Princeton University Press.

Glasser, W.(1976). *Positive addiction.* New York: Harper & Row.

Goldberg, I. K.(1996). Internet Addiction. Electronic message posted to Research Discssion List. World Wide Web. Retrieved October 2, 2003.
from http://www.rider.edu/users/suler/psysyber/supportgp.html.

Goldstein, A.(1976). Opioid peptides (endorphins) in pituitary and brain. *Science, 193,* 1081-1086.

Goodwin, D. W., Schulsinger, F., Hermansen, L., Guze, S. B. & Winokur, G.(1973). Alcohol problems in adoptees raised apart from alcoholic biological parents. *Archives of General Psychiatry, 28*, 238-243.

Gordon, J.(1996). Alternative medicine and the family physician. American Journal of Fam Physician, 54(7): 34-37.

Graybeal, C.(2001). Strengths-based social work assessment: Transforming the dominant paradigm. *Families in Society: The Journal of Contemporary Human Services, 82*(3), 233-242.

Greaves, G.(1974). Toward an existential theory of drug dependence. *Journal of Nervous and Mental Disease, 159*, 263-274.

Griffiths, M. D.,(1999). Internet Addiction. *The Psychologist, 12(5)*, 245-250.

Grinspoon, L. & Bakalar, J.B.(1980). Drug dependence: non-narcotic agents. In H. I. Kaplan, A. M. Freedman & B. J. Sadock. (Eds.), *Comprehensive Textbook of Psychiatry*(3rd ed., Vol 2, pp. 1614-1629). Baltimore, MD: Williams & Wilkins.

Hass, K. S., Simon, P. & Stevenson, N. C.(1998). *Older person and horticultural therapy*. New York: The Food Products Press.

Hauck, E. R. & Blumenthal, J. A.(1992). Obsessive compulsive traits in athletes, *Sports Medicine, 14*, 215-227.

Ho, R. C., Zhang, M. W., Tsang, T. Y., Toh, A. H., Pan, F., Lu, Y., Cheng, C., Yip, P. S., Lam, L. T., Lai, C. M., Watanabe, H. & Mak, K. K.(2014). The association between internet addiction and psychiatric co-morbidity: a meta-analysis. *BMC psychiatry, 14*(1), 183.

Hoagwood, K.(2016-01-25). "Animal-assisted therapied for youth with or at risk for mental health problems: Asystematic review". *Applied Developmental Science. 21*(1): 1 - 13. doi:10.1080/10888691.2015.1134267. PMC 5546745. PMID 28798541.

Holley, J.(2007, March 3). Jay Haley, pioneer in family therapy. Washington Post.

Horvath, A. T., Abpp, K. M., Epner, A. K. & Cooper, G. M.(2007). Spiritual Approaches to Addiction Recovery. https://www.amhc.org

Howden, J. W.(1992). *Development & psychometric characteristics of the spiritual assessment scale.* Unpublished doctoral dissertation, Texas Woman`s University.

Hu, G., Bidel, S., Jousilahti, P., Antikainen, R. & Tuomilehto, J.(2007). Coffee and tea consumption and the risk of Parkinson's disease. *Movement Disorders, 22*(15), 2242-2248.

Hurst, H. E.(2007). Toxicology of 1,3-butadiene, chloroprene, and isoprene. *Rev Environ Contam Toxicol, 189*, 131-79.

Huxley, R., Lee, C. M. Y., Barzi, F., Timmermeister, L., Czernichow, S., Perkovic, V. & Woodward, M.(2009). Coffee, decaffeinated coffee, and tea consumption in relation to incident type 2 diabetes mellitus: a systematic review with meta-analysis. *Archives of internal medicine, 169*(22), 2053-2063.

Hynes, A. M. & Hynes B. M.(1994). *Biblio/ Poerty Therapy: The Interactive Process:* A Handbook St. Cloud, Mn: North Star Press of St. Cloud, Inc.

IARC.(1979). *Monographs on the Evaluation of the Carcinogenic Risk of Chemicals to Man.* Geneva: World Health Organization, International Agency for Research on Cancer, 1972-PRESENT. (Multivolume work). p. V19, 135-139.
http://monographs.iarc.fr/ENG/Monographs/vol1-42/mono19.pdf

IARC.(1999). *Monographs on the Evaluation of the Carcinogenic Risk of Chemicals to Man.* Geneva: World Health Organization, International Agency for Research on Cancer, 1972-PRESENT. (Multivolume work). p. V71 245.
https://monographs.iarc.fr/ENG/Monographs/vol71/mono71.pdf

Jellinek, E. M.(1952). "Phases of Alcohol Addiction," *Quarterly Journal of Studies on Alcohol, 13*, 673-684.

Jellinek, E. M.(1960). *The Disease Concepts of Alcoholism.* New Haven, CT: College and University Press.

Johnson, H.(1989). *The Story of Wine.* London, UK: Octopus Publishing Group.

Jones, M.(1953). *The Therapeutic Community: A New Treatment Method in Psychiatry.* New York: Basic Books Inc.

Jones, M.(1968). *Social Psychiatry in Practice.* New York, Penguin Books.

Jorgenson, J.(1997). Therapeutic use of companion animals in health. *Journal of Nursing Scholarship. : 29*(3): 249-254.

Kabat-Zinn, J.(1982). An outpatient program in behavioral medicine for chronic pain patients based on the practice of mindfulness meditation: theoretical considerations and preliminary results. *General Hospital Psychiatry, 4*(1), 33-47.

Kabat-Zinn, J.(2003). Mindfulness-based stress reduction (MBSR). *Constructiv Hum Sci., 8*, 73 - 107.

Kagan, D. M. & Squiers, R. L.(1985). Addictive aspects of physical exercise, *Journal of Sports Medicine and Physical Fitness, 25*, 227-237.

Kahlon, S., Neal, A. & Patterson, T. G.(2014). Experiences of cognitive behavioural therapy formulation inclients withdepression. The Cognitive Behaviour Therapist, 7,e8.doi:10.1017/ S1754470X14000075

Kalff, D. M.(1980). *Sandplay Therapy: A psychotherapeutic approach to the psyche*. Sante Monica, California: Sigo Press.

Kasl, C. D.(1989). Women, Sex and Addiction: A Search for Love and Power. Ticknor & Fields. ASIN: B00ZT0M8EC

Katcher, A. H. & Wilkins, G. G.(2000). The Centaur`s Lessons: Therapeutic Education through Car of Animals and Nature Study. In "The Handbook on Animal-Assisted Therapy: Theoretical Foundations and Guidelines for Practice"(A. Fine, 1st ed.). Academic Press. New York, 153-177.

Kawachi, I., Willett, W. C., Colditz, G. A., Stampfer, M. J. & Speizer, F. E.(1996). A prospective study of coffee drinking and suicide in women. *Archives of internal medicine, 156*(5), 521-525.

Kerr, M. & Bowen, M.(1988). *Family Evaluation: An Approach Based on Bowen Theory.* New York: W. W. Norton.

Klein, A. R.(2015). Practical implications of current domestic violence research for Probation Officers and Administrators.

Kohlberg, L.(1958). The development of modes of Thinking and Choices in Years 10 to 16. Ph.D. Dissertation, University of Chicago.

Koob, G. F. & Le Moal, M.(2005). *Neurobiology of Addiction.* London: Academic Press.

Kottler, J. A. & Carlson, J.(2014). On being a master therapist: Practicing what you preach. John Wiley & Sons.

Krause-Parello, C.(2016). "Military veterans and canine assistance for post-traumatic stress disorder: A narrative review of the literature". *Nurse Educ Today*. 47: 43 - 50. doi:10.1016/j.nedt.2016.04.020. PMID 27179660.

Kruger, K. A., Serpell, J. A.(2010). "Animal-assisted interventions in mental health". *Handbook on Animal-Assisted Therapy*. pp. 33 - 48. doi:10.1016/B978-0-12-381453-1.10003-0. ISBN 9780123814531.

Kuyken, W., Padesky, C. A. & Dudley, R.(2009). Collaborative case conceptualization: Working effectively with clients in cognitive behavioral therapy. New York: Guilford Press.

Larsson, S. C. & Wolk, A.(2007). Coffee consumption and risk of liver cancer: a meta-analysis. *Gastroenterology, 132*(5), 1740-1745.

Lebowitz, K. R.(2002). The effects of humor on cardiopulmonary functioning, psychological well-being, and health status among older adults with chronic obstructive pulmonary disease. The Ohio State University, Master`s Thesis, Columbus, OH.

Lefcourt, H.(1986). *Humor and Life Stress.* NY: Springer Verlag.

Leventhal, H. & Cleary, P. D.(1980). The smoking problem: A review of the research and theory in behavioral risk modification. *Psychological Bulletin 88*, 370-405.

Lawrence, L.(1990). The Psychodynamics of the Compulsive Female Shopper. *American Journal of Psychoanalysis, 50*(1), 67-70.

Lee, J. E., Huh, W. & Choi, E. J.(2013). Pattern Analysis of High-caffeine Energy Drink Consumption and Adverse Effects among College Students in a University. *Yakhak Hoeji, 57*(2), 110-118.

Li, S. Q., Dong, Q. N., Liu, Y. Q. & Liu, Y. G.(1989). Epidemiologic study of cancer mortality among chloroprene workers. *Biomed Environ Sci, 2*(2), 141-149

Liberman, R. P.(1970). Behavioral approaches to family and couple therapy. *American Journal of Orthopsychiatry,* 40, 106-118.

Liederman, P. C.(1967). Music and rhythm group therapy for geriatric patients. *Journal of Music Therapy, 4*(4), 126-127.

Lim, M. S. C., Carrotte, E. R. & Hellard, M.E.(2015). The impact of pornography on gender-based violence, sexual health and well-being: what do we know? J Epidemiol Community Health, 70, 3-5.

Lucas, M., Mirzaei, F., Pan, A., Okereke, O. I., Willett, W. C., O'Reilly, É. J. & Ascherio, A.(2011). Coffee, caffeine, and risk of depression among women. *Archives of internal medicine, 171*(17), 1571-1578.

Lundqvist, M.(2017). "Patient benefit of dog-assisted interventions in health care: a systematic review". *BMC Complement Altern Med. 17*(1): 358. doi:10.1186/s12906-017-1844-7. PMC 5504801. PMID 28693538.

Lutz, T.(1999). Crying: The Natural and Cultural History of Tears. New York: W.W. Norton.

MacLean, P. D.(1990). *The Triune Brain in Evolution: Role in Paleocerebral Functions.* New York: Plenum Press.

Mail Online, Mobile phones have 18 times more bacteria than toilet handle. 30 July 2010.

Marlatt, G. A.(1978). Craving for alcohol, loss of control, and relapse: A cognitive-behavioral analysis. In P. E. Nathan, G. A. Marlatt & T. Loberg (Eds.), *Alcoholism: New directions in behavioral research and treatment* (pp.271 - 314). New York: Plenum.

Masteller, J. & Stoop, D.(2011). Forgiving Our Parents, Forgiving Ourselves: Healing Adult Children of Dysfunctional Families. Read How You Want.com.

Martin, G. L.(1994). *When Good Things Become Addictions.* Washington: Word of Life Press.

McClelland, D. C., Davis, W. N., Kalin, R. & Wanner, E.(1972). *The drinking man.* New York: Free Press.

Melander, O., Orho-Melander, M., Manjer, J., Svensson, T., Almgren, P., Nilsson, P. M., Engström, G., Hedblad, B., Borgquist, S., Hartmann, O., Struck, J., Bergmann, A. & Belting, M.(2015). Stable Peptide of the Endogenous Opioid Enkephalin Precursor and Breast Cancer Risk. *Journal of Clinical Oncology, 2015 Aug 20, 33*(24), 2632-2638.

Meropol, S. B., Haupt, A. A. & Debanne, S. M.(2017). Incidence and Outcomes of Infections Caused by Multidrug-Resistant Enterobacteriaceae in Children, 2007–2015. , piw093, https://doi.org/10.1093/jpids/piw093

Minuchin, S.(1972). Structural Family Therapy. In G. Caplan (Ed), American handbook of psychiatry(2nd ed., pp. 178-192). New York: Basic.

Minuchin, S.(1974). Families and family therapy. Cambrige, MA: Harvard University Press.

Mondin, G. W., Morgan, W. P., Piering, P. N., Stegner, A. J., Stotesbery, C. L., Trine, M. R. & Wu, M.-Y. (1996). Psychological consequences of exercise deprivation in habitual exercise. *Medicine and Science in Sports and Exercise, 28*(9), 1199-1203.

Morgan, W. P.(1979). Negative addiction in runners, *The Physician and Spot medicine, 7*(2), 56-63.

Morgan-Jones, R., Smith, K. & Oakley, P.(1998). The "Diana effect". Hospital experienced a decrease in number of admissions for trauma. *BMJ, Jun 6, 316*(7146), 1750-1751.

Munter, T., Cottrell, L., Ghai, R., Golding, B. T. & Watson, W.P.(2007). The metabolism and molecular toxicology of chloroprene. *Chemico-Biological Interactions,* Volume 166, Issues 1-3, 323-331.

Neenan, M. & Dryden, W.(1999). *Rational Emotive Behaviour Therapy; Advances in Theory & Practice.* London: Whurr Publishers.

Newton, D.(2015). *Prescription Drug Abuse: A Reference Handbook.* Santa Barbara, California : ABC-CLIO.

Oh, P. J., Chun, H. S. & So, W. S.(2001). Spiritual assessment scale : Psychometric evaluation of the Korean version. *Journal of Korean Oncology Nursing, 1*(2), 168-179.

Olds, J. & Milner, P.(1954). Positive reinforcement produced by electrical stimulation of septal area and other regions of rat brain. J*ournal of Comparative and Physiological Psychology, 47,* 419-427.

Olsen, J. & Bech, B. H.(2008). Caffeine intake during pregnancy. *BMJ, 337*, A 2316.

O'Neill, J. L.(2016, May 19). Tackling Drug-Resistant Infections Globally: final report and recommendations: Review on Antimicrobial Resistance chaired by Jim O'Neill. https://amr-review.org/sites/default/files/160525_Final%20paper_with%20cover.pdf

O`Guinn, T. C. & Faber, R. J.(1989). Compulsive Buying: A Phenomenological Exploration, *Journal of Consumer Research, 16*(2), 147-157.

Piaget, J.(1932). *The moral judgment of the child.* London: Kegan Paul, Trench, Trubner and Co.

Pickert, K.(2014). "The art of being mindful. Finding peace in a stressed-out, digitally dependent culture may just be a matter of thinking differently". *Time, 183*(4), 40–46.

Pierce, E. F.(1994). Exercise dependence syndrome in runners. *Sports Medicine, 18*, 149-155.

Posner, G.(2009, August 6). "America's New Drug Addiction: The anesthetic Propofol, suspected in Michael Jackson's death, has experienced a surge in abusers." *The Daily Beast.* https://www.thedailybeast.com/americas- new-drug-addiction

Quardri, H. & Quadri, S.(2013). *The War Within Our Hearts: Struggles of the Muslim Youth.* Markfield: Kube Publishing.

Rado, S.(1933). The psychoanalysis of pharmacothymia (drug addiction). *Psychoanalytic Quarterly, 2*, 1-23.

Rafaiee, R., Olyaee, S. & Sargolzaiee, A.(2013). The relationship between the type of crime and drugs in addicted prisoners in zahedan central prison. *International Journal of High Risk Behaviors and Addiction, 2*(3), 139 - 140.

Rambo, A., West, C., Schooley, A., Boyd, T. V.(2012). Family Therapy Review: Contrasting Contemporary Models. Routledge. p. 90.

Retrieved,(2017-04-04). "Dozens of civilians killed in alleged "poison gas" attack".

Rodgman, A. & Perfetti, T. A.(2008). T*he Chemical Components of Tobacco and Tobacco Smoke.* Boca Raton: CRC Press.

Roos, M. & Statler, M.(2004). *Play and the Creative Arts: A review of Concepts and Techniques in the Psychotherapeutic Tradition.* Working Paper 58. Lausanne: Imagination Lab Foundation.

Rudorfer, M. V., Henry, M. E. & Sackheim, H. A.(1997). Electroconvulsive therapy. In A. Tasman, J. Kay, & J. A. Lieberman (Eds.), *Psychiatry* (pp. 1535-1556). Philadelphia: W. B. Saunders.

Sachs, M. L. & Pagman, D.(1984). Running addiction. In M. L. Sachs & G. Buffone (Eds.), *Running as therapy: An integrated approach* (pp. 231-253). Lincoln: University of Nebraska Press.

Satir, V.(1967). Conjoint family therapy: A guide to therapy and technique (rev. ed.). Palo Alto, CA: Science & Behavior Books.

Satir, V., Baldwin, M.(1983). Satir step by step: A guide to creating change in families. Palo Alto: Science and Behavior Books.

Schachter, S.(1978). Pharmacological and psychological determinants of smoking. *Annals of Internal Medicine, 88*, 104-114.

Schneider, J. P.(2000). Effects of cybersex addiction on the family: Results of a survey. *Sexual Addiction & Compulsivity, 7*(1-2), 31-58.

Schwab, J.(1990). A resource handbook for Satir concepts. Palo Alto, CA: Science and Behavior Books, Incorporated.

Seppäläinen, A. M., Raitta, C. & Huuskonen, M. S.(1979). n-Hexane-induced changes in visual evoked potentials and electroretinograms of industrial workers. *Electroencephalogr Clin Neurophysiol, 47*(4), 492-498.

Sengpiel, V., Elind, E., Bacelis, J., Nilsson, S., Grove, J., Myhre, R., Haugen, M., Meltzer, H. M., Alexander, J., Jacobsson, B. & Brantsaeter, A. L.(2013). Maternal caffeine intake during pregnancy is associated with birth weight but not with gestational length: results from a large prospective observational cohort study. *BMC medicine, 11*(1), 42.

Shaffer, D. R.(2008). Social and Personality Development (6th ed.). Belmont, CA:

Wadsworth Publishing.

Shazer, S. de.(1982): Patterns of brief family therapy. An ecosystemic approach. New York: Guilford Press.

Sheff, D.(2013). Clean: Overcoming Addiction and Ending America's Greatest Tragedy. New York, NY: Houghton Mifflin Harcourt, ISBN: 978-0-547-84865-5.

Siegmund, B., Leitner, E. & Pfannhauser, W.(1999). Determination of the Nicotine Content of Various Edible Nightshades(Solanaceae) and Their Products and Estimation of the Associated Dietary Nicotine Intake. *J. Agric. Food Chem., 47*(8), 3113–3120.

Singer, J. B. (Producer).(2007, January 22). Bio-psychosocial-Spiritual (BPSS) assessment and Mental Status Exam (MSE) [Episode 2]. Social Work Podcast [Audio podcast]. Retrieved from http://socialworkpodcast.com/ 2007/02/bio-psychosocial-spiritual-bpss.html

Smith, P.(2014). An Introduction to Healing. M-Y Books, Limited, ISBN 095560642X, 9780955606427.

Snyder, S. H.(1977). Opiate receptors and internal opiates. *Scientific American* (March), Vol. 236, No. 3, 44-57.

Stuart, R.B.(1969). Operant-interpersonal treatment of marital discord. *Journal of Consulting and Clinical Psychology*, 33, 675-682.

Ulman, E., Kramer, E. & Kwicatkowska, H. Y.(1977). *Art therapy in the United States*. Craftsbury Common, VT: University Park Press.

Ulman, E.(1992). Art therapy: Problem of definition. *American Journal of art therapy, 30,* 70-74.

Valance, G., d`Astous, A. & Fortior, L.(1988). Compulsive Buying: Concept Measurement. *Journal of Comsumer Policy, 11*(4), 419-433. Retrieved from http://link.springer.com/article/10.1007/BF00411854

Vandevelde, S., Broekaert, E.(Eds.)(2009). A pioneer of milieu therapy: The life and work of Maxwell Jones. Antwerpen, Apeldoorn: Garant.

von Sömmerring, S. T.(1841). Vom Bau des menschlichen Körpers, 6 Bde., Frankfurt am Main, 1791－1796.

Wachtel, P.(1983). *The Poverty of Affluence: A Psychological Portrait of the American Way of Life.* New York: Free Press.

Wadeson, H. W.(1980). *Art Psychotherapy*. New York: John Wiley & Sons.

Warburg, O. H.(1966). The prime cause and prevention of cancer - Part 1 with two prefaces on prevention. Retrieved from http://healingtools.tripod.com/primecause1.html/;

Weiten, W.(1998). Psychology: themes and variations (4th ed.). Brooks/Cole Pub. Co.

Weathersbee, P. S., Olsen, L. K. & Lodge, J. R.(1977). Caffeine and pregnancy: a retrospective survey. *Postgraduate Medicine, 62*(3), 64-69.

White, M.(2005). Narrative practice and exotic lives: Resurrecting diversity in everyday life.

Adelaide: Dulwich Centre Publications.

White, N. F.(1972). The Descent of Milieu Therapy. *Canadian Psychiatric Association Journal*. Vol. 17. No.1.

White, M. and Epston, D.(1990). Narrative Means to Therapeutic Ends. W. W. Norton, New York.

Miller, W. R. & Rollnick, S.(2013). *Motivational Interviewing*(3rd ed.). New York: Guildford Press.

Wilson, G. T.(1981). The effect of alcohol on human sexual behavior. In N. K. Mello (Ed.), *Advances in substance abuse*, vol. 2, 1 - 40. Greenwich. CT: JAI Press.

Winick, C.(1962). Maturing out of narcotic addiction. *Bulletin on Narcotics, 14*, 1-7.

Winnicott, D. W.(1971). *Playing and Reality*. New York: Tavistock Publications.

Winnicott, D. W.(1984). *Maturational Process and The Facilitating Environment.* London and New York: Kamac.

Wisborg, K., Kesmodel, U., Bech, B. H., Hedegaard, M. & Henriksen, T. B.(2003). Maternal consumption of coffee during pregnancy and stillbirth and infant death in first year of life: prospective study. *BMJ, 326(*7386), 420.

Wynne, J.(1991). *Family Therapy Pastoral Ministry*. New York: Harper San Francisco.

Yalom, I. D.(1995). *The theory and practice of group psychotherapy* (4th ed.). New York: Basic Books.

Yalom, I. D. & Leszcz, M.(2005). *The theory and practice of group psychotherapy* (5th ed.). New York: Basic Books.

Zinberg, N. E.(1981). “High” states: A beginning study. In H. Shaffer & M. E. Burglass (Eds.), *Classic contributions in the addictions* (pp. 241 - 276). New York: Brunner/Mazel.

Zweyer, K., Velker, B., Ruch, W.(2004). *Do cheerfulness, exhilaration, and humor prouction moderate pain tolerance?* A FACS study, University of Jurich.

찾아보기

저자소개

■ **고광신**

서울기독대학교에서 사회복지학 박사(PhD) 학위를 취득하여 현재 KC대학교 평생교육원의 교수로 재직 중에 있다. 지금까지 사회복지 분야와 정신건강 및 사회학과 심리학 분야를 강의해왔으며, 이를 계기로 중독 분야에 관심을 갖고 이를 해결하기 위한 활동을 하고 있다. 저서로는 성경, 하나님의 법률과 계명과 율례와 증거(2004), 사회복지행정론(2011), 사회복지정책론(2011, 2017) 등이 있다.

■ **고광용**

인천광역시 강화에서 태어나 한국외국어대학교(영문)를 졸업하고, 육군중위로 예편한 후 뉴질랜드로 이민(1992)하여 뉴질랜드 전 국영기업인 텔레콤 뉴질랜드(Telecom NZ)에서 근무하였다. 한국인 최초로 뉴질랜드 지역구 국회의원으로 출마(2002)하였고, 뉴질랜드 치안판사로 임명(2009)받아 지역사회를 위해 봉사하였다. 또한 장애인시설에서 수년간 지체장애인보호 및 관리를 하였으며, 현지 대학교에서 Health Science(Nursing)을 수학한 후 아동, 노인, 참전용사병원, 양로원, 정신병원 등에서 근무하고 각종 물질에 중독된 환자들을 돌보았다. 현재는 서부 호주에 거주하며 글로벌 기업인 프랑스 회사에서 근무하고 있다.

현대인의 삶과 중독

초판 1쇄 인쇄 / 2018년 12월 27일
초판 1쇄 발행 / 2019년 1월 2일

공저자 / 고광신 · 고광용
발행인 / 이 중 수
발행처 / **동 문 사**

서울특별시 서대문구 홍제원 1길 12
(홍제동 137-8)
Tel : 02)736-3718(대), 736-3710, 3720
Fax : 02)736-3719
등록번호 : 제9-17호
가격 : 18,000원

ISBN : 978-89-8251-964-2 (93370)
E-mail : dong736@naver.com
www.dongmunsa.com